플라톤 **국가** 강의

플라톤 국가 강의

1판 1쇄 발행 2019. 5. 3.
1판 3쇄 발행 2023. 4. 10.

지은이 이종환

발행인 고세규
편집 임솜이 | 디자인 유상현

발행처 김영사
등록 1979년 5월 17일(제406-2003-036호)
주소 경기도 파주시 문발로 197(문발동) 우편번호 10881
전화 마케팅부 031)955-3100, 편집부 031)955-3200 | 팩스 031)955-3111

값은 뒤표지에 있습니다.
ISBN 978-89-349-9503-6 93160

홈페이지 www.gimmyoung.com   블로그 blog.naver.com/gybook
인스타그램 instagram.com/gimmyoung   이메일 bestbook@gimmyoung.com

좋은 독자가 좋은 책을 만듭니다.
김영사는 독자 여러분의 의견에 항상 귀 기울이고 있습니다.

이 도서의 국립중앙도서관 출판예정도서목록(CIP)은 서지정보유통지원시스템 홈페이지
(http://seoji.nl.go.kr)와 국가자료공동목록시스템(http://www.nl.go.kr/kolisnet)에서
이용하실 수 있습니다.(CIP제어번호 : CIP2019007056)

플라톤 × 국가 × 강 의

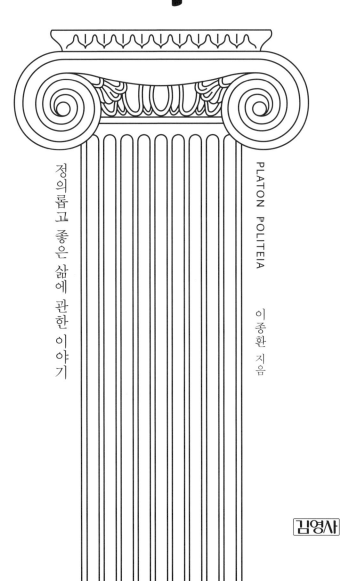

정의롭고 좋은 삶에 관한 이야기

PLATON POLITEIA

이종환 지음

김영사

서양 고전 중 가장 영향력이 컸던 작품의 목록을 뽑는다면 아마도 플라톤의《국가》는 빠지는 법이 없을 것이다. 그만큼이나 2,500여 년 동안《국가》에 대한 설명이나 해석, 강의나 책은 넘쳐왔다. 그러면《국가》에 대한 책이 굳이 하나 더 있어야 하는 이유는 무엇일까?

여태까지《국가》는 플라톤의 '이데아'를 설명하는 형이상학 작품이나 이상 국가의 청사진을 제시하는 정치철학 작품으로만 이해되는 경우가 많았다. 하지만《국가》는 형이상학만 다루는 것도, 정치철학만 다루는 것도 아니다.《국가》는 이 둘 모두를 다루며 그리스 고전기, 인간과 사회와 우주 전체에 대한 고민에 답하고자 했던 철학의 고전적이고도 본질적인 성격을 잘 보여주는 작품이다.

이 책은《국가》의 총체적인 면을 이해하기 위해《국가》를 문학이라는 형식에 주목해서 읽어보고자 하는 시도이다. 이는《국가》가 실존했던 인물들이 등장해서 토론을 펼치는 이야기라는 특징에 초점을 맞추어 작품이 전하고자 했던 철학적 메시지를 곱씹어보는 것이다. 소크라테스와 같은 시기를 살았던 소포클레스의 비극《오이디푸스 왕》의 주인공 오이디푸스는 자신의 정체를 알지 못한다. 하지만 청중은 그와 관련된 모든 사실을 아는 상태로 비극을 관람한다. 그렇기 때문에 자신의 정체성을 찾아가는 오이디푸스의 슬픈 운명에 오히려 더 큰 연민을 느끼며 그의 고통에 동참하고, 운명에 굴복하지 않는 오이디푸스의 위대함과 숭고함에 더 깊이 감동한다. 《국가》라는 작품도 이와 비슷하다. 《국가》의 첫 독자들은 그 책의 등장인물들이 실제 역사에서 정당하지 않은 정치 권력에 희생되었다는 사실을 알고 있었다. 이 때문에 《국가》에서 등장인물들의 대화는 그들이 걸어온, 그리고 앞으로 걸어갈 삶의 궤적과 아테네 역사라는 맥락 속에 제시된다. 하지만 정작 《국가》의 주인공들은 작품 속에서 자신들이 나중에 부정의한 권력에 희생된다는 사실을 알지 못한 채 정의가 무엇인지를 논의한다. 그런 점에서 《국가》는 독자에게 비극이 청중에게 주는 것과 비슷한 경험을 선사한다. 이런 이야기로서의 맥락을 놓치고 플라톤의 주장이라고 생각되는 논변만 골라 읽는 《국가》 독서로는 플라톤이 전하고자 했던 깊이 있는 메시지를 충분히 이해하기 힘들다.

약간의 인내심이 필요하겠지만, 플라톤이 기획한 바에 따라 《국가》에서 논쟁하는 한 사람 한 사람의 입장을 살펴보고 때론 그 논쟁의 미로 속에서 등장인물들과 함께 길을 잃어보기도 하는 독서는, 왜 《국가》를 읽는 일 자체가 철학하는 일이 될 수 있는지 느끼게 한다. '철학(philosophy)'은 원래 그 의미가 '지혜를 사랑함'인데, 많은 경우 우리는 '지혜'에만 방점을 찍어 철학을 이해한다. 물론 철학은 지혜에 대한 것이고 그래야만 한다. 하지만 지혜만 강조하는 것은 철학이 특별히 선택된, 지혜라는 능력을 갖춘 사람들에게만 허락되는 특별한 학문이라는 인상을 강하게 갖도록 만든다. 하지만 철학은 '사랑하는' 학문이다. 이 책은 바로 그 사랑하는 행위, 즉 지혜를 찾아가는 과정으로서의 철학을 경험하는 길로 초대한다.

인문학이 유행하는 시대라지만 자기계발을 위한 도구로서의 인문학이 아니라 세계와 개인, 그리고 그 개인들이 모여서 만든 공동체에 대해 이해하고, 그 안에서 어떻게 같이 잘 살아갈지를 고민하는 학문으로서의 인문학에 대한 관심은 부족한 것 같다. 플라톤의《국가》가 갖는 무게와 중요성은,《국가》가 개인의 발전만을 추구하는 소위 잘나가는 '인문학'과는 달리 올바르고 좋은 삶이 무엇인지를 개인과 공동체의 차원에서, 세계 전체에 대한 이해를 통해 찾아가도록 한다는 점에서 비롯한다. 그런데 한편으로《국가》는 문학과 철학, 역사를 기계적으로 나누어 지식에 경계를 만들고 서로 소통하지 않는 근자의 대학 인문학과도 다르다.《국가》는 역사의 격동기를 살아가는 주인공이 개인과 국가의 정의가 무엇인지를 찾아가는 문학 작품이다. 그리고 저자 플라톤은 최종적으로는 "너 자신을 알라"라는 철학의 가장 오래되면서도 근본적인 질문에 독자들이 스스로 답하도록 인도한다. 그러므로《국가》안에서 문사철은 구분되지 않는다. 이와 같은 이유로 인문학이 유행하는 이 시대에 오히려 진정한 인문학의 의미를 발견하기 위한《국가》읽기가 더욱 필요하다.

이 책은 이처럼 철학의 오래된 질문에 대한 답을 찾는 과정을 담은 이야기인《국가》를 더 잘 읽을 수 있도록 돕는 것을 목표로 한다. 따라서 이 책을 통해《국가》를 읽고 싶어진다면, 그리고《국가》를 통해 나 자신이 누구이며 세계란 무엇인지에 대한 대답을 찾는 길에 들어서게 된다면 이 책의 목표는 훌륭히 달성되었다고 할 수 있다. 그런 점에서 이 책의 존재 의의는《국가》라는 이야기를 읽어가는 독자의 길벗으로 함께한다는 데 있다.

본격적으로 플라톤의《국가》에 대한 이야기를 시작하기 전에 독자의 양해를 구할 것이 하나 있다. 철학은 초월하면서도 내재한다. 이상을 추구하지만 그 이상은 공동체 안에서 같이 살아가는 사람들 사이에서 구현되어야 한다. 이러한 이유로 이 책 역시 추상적이기만 한 철학책이 되지 않도록 하기 위해, 책을 쓰는 시점에서 내가 보기에 시의적절하면서도 역사적으로 중요한 의미를 갖는 사건들을 설명을 위한 사례로 종종 사용했다. 그러나 어떤 독자들은 그런 예시가 적절하지 않다고 판단할 수도 있겠다. 이 책은《국가》라는 이야기를 독자가 스스로 읽는 것이 중요하고, 특정한 해석의 틀에 갇히지 않고 《국가》의 결론을 찾아가는 것이 중요하다고 강조한다. 따라서 독자에게 적절하지 않은 예라고 판단되는 것을 받아들이도록 강요할 생각은 전혀 없다. 독자들이 책을 읽어가는 과정에서 이러한 저자의 의도를 이해해주길 간곡히 바란다.

다른 사람에게 신세지지 않고 사는 사람은 없다. 서로에게 진 빚을 잘 갚으며 살게 해주는 것이 정치 공동체가 존재하는 이유이고 그런 상태가 정의라는 것이《국가》에서 플라톤이 하고 싶은 말이다. 그런데 내 경우는 더욱이나 여러 분들의 신세만 지며 살아오면서도 충분히 갚지 못하고 있는 것 같아, 내가 정의로운 삶을 살고 있다고 자신있게 말하기 힘들다. 희랍어와 라틴어로 문헌을 읽는 즐거움을 가르쳐주신 이태수 선생님과, 사회 공동체 안에서 한 명의 사람으로 성장하는 과정에서 이야기를 읽고 듣고 경험하는 것이 중요함을 가르쳐주신 김남두 선생님께 말로 표현할 수 없이 많은 덕을 입었기에 감사드린다. 책을 비판적으로 검토해주시고 참고문헌 정리를 도와주신 서울시립대학교 철학과 박사과정 정민규 선생님, 그리고 거칠었던 초고를 아름답게 잘 편집해주신 김영사의 임솜이 선생님께도 큰 빚을 졌다. 지난 몇 년간 강의실에서의 활발한 토론으로 이 글을 쓰는 데 큰 도움을 준 서울시립대학교 철학과 대학원과 학부 학생들에게, 그리고 이 책을 쓰면서 본부의 작은 보직을 맡는 바람에 학과와 학교 공동체 구성원 모두에게 많은 신세를 졌다. 여기에 미처 언급하지 못한 고마운 분들도 있다. 이제부터라도 신세를 잘 갚아가면서 살아가야 할 이유가 나에겐 너무나 많다. 나뿐 아니라 모두가 정의롭고 좋은 삶을 살아갈 수 있도록 최선을 다해야겠다고 다시 한번 다짐한다.

2019년 4월
이종환

차
례

《국가》를 어떻게 읽을 것인가 10

1 ─《국가》는 이야기다   18

2 ─ 아테네 역사와 《국가》의 이야기   43

3 ─ 이야기의 시작 1권 전반부   59

4 ─ 트라시마코스와의 대화 1권 후반부   86

5 ─ 글라우콘과 아데이만토스의 도전 2권 전반부   109

6 ─ 이상적인 국가의 원칙 2권 전반부   131

7 ─ 수호자의 교육과 삶 2권 후반부~3권   159

8 ─ 이상적인 국가의 덕과 이상적인 개인의 덕 4권   192

9 ─ 철학자의 통치 5권~6권 전반부   218

10 ─ 철학자를 키우기 위한 교육 6권 후반부~7권   248

11 ─ 이상 국가의 쇠퇴와 다양한 정치체제 8권~9권 전반부   283

12 ─ 행복과 즐거움 9권 후반부   317

13 ─ 예술 비판과 이야기 안의 이야기 10권   357

14 ─ 이야기의 끝   380

《국가》 관련 참고 문헌 385

《국가》를 어떻게 읽을 것인가

한마디로 요약한 플라톤 철학?

입시 위주의 교육 때문인지, 과정보다는 결과를 중시하는 분위기 때문인지, 혹은 무엇이든 빨리 처리해야 하는 성격 때문인지는 모르겠지만 한국의 독자들은 플라톤의 철학을 '한마디'로 요약하면 무엇인지에 관심이 많다. 꼭 한국 독자들만 그런 것은 아니다. 철학에 관심이 있는 사람들이라면 플라톤의 철학이 무엇인지 쉽게 이해하기를 바란다. 서양 철학에서 가장 유명한 철학자 중 하나일 뿐 아니라 가장 널리 알려져 있으면서도 가장 이해하기 어려운 철학자이기 때문이다. 수많은 철학 입문서들은 플라톤 철학을 요약해서 제시하고 사람들은 이 요약본으로 플라톤이 어떤 철학자인지 이해한다. 이런 책들에 요약 정리되어 있는 플라톤은 이데아 혹은 형상으로 대표되는, 현실의 세계와 초월의 세계를 구분하는 이상적인 철학을 제시한 사람이다. 하지만 이는 플라톤의 철학을 너무 단순하게 요약한 것이다. 플라톤은 어떤 철학자일까?

플라톤은 대략 30~40권 정도의 책을 썼고 13개 정도의 편지를 남겼다. 영어로 번역된 플라톤 작품 전체를 모아 정리한 쿠퍼의 플라톤 전집* 같은 경우 인덱스를 포함해서 1,800페이지가 넘는다. 이 책을 한 권으로 만들기 위해 성경에 사용하는 얇은 종이를 사용했을 정도이다. 만약 책을 딱 한 권만 가지고 무인도에 가야 한다면, 이 플라톤 전집이 적격이다. 구조될 때까지 시간을 지루하지 않게 보낼 수 있을 것이다.

이런 방대한 분량의 책을 읽는 일은 당연히 어렵기 때문에 많은 독자들은 잘 요약된 책을 찾기 마련이다. 실제로 많은 사람들이 플라톤에 대해 들어봐서 알고는 있지만, 플라톤의 책을 직접 읽어본 경우는 많지 않다. 30권이 넘는 플라톤의 책 중 어떤 책부터 읽기 시작해야 할지 선택하는 일부터 쉽지 않다. 《국가》가 그나마 플라톤 책 중 가장 유명하기 때문에 관심을 기울일 수 있을지 모르겠지만 책 두께를 보면 기가 죽기 마련이다. '이렇게 긴 책을 직접 읽느니 요약본을 통해 플라톤을 이해하고 말지' 하고 생각한다. 일반 독자뿐 아니라 학자 또한 마찬가지이다. 플라톤이 다루는 철학적 주제가 워낙 다양하기 때문에 철학뿐 아니라 정치학, 교육학, 과학 등등 다양한 분야의 학자들이 플라톤 철학을 인용하곤 한다. 그러나 실제로 이들이 플라톤의 저서를 읽고 논의하는 것일까 싶은 경우가 있다. 그만큼이나 많이 알려져 있으면서도 제대로 이해받지 못하는 철학자가 플라톤이다.

• John M. Cooper, *Plato Complete Works*, Hackett, 1997.

플라톤 철학은 왜 우리의 삶에서 가까운 듯 먼가

플라톤 철학은 우리에게 너무나 익숙한 것 같기도 하다. "플라톤이 누군지 아세요?"라는 질문에는 많은 사람들이 그렇다고 대답할 것이다. 한국 갤럽에서 2016년 5월에 조사한 결과에 따르면 서양의 철학자 중 가장 먼저 생각나는 철학자를 물었을 때 소크라테스라는 대답이 49%로 가장 많았고, 그다음은 아리스토텔레스(17%), 세 번째가 플라톤(10%)이었다.* 플라톤이 쓴 책의 주인공이 소크라테스이므로 그 둘을 묶어서 볼 수 있다고 하면, 플라톤 혹은 소크라테스가 무려 60%나 된다고도 할 수 있을 것이다.

그만큼 플라톤에 대해서는 누구든 다 아는 것 같다. 철학 분야는 다른 학문 영역보다 기본 교양의 성격을 갖는데다가 플라톤 철학이 서양 철학 전체의 기초가 되다 보니, 많은 사람들은 자신이 플라톤에 대해 일정 수준 이상의, 혹은 전문가적인 지식을 갖추고 있다고 오해하는 경우가 많다. 그래서 플라톤 전문가의 해석도 수많은 '의견' 중하나로 간주되곤 한다. 이는 미국 해군대학의 교수인 톰 니콜스가 말하듯** 우리가 살아가는 사회가 이제 전문가가 모두 죽어버린, 반지성주의적인 민주 사회이기 때문만은 아니다.

플라톤 철학에 대해 누구나 한마디씩 할 수 있는 분위기가 형성된

---

* http://www.gallup.co.kr/gallupdb/reportContent.asp?seqNo=791. 플라톤 다음으로는 칸트, 니체, 데카르트, 스피노자, 괴테, 파스칼, 베이컨 순이었다.

** 톰 니콜스, 정혜윤 역, 《전문가와 강적들-나도 너만큼 알아》, 오르마, 2017.

첫 번째 이유는(화이트헤드가 서양 철학이란 플라톤 철학에 대한 주석달기였다고 말한* 클리셰를 굳이 인용하지 않더라도) 플라톤 철학이 일반인부터 전문가까지 누구나 아는, 기본 교양에 가까운 철학이기 때문이다. 플라톤 철학은 서양 철학뿐 아니라 문명 전체의 기반이 되기 때문에 여러 방법으로 플라톤이라는 이름을 쉽게 접할 수 있다.

둘째, 플라톤의 저서를 직접 읽지 않고도 플라톤을 이해할 수 있도록 도와주는 친절한 요약본을 구하기가 쉽다. 사실 그런 점이 플라톤 전문가라고 할 수 있는 학자들에게는 큰 장애물이다. 개론서와 입문서의 홍수와 더불어 만들어진, 인문학을 아는 척할 수 있는 교양을 쌓는 것 정도로 생각하는 사회 분위기는 철학 전반을 쉽게 이해하는 방법만 찾게 만들고, 이를 위해 잘 정리된 요약본을 요구한다. 내 경우도 솔직히 크게 다르지는 않다. 대학생 때 왜 철학에는 철학용어사전같이 정리된 책이 없냐고 불평했다. 심오하고 복잡한 철학 개념들을 하나로 잘 정리해놓은 사전이 있으면 얼마나 공부하기 편할까 생각하곤 했다. 개념을 규정해가는 과정 자체가 철학이라는 사실을 깨달은 것은 그로부터 한참이 지나서이다.

플라톤 철학도 마찬가지이다. 방대한 분량의 플라톤 작품을 직접 읽는 일은 엄두가 나지 않지만, 만약 쉽게 이해할 수 있는 요약서가 없었더라면 서양 철학의 근간이 되는 플라톤 철학을 알기 위해서라도 플라톤 작품을 직접 읽었을 것이다. 잘 정리된 책들을 구하는 것

---

* Alfred North Whitehead, *Process and Reality: An Essay in Cosmology*, Pt. II, ch. 1, sec. 1.

이 워낙 쉬운 일이기 때문에 일반 독자들은 플라톤의 책을 직접 읽을 필요를 느끼지 못한다. 문제는 독자들이 요약본을 통해 플라톤을 접하기 때문에 독자와 전문가 사이의 간극이 더욱 넓어진다는 것이다. 플라톤뿐 아니라 어느 철학자의 경우라도 마찬가지이겠지만, 요약본과 실제 작품 사이에는 큰 차이가 있다.

셋째, 플라톤 철학에 대해 누구나 한마디씩 할 수 있는 분위기가 형성된 데에는 학자들의 책임도 크다. 학자들의 지식이 일반 독자들의 것보다 낫다는 지적 우월감이 일반 독자들과 학자들의 간극을 넓혀버린다. 문제는 이 간극을 학자들 쪽에서 만들어내기 때문에 '좋은 사람'이 되고자 인문학에 대한 관심과 열정을 갖는 일반 독자의 필요가 충족되지 못하는 경우가 많다는 사실이다. 학자들은 초월적인 세계에 머물고 있는 철학이 다양한 사람들과 공유되도록 자신의 전문적인 지식을 풀어 알려야 한다. 하지만 학자들은 그런 책임을 다하지도 않고 대중을 무시하면서, 자기들끼리만 통하는 언어로 철학을 한다. 대중은 이런 오만불손한 학자의 말에 귀를 기울이려 하지 않고, 자신들이 이해한 수준에서 플라톤에 대해 온갖 정제되지 않은 의견을 제시한다. 이는 플라톤이라는 철학자에 대해 심각한 오해를 불러온다.

모든 해설서에는 해석이 들어가 있다

일반적으로 철학책은 읽기 어렵다고들 생각한다. 이는 사실이다. 일반적인 문학 작품이나 언론 기사, 블로그 글을 읽을 때보다 노력이 필요한 경우가 많다. 전문가들은 철학자의 작품을 읽고 이해하고 정리하여 독자들에게 제시해준다. 일반 독자들은 그 결과물을 접한다. 문제는 그 결과물이 전문가의 '해석'에 의해 만들어진 것이라는 점이다. 학자들은 연구 주제에 대해 100퍼센트 객관적일 수 없다. 연구 결과는 '1+1=2'라는 결론처럼 완전한 정답을 도출하지 못한다. 교과서라고 모든 것이 다 옳지는 않다. 학문의 결과는 항상 잠정적이고, 철학자에 대한 해석은 누구의 것이라도 결정적이지 않다.

학자들은 자신의 관점으로 사태를 분석한다. 역사학자들은 자신의 고유한 관점을 가지고 특정 시점에 특성 공간에서 발생한 사건을 본다. 객관적인 관찰자로 머물지 않고 적극적으로 해석을 가하여 사건으로부터 의미를 찾아내는 것이 역사학자의 역할이다. 철학의 경우도 마찬가지이다. 플라톤이라는 철학자의 책은 객관적으로 우리에게 전해졌지만, 주어진 책의 내용을 읽고 해석하고 이해하여 의미를 찾아내는 것이 철학자들의 역할이고, 이 작업의 결과물이 입문서와 논문 등을 통해 일반 독자에게 전달된다. 철학자들이 아무리 명확하게 이해한다고 하더라도 의미를 발견하는 과정에서 대상에 대한 자신의 관점이 들어갈 수밖에 없다. 여기에서 철학 텍스트와 학자 사이에 간극이 생긴다. 그것이 글로 일반 독자에게 전해지는 과정에서 또다시 거리가 벌어진다. 입문서나 해설서를 통해 철학자의 사상을 접하면 철학자의 생각을 직접 들을 수 없다. 그것은 철학자의 생각을 해석한 학자의 생각을 듣는 것이다. 심지어 읽은 텍스트가 어떤 학자가 방대한 분량의 책을 읽고 이를 한두 페이지로 요약하여 정리한 것이라면 그 텍스트를 쓴 저자의 생각이 훨씬 많이 들어갔음은 명약관화하다.

《국가》는 플라톤이 '철학자가 마음대로 하는 독재정치'를 주장하기 위해 쓴 책이라는 것이 일반적인 해석이다. 하지만 이것은 이 책을 읽은 학자들이 해석한 것이지 플라톤이 실제로 주장했던 것과는 거리가 멀다. 플라톤은 전문가들의 협력 체제를 구축하고자 했고 철학자 또한 자신의 역할을 감당해야 한다고 주장했을 뿐, 철학자가 마음대로 다스리는 나라를 건설하자고 제안하지 않았다. 일반적으로 알려진 '철인통치'가 여러 학자들에 의해 해석된 내용이지 플라톤 자신의 생각이 아닐 수도 있는 것이다. 이처럼 입문서를 통해서는 플라톤의 책을 열심히 읽은 학자가 이해한 만큼의 내용이 전달될 뿐이다. 그렇게 전달된 플라톤 철학은 언제나 실제로 플라톤이 생각했던 것과 일치하지 않을 가능성이 있다.

《국가》라는 미로 속으로

내 글과 같은 《국가》에 대한 소개글을 아무리 읽어봤자, 직접 《국가》를 한번 읽어보는 것만 못하다. 이 책의 목표는 두꺼워서 엄두가 나지 않는 《국가》를 요약본으로 접하도록 하는 것이 아니라, 그 두꺼운 《국가》를 직접 읽어볼 수 있도록 길을 제시하는 것이다. 《국가》를 읽어가는 과정에서 거치게 되는 복잡다단한 논의를 독자들이 꼼꼼히 살펴볼 수 있도록 돕는 것이 내 역할이다. 나는 《국가》

의 여러 부분에서 제기될 만한 질문들을 던지되 그 대답은 독자 스스로 찾아볼 수 있도록 할 것이다. '실체'라는 철학 용어의 뜻을 밝히는 일이 곧 그 단어를 해석하는 일이기 때문에 철학용어사전을 만드는 작업 자체가 철학이듯이 《국가》를 읽어가는 과정 자체가 철학이다. 이 책을 통해 그런 철학을 함께 해보고자 한다.

　우리는 정답이 무엇인지 찾는 일에 훨씬 익숙하다. 그런데 《국가》를 읽으면서 플라톤의 마음속 생각, 즉 정답을 정확히 맞추는 것은 불가능에 가깝다. 그래서 플라톤이 염두에 두고 있는 정답보다 플라톤이 답하고자 하는 문제가 무엇인지를 먼저 파악하는 것이 중요하다(이에 대한 대답을 구성하는 것은 독자의 역할이다). 하지만 플라톤의 경우는 문제를 파악하는 것 자체도 쉽지 않다. 따라서 나는 이 책에서 《국가》를 읽을 때 고민해보아야 하는 지점을 짚어가며 독자들이 스스로 그리고 적극적으로 《국가》를 읽을 수 있도록 도울 것이다. 나 또한 플라톤이 제시하는 정답은 정확히 알지 못하지만 플라톤이 던진 퍼즐을 풀어가면서 생기는 고민을 독자와 나눌 것이다.

1   《국가》는 이야기다

오해와 편견

철학이라는 학문만큼 여러 오해와 편견에 시달리는 학문이 있을까 싶다. 중등교육과정에서 윤리 교과를 통해 접했던 철학은 딱딱한 주장을 펼치는 낯선 이름의 철학자들을 먼저 떠올리게 한다. 또 그 과목은 이해하기 어려워서 외워야 점수를 얻을 수 있었다고 기억되곤 한다. 이런 편견 때문에 철학은 특별한 능력을 갖춘 사람들만 할 수 있는, 난해한 주제를 다루는 학문이라고 여기는 경우가 많다.

길거리와 신문, 그리고 인터넷을 가득 채우는 광고들 곳곳에서 눈에 띄는 철학관 광고는 우리에게 철학이라는 학문에 또 다른 오해를 덧씌운다. 철학관들은 우리에게 철학이라는 학문이 미래에 대해 정확히 예언하는 능력이라고 생각하도록 만든다. 그렇기 때문에 대학에서 철학을 전공으로 한 사람들이 가장 많이 받아보는 질문 중 하나가 '점 칠 줄 아는가?'인데, 이 질문을 하는 사람은 농담으로 묻는 것이 아닌 경우가 더 많다.

이런 오해와 편견은 우리 사회와 이곳에서 행해지는 교육에서 비롯한다. 그리고 바로 이런 이유로 우리는 오히려 철학 자체를 직접 접하지 못하게 된다. 플라톤, 아리스토텔레스, 칸트, 헤겔 등의 이름은 많이 들어보았지만 실제로 이들의 책을 직접 접해본 경험은 적다. 혹은 이런 책을 직접 읽어본 사람이라고 하더라도 지식을 자기 신념을 뒷받침해주는 일종의 권위로만 사용하는 경우가 대부분이다. 이런 권위로서의 철학이 보통 사람들에게는 낯설고 어렵고 멀게 느껴지는 것은 어쩌면 당연한 일이기도 하다.

철학은 원래 그 의미가 '지혜를 사랑함'인데, 많은 경우 우리는 지혜에만 방점을 찍어 철학을 이해한다. 물론 철학은 지혜에 대한 것이고 그래야만 한다. 하지만 지혜만 강조하는 것은 철학이 특별히 선택된, 지혜라는 능력을 갖춘 사람들에게만 허락되는 특별한 학문이라는 인상을 강하게 갖도록 만든다. 하지만 철학은 '사랑하는' 학문이라는 점이 더 중요하다.

우리는 '진리'를 소유해야 하며 그 진리를 지키기 위해 최선을 다해야 한다고 배워왔기 때문에 철학은 어깨에 힘이 들어간 상태에서 수행해야 하는 학문이라고 생각하기 십상이다. 가장 가치 있는 진리를 추구하고 지키는 것, 그리고 그것에 대해 말하고 가르치는 것이 철학이라고 한다면 그것만큼 고귀하고 숭고한 학문은 없어 보인다. 하지만 철학이란 학문을 이렇게 숭고한 것으로 여기면서 《국가》의 첫 페이지를 넘기는 독자는 적잖이 당황할지도 모른다.

《국가》라는 이야기의 시작

플라톤의 《국가》는 다음의 구절로 시작한다.

"어저께 나는 아리스톤의 아들 글라우콘과 함께 피레우스로 내려갔었네. 그 여신께 축원도 할 겸, 이번에 처음으로 개최하는 축제 행사이기도 해서, 그걸 어떤 식으로 거행하는지도 볼 생각에서였네. 내가 생각하기엔 실로 본바닥 사람들의 행렬도 훌륭한 것 같았지만, 트라케인들이 지어 보인 행렬도 그것에 못지않게 근사해 보였네. 우리는 축원과 구경을 마치고 시내로 돌아오고 있었네."•

이 부분은 소크라테스의 독백이다. 누군가에게 소크라테스가 전날 있었던 일을 이야기하고 있다. 청자는 분명치 않다. 《국가》의 시작 구절은 일반적으로 우리가 가지고 있는 철학에 대한 편견을 깨어버린다. 《국가》는 역사적으로 존재했던 소크라테스라는 사람이, 특정한 날 즉 벤디스 여신의 축제날 밤에, 역사적으로 실재했고 현재까지도 존재하는 아테네라는 도시에서부터 이 도시와 연결되어 있는 항

• 박종현 역, 《국가·정체》 327a. p. 53. 이 책에서 번역은 특별한 이유가 없는 한 박종현 역을 사용하되 필요에 따라서 번역을 수정하기로 한다. 플라톤 대화편은 난외에 나와 있는 '스테파누스 쪽수', 즉 1578년에 스테파누스에 의해 출판된 플라톤 전집의 각 권에 표시된 쪽 번호로 인용하는 것이 원칙이다. 플라톤 전집은 각 페이지를 다섯 문단으로 나누어 편집했는데 a부터 e는 이때 사용된, 문단을 가리키는 기호이다. 플라톤 책을 인용할 때는 이 스테파누스 쪽수를 이용한다. 자세한 내용은 박종현 역의 47페이지를 참고.

구 도시인 피레우스로 내려간다는 구체적인 사실을, 소크라테스라는 주인공의 시점에서 묘사하면서 시작한다. 이 부분만 보면 철학책의 첫 부분인지 소설책의 첫 부분인지 구분이 가지 않는다. 칸트의 《순수이성비판》의 시작 부분과 비교해보면《국가》의 첫 부분이 철학책인지 의심스러울 정도이다. 칸트의 책을 비교해서 보자.

"경험은 의심할 여지없이, 우리 지성이 감성적 감각이라는 원재료를 가공해서 산출해낸 최초의 산물이다. 바로 그렇기에 경험은 최초의 일러줌이며 또한 경험이 진전해감에 따라 새로운 가르침은 끝이 없어서, 계속되는 미래의 세대로 이어지는 삶이 이 바탕 위에서 모아질 수 있는 새로운 지식에 아무런 결여도 갖지 않을 정도이다. 그럼에도 경험은 결코 그 안에 우리 지성이 국한될 유일한 분야는 아니다. 경험은 우리에게 무엇이 현존하며 그렇지 않는가를 가르쳐주기는 하지만, 그것이 반드시 그러해야만 하며 다르게 있어서는 안 된다는 것을 가르쳐주지는 않는다. 바로 그 때문에 경험은 또한 우리에게 아무런 참된 보편성도 제공하지 못하고, 따라서 그러한 인식을 그렇게도 열망하는 이성은 경험을 통해 만족을 얻기보다는 오히려 〔호기심의〕 자극을 받는다."*

칸트의《순수이성비판》과 플라톤의《국가》첫 부분을 비교하면 최소

• 임마누엘 칸트, 《순수이성비판》, A1 (백종현 역, 《순수이성비판 1》, 아카넷. p. 203.)

한 두 가지의 큰 차이점이 있다. 첫째, 칸트의 글은 독자에게 직접 설명한다. 그러나 플라톤의 책은 소크라테스의 입을 빌려 있었던 일을 묘사하고 있을 뿐이다. 둘째, 칸트의 글은 소위 '가독성'이 좋지 않다. 한국 철학계에서 논쟁인 '번역 품질' 문제 때문이 아니다. 칸트의 원전 자체가 가독성이 나쁘다. 독자는 원문이든 번역문이든 저자가 어렵게 쓴 글을 끙끙거리면서 읽어내야 한다. 그러나 플라톤의 글은 원래 '가독성'이 매우 좋다. 희랍어가 워낙 어려운지라 한국어로 번역하면서 가독성이 나빠지는 문제가 생길지 모르지만, 플라톤의 글 자체는 일반인들이 철학책에 갖는 편견처럼 철학책다운 난해함이 없는 쉬운 문체로 쓰여져 있다. 플라톤의 글에서는 소크라테스라는 인물이 일상어로 누군가에게 이야기를 해주고 있을 뿐이다. 왜 플라톤은 이런 방식으로 책을 썼을까? 이런 형식이 독자에겐 어떤 효과를 가져다줄까? 이 질문에서부터 이 책을 시작하자.

《국가》가 전해진 방식

칸트나 헤겔 같은 철학자와 달리 플라톤의 경우에 그의 생각을 읽어내는 것은 훨씬 복잡하다. 이는 크게 두 가지 이유 때문인데, 플라톤의 작품이 우리에게 전달되어온 방식이 그 하나이고, 작품의 형식이 다른 하나이다. 먼저 전자에 대해 살펴보자. 여기에는 번역의 한계라는 문제와 텍스트가 전달되어온 과정에서 발생하는 문제가 있다.

우리에게 플라톤의 책이 전달된 과정에 대해 생각해보자. 해석자의 생각이 아니라 플라톤 철학을 이해하기 위해서 우리는 플라톤이 쓴 책을 직접 읽어야 한다. 하지만 많은 경우 우리는 플라톤을 번역본의 형태로 읽게 된다. 하지만 아무리 훌륭한 번역자라 하더라도 원전의 의미를 한 점 오차 없이 그대로 살려내는 것은 불가능에 가깝다. 두 언어의 구조 자체가 정확히 일치하는 것이 아니기 때문에 번역자의 해석이 포함되는 것은 필연적이다. 따라서 번역문은 원문에 가까울 수는 있지만 동일하기는 불가능에 가깝다.

게다가 플라톤은 기원전 4~5세기의 철학자로, 자신이 살던 시대와 지역에서 사용되던 언어인 아티카 희랍어로 글을 썼다. 희랍어라는 언어 자체가 동아시아에서 한국어를 사용하는 우리에게는 너무나 낯설다. 로마자 알파벳을 사용하지 않기 때문에 그냥 보기에도 익숙지 않고(알파, 베타, 감마 등 수학 시간에나 사용하는 기호처럼 보인다), 복잡한 희랍어 문법은 일반 사람이 배울 엄두조차 내기 어렵다. 실제로 연구중심대학의 학부에 개설되는 희랍어 수업마저 폐강을 걱정해야 하는 것이 우리 현실이기에, 플라톤에 관심을 갖는 일반 독자에게 플라톤에 대한 관심만을 이유로 희랍어를 배우라고 할 수는 없다.

희랍어에 능통하다고 해도 플라톤의 원전을 읽는 것은 또 다른 문제이다. 왜냐하면 인쇄술이 발달한 이후에 집필된 칸트의《순수이성비판》과 같은 책들과는 달리, 플라톤의 저서는 인쇄본 형태가 아니라 필사본 형태로 이후 세대에 전해졌기 때문이다. 칸트의 경우, 처음에 본인이 출판을 위해 넘겨준 원고와 이후에 출간된 인쇄본은 사실상 차이가 없다. 그러나 원고가 필사로 전해지는 경우는 사정이 다르다. 플라톤이 가장 먼저 썼을 초고는 우리에게 전해지지 않는다.

이 초고를 바탕으로 필사된 여러 희랍어 판본이 우리에게 전해져 온다. 그런데 필사를 하는 과정에서 원본이 정확하게 기록되었다는 보장이 없다. 인쇄본은 일단 틀이 한 번 만들어지면 같은 내용이 인쇄본 간의 차이 없이 동일한 형태로 복제되어 나온다. 그러나 필사본의 경우 필사를 하는 사람이 아무리 노력을 한다고 해도 오류가 발생할 가능성이 있다. 게다가 글을 베껴 쓰는 사람은 기계적으로 원본의 글을 복사하기도 하겠지만, 그 역시 직접 원본을 읽으면서 옮겨 쓰기 때문에 마치 철학 텍스트를 해석하는 학자가 그리하듯 자신의 생각을 알게 모르게 개입시킬 여지가 있다. 플라톤이 직접 쓴 원본을 읽으면서도 자신의 판단으로 단어 하나둘을 빼거나 더하는 경우가 있을 수 있다는 것이다.

우리에게 전해지는 플라톤의 희랍어 텍스트는 플라톤이 직접 썼던 원고가 아니다. 이후 여러 제자들과 후학에 의해, 그리고 전문적으로 글을 옮기는 필사자에 의해 원본에서 옮겨진 내용이다. 대부분의 사본들은 서로 차이가 없지만, 그럼에도 불구하고 오류나 해석에 의해 텍스트가 달라진 경우들이 있었다. 여기에서 플라톤의 '원본'이 무엇이었는지를 재구성하는 작업이 다시 필요하다. 그런데 플라톤의 원전을 규정하는 작업에서도 텍스트에 대한 문헌학자의 해석이 요구된다. 예를 들어, 어떤 단어 하나가 바뀜으로써 이데아가 초월적인 것으로 해석될 수도 있고 내재적인 것으로 이해될 수도 있는데 하필이면 그 단어가 사본들마다 다르게 사용되고 있다면 이 중 어떤 것이 '원본'에서 사용된 단어일지를 추정하는 것은 철저하게 해석의 문제가 된다. 플라톤 철학에서 초월적인 이데아가 중요하다고 해석하는 사람은 초월 쪽의 단어를 선택하겠지만, 플라톤 철학에서 이데 아는 개별 사물에 내재하므로 본질을 의미한다고 이해하는 사람은 내재 쪽의 단어를 선택할 것이다. 현재의 문헌학자들은 이 중 어떤 해석을 선택할지 결정을 내려야 한다.

이처럼 문헌학과 관련한 전문적인 이야기를 길게 하는 이유는 플라톤의 철학이 무엇인지 알아내는 일이 생각보다 간단하지 않다는 점을 강조하기 위해서다. 플라톤의 철학을 이해하기 위해 가장 우선적으로 필요한 자료라고 할 수 있는 책의 원본조차도 우리는 알 수 없다. 희랍어 정본이라는 것도 필사본들 중에서 문헌학자들의 작업을 통해 정본이라고 여겨지는 내용을 정리한 것에 지나지 않는다. 따라서 희랍어로 된 플라톤의 《국가》마저 실제로 플라톤이 쓴 것이라고 할 수가 없다. 그리고 그렇게 재구성된 정본마저 시간이 지나면 새로운 것으로 대체되곤 한다. 박종현 선생이 번역하신 《국가·정체》만 하더라도 1900년에 나왔던 희랍어판으로 번역을 하였다가, 2000년에 옥스퍼드 희랍어판이 새로 나오자 추가로 번역을 해야만 했다. 요약본뿐 아니라 희랍어 정본에도 플라톤이 아닌 누군가의 의견이 개입되어 있다는 것이다. 그러면 도대체 플라톤의 생각은 어떻게 분명히 알 수 있을까?

《국가》의 문학적인 형식

우리가 플라톤의 생각을 직접 아는 데에 더 큰 장벽이 되는 두 번째

요인은 플라톤이 글을 쓴 형식이다. 《순수이성비판》의 내용은 칸트의 생각이다. 칸트는 자신이 오랜 세월 동안 고민하고 연구한 결과를 독자에게 직접 전달한다. 따라서 칸트의 생각을 아는 가장 좋은 방법은 《순수이성비판》의 내용을 정확하게 이해하는 것이다.

플라톤의 글은 논문 형식이 아니다. 앞에서 잠시 보았듯이, 처음 접하는 경우 이게 철학책인가 싶을 정도로 여타의 철학책과는 형식이 다르다. 일반적으로 플라톤의 책은 마치 연극 대본처럼 되어 있다. 주인공과 다른 등장인물들이 특정한 시점에 특정한 장소에서 특정한 대화 맥락에 따라 이야기를 하는 형식으로 되어 있다. 그리고 플라톤의 인생에서 가장 마지막으로 집필했지만 완성하지는 못했던 《법률》을 제외하고는 플라톤이 쓴 모든 책의 주인공이 소크라테스이다. 《국가》의 경우 벤디스 여신 축제날, 피레우스 항에 있는 케팔로스라는 무기 제조상 노인 집에서 플라톤의 형제였던 글라우콘, 아데이만토스, 그리고 케팔로스의 아들인 폴레마르코스, 소피스트인 트라시마코스 등과 함께 이야기했던 내용을, 소크라테스가 익명의 청자에게 전달해주는 형식을 갖추고 있다. 그런 이유로 플라톤의 책은 일반적으로 대화편이라고 불린다. 소크라테스가 다른 사람들과 만나서 했던 대화의 기록이라는 의미이다.

이런 형식의 글을 어떻게 이해해야 할까? 가장 쉬운 방법은 소크라테스가 동시대의 사람들과 길거리에서, 혹은 누군가의 집에서 만나 이야기할 때 그곳에 플라톤이 동석하여 하나하나 다 기록했다고 보는 것이다. 조선시대 사관들이 왕의 일거수일투족을 지켜보면서 사초를 작성하듯, 플라톤 또한 소크라테스의 충실한 제자로서 소크라테스의 말을 기록하고 정리하여 책으로 출판했다고 생각할 수 있다. 이 경우 플라톤의 역할은 단순한 기록자, 혹은 자신의 의견을 최소한으로 하고 소크라테스의 말을 전하는 사람이라고 볼 수 있다. 다시 말해 플라톤의 역할은 역사적 사건, 즉 소크라테스가 어떤 사람을 만나서 대화했던 일을 가장 정확하게 독자에게 전달해주는 것이다. 만약 그렇다면 대화편에 기록된 내용은 플라톤의 생각이라기보다는 소크라테스의 생각이라고 할 수 있다. 플라톤은 단순 관찰자이자 기록자로서 소크라테스의 말을 전달하고 있으며, 우리가 플라톤의 대화편을 통해서 배울 수 있는 것은 사실 플라톤의 생각이 아니라 소크라테스의 생각인 것이다. 《국가》의 경우 소크라테스가 자신이 했던 대화를 누군가에게 다시 이야기해주는 형식으로 기록되어 있기 때문에, 소크라테스가 자신이 겪었던 이야기를 익명의 청자인 플라톤에게 전해주었고 플라톤이 그것을 잘 적었다고 생각할 수 있다.

플라톤은 단순한 전달자가 아니다

사실 이렇게 생각하는 사람들도 없지는 않다. 윤리 교과서에서 소크라테스의 철학과 플라톤의 철학이 구분되지 않고 섞여서 기록되어 있는 경우도 많다. 하지만 플라톤이 소크라테스의 단순한 전달자로서 대화편을 썼다고 해석하기는 어렵다. 무엇보다도 플라톤이 쓴 30여 편의 대화편 중에서 플라톤이라는 이름이 언급되는 경우는 딱 두 번밖에 없다. 한 번은 소크라테스가 사형 언도를 받게 되는 재판정에서 소크라테스의 발언 부분만 기록하고 있는《소크라테스의 변명》이라는 작품에서다. 플라톤은 소크라테스의 재판정에 참석해 있었다. 그 재판정에서 소크라테스가 했던 발언이 이 책의 내용이기 때문에 플라톤이 그 자리에서 들었던 것을 그대로 썼을 가능성은 분명히 있다. 그러나 이 재판에 대한 기록은 크세노폰이라는, 소크라테스의 다른 제자도 남겼다. 문제는 크세노폰의 기록과 플라톤의 기록이 큰 틀에서 일치하기는 하지만 구체적인 부분에서 다른 경우가 있다는 것이다. 플라톤의 기록이 옳을까, 아니면 크세노폰의 기록이 옳을까? 제3의 증인이 나타나지 않는 한 우리는 이 질문에 대해 단정적으로 대답할 수가 없다.

플라톤이 언급되는 다른 대화편 하나는《파이돈》이다. 소크라테스가 독배를 마시고 죽는 날에 했던 대화에 대한 기록이다. 감옥에 갇혀 있는 소크라테스에게 독배가 전해지는 날이 되자, 친구들이 아침부터 찾아와서 다가올 죽음을 슬퍼한다. 소크라테스는 자신의 죽음을 슬퍼할 이유가 하나도 없으며 오히려 철학을 통해 육체로부터 벗어나는 연습을 해왔다고 주장하면서 영혼이 불멸한다는 사실을 증명한다. 그러고는 소크라테스가 독배를 마시고 세상을 떠난다는 것이《파이돈》의 내용이다. 그런데 플라톤은 이 대화 장소에 아파서 오지 않았다고 기록되어 있다.* 《파이돈》의 저자인 플라톤은 이 대화가 일어나는 현장에 분명히 참석하지 않았다는 것이다. 그렇

---

* 플라톤,《파이돈》59b.

다면 플라톤의 역할은 조선왕조실록을 위해 자료를 남기던 사관과는 다르다. 플라톤이 대화편을 집필했던 목표가 특정한 시간과 공간에서 있었던 대화를 가능한 한 정확하게 기록하는 것이었다고 한다면,《파이돈》은 그런 목표에 부합하지 않는다. 자신이 분명히 있지 않았던 곳에서 사람들이 대화했던 내용은 간접적으로 알 수밖에 없기 때문이다. 게다가 소크라테스가 독배를 마시는 날에 플라톤이 있지 않았다는 사실을 기록한 사람은 바로 플라톤 자신이다. 플라톤은 오히려 독자에게 신호를 보내고 있다고 할 수 있다. "나는 이 대화가 있었던 장소에 있지 않았다. 따라서 여기에 기록된 내용은 내가 직접 듣고 본 것이 아니다." 역사적 사건을 생생하게 기록한 이야기 형식으로 소크라테스가 주인공인 드라마를 쓰면서도, 플라톤은 의도적으로 그 이야기 안에 자신을 등장시키지 않음으로써 이야기의 객관성을 약화시킨다.

다른 대화편에서는 플라톤의 이름이 언급조차 되지 않는다.《국가》도 마찬가지이다. 플라톤의 형제들은 주인공으로 등장하지만 플라톤은 등장하지도 소개되지도 않는다. 그렇다면《국가》의 내용은 플라톤이 대화 현장에 있었음에도 불구하고 자신을 굳이 드러내지 않고 들은 것을 그대로 기록한 것이라고 할 수 있을까? 그렇지 않을 가능성이 높다.《국가》의 내용은 대략 기원전 432년 정도를 배경으로 하고 있다. 이 대화가 이루어지고 있는 집의 주인인 케팔로스가 대략 기원전 430년 정도에 사망했다고 전해지기 때문이다. 대화편의 배경은 벤디스 여신의 축제가 한창 열리고 있는 날이고, 이날 멋진 행렬을 구경할 수 있을 정도로 아테네라는 도시와 그곳에 있는 등장인물들에게 여유가 있는 상황이다. 스파르타와 헬라스 지역의 맹주를 놓고 다투었던 펠로폰네소스 전쟁이 기원전 431년에 시작되었으니,《국가》의 배경은 전쟁 직전 아테네의 국력이 한창 융성하던 평화기의 어느 시점으로 보는 것이 맞을 것이다. 문제는 이 대화가 펼쳐지고 있는 시점, 기원전 432년경에는 플라톤이 태어나지도 않았다는 점이다. 플라톤은 기원전 424년 정도에 태어났다. 학자들은 이 대화편이 아마도 케팔로스의 아들이며 이 대화편에서 청중으로 등장하는 유명한 연설가인 뤼시아스가 사망한 기원전 380년 이후에 기록되었을 것으로 생각한다. 따라서 플라톤이《국가》의 긴 대화를 옆에서 들으면서 기록해두었다가 이보다 40년 가까이 지나서 그대로 적었을 것이라고 생각하기는 어렵다. 플라톤이 아무리 천재적인 철학자였다지만 말이다.

더욱이나《국가》는 플라톤이 전해 듣고 쓴 것 같지도 않다. 이 대화편의 첫 부분은 소크라테스가 '어제' 있었던 일을 누군가에게 이야기해주는 형식으로 되어 있다. 그러면 대화 내용을 전하는 소크라테스가 이야기를 들려주고 있는 상대는 그때 태어나지도 않았던 플라톤일 수는 없다. 만약 이 대화가 역사적인 사실이라고 가정한다면, 소크라테스가 글라우콘 등과 한참 이야기한 다음 이를 그다음 날 이 책에 나오지 않는 다른 어떤 사람에게 전해주고, 그 내용을 이후 약 50여 년의 기간 중 어느 시점에 플라톤이 듣고 집필한 것이다. 물론 역사상 실제로 일어난 사건을 그런 방식으로 플라톤이 집필했다고 생각하지 못할 것은 아니지만, 내용에 비추어 보아《국가》가 역사적 사실에 부합할 개연성이 너무나 낮다는 것이다.

이런 이유로 합리적인 추측은 플라톤이 소크라테스라는 사람의 캐릭터를 이용하여 마치 문학 작품을 쓰듯 대화편을 기록했다고 보는 것이다. 소크라테스가 실제로 《국가》의 내용을 말했다는 것이 아니라, 플라톤이 만들어낸 소크라테스라는 등장인물이 이상 국가는 무엇이고 거기에서의 정의는 무엇이며 영혼의 정의는 무엇인지를 설명하는 내용이 플라톤을 통해 창작되었다는 것이다. 역사적인 인물이 주인공으로 등장하는 소설처럼 플라톤이 소크라테스라는 인물을 상상력을 통해 새로운 문학 작품으로 재구성했다고 볼 수 있다.

하지만 또 《국가》의 모든 내용을 플라톤의 순수한 창작이라고 보기도 어렵다. 왜냐하면 이 책을 처음 읽었던 독자는 소크라테스, 케팔로스, 폴레마르코스, 글라우콘, 트라시마코스 등이 누군지 잘 알고 있었기 때문이다. 특히 펠로폰네소스 전쟁이 끝나고 30인의 참주정치와 민주정의 재집권을 거치면서 수많은 사람들이 피를 흘리며 죽어갔다. 플라톤의 첫 독자들은 폴레마르코스와 소크라테스가 그 시기 정치 격변의 희생자라는 사실을 너무나 잘 알고 있었다. 바로 전 세대에 활약했던 뤼시아스 또한 참주들의 폭정을 피해 탈출해서 겨우 목숨을 부지했고 이후 민주정에서 활약하다가 죽었다는 사실 역시 잘 알고 있었다. 아테네의 독자들은 대화편을 읽을 때 그런 역사적인 지식을 바탕으로, 이제는 모두 저세상으로 떠나 역사 속 인물이 되어버린 캐릭터들의 대화를 읽을 수밖에 없었다.

플라톤은 등장인물들이 실제로 어떤 삶을 살았는지 독자가 알고 있다는 사실을 염두에 두고 역사의 비극을 경험했던 이들을 대화편의 주인공으로 등장시켰다. 그 인물들은 독자들이 이미 알고 있을 뿐 아니라 실제로도 했음직한 대화를 하는 캐릭터로 작품에 등장하기 때문에 플라톤의 작품에는 역사와 가상이 섞여 있다. 플라톤의 창작 의도는 바로 거기에 있다. 실제로는 산전수전 다 겪었던 사람들이 정치적인 혼란과 혁명의 징조조차 보이지 않는 시기에 정의에 대해서 논의하는 장면을 독자들이 읽으면서, 이들이 실제로 살아갔던 삶을 반추하도록 한다. 독자들은 이 책을 읽으며 변혁의 시기를 살아갔던 소크라테스, 폴레마르코스, 뤼시아스 등의 인물에 대한 평가를 내릴 수도 있다. 마치 우리가 정치적인 격동의 시기를 거친 사람들에 대한 평가를 스스로 내리는 것처럼 말이다. 이처럼 이 책은 플라톤이 창작 했지만 독자는 역사적인 사실을 배경으로 이야기를 읽는다.

소크라테스의 말만 읽으면 된다?

플라톤은 역사적인 인물들의 입을 통해 여러 주제에 대해, 특히 《국 가》에서는 정의에 대해 이야기했다. 그런데 이 인물들 중 저자인 플 라톤의 생각을 대변하는 사람은 누구일까? 1권에 등장하는 소크라 테스와 트라시마코스 중 누가 플라톤의 편일까?

많은 사람들은 소크라테스의 제자인 플라톤이 대화편에서 자신의 스승을 통해 자기 생각을 펼쳤다고 생각한다. 플라톤은 자신의 입장 에 반하는 여러 철학적인 입장을 가진 사람들과의 논쟁을 소크라테 스와 대화 상대자들의 논쟁으로 재구성하였고 거기에서 소크라테스 는 플라톤의 대변인으로 활약한다고 볼 수 있다는 것이다. 이 경우

《국가》에 소개된 플라톤의 철학이 무엇인지 알고 싶은 사람들은 소크라테스의 말에만 관심을 기울이면 된다. 1권에서 트라시마코스가 정의란 더 강한 자의 이익이라고 주장하는 논변은 괜히 따라가려 고생할 필요가 없으며, 2권 초반부에서 '정의로운 사람이 정말 행복한가' 하는 문제를 제기하면서 내어놓는 다양한 논거는 필요 없다. 그나마 《국가》는 대체로 소크라테스가 독백하는 형식으로 되어 있기 때문에 전반적으로 플라톤의 생각을 드러낸다고 여길 수 있을 것이다. 《국가》 1권을 비롯하여 소크라테스가 다른 사람과 격렬한 논쟁을 벌이는 대화편을 읽을 때에는, 다른 사람의 대사 부분을 다 지워버리고 소크라테스의 대사만 따서 정리하는 방식으로 플라톤의 철학을 알 수 있으리라고 기대할 수 있다.

실제로 많은 학자들은 플라톤의 대화편을 읽을 때 소크라테스의 말이 잘 정리된 논변을 재구성하여 플라톤의 철학을 찾아내는 방식을 취하곤 한다. 이 독법에서 드라마가 지니는 형식적인 측면은 플라톤 철학을 이해하는 데 아무런 역할을 하지 않는다. 오히려 형식이 플라톤 철학을 재구성하는 데 장애가 될 뿐이다. 이런 입장을 가진 학자들은 플라톤 대화편의 드라마적인 요소들을 하나씩 제거하고 그 안에 있는 핵심적인 논변만 찾아내는 것이 플라톤 철학을 연구하는 올바른 방법이라고 생각한다. 우리가 입문서에서 접하곤 하는 플라톤 철학은 보통 이런 작업을 통해 얻어진 결과물이다(물론 대화편의 철학적인 논변에 초점을 맞추어서 플라톤의 철학을 이해하는 것도 중요한 작업이다).

《국가》 5권 말미에서 그 유명한, 이데아에 대한 소크라테스의 설명은 매우 이해하기 힘들다. 이데아 이론은 대화 맥락과 밀접하게 연관되어 이야기되는데, 그 이야기가 명확하게 이데아에 대한 이론이라고 소개되지 않기 때문에 독자는 소크라테스의 말을 잘 파악하여 재구성하는 노력을 기울여야 플라톤의 생각을 겨우 이해할 수 있다. 플라톤의 철학은 이렇게 여러 주인공들의 입을 통해서, 특정한 대화 맥락 하에서, 정리되지 않은 상태로 전해지기 때문에, 많은 노력을 기울이지 않는 한 플라톤의 생각을 파악하기 어렵다.

　게다가《국가》에서는 플라톤의 생각이 전달되는 과정 자체가 매우 복잡하게 설정되어 있다.《국가》는 소크라테스가 대화했던 내용이, 소크라테스에 의해 다음날 어떤 청자에게 전해지고, 그 청자가 또 작가인 플라톤에게 매우 오랜 시간이 지나 전하고, 그 내용을 독자가 읽는 상황으로 가정하고 있기 때문에, 플라톤이 주장하는 바는 설정상으로도 독자로부터 굉장히 멀리 숨겨져 있다. 그렇기 때문에라도 많은 독자들은 차라리 요약본의 형태로 잘 정리되어 있는 플라톤의 철학을 배우고 싶어 한다.

의도를 숨기는 드라마적 세팅

대화 형식으로 된 플라톤의 저작은 철학사에서 꽤나 성공적이었던 것 같다. 그래서 이후 여러 철학자들이 대화편의 형식을 따랐다. 예를 들어 아우구스티누스는《자유의지론》을 제자인 에보디우스와의 대화 형태로 썼다. 그런데《자유의지론》에서는 너무나도 분명하게 아우구스티누스라는 캐릭터가 저자 아우구스티누스의 대변인이다. 따라서 책 안의 아우구스티누스가 하는 설명만 잘 들으면 자유의지에 대한 아우구스티누스의 입장을 알 수 있다. 형식만 대화일 뿐 아우구스티누스가 독자에게 자신의 생각을 직접 전해준다는 점에서 칸트의《순수이성비판》과 크게 다르지 않다. 저자가 대화편에 직접 등장하지는 않지만 버클리의《하일라스와 필로누스가 나눈 대화》도 상황은 비슷하다. 버클리가 정확히 누구의 편을 드는지 분명하지는 않지만, 독자는 대략적으로 저자의 의도를 파악할 수 있다. 그래도 아우구스티누스처럼 대화에 직접 참여하지 않는다는 점에서 버클리는 플라톤과 비슷하다.

　그런데《국가》는 버클리의 책과는 또 한 차원 다르다. 플라톤은 문학적 상상력을 발휘할 수 있는 드라마적인 세팅을 복잡하게 제시한다. 플라톤은 역사적인 배경을 가지고 있는 캐릭터들이 특정한 날에 특정한 목적을 가지고 대화하도록 만들어둔 뒤 등장인물들 뒤에 숨어서 자신의 의도를 내비치지 않는다. 그리고 독자에게 자신의 생각을 찾아보라고 권한다. 게다가 대화에 직접 참여하지 않음으로써 자신을 대화 상황과 독자로부터 멀리 떨어뜨린다. 이야기의 내용은 역사적 사실과 정확히 일치하지 않을 뿐 아니라, 플라톤 자신의 생각과도 거리가 있을 수 있다. 플라톤은 대화편의 소크라테스가 하는 말이 자기 생각이라고 한 번도 확인해준 적이 없다. 단지 후대의 많은 학자들이 그렇게 짐작할 뿐이다. 그렇기에 플라톤의 철학과 소크라테스의 철학을 구분하는 일은 매우 어렵다. 아니, 이를 구분하지 못하게 하고, 플라톤 자신의 생각을 독자가 알지 못하게 하는 것이 바로 저자의 의도였을 수 있다.

뮈토스 속의 로고스

혹자는 이렇게 반문할 수도 있을 것이다. 종교의 시대를 넘어 철학의 시대가 시작되었던 것은 이야기로서의 뮈토스(mythos)가 로고스로 대치되었기 때문이 아니었는가. 상상의 결과물이며 비자발적인 뮈토스로 표상되는 세계와 달리, 이성적이고 분석적이며 자발적으로 구성해내는 원리로서의 로고스로 이해되는 세계는 종교의 맹신으로부터 벗어나 이성에 의해 이해되고 구성된다. 이제 세계는 이성이 주도하여 감성과 상상력을 근거로 한 종교에서 벗어나 비신비화되었다. 제우스 같은 신으로 세계의 원인을 설명하던 것과는 달리 '비신화화'된 물이 세계의 원리(archē)라고 주장했던 탈레스는 이야기의 세계로부터 로고스의 세계로의 전환을 이루어낸 첫 번째 철학자이다. 이렇게 뮈토스와 로고스가 대립되고, 철학이 로고스의 손을 들어주었다는 점에서 종교와 철학이 다르다면, 플라톤의 철학은 로고스의 세계에 속하는 것이므로 '이야기'라는 형식에는 주목할 필요가 없는 것 아닌가? 아무리 이야기이고 뮈토스라도 로고스만 찾아내면 그만 아닌가? 철학은 원래 거짓인 뮈토스가 아니라 참인 로고스니까.

  로고스는 진상을 매개하지만, 진상 그 자체와는 다르다. 즉 로고스가 진상을 정확하게 보여줄 수도 있지만 그렇지 않을 수도 있다. 예를 들어 생각해보자. 기독교의 성경 창세기에 기록된 것처럼 신이 '빛이 있으라'고 말을 하게 되면, 세상을 비추는 빛이 생기기도 하지만 신의 말 때문에 '빛'이라는 말도 있게 된다. 빛을 보지 못하는 사람에게는 '빛'만 존재하는데 이 '빛'은 빛과는 다른, 빛의 상징이다. '빛'이라는 소리를 통해 빛을 이해하는 사람은 빛을 직접 알지는 못한다. 이렇게 상징으로서의 로고스는 오히려 그 대상을 보지 못하는 사람에게 진상을 숨긴다. 따라서 로고스는 참일 수 있지만, 진상을 정확히 보여주지 않기에 거짓일 수도 있다. 따라서 로고스만이 참이라는 주장은 과하다. 철학이 참인 로고스만을 의지한다는 주장도 어쩌면 사실에 완전히 부합하지 않을지도 모른다.•

• 희랍어인 로고스라는 말은 워낙 다양한 분야에서 많이 사용되기 때문에 독자들에게도 꽤나 친숙할 것이다. '말한다'는 의미의 legein에서 온 명사인 로고스는 기본적으로 '말'이라는 의미를 갖지만 확장되어 비율, 논리, 이성, 원리 등의 의미가 된다. 대학의 여러 학과명에 들어가 있는 '-logy'는 모두 이 로고스에서 비롯하였다. 예를 들어 생물학이라는 biology는 희랍어로 생명이라는 의미의 bio와 logos가 합쳐져 '생명에 대한 말' 혹은 '생명에 대한 원리'를 가르치는 학문이라는 의미가 된다. 기독교에서는 logos가 삼위의 2격인 성자를 지칭하여 원래 의미에 가까운 '말씀'과 신적인 이성이라는 의미로 쓰인다. 물론 이 모든 의미들은 legein 동사에서 비롯한 것이므로 가장 기본적인 의미는 '말'이다. 말이라는 것은 우리와 진상을 매개하는 역할을 한다. 그러나 우리는 말을 통해 진상과 만나기 때문에 사실 진상이 무엇인지는 정확히 알지 못할 수도 있다. 매개로서의 말은 우리에게 진상을 숨기기도 보이기도 할 수 있다. 우리는 로고스를 통해서 더 많은 것을 알고 이해한다고 생각하지만, 사실 로고스에는 이런 긴장이 담겨 있다. 모든 것이 흘러가기 때문에 세상은 계속해서 변화해간다고 주장했던 헤라클레이토스가 생각하는 세상은 마치 활을 세게 잡아 당겨 시위가 팽팽해진 것과 같은 긴장 상태이다. 그리고 그 긴장이 헤라클레이토스에게는 바로 로고스이다. 이 로고스는 변화하는 세상의 동일성을 제시해주는 근간이 된다. 세상은 계속 변화하지만 로고스는 우리에게 변화하지 않는 것으로 나타난다. 그리고 그 대립과 갈등 모순 사이에 중재의 역할을 하며 원리로서의 역할을 담당한다. 활과 시위가 서로 긴장관계에 있음에도 불구하고 조화를 이루는 것은 하나의 원리인 로고스 때문이다. 그리고 그 로고스는 변화하는 세계를 알려주기도, 가리기도 한다. 헤라클레이토스는 변화하는 자연까지도 인간의 '말'로 규정할 수 있다고 보았다. 변화를 전제로 한다는 점에서는 도가와 헤라클레이토스 사이에 공통점이 있다고 볼 수 있지만, 헤라클레이토스는 여전히 변화에 대한 전체적인 파악이 인간으로서 가능하다는 사실을 주지하고 있는 것이다. 서구 학문에 로고스 개념이 도입되었다는 것은, 인간이 세계 전체를 파악

플라톤이라는 작가는 뮈토스라는 형식 안에서 로고스가 의미 있다고 생각했고 바로 그런 이유로《국가》를 드라마 형식으로 썼다. 플라톤의《국가》에서는 뮈토스가 로고스로 대치되지 않는다. 최소한 플라톤에서는 뮈토스와 로고스가 엄밀하게 다르지 않다. 플라톤에서는 로고스의 기능과 뮈토스의 기능을 구분하는 것 자체가 의미 없고, 로고스마저도 항상 참이라는 보장이 없으며, 그렇다면 뮈토스 또한 참일 수도 있고 거짓일 수 있다. 다시 말해, 어떤 작품이 '이야기'이기 때문에 거짓이고 따라서 작품의 내용도 의미 없다는 주장은 플라톤에게는 가능하지 않다.《국가》의 로고스를 따로 분리해낼 수 있든 없든, 플라톤의 로고스는 이야기라는 형식을 통해서 전달된다. 《국가》에서 벌어지는 논의 그 자체가 참이냐 거짓이냐가 중요한 것이 아니라 이야기 뒤에 숨은 것이 무엇인지를 밝히는 것이 중요하다. 플라톤의 대화편은 그렇게 읽어야 한다. 로고스만을 찾아내려는 시도도, 뮈토스라는 형식의 비이성적인 감동만을 찾으려는 시도도 모두 옳지 않다. 뮈토스 안의 로고스를 발견하면서도 뮈토스의 가치를 로고스적으로 이해해야 한다. 비극 작가를 꿈꾸었던 플라톤이 이런 문학적인 형식을 선택한 것은 우연이 아닐지도 모른다. 그는 자신의 생각을 의도적으로 문학이라는 형식 뒤에 숨기면서 소크라테스라는 캐릭터를 가지고 독자를 도발한다. 독자는 소크라테스의

할 수 있다는 자신감이 있었다는 것이다. 파르메니데스, 소크라테스, 소피스트들, 플라톤 그리고 그 이후 철학에서 로고스와 말의 역할을 중요하게 여기게 되어 말해지고 설명되지 않는 것은 아는 것이 아니라는 전통이 성립되었다. 말해지지 않으면 지식이 될 수 없다.

말뿐 아니라 행동과 삶을 통해 인간사의 다양한 모습을 볼 수 있고 철학할 수 있다.

철학사는 틀린 대답의 역사

인문학을 통해서 교양을 쌓고 마음의 평안을 얻기 바라는 대중들의 기대와는 달리, 철학은 정확한 답을 주지 않는다. 옳은 소리만 하는 것이 철학은 아니다. 오히려 서양 철학의 역사는 틀린 대답의 연속이다. 세계가 물로부터 나왔을까? 공기가 정말 세계의 근원일까? 만물은 정말 계속 변화하고 있는가, 아니면 변화 없는 존재만 있는가? 정말 이데아라는 것이 존재해서 개별 사물들은 여기에 참여함으로만 존재할까? 최소한 경험 과학은 이런 주장들이 틀렸거나 입증 불가능한 것이라고 말한다. 그러면 왜 우리는 철학사 수업에서 이렇게 옳다고 입증되지도 않은 주장들을 공부하는가?

학문 분야에서의 교육은 그 학문의 원리, 즉 로고스를 전달하는 것을 목표로 한다. 그렇다면 틀린 답만을 제시해온 철학은 제대로 된 학문이라고 할 수 없을 것이다. 수업 시간에 오답만 가르쳐주는 선생에게 배울 학생이 얼마나 있을까? 그럼에도 불구하고 철학이 학문 중의 학문으로서 가치를 갖는 것은 철학이 지혜를 전달하는 것이 아니라 지혜를 사랑하는 것을 목표로 삼기 때문이다. 철학은 주어진 대답이 옳기 때문에 그것을 수용하는 것을 학문의 목표로 삼지 않는다. 잠정적으로 제안된 대답이 정말 정당한지를 평가하고 검토하는 것이 철학이다. 이 과정에서 의심과 질문, 그리고 비판적인 사유가 필수적이다. 말꼬리 잡기와 말대꾸도 중요한 수단이 된다. 하지만 그런 비판 자체가 목표인 것도 아니다. 검토와 비판의 대상은 사회에서 당연하게 받아들이는 전제들, 가치관, 신념, 종교적인 믿음과 전통적인 철학과 학문을 포함하고 결국 비판의 대상은 자기 자신이 된다. 검토하지 않은 삶은 살 가치가 없다는 소크라테스의 말은,[*] 내가 받아들이는 혹은 사회가 받아들이는 모든 전제들뿐 아니라 결국 자기 자신이 정당하게 생각하고 살아가는지를, 즉 나 자신을 검토하라는 의미이다. "너 자신을 알라"라는, 아폴론 신전 입구의 기둥에 쓰여 있는 말은 지혜를 추구하는 철학의 최종적인 목표가 된다. 앎의 대상은 결국 자기 자신이고 그렇기에 최종적인 비판의 대상은 다른 누구가 아니라 나 자신이다.

철학적으로 《국가》를 읽는다는 것

《국가》는 바로 이 목표를 위해 읽어야 한다. 플라톤의 요약본에 관심을 기울이는 사람은 플라톤 철학의 로고스에만 관심을 가진다. 그 경우 플라톤의 이야기가 갖는 가치는 완전히 놓치게 된다. 문학적인 형식도 플라톤의 철학과 밀접한 연관을 갖는다. 플라톤은 독자에게

• 플라톤, 《소크라테스 변명》 38a.

직접 이야기하지 않는다. 이야기는 다양한 사람들을 거쳐 전달되지만, 독자는 특정한 시점과 장소에서 개성 강한 등장인물들이 나누는 대화를 통해 플라톤의 생각을 짐작할 수 있다. 독자는 플라톤의 철학을 수동적으로 받아들이는 것이 아니라 문학 작품 형식의 글을 적극적으로 읽고, 저자인 플라톤이 이곳저곳 뿌려놓은 퍼즐 조각들을 하나하나 맞춰가면서 스스로 그림을 맞춘다. 철학이 지혜를 사랑하고 추구하는 것이라고 한다면, 독자가 능동적으로 문제를 찾고 해결해나가는 과정 자체가 철학이다. 플라톤의 대화편은 이렇게 적극적으로 지혜를 추구하는 과정의 일환으로 읽어야 한다. 그리고 그 과정에서 정의가 무엇인지에 대한 자신의 생각과 전제를 최종적으로 비판하고 검토해야 한다. 이것은 이야기라는 형식을 통해서만 가능하다.

《국가》를 어떻게 읽느냐에 따라서 전체주의적인 플라톤이 등장하기도 하고, 민주주의를 옹호하는 플라톤이 그려지기도 하며, 여성의 권리를 존중하는 플라톤의 의견이 들리기도 하고, 가부장적인 체제를 수호하는 플라톤의 생각을 읽어낼 수도 있다. 플라톤은《국가》에서 자신의 모습을 숨기기보다는, 다양한 방식으로 자신을 드러내고자 한다. 읽는 사람이 그려낸 플라톤의 모습이 실제 플라톤의 모습과 일치하는지의 여부가 독서의 의미를 좌지우지하지 않는다. 적극적으로 글을 읽은 독자는 자신이 구성해낸 플라톤을 실제 플라톤의 생각이라고 여겨도 된다. 물론 다른 그림을 맞추어낸 사람들의 비판에 대해 자신의 답이 옳음을 증명해낼 수 있어야 하지만 말이다.

플라톤의《국가》는 요약본을 통해 수동적으로 읽는 책이 아니다. 모든 철학책을 수험서 공부하듯 외우는 방식으로 읽지 말아야 하지만, 플라톤의 대화편은 독자에게 불친절하기 때문에 더욱 그러하다. 플라톤의 책은 나이나 철학 지식의 많고 적음에 관계없이 누구나 읽을 수 있다. 이야기 형식으로 되어 있는《국가》는 칸트나 헤겔의 글처럼 난해하지만은 않다. 읽기 쉽게 잘 번역된《국가》의 경우 소설처럼 읽을 수 있고 그렇게 읽을 때에도 남는 것이 많다.《국가》는 내가 고등학생 시절에 읽었을 때, 대학생이 되어 읽었을 때, 대학원에서 연구하는 학생들과 읽었을 때, 전문 연구자로서 읽었을 때 제각기 이해되는 폭이 달랐다. 플라톤의 대화편, 특히《국가》의 가치는 여기에 있다. 누구나 읽을 수 있고 누구나 접할 수 있지만, 읽는 사람에 따라서 읽히는 내용이 다르다. 플라톤의 천재성은 여기에 있다. 독자를 한정하지 않지만, 독자마다 다른 층위로 이해할 수 있는 형식의 작품을 통해서 지혜를 추구하는 철학의 길에 더 많은 사람들을 초청한다.

2 ──────── 아테네 역사와 《국가》의 이야기

아테네인의 눈으로 읽기

《국가》를 본격적으로 읽어보자. 글이 문학 작품 형식인 만큼 철학책을 읽을 때처럼 긴장하지 말고 소설을 즐기듯 읽기 시작하자.《국가》를 제대로 읽기 위해선 부분 부분을 자세히 읽기보다 먼저 전체를 속독할 필요가 있다. 큰 플롯 안에서 진행되는 여러 이야기들의 위치와 맥락을 알기 위해서는 전반적인 내용을 마음속에 그리고 있어야 한다. 이 장 마지막에서 《국가》의 구조를 개괄하기 전에, 이야기가 어떻게 시작되는지 먼저 살펴보자.

《국가》 1권의 첫 부분은 대화가 시작된 상황을 설명해준다. 어느 날 어디에서 누가 어떻게 이야기를 시작했는지에 대한 설명이다. 1장에서보다 조금 더 읽어보도록 하자.

"어저께 나는 아리스톤의 아들 글라우콘과 함께 피레우스로 내려갔었네. 그 여신께 축원도 할 겸, 이번에 처음으로 개최하는 축제 행사이기도 해서, 그걸 어떤 식으로 거행하는지도 볼 생각에서였네. 내가 생각하기엔 실로 본바닥 사람들의 행렬도 훌륭한 것 같았지만, 트라케인들이 지어 보인 행렬도 그것에 못지 않게 근사해 보였네. 우리는 축원과 구경을 마치고 시내로 돌아오고 있었네. 한데, 집으로 서둘러서 돌아오고 있는 우리를 케팔로스의 아들 폴레마르코스가 멀리서 보고서는, 시동을 우리한테로 뛰게 해서 저를 기다려주도록 시켰더군. … 그리고서 조금 뒤에 폴레마르코스도 왔지만, 또한 글라우콘과 형제간인 아데이만토스와 니키아스의 아들 니케라토스, 그리고 또 그 밖에 몇 사람도 왔는데, 모두들 축제의 행렬을 떠나오는 길인 것 같았네."(327a~c)

《국가》를 처음 읽었던 독자 입장에서 이 부분을 생각해보자. 플라톤은 2,500년 후 동양의 작은 나라에서 자신의 글이 한국어라는 들어본 적도 없는 언어로 번역되어 독자들에 의해 읽힐 것이라고는 절대 생각하지 못했을 것이다. 이 글은 시공간을 뛰어넘는 추상적인 철학 논의를 위해 쓰인 것이 아니다. 플라톤은 전성기가 지나 몰락해가고 있는 아테네의 시민을 일차적인 대상으로 쓰고 있다. 플라톤의 집필 의도는 이들을 향한다.

그는 대략 기원전 378년 정도에 아테네에 살고 있었던, 혹은 헬라스의 다른 지역에서 살고 있으면서 희랍어를 할 줄 아는 사람을 대상으로 썼다. 그러니 플라톤은 한국 독자들에게는 매우 불친절한 저자일 수밖에 없다. 그러므로 책 전체에 등장하는 낯선 이름들, 장소명, 역사적인 사건, 그 시절에 많이 읽히고 불리던 노래에 대해 추가적인 설명이 필요하다. 한국 독자들이 보기에는 불친절한 저자이지만, 그렇다고 해서 플라톤 자신이 염두에 두고 있던 독자들에게도 불친절했다고 생각할 것은 없다.

플라톤의 글을 읽는 방법을 정리해보자. 플라톤의 글은 여러 단계를 거쳐서 읽을 필요가 있다. 일단 글이 무슨 이야기를 하고 있는지 제대로 이해하는 작업이 필요하다. 소크라테스는 치밀하게 자신의 논의를 진행한다. 플라톤의 글은 대화라는 형식으로 되어 있기 때문에 오히려 내용을 정확하게 파악하기 어려울 수 있다. 다음 단계로는 첫 독자들의 관점에서 해석하며 읽어야 한다. 첫 독자들은 이 내용을 어떻게 생각했을까 고민해보는 것이다. 그다음 단계로는 이제《국가》가 현재의 우리에게 어떤 의미를 갖는지의 문제를 고려해야 한다. 주어진 텍스트가 자신에게 던지는 질문에 적극적으로 응대하는 독자는《국가》의 의미를 스스로 발견한다. 플라톤의 일차 독자가 아니더라도 자신이 살아가는 역사적 시점과 사회 상황을 통해《국가》를 읽어낼 수 있고 그 의미는 각자에게 다를 수 있다. 이 단계까지 적극적으로 독서할 수 있다면 누구보다도《국가》를 잘 읽었다고 할 수 있다.

등장인물들은 실제로 어떤 사람이었나

가장 처음 등장하는 사람들, 아데이만토스와 글라우콘은《국가》에서 소크라테스와 계속 이야기를 해나갈 등장인물들이다. 이들은 피레우스 지역에 살고 있는 폴레마르코스의 집에서 조금 더 시간을 보내다 가자고 소크라테스에게 간청한다. 피레우스 지역에서 무기, 특히 방패를 제작하여 많은 돈을 벌던 거주외인(居住外人) 케팔로스의 아들이 폴레마르코스이다. 케팔로스의 방패 공장 규모는 매우 커서 120여 명이 넘는 노예들을 부리고 있었다고 한다. 요즘의 기계 중심의 제조업과 직접 비교하기는 어렵겠지만 아테네의 크기를 고려하면 120여 명이 엄청난 숫자임은 분명하다. 그는 아테네 시민이 아니었지만 아테네에서 상업을 할 수 있는 허락을 받은 외국 사람(이소텔레이스: isoteleis)으로, 정치에 참여하는 권한을 제외하고는 아테네 시민과 동등한 경제적 권리를 갖고 있었다. 따라서 시민들과 같이 재산을 소유할 수 있었고, 동일하게 세금을 내고 있었다.

전쟁을 통해 가장 큰 돈을 버는 사람은 누구일까? 핵폭탄 버튼 하나면 인류가 공멸할 수도 있음에도 크고 작은 전쟁 소식이 그치지 않는 21세기에 이러한 위험 상황을 좋아하는 사람은 누굴까? 충분한 정보를 제공해주지 않아 제대로 정당화하지도 못하면서 긴장을 불러일으키고 공포심을 조장해서 큰 이익을 보는 사람은 누구인가? 분명하지도 않은 적으로부터의 위협을 막아낸다는 이유로 동네 사람들에게는 허락도 구하지 않고 갑자기 뒷산에 미사일을 박아두어 철석같이 신뢰하던 사람들이 서로 적개심이 불타오를 때, 이를 수습하기 위해 국력이 낭비되고 있을 때, 미사일을 반대하는 주변 국가들이 크고 작은 마찰로 셀 수 없는 피해를 입고 있을 때 뒤에서 팔짱을 끼고 웃을 사람은 누굴까? 전쟁에서 이익을 보는 것은 누구보다도 무기상이다. 전쟁이 계속되는 한 이들의 사업은 번창할 것이고, 이들은 남의 고통으로 자신의 배를 불릴 것이다. 그러니 헬라스 역사상 가장 끔찍하고도 잔인한 헬라스인들끼리의 전쟁이 시작되려는 시점에, 그런 긴장관계를 이용하여 돈을 벌고 있는 케팔로스라는 노인장의 집에 사람들이 모여서 '정의'가 무엇인지 논하는 그림은 아이러니하다.

케팔로스의 아들인 폴레마르코스와 뤼시아스는 아테네 격변을 겪은 비극적인 주인공들이다. 펠로폰네소스 전쟁이 스파르타의 승리로 끝나고, 아테네는 크리티아스를 비롯한 30인의 참주들에게 통치받게 된다. 이들은 스파르타를 등에 업고 그동안 아테네를 이끌어오던 반대파를 대대적으로 숙청한다. 이들이 첫 번째 타깃으로 삼은 것은 거주외인들이었다. 친민주정 입장을 가졌던 이들은 기존 아테네 정부로부터 여러 가지 특권을 받아 누려왔기 때문에 당연히 새 정부에 불만이 많았다. 《국가》의 첫 부분에서 폴레마르코스가 소크라테스에게 자신의 집에 머물러달라고 강권하면서 자신들이 다수이니 소크라테스는 말을 들어야 한다고 이야기하는 모습은 다수결에 의지하는 민주정의 지지자였던 폴레마르코스를 플라톤이 우회적으로 그린 것이라 할 수 있다.

30인의 참주는 가장 먼저 숙청해야 할 열 명에 이 두 형제를 넣어두었고, 폴레마르코스는 아마도 이 대화가 진행된 집에서 체포되었을 것이다(폴레마르코스는 아테네와 피레우스 여러 곳에 집을 소유하고 있었다). 그리고 소크라테스처럼 독배를 마시고 처형당했다. 30인의 참주는 폴레마르코스의 가족들이 그의 집에서 장례식을 치르는 것마저도 금지시켰다. 뤼시아스는 참주들에 의해 가택 구금되어 있다가 뇌물을 써서 뒷문으로 도망친 다음 작은 배를 타고 메가라로 도망간다. 이 기간 동안 해외로 망명해 있던 민주 세력을 직접적으로 도왔고, 그래서 민주정이 회복되자 그에게 아테네 시민권을 주어야 한다는 움직임까지 있었다. 이후 아테네에 민주정이 회복되자 돌아온 뤼시아스는 참주 중 하나였던 에라스토스테네스를 고소하기도 한다. 이후에는 연설문 작가*로 활동하다가 기원전 380년경 세상을 떴다. 아마도 플라톤이 《국가》를 집필하기 직전인 것 같다. 어쩌면 플라톤은 뤼시아스가 세상을 떠나길 기다렸다가 《국가》를 집필했을지도 모른다.

글라우콘의 동생인 아데이만토스는 기원전 424년 펠로폰네소스 전쟁이 한창이던 시기에 메가라 전투에서 수훈을 세웠다고 한다. 소크라테스의 사망 이후 이들의 삶에 대해서는 자세히 알려진 바가 없다. 어쨌든 이들은 소크라테스와 매우 가까운 사이다.

소크라테스는 너무나 잘 알려져 있는 등장인물이라 여기서 추가적으로 설명할 필요는 없을 것 같다. 그러나 《국가》에서 이루어지는 대화의 역사적인 배경을 이해하기 위해, 소크라테스의 최후와 관련해서 약간만 언급하자. 30인 참주정의 지도자들, 특히 크리티아스와 카르미데스 등은 소크라테스와 원래 매우 가까운 사이였다. 그러나

• 뤼시아스는 플라톤의 《파이드로스》에서도 중요한 인물로 언급된다. 연설술에 관심이 많은 젊은이 파이드로스는 뤼시아스를 만나 사랑에 대한 기발한 내용을 담은 뤼시아스의 책을 받아들고 돌아온다. 그는 이 연설문을 완전히 외워버리려고 하는데 이때 소크라테스를 만나고, 파이드로스는 그의 연설 솜씨를 소크라테스에게 시험해보고자 한다. 이 둘은 성 밖의 일리소스 강변으로 가서 뤼시아스의 글을 읽으면서 사랑에 대해서 논의하는 것으로 《파이드로스》에 기록되어 있다. 플라톤, 《파이드로스》 227a~b 참고.

소크라테스는 30인 참주정에 직접 참여하지 않았을 뿐 아니라 참주정에 오히려 비판적인 입장을 보였다. 소크라테스는 참주들로부터 받은, 살라미스 사람 라온을 체포하라는 명령을 거부할 정도로 참주정을 돕지 않았다. 기원전 403년 민주파가 저항 세력을 모아 피레우스 항을 점령하고 이후 여러 번의 전투를 통해 30인의 참주들을 물리쳤다. 펠로폰네소스 전쟁에서 국력을 많이 잃은 스파르타는 30인의 참주들을 지원할 여력이 없었기에 결국 아테네에서 철수하게 되고, 아테네에는 다시 민주정이 세워진다. 펠로폰네소스 전쟁 과정에서 아테네 몰락의 원인 중 하나가 되었던 알키비아데스와, 30인 참주정을 이끌었던 크리티아스의 스승인 소크라테스는 젊은이들을 타락시켰다는 이유로 재건된 민주정에 의해 사형을 당한다.

이렇게 역사의 풍랑 속에서 비극적인 삶을 살았던 사람들이 《국가》의 주인공으로 등장하는 것은 우연이 아니다. 플라톤은 의도적으로 이들을 등장시켰다. 그 의도는 무엇이었을까? 시대적인 배경을 고려하면서 생각해보자.

기원전 432년을 배경으로 하는 이유

이 책의 첫 부분이 마치 소설이 시작되는 장면처럼 보이기는 하지만 대부분의 현대 독자들은 이것이 '허구'로서의 소설이 아니라고 생각한다. 왜냐하면 우리는 주인공으로 등장하는 소크라테스라는 사람이 실제 역사적으로 살았던 사람이라는 사실을 알고 있기 때문이다.

소크라테스뿐 아니라 아데이만토스, 글라우콘, 케팔로스와 폴레마르코스 등 이 책에 등장하는 모든 인물들은 역사상 실재했던 사람들이다. 게다가 이들은 평범한 인물들이 아니라, 아테네가 페르시아와 싸웠던 두 차례의 전쟁에서 크게 승리한 이후 헬라스 전체의 패권을 누리던 중에 여러 가지 이유로 사람들에게 잘 알려져 있던 인물들이다. 그렇기 때문에 이 책은 역사 기록물처럼 여겨질 수 있다. 《국가》를 벤디스 여신의 축제일 밤에 소크라테스와 다른 사람들이 나눈 대화를 옆에서 기록해놓은 글로 보는 것도 가능은 하다. 마치 어떤 사람들은 예수가 어느 날 사람들이 너무 많이 모여서 산 위에 올라갔고, 거기에서 설교한 내용을 그대로 하나도 빼놓지 않고 받아 적은 것이 마태복음의 산상수훈이라고 생각하는 것과 마찬가지로 말이다. 아마도 성경의 기록은 역사적 사실과 정확히 일치하지는 않을 것이다. 그렇다고 해서 기록된 대화의 의미가 퇴색되지는 않는다. 어떤 사실이 객관적으로 입증될 수 있는지의 여부가 그 사건의 가치와 꼭 연결되는 것은 아니다.

이들이 대화하는 시점은 아마도 기원전 430년보다 약간 앞선 기원전 432년경일 것으로 짐작된다. 왜냐하면 이 책의 초반부에 잠시 등장하는 케팔로스가 기원전 430년경에 죽었다고 역사가 기록하니 말이다. 《국가》는 케팔로스가 아직 살아 있지만 죽을 날이 그리 멀지 않은 어느 날 이루어진 대화이다. 그리고 이 책의 역사적인 배경은 헬라스 지역 전체의 패권을 놓고 아테네와 스파르타가 겨루었던 펠로폰네소스 전쟁이 시작되기 직전이다. 만약 전쟁 발발 이후였다면 아테네 사람들이 피레우스 항에서 느긋하게 축제를 즐기기는 어려웠을 것이다. 따라서 페르시아 전쟁 이후 헬라스 지역에서 제국을 넓혀가고 공물을 받아 모으던 아테네와 이를 경계하는 스파르타 사이의 긴장은 이미 고조되고 있는 시점이지만 아직 전쟁의 고통은 시작되지 않은 기원전 431년(펠로폰네소스 전쟁 발발) 이전, 아마도 아테네의 역사에서 가장 강성했던 시기인 기원전 432년의 어느 날 이들은 폴레마르코스의 집에 모여서 대화를 나누고 있다. 기원전 375년경의 독자들에게 거의 55년 전인 기원전 432년은 아주 먼 과거는 아니었다.

플라톤은 《국가》를 갑작스럽게 시작한다. 이 대화편의 등장인물은 누구인지, 이들의 관계는 어떠한지, 대화가 일어나는 시점은 역사적으로 어떤 의미가 있는지 등등을 설명하지 않는다. 왜 그랬을까? 대답은 간단하다. 플라톤의 독자는 이미 다 알고 있기 때문이다. 기원전 378년의 아테네 독자들은 자신들의 나라가 25년 전에 어떻게 스파르타에게 패망했는지 알고 있었다. 그리고 그 전에 있었던 페르시아와의 전쟁에서의 영광된 승리와, 페리클레스의 지도력 아래 번성했던 아테네 제국, 그리고 스파르타와의 긴장의 역사를 잘 기억하고 있다. 더 나아가 그런 역사의 흐름 가운데에서 희생당해야 했던 소크라테스, 케팔로스 가족, 그리고 《국가》에 나오는 다른 등장인물의 운명도 아주 잘 알고 있었다. 이제 과거의 영광은 사라지고 나라는 약해졌지만 민주정을 회복시키고 다시 성장하고자 하는 꿈을 가진 아테네에서 살아가는 《국가》의 첫 번째 독자에게 기원전 432년은 자기 나라의 가장 빛나던 시기로 기억되는 때이다. 약 50년 전 시점을 배경으로 이후 몰락해가는 아테네의 운명을 몸소 겪은 비극적인 역사의 주인공들을 등장시킨 글을 읽는 독자들은, 자신들의 역사를 염두에 두고《국가》를 읽었다. 그리고 이러한 배경 지식을 가지고《국가》의 논의에 적극적으로 참여한다.

역사적인 공간에서 실존했던 사람들이 등장하는 드라마

이들의 대화는 피레우스 항에 있는 폴레마르코스의 집에서 이루어진다. 아테네의 외항이던 피레우스 항은 아테네의 해군력이 발휘되는 본거지였다. 아테네로부터 4km정도 떨어진 이 항구를 통해 아테네는 에게해 각지로 영향력을 발휘할 수 있었다. 그리고 이곳은 30인 참주 통치에 대항한 민주파의 첫 본거지이다. 그들은 피레우스를 근거로 해서 아테네를 다시 정복할 수 있었다. 또한 피레우스는 자기 집에서 장례조차 치르지 못하도록 처분받았던 폴레마르코스가 대를 이어 살았던 곳이기도 하다. 펠로폰네소스 전쟁 이후 들어선 30인의 참주가 민주파를 숙청했지만, 참주정은 그리 오래가지 못했다. 해외로 망명을 떠났던 민주파는 피레우스 항에서 전력을 정비하고 난 뒤 아테네를 공격하여 정권을 되찾아온다. 그런 사실을 잘 알고 있는 플라톤의 첫 독자들은 피레우스라는 장소를 보면 바로 민주정의 본거지라고 떠올렸을 것이다. 마치 한국의 민주화에 광주가 했던 역할과 비슷하다고나 할까? 이 피레우스 항에서《국가》의 주인공들은 민주정을 신랄하게 비판한다. 물론 참주정을 가장 가혹하게 비판하기는 한다.* 플라톤이 이상적으로 생각하는 국가는 최소한 아테네에서 운영되는 '민주정'은 아니다(참고로 플라톤의 민주정 비판은 현대 민주주의에 대한 비판과 다르다. 이후에 더 이야기를 하도록 하자). 기원전 430년경, 펠로폰네소스 전쟁의 피비린내가 진동하기 전, 아테네에서 민주정이 가장 융성하던 시점에, 민주주의의 본거지인 피레우스에서 민주주의에 대한 비판을 하는 이 대화 모임은 일종의 반역이다. 그만큼 《국가》는 도전적이다.

바로 이곳에서, 아직 전쟁이 일어나지도 않은 시점에, 스스로가 어떻게 죽을지 아직 모르는 주인공들이 모여서 '정의'가 무엇인지를 이야기한다. 그리고 등장인물들의 운명을 너무나 잘 알고 있는 독자들이 그 대화를 보게 만든다. 이처럼 《국가》의 시간적·공간적 배경, 그리고 거기에서 이야기를 이끌어가는 사람들 등은 플라톤이 의도적으로 구성한 것이다.

만약 누군가 김영삼, 김대중, 박정희가 4·19혁명 직후 한자리에 모여 우리나라를 어떻게 하면 정의롭게 만들 수 있을지를 토론하는 내용의 책을 21세기의 독자들을 위해 썼다고 생각해보라. 이들이 주인공으로 등장하는 《정의에 관하여》라는 제목의 책을 읽을 때 독자는, 김영삼, 김대중, 박정희라는 인물들의 역사적이고 비극적인 삶을 투영시키지 않을 수 없다. 비록 드라마의 배경은 아직 5·16도, 6월 항쟁도 일어나기 훨씬 전이지만, 이 드라마를 읽는 독자들은 나중에

• 이에 대해선 이 책의 11장에서 자세히 이야기할 예정이다.

이들이 살아갈 삶의 여정을 너무나도 잘 알고 있다. 그렇기 때문에 드라마에 묘사된 이 젊은이들의 정의에 대한 토론을 추상적인 논의, 혹은 탁상공론으로만 받아들일 수는 없을 것이다. 정의를 위해 싸우다가 감옥에 가고 사형 언도를 받고, 또 정의 때문에 총에 맞았던 이들의 삶을 염두에 두면서 어떤 나라가 좋고 어떤 나라가 정의로운지 고민하는 젊은이들의 대화를 읽을 것이다. 이들이 등장하는 드라마를 쓰는 작가는 각 인물의 실제 성격이나 입장에 최대한 부합하게 쓸 것이다. 그런 대화가 실제로는 없었을지라도 그 인물들이 그런 대화를 나누는 문학적 상상은 충분히 할 수 있다. 그리고 그 상상은 역사적 근거를 바탕으로 펼쳐진다.

지금 여기에서 정의란 무엇인가

이런 배경을 이해한다면 소크라테스와 폴레마르코스가 등장하는 책을 어떻게 그들의 비극적인 죽음과 결부시키지 않고 읽을 수 있겠는가? 피레우스 항에서 벤디스 여신 축제날 한가로이 정의가 무엇이며 어떤 나라가 정의로운지의 문제를 놓고 대화하는 장면을 읽으면, 펠로폰네소스 전쟁의 피비린내를 기억하지 않을 수 없었을 것이다.

역사적으로 이 대화가 사실인지의 여부는 크게 중요하지 않다. 독자는 이 대화가 객관적 사실로 입증되는지의 여부와 관계없이 대화 속 논의에 깊이 영향받는다. 이것이 플라톤이 의도한 두 번째 단계의 독서이다. 플라톤은 자신의 독자에게 친절할 필요가 없었다. 독자는 이미《국가》의 배경에 대해 잘 알고 있다. 무너져가는 아테네를 겪으면서 그 역사를 살아간 사람들이 고난의 시절이 시작되기 전, 아테네가 가장 찬란하게 빛나던 시점에 '무엇이 정의로운 것일까'를 논의하면서 좋은 삶이 무엇인지, 그리고 개인의 좋은 삶을 구현해주는 기반으로서의 좋은 공동체 혹은 정치체제란 무엇인지를 논의하는 장면은 플라톤의 독자에게 그 자체로 비극이다. 독자에 따라서는 실제로 역사에서 이런 대화가 있었더라면, 그리고 이 대화의 논의 사항에 따라서 소크라테스가, 아데이만토스가, 글라우콘이, 혹은 케팔로스의 아들들이 아테네를 정치적으로 이끌었더라면 지금의 고통과 수치는 없었을지도 모른다고 생각했을 수도 있다. 당시에《국가》를 읽었던 독자들은 펠로폰네소스 전쟁 이전의 정치가들과 시민들이 내린 결정이 아테네를 쇠퇴시킨 원인이었다는 사실을 되새기며 마음 아파했을 것이다. 플라톤은 독자가 그런 마음으로 정의가 무엇인지에 대한 논의에 적극적으로 참여하기를 바란다.

그다음 단계는 플라톤이 의도하지 않았던 독자인 우리의 몫이다. 아테네의 비극적인 역사를 겪었던 주인공들, 일부는 참주정에 일부는 민주정에 우호적이었으며, 그런 자신들의 정치적 입장 때문에 비극적으로 인생을 마쳐야만 했던 사람들을 통해 논의되는 정의라는 주제는 우리에게 어떤 의미인지 생각해보아야 한다. 정의로운 사회를 만드는 것은 우리에게도 너무나 중요한 문제이다. 촛불과 탄핵 등 정치적으로 급변하는 시기를 거치면서 우리는 더 깊은 고민을 하게 되었다. 단순히 정권을 바꾼다고 모든 문제가 해결되는 것이 아니고, 적폐세력을 몰아낸다고 해서 바로 좋은 세상이 오는 것도 아니다. 정의는 부정의를 없앰으로만 얻어지는 것이 아니라 적극적으로 이루어야 하는 것이다. 역동적이면서도 비극적인 아테네 역사를 살았던 《국가》의 주인공들은 우리에게 질문을 던진다. "너희는 어떻게 정의로운 나라를 만들어갈 것인가?" 21세기에 한국 사회를 살아가는 우리는 이 질문에 대한 대답을 고민하면서 《국가》를 읽어야 한다.

《국가》의 구성

《국가》를 본격적으로 읽기 전에 전체 구조를 개관해보자. 《국가》는 원체 길고 복잡한 책이기 때문에, 읽고 있는 부분이 전체에서 어느 부분인지를 놓치면 길을 잃고 헤매기 십상이다. 특히 《국가》에서 많은 사람들이 주로 읽는 부분은 전체 스토리에서 곁길로 한참 빠진 내용이기 때문에 더욱 그러하다. 책 전체의 구조를 간단하게 살펴보면 다음과 같다.

1권은 문제를 제기하는 부분이다. 이 책은 올바름, 혹은 정의에 대한 책이다. 1권에서는 소크라테스가 '정의란 무엇인가?'라는 질문을 여러 사람들에게 던진다. 특히 당대의 유명한 소피스트인 트라시마코스와 이 문제를 논하지만 정의가 무엇인지 밝히는 데는 실패한다. 단지 다른 사람들의 제안이 틀렸다는 사실이 입증될 뿐이다.

2권에서는 글라우콘과 아데이만토스가 소크라테스에게 정말 정의로운 사람이 행복한지 설명해달라고 요청한다. 올바르게 사는 사람들은 오히려 손해 보고 사는 것 같기 때문이다. 이 질문에 대답하기 위해서는 먼저 정의가 무엇인지 알아야 하기 때문에, 소크라테스는 정의가 무엇인지에 대한 탐구를 시작한다. '정의'라는 말이 쓰이는 때를 살펴보면 국가가 '정의'로울 수도 있고 개인이 '정의'로울 수도 있다. 이렇게 쓰이는 각각의 '정의'가 동음이의어 관계가 아닌 이상, '정의'는 국가와 개인의 문제에서 같은 의미, 혹은 같은 방식으로 쓰이고 있음이 분명하다.* 따라서 둘 중에 더 고찰하기 쉬운 국가에서의 정의를 먼저 살펴보아야 한다. 그래서 소크라테스는 국가의 기원을 설명하고, 국가 안에서 여러 계급의 사람들이 각자 어떤 역할을 해야 하는지 제시하며, 그 계급 중 군인 계급인 수호자에 대한 이야기를 한다. 2권 후반부터 3권까지는 이 수호자 계급을 어떻게 교육할 것인지의 문제를 다룬다.

4권에서는 정의가 무엇인지 밝히기 위해서, 논의를 통해 기원을 찾은 이상 국가에서의 덕을 하나씩 검토한다. 그리고 국가에서의 정의가 무엇인지 밝힌다. 그리고 국가에서의 정의가 무엇인지가 밝혀지면 한 사람에서의 정의가 무엇인지도 알 수 있을 것이라고 했기 때문에, 개인에서의 덕들과 정의가 무엇인지 설명한다. 그리고 소크라테스는 이 덕이 없어질 때 이상 국가와 이상적인 개인이 어떻게 몰락해가는지를 설명하고자 한다.

그런데 5권에 들어 소크라테스는 큰 어려움에 직면하게 된다. 소

• 이는 이 책의 8장에서 국가와 개인 사이의 관계와 덕의 문제를 다룰 때 소크라테스가 중요하게 사용하는 전제이다.

크라테스가 설명한 처자의 공유와 여성 지도자의 가능성이라는 두 문제와 더불어 이상적인 국가가 과연 가능한가 하는 질문이 제기된다. 소크라테스는 이상 국가가 현실에서 이루어지기 위해서는 철학자가 통치를 하거나 통치자가 철학을 해야만 한다고 주장한다. 국가 권력과 철학의 일치가 이루어질 때만 이상 국가가 가능하다는 이 대답은 다른 주인공들을 혼란에 빠지게 한다. 왜냐하면 철학자에 대한 평판이 현재에도 그러하듯 그때도 그리 좋지는 않았기 때문이다. 그래서 소크라테스는 5권 후반부터 7권 초반까지 철학자란 어떤 사람들이며 이들이 탐구하는 이데아란 무엇인지에 대해 길게 설명한다. 플라톤 철학에서 핵심적인 내용이 이곳에서 다루어지지만, 《국가》의 전체적인 맥락에서 보면 사실 곁가지에 지나지 않는 부분이다.

철학자가 누구인지에 대한 설명을 마친 후 이런 철학자를 어떤 교육으로 키워내는지에 대한 설명을 7권 후반부에서 마친 소크라테스는 4권이 끝나는 지점의 주제로 돌아가서 이상 국가와 이상적인 개인의 몰락에 대해 8권과 9권에서 설명을 한다. 여기에서 과두정, 민주정, 참주정 등에 대해 비판한다. 그리고 이를 바탕으로 정의로운 사람과 부정의한 사람 중 누가 더 행복한지를 보이기 위해 즐거움에 대한 고찰을 한다. 이후 소크라테스는 10권 전반부에서 철학과 시가 중 어느 쪽을 교육해야 하는지를 논의하고, 후반부에서 에르라는 사람의 이야기를 통해 최종적으로 정의로운 사람이 살아서나 죽은 후에나 언제든 행복하다는 것을 증명하면서 2권에서 받은 질문에 답하는 것으로 책을 마무리한다. 이 큰 줄거리를 염두에 두고 《국가》 각 권을 자세히 읽어보기로 하자.

《윤리와 사상》에서 《국가》는 어떻게 오해되는가

이제 1권을 읽어보도록 하자.《국가》를 실제로 읽어본 독자들은 1권
의 핵심 논의가 트라시마코스와 소크라테스의 대화이고, 특히 트라
시마코스가 말한 '정의*는 강자의 이익'이라는 주장에 대한 소크라
테스의 비판이라고 기억할 것이다. 고등학교《윤리와 사상》교과서
에도 트라시마코스의 주장이 요약되어 있는 것처럼《국가》는 정의
란 힘이 있는 사람들의 자의적인 질서이며, 그렇기 때문에 더 강한
자가 더 약한 사람들을 지배하고 다스리며 착취하는 것이 옳다는 주
장에 대해 '보편주의' 철학을 지향하는 소크라테스가 비판하는 내
용이라고 이해하는 사람들이 많다. 2014학년도 수학능력평가 6월

• '정의'라는 번역어와 '올바름'이라는 번역어 중 어느 쪽을 선택하는 것이 좋을지에 대해서는 논쟁이 있
다. 이 책에서 사용하는 박종현 역에서는 '올바름'으로 번역한다. 8장에서 보겠지만 정의가 추상적 개
념이 아니라 특정한 상태라는 사실을 강조하기 위해서이다. 이 번역어는《국가》의 맥락을 잘 이해하
는 데에는 도움이 되지만, 철학사에서 중요한 개념으로 이용되어온 '정의'라는 말의 역사적 맥락과는
다르게 이해된다는 단점이 있다. 이 책에서는 '정의'와 '올바름'을 교차해서 쓰기로 한다.

모의고사 문제를 한번 살펴보자.

2. 그림은 고대 서양 사상가 갑, 을의 가상 대화이다. 갑, 을의
입장에 대한 옳은 설명을 〈보기〉에서 고른 것은? [3점]

정의는 강자의 이익이며 강자만이 이익을
독점할 수 있습니다. 사회는 약육강식의
법칙이 지배합니다.

제 생각에 정의는 자신의 영혼을 이루고
있는 이성과 기개와 욕구가 각각 그 기능을
잘 발휘하여 조화를 이루는 상태입니다.

갑   을

──────〈 보 기 〉──────
ㄱ. 갑은 정의를 강자 자신의 이익을 위한 것이라고 본다.
ㄴ. 을은 각 계층 간의 역할 교환을 통해 정의가 실현된다고 본다.
ㄷ. 갑은 정의가 경험을 통해, 을은 이성을 통해 파악된다고 본다.
ㄹ. 갑, 을은 현실에서 정의의 참된 근거를 발견할 수 있다고 본다.

① ㄱ, ㄴ   ② ㄱ, ㄷ   ③ ㄴ, ㄷ   ④ ㄴ, ㄷ   ⑤ ㄷ, ㄹ

여기서 갑은 트라시마코스이고 을은 소크라테스, 혹은 플라톤이다.
정답은 아마도 ㄱ와 ㄷ인 것 같지만, 사실 ㄷ이 답이라고 단정적으로
이야기하기는 좀 어렵다. 이 점은 이 책 전체의 논의를 따라가면 알
수 있을 것이다. 어쨌든《국가》1권을 이렇게 해석하는 것이 어려운
내용을 일목요연하게 정리한 것이긴 하다. 그러나 앞 장에서 이야기
했듯 우리의 목표는 이렇게 트라시마코스의 입장과 소크라테스의 입
장을 요약하여 외우는 것이 아니라, 실제로《국가》를 읽는 것이다.

《국가》 1권이 소크라테스와 트라시마코스의 대결이라고만 알고 《국가》를 읽는 독자는 크게 당황할 수 있다. 왜냐하면 트라시마코스의 '정의란 강자의 이익'이라는 말은《국가》 1권의 중간 정도 가야 나오기 때문이다. 그 전에 소크라테스는 대화가 어떻게 시작되었으며 등장인물은 누구인지를 밝히고 대화가 이루어지는 집의 주인인 케팔로스의 생각과 폴레마르코스의 생각을 검토한다. 트라시마코스는 이 대화를 듣고 있다가 어떤 대목이 마음에 들지 않았기 때문에 대화에 끼어들었고 거기에서 '정의는 더 강한 자의 이익'이라는 주장을 내세운다. 우리는 이런 맥락을 먼저 읽을 필요가 있다.

주제를 암시하는 떡밥을 찾아라

《국가》 1권은 트라시마코스가 제시한 '정의란 강자의 이익'이라는 주장의 근거가 빈약하다는 사실을 보이는 것이 중심 내용이기 때문에 여기에서는 플라톤이, 혹은 소크라테스가 자신의 생각을 드러내지 않는 것 같다.* 그런데 나는《국가》 1권이 트라시마코스의 논리를 격파하는 것 외에도《국가》 전체의 복선을 숨겨놓는 역할을 한다

• 앞 장에서 이야기했던 것처럼《국가》의 저자는 플라톤이지만 대화는 소크라테스를 통해서 이루어진다. 이 소크라테스가 역사적 소크라테스와 정확히 일치하는지 알지 못하기 때문에 이 책에서 '소크라테스'라고 하는 경우《국가》의 소크라테스'를 의미한다. 플라톤의 의도가 거의 분명하다고 생각되는 경우는 소크라테스 대신 '플라톤'이라고 쓸 수도 있다.

고 생각한다. 독자는《국가》1권에서《국가》라는 책 전체의 퍼즐을 맞출 힌트를 찾아야 한다. 요즘 주로 쓰는 말로 플라톤은 1권에서 떡밥을 많이 뿌려놓았다. 그리고 2권부터 10권까지의 논의에서 이 떡밥들을 아주 잘 회수한다. J. J. 아브람스는 떡밥을 많이 뿌려놓고 제대로 회수하지 않는 것으로 유명한 영화감독이다. 이에 반해 플라톤은《국가》1권에서 뿌려놓은 떡밥들을 2권 이후에 차근차근 잘 회수해나간다.

트라시마코스가 등장하기 전까지는 정의가 무엇인지에 대한 단서를 제시하기도 하지만《국가》전체에서 다루는 여러 주제들에 대한 복선이 담겨 있기도 하다. 우선 이 부분을 주목해서 살펴보도록 하자. 다시 한 번《국가》의 첫 부분을 보자.

"어저께 나는 아리스톤의 아들 글라우콘과 함께 피레우스로 내려갔었네."

현실로 내려가는 이야기,《국가》

《국가》7권에서 제시되는 그 유명한 동굴의 비유에서는 철학자가 어떤 일을 해야 하는지를 다룬다. 거기에서 철학자는 동굴에서 벗어나 형상의 세계를 본 다음 동굴 안으로 돌아오게 되어 있다. 다시 말해 철학자의 작업에는 두 측면이 있는데 일단 이데아를 보기 위해 올라가야 하고(anabasis: 7권 517b) 이데아에 대한 앎을 가진 후 현실로 내려와야(katabainein: 519d) 한다. 《국가》가 두 개의 나누어진 세계를 그리면서 초월적인 세계를 지향하는 철학자의 철학적인 탐구를 가장 주되게 제시한다는 일반적인 철학 입문서의 해석에 따르면, 이 비유를 '올라감'의 과정에 초점을 맞추어 읽게 될 것이다.

그런데 《국가》에서는 현실로 내려오는 과정도 강조한다. '하나의 국가가 어떻게 하면 정의롭게 될 것인가'가 이 책의 관심사라고 한다면, 정의롭게 만들기 위한 지식을 얻는 과정으로서 올라가는 것보다 현실로 내려와서 국가를 정의롭게 만드는 일이 더 중요한 주제이다. 그렇다면 동굴의 비유에서도 '내려옴'이 훨씬 중요한 주제라고할 수 있다. 이 문제는 10장에서 충분히 다루도록 하자.

'내려옴(katabasis)'이라는 모티브는 사실 그리스 문학 작품에서 굉장히 많이 사용된다. 특히 호메로스의 《오디세이아》에 보면 지하 세계로 내려가는 이야기가 나오고, 베르길리우스의 《아이네이스》에서도 저승에 가는 모티브가 등장한다. 그런데 흥미로운 것은 《국가》를 시작하는 가장 첫 부분이다. 1권 가장 첫 줄의 우리말 번역은 이 일이 언제 있었는지를 알려주고 있다. 이 대화는 '어제' 있었던 일이다. 그러나 희랍어 문장은 어순이 다르다. 이 문장은 희랍어로 "katabēn chtes eis Peiraia meta Glaukōnos tou Aristōnos"이다. 이 문장의 첫 번째 단어는 '내려가다'라는 뜻의 katabainein이라는 동사의 1인칭 과거(아오리스트)형이다. 맨 처음에 나오는 이 단어는 책 전체의 주제와 이어진다. 독자가 가장 처음 접하는 단어에 저자는 무게를 실을 수 있다. 특히 희랍어는 한국어나 영어처럼 어순이 정해져 있지 않기 때문에, 저자는 자신이 강조하고 싶은 단어를 자유롭게 앞에 배치할 수 있다. 호메로스의《일리아스》는 트로이 전쟁의 영웅 중 특히 아킬레우스의 개인적인 분노가 전쟁에 어떤 영향을 끼쳤는지와 관련한 서사시이다. 그래서인지《일리아스》의 첫 단어는 '분노'다.* 이 책은 아킬레우스의 분노에 대한 책이라는 점을 독자가 기억하도록 호메로스가 의도적으로 이 단어를 서사시 전체의 첫 단어로 배치했다고 해석할 수 있다.《국가》의 경우도 마찬가지다. 플라톤은 초월의 세계를 지향하는 철학자보다는 우리가 살아가는 국가를 정의롭게 만드는 데에 관심이 있다. 국가가 정의롭게 되기 위해선 철학자가 형상에 대한 앎을 가지고 자신이 살던 공동체로 '내려와야' 한다. 지식은 획득된 다음 사용되지 않으면 별 가치가 없다. 철학자의 지식은 통치를 위해 사용되어야 한다. 따라서《국가》에서는 '내려옴'이 더 중요한 주제이다. 이것이《국가》의 기획이라고 볼 수 있는 여러 복선 중 하나는 첫 단어이다. 철학자가 이데아를 본 다음 현실로 돌아오는 과정을 '내려감'이라고 표현한다는 점을 고려했을 때, 소크라테스가 아테네에서 피레우스로 '내려가서' 정의, 혹은 올바름에 대한 대화를 하는 모습을 그린 것이 이 대화편이라는 점은 매우 흥미롭다.《국가》가 문학 작품으로서의 특징을 강하게 갖는다는 점을 잘 보여주는 예이다.

대화편의 첫 부분에서 소크라테스는 아테네로 돌아가려 한다. 피

• "노래하소서, 여신이여. 펠레우스의 아들 아킬레우스의 노여움을"(천병희 역,《일리아스》, 숲, 2015.) 우리말 번역에는 '노여움'이 문장 맨 뒤에 가 있지만 희랍어에서는 가장 첫 번째 단어이다.

레우스보다 '위'인 아테네로 가려는 그는 '내려감'보다는 '올라감'에 마음을 더욱 쓰고 있다. 《국가》에서 그려지는 철학자는 이데아의 세계를 지향한다. 하지만 그의 지식은 그가 속한 공동체를 위한 것이다. 그렇기 때문에 철학자는 자신이 원하는 바와 달리 동굴에 내려와서 통치를 하도록 강요받는다. 아테네로 올라가고 싶어 하는 소크라테스 또한 마찬가지이다. 그는 올라가고 싶어 하지만 내려와서 피레우스에 머물러야 한다. 마치 동굴의 비유에서 철학자가 동굴 밖에 머물러 있고 싶어 하지만, 결국 동굴로 끌려 내려와야 하는 것과도 같다. 이데아를 관조하면서 사는 삶이 훨씬 좋아 보이지만, 철학자는 강제로 통치를 해야 한다. 이렇게 강제로 피레우스에 남아 정의에 관해 이야기를 해야만 하는 소크라테스의 하룻밤은, 원치 않아도 통치를 해야만 하는 철학자의 운명을 암시한다. 이는 《국가》에서 중요하게 다루어지는 또 하나의 주제에 대한 복선이다.

민주정의 강압적인 모습을 보여주는 인물, 폴레마르코스

폴레마르코스가 아네테로 돌아가려는 소크라테스를 붙잡고 머무르기를 간청하는 장면도 폴레마르코스라는 사람이 누군지 고려하면 매우 흥미롭다. 폴레마르코스는 ① 잡는 사람들을 이겨내거나(그래서 아테네로 돌아가거나) ② 피레우스에 머무르는 두 가지 가능성만 있다고 말한다. 이런 상황의 결론으로는 상대를 이기거나 상대에게 패하는 것밖에 없다는 것이다. 그런데 폴레마르코스는 소크라테스가 자신을 이기지 못할 것이라고 장담한다. 즉 소크라테스는 자신에게 질 것이고 그렇기 때문에 남아야만 한다는 것이다. 폴레마르코스가 이렇게 자신만만했던 것은, 소크라테스는 글라우콘과 둘이서만 길을 가고 있었지만, 폴레마르코스는 아데이만토스, 니케라토스 등 여러 사람과 함께 가고 있었기 때문이다. 자신의 편이 다수이기 때문에 소수인 소크라테스가 폴레마르코스를 비롯한 다수의 생각을 따라야만 한다. 앞 장에서 설명했던 것처럼 폴레마르코스는 민주파의 일원이다. 그리고 피레우스는 민주파의 성지이다. 다수의 의견에 소수가 따를 수밖에 없다는 폴레마르코스의 대사를 읽는 첫 독자들은 모두 민주정의 강압, 혹은 다수의 횡포을 떠올렸을 것이다. 플라톤은 이 장면에서 민주정의 폭정에 의해 사형을 당한 소크라테스의 모습을 암시하고 싶었다.

폴레마르코스가 소크라테스를 도발하는 장면은 고대 그리스인들의 '경쟁/투쟁(agōn)'의 한 예이다. 그리스인들은 인간사에서 일어나는 많은 일을 경쟁으로 이해했다. 올림픽의 민족답게 운동 경기에서의 경쟁이 대표적이지만, 이것 말고도 전쟁, 법정, 정치 등등에서의 갈등을 해소하는 방법으로 '시합'이나 '싸움'을 필요로 했다. 다수결 또한 이런 경쟁 과정에서 상대를 이겨내는 의사 결정 방식으로 사용된 것이다.

소크라테스가 대화하는 목적

이러한 경쟁 위주의 사고방식에 대해 소크라테스는 "우리를 보내주도록 우리가 설득하게 될 경우"라는 세 번째 가능성을 제시한다. 결과적으로야 자신의 생각에 폴레마르코스가 동조하게 만드는 것이기에 ①번 상황과 결과는 같지만, 잡는 사람과 떠나려는 사람이 서로 다른 생각을 하지 않고 같은 생각을 하면서 헤어지게 된다는 점에서 폴레마르코스가 말한 '숫자로 이기는 경우'와는 다르다. 그리고 바로 이런 방법이 역사적 소크라테스가 문제가 발생했을 때 해결하려는 방법이었을 것이다.

그런데 문제는 상대가 "들으려고도 하지 않는 사람"일 경우이다. 그때는 설득이라는 방법이 통하지 않고 오직 경쟁만이 해결책이다. 그런데 소크라테스는 설득을 포기하지 않는다. 소크라테스가 1권에서 그리고 《국가》 전체에서 계속해서 설득이라는 방법을 포기하지 않는 것은 자신이 대화하고 있는 상대—트라시마코스를 포함해서—모두를 '들으려고 하는 사람'으로 보기 때문이다. 철학에서의 대화는 상대와의 경쟁을 통해 설득하고 생각을 맞추어가는 것을 목표로 하지 다수결이라는 방식으로 상대를 이기고 파괴하는 것을 목적으로 하지 않는다.

더 자세히 보겠지만 트라시마코스 또한 마찬가지이다. 트라시마코스는 자신의 대답이 소크라테스의 것보다 훌륭함을 보여줌으로 소크라테스를 꺾고 인기를 얻는 것이 대화의 목표였다. 따라서 트라시마코스는 소크라테스와의 대화에 계속해서 전투적으로 참여한다.

하지만 대화가 이어지면서 자신의 대답 '더 강한 자의 이익이 정의 이다'가 기각되자, 싸움에서 질 것 같은 트라시마코스는 많은 말을 한꺼번에 쏟아놓고 떠나려 한다. 그러나 소크라테스는 차근히 트라시마코스가 한 주장의 문제점들을 지적하고, 이를 통해 자신의 문제를 깨달은 트라시마코스는 사납게 행동하길 그만두고 소크라테스에게 감사한다. 자신의 입장이 논박된 이후 트라시마코스는 더이상 소크라테스와의 경쟁에서 이기려 하지 않는다. 소크라테스는 트라시마코스가 '아곤'에서 이기려고만 하는 것이 아니라 '들으려' 하는 사람이라고 생각하게 되었다. 소크라테스는 트라시마코스를 설득하거나 그에게 설득되기 위해 대화를 한다. 바로 그런 이유로 트라시마코스는 소크라테스와의 대화를 마치고도(즉 1권이 끝난 다음에도) 대화의 장에서 떠나지 않고 계속 소크라테스의 이야기를 들으며 10권이 끝날 때까지 대화자들과 함께한다. 이렇게 소크라테스의 의도를 파악한 대화 상대자는 경쟁보다 협력을 통한 진리 추구를 목표로 대화하게 된다. 이것이 철학적인 대화이다. 철학자에 대한 비판을 논의하는 9장에서 다시 이야기하겠지만, 철학은 상대를 말로 이기려 드는 것이 아니다.

소크라테스의 대화는 승리를 추구하는 다수결과 다르다.《국가》전체에서 소크라테스는 상대를 이기기 위해서 대화하지 않는다. 그러나 소크라테스가 비판하는 민주정의 경우 다수의 힘을 이용해서 상대를 누르고 권력을 쟁취하는 것이 목표이다. 플라톤은 폴레마르코스의 태도를 통해 민주정의 문제를 암시한다. 그리고 소크라테스는 폴레마르코스 패거리에게 져서가 아니라, 다른 이유로 폴레마르코스 집에 가게 된다. 글라우콘이 횃불 경주와 철야제 구경, 그리고 젊은 사람들과의 대화에 대한 기대 때문에 남자는 주장에 설득당하자, 소크라테스도 거기에 따르기로 한다. 이처럼 다수의 힘이 아니라 이성적인 설득이 생각을 바꾼다. 플라톤은 폴레마르코스의 태도를 통해서도 철학적 대화의 중요성이라는 메시지를 숨겨놓았다. 이제 폴레마르코스의 집에서 본격적으로 '정의'란 무엇인지에 대해 논의를 시작하게 된다.

케팔로스와 폴레마르코스의 정의와 정의에 대한 '감'

《국가》는 정의가 무엇인지를 다루는 책이다. 국가의 안보와 비밀을 담당하는 국정원이 나서서 국가 구성원 전체가 아니라 특정한 정치 권력을 수호하기 위해 온라인 오프라인에서 온갖 조작에 앞설 뿐 아니라, 공정하게 치러져야 마땅한 선거까지도 조작해가면서 정권을 연장시켰던 부당한 권력을 경험했던 한국 사람들은 부당한 정권의 부정의한 행동이 잘못되었다고 말할 수 있는 근거를 찾고자 했고 그래서 정의가 무엇인지에 꽤나 관심이 많다.

　일반 사람들도 상식적인 차원에서 정의란 무엇인지에 대해 어느 정도의 '감'은 가지고 있다. '정의가 무엇인가?'라는 질문을 받으면 곧바로 대답하지 못할지는 모르지만, 대부분 자신의 이익을 위해 권력을 남용하는 정권이 '정의롭지 않다'고는 생각한다. 소크라테스가 정의가 무엇인지 알기 위해 대화를 풀어가는 것은 바로 이 지점부터

이다. 사람들이 갖고 있는 그 감이 무엇인지를 찾아 거기서부터 실마리를 풀어간다. 《국가》 전체에서 다루는 정의가 무엇인가라는 질문에 대한 대답의 복선 혹은 실마리는 《국가》 1권의 가장 첫 부분에서 가장 처음 만나 대화하는 일반 사람인 케팔로스의 감을 통해서 암시된다.*

케팔로스가 말하는 정의
: 자기 역할을 수행하고 자기 몫에 만족하는 삶

케팔로스는 아테네 시민이 아니었다. 외국인으로서 피레우스 항에서 무기 공장을 운영해 돈을 많이 벌었고 그래서 아테네 시민과 거의 동등한 권리를 누리게 되었다. 이제 피레우스에서 여유있고 행복하게 살아가는 케팔로스에게 소크라테스는 '인생 여정이 험한지, 아니면 순탄한지'를 묻는다. 케팔로스는 나이를 먹게 되면 젊은 시절의 여러 욕망으로부터 자유로워지기 때문에 살기 편해지는 것은 사실이지만, 모든 사람들이 다 그렇게 순탄한 삶을 사는 것은 아니라고 말한다. 그러면서 노년에도 '생활 방식'(329d)에 따라 편안하게 살 수 있다고 말한다. 어떤 생활 방식을 말하는가? 케팔로스에 따르면 '절

• 이 책의 4장 후반부와 6장 일부는 〈폴리스 안에서의 상호 채무 관계에 기반을 둔 정의-플라톤 《국가》 1, 2권의 논의를 근거로〉라는 제목으로 《도시인문학연구》 10권 2호(2018)에 실렸던 논문을 이 책의 주제에 맞추어 수정한 것이다.

도 있고 쉬 만족'하는 삶을 사는 경우, 나이가 많든 적든 관계없이 잘 살 수 있다. 케팔로스가 제안한 이 조건, 욕구에 있어서 지나치지 않고 절도 있는 삶을 사는 것은 사실《국가》편 전체에서 행복한 삶을 살기 위한 조건으로 제시하는 절제라는 덕을 갖춘 것이다. 이상 국가의 시민들은 자신에게 주어진 역할에 충실하고 자신들이 가져야 할 것만 가지고 산다. 절도 있게 자신의 역할을 수행해내고 자신에게 주어진 몫에 만족하고 사는 삶. 4권에서 소크라테스는 모든 사람들이 이렇게 살아가는 상태가 바로 정의라고 말한다.

케팔로스의 감은 틀리지 않았다. 그리고 21세기 한국의 독자들도 이런 상태가 정의라는 감은 갖고 있을 것이다. 자신이 바라야 할 것보다 더 많이 갖기 위해 온갖 수단과 방법을 동원하는 것은 정의롭지 않다. 정권을 연장시키기 위해 자신의 몫을 넘어서 선거에 개입하여 결과를 조작하는 것은 정의롭지 않다. 능력과 자질을 갖추지 않았으면서도 단지 특정한 인물의 자식이라는 이유로 대통령이 되겠다고 나서고, 실제로 대통령이 되는 현실은 정의롭지 않다. 그 대통령을 허수아비 삼아서 대기업과 사인이 서로 손을 잡고 국민들의 미래가 걸린 국민연금을 기업 소유자의 사적 이익을 위해 무단으로 사용하며 '절도 없고 만족하지 못하는 삶'을 사는 것은 결코 정의롭지 않다.

문제는 이런 '절도 있고 쉬 만족'하지 못하는 삶이 정의롭지 않은 이유가 무엇인지를 보여야만 한다는 것이다. 단순히 감만으로는 부족하다. 그런 삶이 왜 잘못된 것인지를 설명할 수 있어야 비슷한 경우에 그 상황이 부정의하다는 사실을 인지하고 맞서 싸울 수 있다. 소크라테스는 케팔로스의 대답에 만족하지 않는다. 케팔로스의 감은 정확한 듯하지만, 그 이유를 케팔로스가 제대로 제시하지 않는 한 충분한 대답이 되지는 못한다. 그래서 소크라테스는 짓궂게 질문한다. 케팔로스는 무기 공장을 운영하면서 많은 재산을 모았고, 돈이 많으니까 노년을 수월하게 살아가는 것이 아닌가? 재산을 충분히 가지고 있으면 바라는 것이 있을 때 바로 그것을 구할 수 있고 쉽게 만족할 수 있을 수도 있으니 말이다. 케팔로스는 재산이 많고 적음이 문제가 아니라 훌륭한 사람인지의 여부가 '자족하는 삶'을 살게 한다는 《국가》편의 '정답'을 다시 내어놓는다. 사실 플라톤은 1권 초반부터 대화편 전체의 주제를 독자들에게 암시한다. 그럼에도 불구하고 이 책이 길어진 것은, 플라톤이 정답을 주는 것만을 중요하다 여기지 않았기 때문이다. 이 정답에 어떻게 도달하느냐, 즉 왜 그 정답이 나오는지가 중요하다. 그리고 그 퍼즐을 맞추어가는 것 자체가 철학이지 정답을 아는 것이 철학은 아니다.

소크라테스가 던지는 불편한 질문

소크라테스는 케팔로스의 대답에서 만족하지 않는다. 대화하는 상대가 보기에 너무 깐죽거린다고 보일 정도로 집요하게 질문을 던지는 소크라테스의 태도는 케팔로스라는 노인에게도 별반 다르지 않다. 소크라테스가 젊은이들을 타락시켰다는 죄목으로 사형을 받은 것은, 상대를 막론하고 버릇없이 말꼬리를 잡고 질문하는 모습을 본으로 보였기 때문일지도 모른다. 젊은이들이 그런 소크라테스의 모습을 보고 닮으려 했기 때문에 아테네 사회의 지도자들에겐 소크라테스가 너무나 불편한 존재였을 것이다. 이런 소크라테스는 자신보다 서른 살 정도는 나이가 많은 케팔로스에게 요샛말로 '당신은 금수저라서 부자로 살기 때문에 나이 들어도 편하게 사는 것 아니냐'고 당돌하게 묻는다. 부유하게 사는 것이 당신의 노력 때문이 아니라 부모 잘 만나서 그런 것 아니냐는, 요즘 한국 사회에서 부정의함을 가장 절실하게 느끼도록 하는 질문을 소크라테스는 던진다. '저 사람은 아버지 잘 만나서, 혹은 할아버지를 잘 만났기 때문에 능력도 없으면서 세계적인 기업의 수장 노릇을 하는 것 아니냐'는 질문이 국정 농단 재판을 지켜보는 우리에게 떠오르는 이유는 그 상황이 정의라는 감에 부합하지 않기 때문이다. 바로 이런 우리의 느낌을 정당화하기 위해 소크라테스는 질문한다. '당신이 재산을 상속받았기 때문에 편하게 사는 것 아니오?' 하고. 소크라테스에게는 동시대의 권력자들에게 미움을 받을 만한 충분한 이유가 있었다. 철학자들은 사람들을 괴롭힌다. 상대를 이기기 위해서가 아니다. 정의에 대한 감이 정확히 무엇이고 왜 그런 감을 갖는지 밝히기 위해 상대에게 괴로운 질문을 던진다.

케팔로스는 굉장히 훌륭한 인품을 가진 사람이었던 것 같다. 버르장머리 없는 질문에 화를 내지 않고 차분히 '상속받은 것보다 좀 더 많이 자녀에게 남겨주려고 한다'면서 자기 나름대로 노력하는 삶을 살았다고 대답한다. 그러자 소크라테스는 재산에 크게 애착을 가지지 않는 케팔로스에게 부자로 사는 것이 어떤 점에서 좋은지 물어본다. 케팔로스는 많은 재산을 가지게 됨으로써 남을 속이거나 거짓말을 하지 않아도 되고, 신께 제물을 빚지거나 남한테 재물을 빚진 채로 저승으로 가는 일이 생기지 않을 것이라고 말한다(331b). 저승이라니? 이 책은 결국 종교 경전이었나? 종교에 귀의하는 것이 정의로운 삶을 살게 하는 동력이라는 말인가?

케팔로스가 저승에 가서 벌을 받을 것을 걱정하는 것이 아님에 주목해야 한다. 그것보다 자신이 신이나 다른 사람을 비롯하여 누구에게든 빚을 진 상태로 죽지 않을 수 있기 때문에 재산을 가지고 있는 것이 좋다고 말한다. 왜 그럴까? 케팔로스는 빚을 진 상태로 죽는 것이 인생에서 가장 나쁜 일이라고 생각하는데, 재산이 넉넉한 경우는 다른 사람에게 굳이 빚을 지지 않아도 되거나, 혹은 빚을 지게 되더라도 다 갚을 수 있기 때문이다.

케팔로스의 말을 소크라테스는 "정의란 정직함과 남한테서 받은 것은 갚는 것"이라고 일단 요약한다(331c). 이는《국가》에서 가장 처음 등장하는 정의의 정의이다. 이는 곧 남과 무엇인가를 주고받는 관계에서 서로가 그 주고받음에서 정직하고 속이지 않아야 한다는 것이기 때문에, 정의는 결국 남에게 빚지지 않고 잘 갚는 것이 된다. 다시 말해 케팔로스가 생각하는 정의로운 삶이란 '빚지지 않고 사는 삶'이라고 할 수 있다.

정의에 관해 말하면서 빚을 이야기하는 이유

《국가》의 가장 초반부에서 정의를 빚짐과 관련해서 설명하는 것은 흥미롭다. 한 사람이 살아가는 과정은 사실 생각해보면 남에게 계속해서 신세를 지고 덕을 베푸는 일의 반복이다. 인간은 혼자 살 수 없다. 다시 말해 다른 사람의 덕을 입어야 살 수 있다는 것이다. 그리고 다른 사람에게 그만큼 덕을 베풀면서 살아야 그 다른 사람도 살아갈 수 있다. 어린아이로 태어나서 부모의 신세를 지고 성인이 될 때까지, 기본적인 욕구를 만족하는 과정에서뿐 아니라 행복한 삶을 위해 필요한 부가적인 욕구들을 채우기 위해서도 다른 사람들의 노력이 필요하다. 이렇게 진 신세를 갚기 위해 효도를 하거나, 비용을 지불하거나, 혹은 다른 사람이 나에게 신세를 지도록 허락함으로 신세를 갚고 사는 것이 인간의 삶이다. 그런 점에서 케팔로스는 다른 사람에게 신세를 졌으면서도 이를 갚지 않는 사람이 부정의하다고 생각한다. 같은 이유로 올바르고 정의롭게 사는 삶의 가장 기본은 자신이 진 빚을 잘 갚는 것과 밀접하게 연결이 되어 있다. 케팔로스의 말처럼 누구에게도 빚지지 않고 있는 사람은 자신이 다른 사람에게 부당하게 행동한다고는 생각하지 않을 것이다. 빚을 진 사람이 빚을 갚지 않았을 때 정의에 대한 우리의 감은 분명해진다. 빚을 갚지 않는 것은 부정의한 일이다.

이상 국가의 성립에 대해 6장에서 다시 다루겠지만 플라톤의 이상 국가 시스템이 이런 '빚짐'의 관계로 이루어져 있다는 사실은 플라톤 철학을 이해하는 데에 매우 중요하다. 어느 누구도 다른 사람의 신세를 지지 않고 살 수 없기에, 신세를 잘 갚도록 해주는 시스템을 갖춘 사회가 가장 정의롭고 올바르다는 사실을 보여주는 것이 《국가》 전체의 기획이다. 플라톤은 사람의 선한 본성에 기대를 걸지 않는다. 공동체를 이루어서 살아갈 수밖에 없는 인간이 서로 신세를 지면서 공동체를 이룬다는 점에 주목해서 좋은 국가 체제를 설계한다. 이렇게 서로가 서로에게 빚을 잘 갚도록 해주는 이상 국가의 정치체제가 플라톤의 기획이다. 그리고 이상적인 국가에서 필요한 '정의'의 의미는《국가》에서 처음으로 '정의'의 의미를 제안하는 케팔로스의 말에서부터 제시된다.《국가》에서 다루는 '정의란 무엇인가?'라는 문제는 어떻게 하면 내가 진 빚을 잘 갚고 살 수 있는가 하는 문제이다. 이 점에 초점을 맞추어《국가》전체를 읽는 것이 중요하다.

폴레마르코스가 말하는 정의: 각자에게 합당한 것을 갚는 것

케팔로스가 처음 제안한 문제, 즉 부유하기 때문에 빚을 잘 갚고 살수 있어서 노년이 편안하다는 생각은《국가》전체를 관통한다. 그런데 여기에서 케팔로스가 제안한 정의, 즉 빚진 것을 잘 갚아야 한다는 정의(혹은 올바름)의 정의는 바로 소크라테스에게 논박된다. 멀쩡했던 친구에게 무기를 빌렸는데 그 친구가 미친 상태로 돌아와서 무기를 돌려달라고 한다면 그 무기가 친구 것이라도 돌려주지는 않을 것이다. 따라서 단지 남에게 받은 것을 갚는 것만으로는 올바름을 정의내릴 수 없다.

어떤 조건이 추가되어야만 할까? 집안의 가업을 잇는 장남인 폴레마르코스는 시모니데스의 격언을 인용하면서 아버지가 제안했던 올바름의 정의를 보완한다. "각자에게 합당한 것을 갚는 것"은 어떨까?(332c) 사실 이 정의는 고대 희랍인들에게 중요한 개념이었던 '몫'과 관련이 있다. 일반적으로 '몫', 혹은 '운명'이라고 번역되곤 하는 '모이라(moira)'는 세계를 지배하는 일종의 법칙이다. 이는 개인의 소유와만 관련한 것이 아니라, 차지해야만 하는 공간, 자연 법칙의 보편성, 그리고 도덕적 당위성을 포함하는 개념으로 인간뿐 아니라 신들 또한 벗어날 수 없는 공간, 역할, 소유 등을 말한다. 하지만 이 몫은 기독교의 창조주와 같은 신의 의도에 따라 주어지지 않는다. 나무에서 사과가 떨어지는 것이 '자연스러운' 인력의 법칙에 따르는 것이지 매 순간 신의 의도에 의해 일어나는 현상이 아닌 것처럼*, 세상의 모든 것에는 각자의 '몫'이 특정한 의도 없이 정해져 있다. 그래서 희랍 사람들은 올림포스의 주신들에게까지 각자의 영역이 정해져 있고 이를 넘어서는 것은 오만불손(휘브리스: hybris)이라는 가장 큰 잘못이라고 생각했다. 상대의 소유물이라고 무조건 돌려주는 것이 아니라 상대에게 합당한 몫을 돌려주는 것이 정의롭다는 폴레마르코스의 주장은 희랍인들의 독특한 '몫' 개념에 근거한, 매우 희랍적인 사고방식이다.

하지만 이런 생각은 희랍에서만 발견되는 것이 아니다. 논어에서도 "군군신신부부자자(君君臣臣父父子子)"라고 하여 임금이 임금답고, 신하가 신하답고, 아버지가 아버지답고, 자식이 자식다운, 즉 자신의

• 물론 근대의 말브랑슈와 같은 기회원인론을 주장하는 철학자들은 모든 사건의 원인이 신이라고 주장하기는 했다. 하지만 이는 많은 사람들에 의해 받아들여지는 생각은 아니다.

몫에 맞게 살아가는 것이 올바르다고 했다. 각자가 각자의 몫에 맞추어 소유하고 행동하는 것. 이는《국가》4권에 나오는 정의의 개념과 일치한다. 그렇기 때문에 소크라테스는 폴레마르코스의 제안 자체를 비판하기보다는 그가 제안하는 '각자에게 합당한 몫'이 무엇인지 아는 것을 문제로 삼는다.

폴레마르코스에게 정의는 '각자에게 합당한 것을 갚는 것'이므로, 친구는 잘되는 것이 합당하고 적은 잘못되는 것이 합당하다고 우리는 판단한다. 따라서 폴레마르코스에게 정의는 '친구가 잘되게 해주고 적들이 잘못되게 해주는 것'이라는 발전된 형태로 제시된다. 여기에서 소크라테스는 '친구'와 '적'을 정확히 알아보는 방법이 있는지의 문제를 지적한다. 폴레마르코스는 친구처럼 보이는 사람과 진짜 친구인 사람을 구분해내는 것이 쉽지 않고, 그런 점에서 몫을 제대로 돌려주는 것이 어렵다는 것을 인정한다. 즉, 폴레마르코스가 제안한 정의의 개념 자체가 틀린 것은 아니다. 단지 그 정의를 이루기 위해서는 합당한 몫을 구분해낼 수 있는 능력, 혹은 기술이 필요한데 폴레마르코스는 그것이 정확히 무엇인지 모르고 있을 뿐이다. 각 사람에게 합당한 몫이 무엇인지를 구분해내는 기술은 어떻게 하면 정의로운 이상 국가를 건설할 수 있을지 논의하는 과정에서 철학자가 가진 지식에서 비롯한다는 점이 밝혀진다. 폴레마르코스의 정의 개념은 결국 철학자가 좋음의 이데아에 대한 앎을 가지고 있을 때 현실화될 수 있다. 다시 말해 각 사람의 몫이 무엇인지를 아는 것이 통치자에게는 가장 필요한 능력인데, 이 능력은 철학자가 가지고 있는 고유한 지식과 기술에 근거한다. 이렇게《국가》전체의 주장에 대한 실마리가《국가》의 가장 첫 부분에서 주어진다.

폴레마르코스가 제안하는 정의 개념을 검증하는 과정에서《국가》에서 다루는 또 다른 중요한 주제에 대한 암시도 주어진다. 폴레마르코스는 누가 친구인지 묻는 소크라테스의 질문에 대해 '자기가 선량하다고 판단하는 사람'을 친구라고 말한다. 그러나 소크라테스는 자기가 어떻게 판단하는지보다는 실제로 선량한 사람인지를 고려해서 친구로 규정해야 한다고 주장한다. 그리고 실제로 선량한 사람을 이롭게 하고 실제로 선량하지 않은 사람을 해롭게 하는 것이 정의이지, 자기가 선량하다고 판단하는 사람을 이롭게 하는 것은 정의가 아닐 수 있다고 말한다. 여기에서 소크라테스는 '실제로 그러한 경우'와 자기가 판단하는 경우 사이에 차이가 생길 가능성을 열어두고 있다. 주관적인 판단이 무조건 틀리다는 말이 아니다. 자신에게 '보여지는' 세계는 실제 세계와 다를 수도 있다는 것이다. 플라톤 철학을 설명하는 입문서라면 꼭 다루는, '의견'과 '지식'의 차이를 주목하는 인식론적 문제와 관련한 퍼즐 조각을 플라톤은 폴레마르코스와 소크라테스의 대화 사이에도 남겨둔다.*

• 이에 관해서는 9장에서 더 자세하게 논의하도록 하자.

정의에 대한 인간과 동물의 '감'

다시 정의의 문제로 돌아가자. 케팔로스가 제안하고 폴레마르코스가 발전시킨 정의 개념, 즉 원래 가져야만 하는 몫을 받지 못하는 것이 부당하다는 생각은 고대인들뿐 아니라 현대의 독자들이 느끼는 정의에 대한 '감'에도 잘 맞는다. 더 나아가 이 '감'은 일부 동물들도 공유하는 것 같다.

미국 에모리 대학의 철학 교수이자 심리학 교수인 프란스 드 발 (Frans de Waal)의 테드 강연에서 영상으로 보여준 실험은 너무나 유명하다.* 서로 쳐다볼 수 있도록 만들어둔 우리 안의 두 원숭이에게 똑같은 임무를 수행하게 한 뒤, 만약 그 임무를 잘 수행하면 상으로 한 원숭이에게는 단 포도를 주고 다른 원숭이에게는 오이 조각을 주는 실험이다. 이 일이 반복되면 오이를 받은 원숭이는 같은 업무를 수행했으면서도 포도를 받지 못하는 상황이 '부당'하다고 여기고는 상으로 받은 오이를 집어던져 버린다. 자신 또한 포도를 받는 것이 마땅하다고 생각해서다. 심지어 동물도 똑같은 일을 한 것에 대해서는 같은 몫을 받는 것이 합당하다고 여긴다. 드 발은 동물들 또한 이런 기본적인 정의감과 역지사지할 수 있는 능력을 갖추고 있고, 인간의 윤리 또한 이런 동물적인 직관으로부터 발전한다고 주장한다.**

---

* https://www.ted.com/talks/frans_de_waal_do_animals_have_morals?language=en

** Frans de Waal, *The Age of Empathy: Nature's Lessons for a Kinder Society*, Broadway Books, 2010.

특별한 이유가 있지 않을 때 사람들을 (혹은 심지어 동물들까지도) 동등하게 대하는 것이 정의의 조건이라고 할 때, 정의 문제는 우리가 모든 사람이나 대상을 항상 똑같이 대할 수는 없기 때문에 오히려 서로 다른 대우를 하더라도 차별하는 기준이 공평하고 올바른지의 문제와 연결이 된다고 할 수 있다. 다시 말해 정확히 같지 않은 몫을 나누어주면서도 그 차이를 어떻게 정당화할지의 문제가 정의라는 것이다. 케팔로스의 정의가 가졌던 문제처럼 '정신이 나간 사람'의 경우에는 동등한 대우를 받을 수 없다. 우리 사회에서는 일정한 나이에 도달하지 않은 사람들을 성인과 동등하게 여기지 않기 때문에 투표권도 주지 않고 술도 마시지 못하게 한다. 이런 식으로 모든 사람들을 똑같이 대하는 것이 아니라, 정당화될 수 있는 기준이 있다면 그 기준에 따라 사람들을 차등 대우하는 것이 올바름이라고 볼 수 있는 것이다. 앞서 말한 동영상에서도 옆의 원숭이와 내가 똑같은 조건을 충족시켰다고 생각했기 때문에 오이를 먹게 된 원숭이가 화를 냈지만, 만약 내 옆의 원숭이가 어떤 점에서 나보다 낫다고 판단할 수 있는 근거를 가지고 있다면, 아무리 같은 행동을 한다고 하더라도 다른 대우를 받는 것이 올바르다고 판단할 수도 있다. 따라서 각자의 '몫'이 무엇인지를 규정하는 방식에 따라 대우의 차이가 정당화될 수 있다.

시스템의 중요성

어쩌면 원숭이는 부당한 상황을 깨닫고 이를 고치고자 하는 '심성'을 갖추었을지도 모른다. 맹자가 말하는 '의'와 같은 내적인 동기들을 직관적으로 가지고 있을 수도 있다. 하지만 동기가 정말 중요하게 작동하고 있을까? 원숭이는 선한 의지나 부당한 상황을 변화시키려는 의라는 심성을 가지고 있기 때문에 오이를 거절하는 것일까? 그것보다는 원숭이가 자신의 이득을 최대화하기 원했기 때문에, 즉 결과가 좋기를 바라는 마음 때문에 오이를 거부했을 가능성이 높다. 《국가》를 통해서 보겠지만 플라톤은 인간의 선한 의지에 대해서는 부정적으로 보고 있는 듯하다. 플라톤에 따르면, 좋은 동기만으로는 정의가 성립될 수 없다. 정의가 쓸모 있으려면 그 결과가 좋아야 한다. 즉, 각자가 각자의 몫을 잘 가질 수 있어야 한다. 이를 위해서는 교육을 통해 개인의 본성도 변해야 하겠지만, 사회 시스템이 제대로 수립되는 것이 훨씬 중요하다. 교육과 상과 벌, 그리고 정치체제는 모두 인간의 품성이 원래 선하지 않다고 하더라도 사회 시스템을 통해 정의가 이루어지도록 만드는 것을 일차적인 목표로 한다. 《국가》4권 이후에 보겠지만 플라톤이 인간의 내적인 측면을 무시하는 것은 아니다. 단지 외적인 계약과 내면적인 심성 사이의 관계를 볼 때, 심성이 변하는 것이 우선이라고 보지는 않는다는 의미이다. 칸트처럼 선의지를 우선 의지하는 것이 아니라, 올바른 시스템을 만들고 이를 따르도록 교육하는 것이 플라톤의 기획이다.

이어 폴레마르코스는 정의란 쓸모가 있어야 하며 특별히 그것은 계약 혹은 거래와 관련해서 쓸모가 있어야 한다고 말한다. 거래에 참여하는 사람들이 항상 선한 동기를 가지고 있는 것은 아니다. 그러나 결과적으로 몫을 잘 주고받을 때, 그래서 어느 누구도 상대에게 빚지지 않은 상태가 될 때 거래는 잘 성립된다. 올바른 거래관계가 성립하기 위한 조건은 정의, 즉 각자의 몫에 맞는 것을 갖는 것이다. 그리고 거래가 그런 방식으로 이루어질 때 '협력관계'가 이루어질 수 있다. 기독교에서는 코이노니아(koinonia)를 서로가 사랑으로 묶인 공동체라고 말하지만, 폴레마르코스는 서로가 각자의 몫을 잘 갖도록 해주는 거래가 잘 성립된 상태가 바로 '코이노니아'라고 한다.

기본적으로 공동체는 각자가 각자에게 합당한 몫을 갖도록 해주는 삶의 자리이다. 플라톤은 인간에게 크게 기대하지 않는다. 인간의 선의지나 사랑 같은 것만으로는 공동체가 계속해서 올바르게 작동할 것이라고 보장할 수 없다. 정의라는 상태가 지속되기 위해서는 좋은 시스템을 구축해야 한다. 시스템이 잘 구축된 공동체 안에서는 어떤 종류의 사람들이 어떤 동기를 가지고 살아가든지 계약관계를 잘 수행하겠다는 하나의 조건만 만족하는 한 공동체가 올바르게 유지될 수 있다. 결과적으로 제대로 된 거래가 성립되어 있는 상태, 아무도 빚지지 않은 상태가 되는 관계를 이루고 있을 때 좋은 '공동체'가 될 수 있다는 것이 폴레마르코스의, 그리고 《국가》 전체의 제안이다.

계약 당사자들이 계약에 합당하지 않은 일들을 하는 경우 사회 전체의 정의는 무너져버리고 만다. 모든 계약 당사자들이 자신의 일에 충실할 때 사회 전체의 올바름이 생겨난다. 그러나 자신의 일에 충실하다는 것이 훌륭한 품성이나 도덕성을 갖춘다는 의미는 아니다. 케팔로스가 제안한 가장 기본적인 조건, '정직함'을 바탕으로 거래에 참여하고 각자의 몫을 해당 사람에게 제대로 돌려주는 일에만 충실하더라도 충분하다. 정직은 도덕적인 자질이기 때문에 충분한 교육을 받거나 형이상학적인 전제를 사용해야만 실천할 수 있는 것이 아니다. 그저 사람들 사이에서 서로의 몫을 주고받는 거래를 할 때 그 거래가 가능하도록 만드는 기본 전제로만 작동하면 충분하다. 따라서 정의로운 공동체를 만들고자 한다면 일차적으로는 계약을 잘 만들어두어야 한다. 다시 말해 제대로 된 사회 시스템을 세우는 것이 중요하다. 그다음에 각 구성원들은 그 계약을 충실히 이행해야 한다.

계속해서 검토해야 한다

대한민국의 법은 그 나름대로 잘 만들어졌다. 이미 근로기준법은 충분히 좋았기 때문에 전태일은 '법을 지켜만 달라'고 외치면서 이미 만들어둔 법조차 지키지 않는 국가와 자본 권력에 몸에 불을 붙이며 저항했다. 부당한 권력자는 법에 따라 탄핵시켜 정치권력의 자리로부터 물러나게 할 수 있고 우리는 이를 경험했다. 하지만 계약 내용에 문제가 없다고 하더라도 우리 모두는 스스로를 돌아보아야 한다. 나는 계약을 이행하기 위한 나의 역할에 과연 충실한가? 공동체가 잘못되는 데에 누군가가 더 잘못했을 수는 있다. 그러나 가장 잘못한 사람 한 명을 물러나게 한다고 사회 전체가 정의로워지는 것은 아니다. 국민 각자가 계약 대상자로서 다른 사람들에게 각자의 몫을 잘 돌려주고 있는지, 그래서 누군가가 더 빚을 지고 있지는 않은지 계속해서 검토해야 한다. 우리는 정말 계약으로 성립된 국가의 국민들로서 올바르게 살아가고 있는가, 자신을 돌아보고 서로가 서로를 돌아보아야 한다. 이는 고도의 도덕적인 능력을 요구하는 일은 아니다. 원숭이들도 이해할 수 있는 수준의 정의감을 지니고, 특정 사람에게 이유 없이 더 많은 몫을 주게 되는 일이 없도록 서로가 계약을 잘 이행하는지를 계속해서 검토한다면, 조금이라도 더 정의로운 사회를 만들어갈 수 있을 것이다. 결국 "검토하지 않은 삶은 살 가치가 없다"라는 소크라테스의 말은 민주 사회를 살아가는 우리 모두에게 적용된다.

《국가》의 소크라테스는 케팔로스와 폴레마르코스의 정의를 검토하지만 버리지는 않는다. 이를 정당화할 방법을 찾아, 일상적인 차원의 정의에 대한 감을 보편적으로 적용할 수 있는 방법을 찾는다.《국가》4권의 이상 사회, 각 계급이 각자의 일을 하고 각자의 소유를 갖는 상태는 케팔로스와 폴레마르코스가 제안한 정의가 정당화되고 제도화된 상태이다. 바로 이 점 때문에《국가》1권 앞부분에서 논의되는 내용을 놓치고 트라시마코스의 정의부터 넘어가서 읽기 시작해서는 안 된다.

4 트라시마코스와의 대화 ^{1권 후반부}

《국가》 1권 중반부에 트라시마코스가 등장하면서부터 본격적으로 '소크라테스식' 대화가 시작되는 듯하다. 소크라테스가 주인공으로 등장하는 플라톤의 대화편을 처음 읽는 독자들은 소크라테스의 화술에 말려들어서 도대체 어쩌다가 이 결론까지 이르게 되었는가 하며 혼란스러워하곤 한다. 플라톤의 책은 소크라테스가 다른 사람들과 대화하는 내용을 일상적인 대사로 풀어가기 때문에 중요한 전제들을 놓치면 어쩌다가 대화가 이런 결론에 이르게 되었는지 알 수 없게 되어버린다. 따라서 이 장에서는 트라시마코스의 주장에 대한 소크라테스의 논박 방식을 정리하고, 트라시마코스가 버리지 못하는 전제가 무엇이기에 논박당하고 마는지 논의를 쫓아가 보기로 하자.

엘렌코스, 소크라테스의 대화 방식

플라톤의 초기 대화편에서 소크라테스가 대화하는 방식을 일반적으로 '엘렌코스'라고 부른다. 소크라테스는 자신이 알지 못하는 자임을 자처하면서, 특정한 탐구 대상에 대해서도 알지 못함을 강조한다. 그러고는 대화 상대자가 믿는 바대로 제안을 내어놓기를 요구한다. 그다음 소크라테스는 그 제안을 대화 상대자가 가지고 있는 믿음 체계와 비교하여 검증하고, 거기에서 모순을 밝혀냄으로 대화 상대자가 내어놓은 제안이 틀린 것임을 보인다. 실제로 소크라테스가 이런 식으로 동시대에 살아가던 지식인들에게 도전했고, 그래서 공분을 샀던 것 같다.*

일반적으로 소크라테스가 상대의 의견을 점검해가는 방법은 다음과 같다. 대화 상대자는 소크라테스에게 A라는 주장을 내어놓는다. 그러면 소크라테스는 A라는 주장이 도출되기 위해서는 B, C, D 등의 전제를 가져야만 한다는 사실을 보인다. 그리고 대화 상대자는 A라는 명제가 그런 전제들을 필요로 함을 인정한다. 이제 소크라테스는 대화 상대자가 W라는 명제를 그의 믿음 체계 내에 가져야만 함을 받아들이도록 한다. 대화 상대자는 자신이 평소에 지닌 믿음 체계에 따라 W를 거부할 수 없음을 인정한다. 그러면 소크라테스는 W라는 명제가 X, Y, Z라는 전제들을 가져야만 함을 보여준다. 대화 상대자는 이 전제들도 당연히 받아들인다. 이제 소크라테스는 W라는 명제가 필요로 하는 Z라는 전제가 A라는 명제가 필요로 하는 D라는 전제와 모순을 일으킴을 보인다. 그리고 A는 D로부터 도출되기 때문

• 김유석, 〈플라톤의 초기 대화편에 나타난 소크라테스의 엘렝코스〉, 《서양고전학연구》 제35권, 2009.
  03. 57~92 참조.

에 A는 거짓이 되어야만 한다. 그렇기에 A를 주장하는 대화상대자는 자신의 믿음 체계와 A가 모순을 일으킨다는 사실을 인정하지 않을 수가 없게 된다.* 소크라테스의 방법이 이런 것이라면 소크라테스는 이야기하고 있는 사람의 믿음이 일관적인지를 검토할 수는 있지만 지식을 발견할 수는 없다. 소크라테스가 자기 생각이 무엇인지 말하지 않고 상대의 말꼬리만 잡는 것처럼 보이는 것도 어떤 점에서는 당연하다. 하지만 소크라테스도 할 말은 있다. 당대에 좀 안다는 사람들을 찾아가서 그들이 진짜 아는지 검토하는 것이 자신이 철학하는 방법이고, 상대가 일관된 믿음 체계를 바탕으로 지혜를 가지고 있다면 인정하고 그에게 배우면 된다고 소크라테스는 생각했다. 트라시마코스와의 대화도 이런 맥락에서 읽어야 한다. 트라시마코스가 가장 처음 주장했던 '더 강한 자의 이익'이 도출되기 위한 전제들을 살피고, 이 전제들이 트라시마코스가 믿고 있는 여러 다른 전제들과 모순을 일으킴을 보이는 것이 《국가》 1권의 소크라테스가 취하는 전략이다. 따라서 소크라테스와 트라시마코스의 대화를 이해하기 위해서는 충돌을 일으키는 전제가 무엇인지를 찾아낼 필요가 있다.

엘렌코스는 지식을 가지고 있다고 생각하는 상대방의 내적 모순을 드러냄으로 무지를 폭로하는 것이기 때문에, 형식과 결과만 보면 상대를 모순에 빠뜨려서 논쟁에서 승리하는 것을 목표로 하는 소피

---

* Gregory Vlastos, "The Socratic Elenchus: Method is All," in *Socratic Studies*, Cambridge, 1993.

스트들의 궤변술과 크게 다르지 않다. 그러니 아리스토파네스 같은 희극 작가에게 소크라테스가 소피스트 중 하나로 비난받았던 것도 이상할 것이 없다. 트라시마코스 또한 이런 소크라테스의 대화 방식에 대해 '남을 논박하면서 뽐내기만' 하는 '시치미 떼기 수법'이라고 폄하한다.

소크라테스는 자신의 생각을 말하지 않는다. 의도적으로 말하지 않는 것인지 정말 생각이 없는지는 독자들이 판단할 문제이다. 최소한 소크라테스는 자신이 "알지도 못할 뿐 아니라 알고 있다고 주장하지도 못하는 사람"(337e)이기 때문에 "남들에게 배워야"만 무엇이든 알 수 있는 사람(338b)이라고 주장한다. 트라시마코스와 대화를 하는 이유도 트라시마코스는 정의가 무엇인지 안다고 말하지만, 소크라테스 자신은 정의가 무엇인지 모르기 때문이다. 정의가 무엇인지 트라시마코스는 알고 있다고 주장하니, 트라시마코스의 지식이 정말 사실인지를 점검해보기 위해서 소크라테스는 대화를 한다. 만약 정말 트라시마코스가 지식을 가지고 있다면, 알지 못하는 소크라테스는 아는 사람으로부터 배우려고 할 것이기 때문이다.

트라시마코스가 소크라테스와의 대화에 참여할 때 기대하는 바는 지식을 얻는 것이 아니었다. 그는 정의가 무엇인지 이미 알고 있다고 생각하고 있었고 따라서 그 알고 있는 바를 소크라테스에게 알려주어, 즉 한 수 가르쳐주어 같은 자리에 있던 사람들로부터 명성을 얻으려 했다. 이렇게 소크라테스와 소피스트는 서로 다른 이유로 대화에 참여한다.

트라시마코스가 말하는 정의: 더 강한 자의 이익

트라시마코스는 정의란 '더 강한 자의 이익'이라고 주장한다. 일반적으로 '강자의 편익' 혹은 '강자의 이익'이라는 표현들이 많이 알려져 있는데, 희랍어를 살펴보면 '더 강한 자의 이익'이 적합하다['편익(便益)'이라는 번역어는 '더 강한' 사람에게 이익이 '더' 가야 한다는 점을 강조하는 데 유용하기는 하다]. 트라시마코스의 주장은 다른 사람들보다 '더' 힘이 강한 사람들에게 이익이 주어져야 한다는 것이고, 따라서 '더' 힘이 약한 자의 경우는 이익을 덜 받아야 한다는 것이다. 트라시마코스는 다른 사람들보다 힘이 더 강한 경우에 그 사람이 더 이익을 받도록 하는 것이 정의라고 주장한다.

트라시마코스는 이 정의의 개념을 정권의 이익과 연결해서 설명한다. 정권을 쟁취하는 모든 사람들은 그 정권 아래에서 살아가는 사람들이 따라야만 하는 법을 자신에게 유리한 방식으로 만든다. 10월 유신을 통해서 '새로워진' 헌법은 특정한 사람의 권력을 최대한으로 연장시킴으로써 그 사람과 그 사람을 따르는 사람들의 욕구를 더 많이 채울 수 있게 했다. 이는 5·17 비상계엄 전국 확대로 광주에서의 학살을 가능하게 만들었고, 이를 통해 구 군부 권력이 물러난 뒤 권력을 차지한 새로운 군부 세력이 이익을 얻을 수 있었다. 아무런 공직에 있지 않았던 사람이 대통령과의 사적인 친분을 이용해 국가 전체를 쥐락펴락하면서 자신의 이익을 취하려 했던 것 또한 권력을 가진 더 강한 자가 이익을 획득했던 좋은 예이다.

그런데 트라시마코스가 제안한 정의 개념은 좀 이상하다. 왜냐하면 우리는 쿠데타로 권력을 쟁취한 사람이 자신의 욕구를 채우려 하는 것을 부당하다고 생각한다. 대통령을 잘 돌보아주었다는 이유로 대기업으로부터 비싼 말을 받아서 자식 교육에 쓰는 사람이 정의롭다고 여기지는 않는다. 그러면 왜 트라시마코스는 정의롭지 않은 일을 정의라고 할까?

트라시마코스의 제안에 관한 우리의 생각은 정의에 대한 우리의 감과 관련이 있다. 그런데 다음의 경우는 어떠할까? 자수성가한 대기업 회장이 자신이 번 돈을 큰 저택을 짓는 데 사용하는 것에 대해서 '부당하다'고 주장하는 사람은 없을 것이다. 스스로의 노력을 통해 얻은 재산을 자신의 이익을 위해 사용하는 것은 문제가 되지 않는다. 1권 앞부분의 케팔로스 또한 마찬가지이다. 선친으로부터 유산을 받은 것은 분명하지만 열심히 일을 해서 물려받은 유산보다 더 남겨줄 수 있는 삶을 살았던 케팔로스가 노년에 재산을 사용하는 것에 대해 부당하다고 생각하지는 않을 것이다.

국정농단의 주인공과 케팔로스 사이에는 어떤 차이가 있을까? 이익을 얻는 사람이 그 이익을 받을 만한 자격을 갖추었는지의 여부가 중요할 것이다. 3장에서 논의했던 것처럼 더 강한 자가 이익을 받을 때 그가 받을 만한 자격이 있어서 그에 해당하는 몫을 이득으로 받는다면 이는 분명 정의롭다. 그런 점에서 올바름이 '더 강한 자의 이익'이라는 생각은 케팔로스나 폴레마르코스의 정의가 발전한 형태라고 보아도 큰 문제는 없을 것 같다. 왜냐하면 '더 강한 자'가 약자보다 더 많이 받는 것이 마땅하다고 본다면, 다시 말해서 더 강한 자가 더 강한 자로서 살고 역할을 한다면, 그 경우 더 강한 자에게 더 많이 돌려주는 것은 '각자에게 합당한 것을 주기'라는 방식의 올바름과 크게 다를 바가 없다. 트라시마코스는 '더 강한 자'가 강한 만큼 더 많이 갖는 것이 당연하며 그렇게 될 때 공정하다고 생각한다. 각자가 각자의 몫을 받는 상황에 대해 왜 어떤 사람은 덜, 혹은 더 받아야 하는지를 분명히 제시해주는 한 전통적 의미의 올바름은 여전히 받아들여질 수 있다. 그런 점에서 트라시마코스의 제안은 더 강한 자의 몫이 더 크다는 사실을 받아들이는 한 폴레마르코스의 생각과 맥을 같이 한다. 바로 그런 점에서 소크라테스도 이 문제를 더 이상 논의하지는 않는다(347d~e). 일단 이 정의는 검토되어야 할 후보가 된다.

법을 지키는 것이 정의라는 희랍인들의 생각

트라시마코스의 정의와 관련해서 추가로 고려해야 할 문제가 있다. 트라시마코스는 더 강한 사람들이 이익을 받도록 만드는 제도 혹은 법이 정의라고 생각한다. 그가 '더 강한 자의 이익'이 정의라고 말하는 것은, 더 강한 자가 권력을 잡은 뒤 자신에게 유리한 방식으로 법을 만든다는 의미이다. 그리고는 이 법을 지키지 않는 피치자들을 부정의하다고 낙인찍는다. 물론 가장 정의로운 국가는 치자가 자신에게 유리한 법이 아니라 구성원 각자의 몫에 따라 이익이 돌아가도록 시스템을 구축하고, 피치자는 그런 시스템과 법을 잘 따르는 경우이다. 제5공화국의 '정의구현사회'라는 모토가 공허했던 이유는 피치자에게 정의롭기를 강요하면서도 법 제정자의 이익만을 추구했기 때문이다.

희랍 사람들에게 '법을 지킴'으로서의 정의 개념은 역사가 깊다. 헤시오도스의 《일과 날》이라는 서사시는 호메로스의 《일리아스》, 《오뒷세이아》와 함께 가장 초기의 서사시 중 하나로 꼽힌다. 농부의 일상생활을 포괄적으로 그리면서 농부가 할 일들에 관해 실천적인 지침을 제시하는 《일과 날》에서 헤시오도스는 자기 형인 페르세스와 유산 다툼을 했던 실제의 사적인 사건을 계기로 인간 사회에서의 보편적인 덕목, 특히 정의란 무엇인지에 대해 이야기한다.

> 오오! 페르세스여, 그대는 이 점을 명심하고
> 정의에 귀 기울이되 폭력일랑 아예 잊어버리시라!
> 크로노스의 아드님께서는 인간들에게 그런 법도를 주셨기 때문이오.
> ……
> 하지만 누군가 거짓 맹세를 하며 일부러 거짓 증언을 하고
> 정의를 해코지하면 그는 구제할 길 없이 미망에 빠진 것이오.
> 그의 집안은 앞으로 더욱더 한미해질 것이고,
> 반면에 정직하게 맹세한 자의 집안은 장차 더 번창할 것이오.
> 어리석은 페르세스여, 그대에게 좋은 뜻에서 말하고자 하오.
> 열등한 것은 힘들이지 않고도 무더기로 얻을 수 있소.
> 길은 평탄하고, 그것은 아주 가까운 곳에 살기 때문이오.
> 하지만 정의롭고 훌륭한 것 앞에는 불사신들께서 땀을 갖다 놓으셨소.

그리로 가는 길은 멀고 가파르며 처음에는 울퉁불퉁하기까지

하다오. 그러나 일단 정상에 도착하면

처음에는 비록 힘들었지만 나아가기가 수월하지요.

그러므로 페르세스여, 고귀한 집안에서 태어난 이여, 그대는 늘

내 충고를 명심하고 일하시라. 기아가 그대를 싫어하고

고운 화관을 쓴 정숙한 데메테르 여신이 그대를 사랑하여

그대의 곳간을 식량으로 가득 채우도록 말이오!*

헤시오도스는 정의의 핵심이 일하고 땀을 흘린 만큼의 대가를 받는 것이고 그런 점에서 자신의 몫을 부당하게 빼앗아간 자신의 형 페르세스의 행위는 일하지 않고 재물을 얻는 부정의한 일이라고 지적하면서, 인간이라면 노동을 하고 그에 대한 대가를 받는 것이 정의롭다고 노래한다. 그런데 흥미로운 것은 그런 규칙이 제우스가 인간에게 주신 '법도'라고 말한다. 법을 만든 크로노스의 아드님인 제우스는 정의로운 규칙을 만들어두었고, 사람들은 이 법을 잘 따름으로써 정의로울 수 있다는 것이다. 인용구에서는 빠졌지만, 동물과 달리 인간은 이 법을 스스로 지킬 수 있고 그런 점에서 정의롭다고 헤시오도스는 말한다. 이렇게 법을 만드는 사람이 각자의 몫을 가질 수 있도록 해주고(열심히 일한 사람에게는 식량이 주어지도록), 법을 따르는 사람은 법을 잘 지킴으로 자신의 몫을 가지는 것이 정의이다(헤시오도스에

• 헤시오도스, 《일과 날》 252~301 (천병희 역, 《신들의 계보》, 도서출판 숲, 2010.)

따르면 땀을 흘려 일해서 재산을 모아야 한다).

트라시마코스가 '더 강한 자의 이익'이라고 말할 때는 이런 희랍 사람들의 전통적인 정의관을 전제하고 있다. 문제는 이익을 획득하는 더 강한 사람이 그 이익을 획득할 만한 자격을 갖지 못했을 경우이다. 더 강하다는 조건을 갖춘 사람이 더 많이 이익을 갖는 것이 정의가 되려면 '더 강함'이 정확히 무슨 의미인지 밝혀야 한다.

트라시마코스의 정의 개념에 대한 네 단계 비판

소크라테스는 트라시마코스의 '더 강한 자의 이익'이라는 정의의 개념을 네 단계로 점검하면서 철저하게 비판한다. 이 부분의 논의는 독자들이 《국가》를 직접 읽으면서 따라가 볼 필요가 있다. 여기에서는 소크라테스와 트라시마코스의 대화를 읽을 때 놓치지 말아야 하는 전제들에 초점을 맞추어서 살펴보자.

1) 1단계: 강자는 실수하지 않는다

첫 번째 논박 포인트는 '더 강한 자'이다. 일단 소크라테스는 정의가 이롭다는 점에는 동의한다. 그러나 트라시마코스는 강한 자가 어떤 의미에서 강한지를 설명할 수 있어야 한다. 소크라테스가 '강한 자'의 특징에 대해 던진 질문은 '실수를 하는지'의 여부이다. 더 강한 자라면 실수를 하는가? 아니라면 자신에게 손해가 생길 명령을 하거나 법을 만드는 경우는 절대로 없어야 한다. 하지만 현실적으로 강한 자들이 실수를 전혀 저지르지 않는 경우는 없다. 이제부터 논의에서 소크라테스와 트라시마코스가 동의하는 전제들을 기억하고 넘어갈 필요가 있다. 이 부분에서 두 사람이 동의하고 있는 전제는 "정의는 이롭다"(이를 ㉮ 전제라고 부르자)이다.

클레이토폰은 이 문제에 끼어들면서, 트라시마코스가 '더 강한 자의 이익'이라는 것이 사실에 대한 진술이 아니라 의견이라고 격하시켜서 문제를 해결하려고 한다. 만약 그렇다면 더 강한 사람이 실수를 하는 경우도 허용되기 때문이다. 그러나 정의의 개념을 이렇게 바꾸어버리면 문제가 발생한다. 왜냐하면 정의는 법을 만드는 사람만의 문제가 아니라 법을 지키는 사람들의 문제이기도 해서이다. 폴레마르코스가 이 점을 지적하자, 소크라테스는 '더 강한 자의 이익'이라는 정의의 정의가 트라시마코스의 의견이라 틀릴 여지가 있는 것이든, 아니면 틀릴 여지가 없는 것이든 논박할 수 있다고 본다.

트라시마코스는 클레이토폰의 해결 방법에 반대하면서 정말 '더 강한 자'라면 실수를 하지 않는다고 주장한다. '더 강한 자의 이익'이라는 주장을 약화시키지 않고 '더 강한 자'의 개념을 엄격하게 함으로 소크라테스의 논박을 이겨내려는 것이다. 그러자 소크라테스는 그렇게 실수하지 않는 더 강한 자가 통치를 한다면, 그 사람이 강한 이유는 '통치술'이라는 기술을 가지고 있기 때문인지를 묻는다. 다시 말해 힘이란 기술과 관계가 있다는 것이다. 이것이 서로 동의하는 두 번째 전제이다. "힘은 기술로부터 비롯한다."(이를 ㉯ 전제라고 부르자.)

사실 기술에 대한 논의는 폴레마르코스로부터 이미 시작되었다. 그에 따르면 무엇에 있어서 유능한 수호자는 그것에 있어서 유능한 도둑이기도 하다(334a). 방화벽을 가장 잘 뚫을 수 있는 해커가 방화벽을 가장 잘 막을 수 있지 않은가? 만약 그렇다고 한다면 이 부분의 논의에서는 소크라테스에게 말려들 수밖에 없다. 여기에서 소크라테스는 ① 기술은 가치중립적이며, ② 올바름은 기술이라고 생각한다. 그런데 ②는 사실 폴레마르코스가 시모니데스의 말을 인용하여 설명하는 부분에서 사용된 것이다. 폴레마르코스는 시모니데스의 생각을 이어받아서 올바름이란 친구에게는 이득을, 적에게는 손해를 입히는 기술이라고 정의했다(332c~d). 그리고 333a에서 ①은 이미 제시되어 있다.

올바름은 기술인가?

폴레마르코스는 이 두 가지를 모두 받아들이기 때문에 334b의 아포리아, 즉 자기 모순에 도달하게 된 것인데, ②는 시모니데스에게로부터 온 것이므로 포기하기 힘들다면, ①을 포기해야 한다.

폴레마르코스가 기술을 가치중립적인 것이 아니라 올바른 일을 행하는 데 쓰이는 것만 제대로 된 기술이라고 생각할 수도 있다. 그러나 그때도 문제가 발생한다. 예를 들어 방화벽과 관련된 기술의 경우 이 기술을 '올바르게 사용하여 해커를 막는 경우'에는 제대로 된 기술이지만, '올바르지 않게 사용하여 해커가 침투하기 위해 사용하는 경우'는 기술이 아니라고 해야 할 것이다. 그러나 후자의 경우는 '올바르게' 사용된 것은 아니지만 오히려 '방화벽과 관련된 기술'을 매우 잘 사용한 경우라고 할 수 있다. 그러나 폴레마르코스가 ①을 포기하고 ②를 받아들이게 되면 해커가 방화벽과 관련된 기술을 잘 활용해서 적의 시스템에 침투하는 경우는 '기술'을 사용한 것이라고 부를 수 없을 것이다. ①을 포기하고 ②만을 받아들이면 해킹을 하는 것과 같이 남에게 피해를 끼치는 경우를 기술이라고 부르지 못해야 할 텐데 사실 그러하지 않기 때문에 폴레마르코스는 이상한 입장에 처할 수밖에 없다. 폴레마르코스는 올바름이 기술이라고 생각하고 올바름은 '사람들을 올바르지 못한 사람으로 만들 수는 없다'(335d)고 생각한다. 그러나 기술 중에는 상대에게 해를 끼치는 기술도 있을 수 있기 때문에 모순적인 상황에 처한다. 이 부분에서 소크라테스가 기술이 어떤 성격을 가져야 하는지를 제시하지는 않았다. 단지 폴레마르코스가 이 두 가지를 모두 받아들이면 모순이 발생하고, ②를 포기하지 않는 한 문제가 계속해서 발생하게 될 것이다. 《국가》 후반부에서 올바름은 기술이 아니라 어떤 상태로 규정된다는 점을 고려해본다면, 폴레마르코스는 시모니데스의 생각을 떠나지 않는 한 모순에서 벗어날 수 없는 상황이다.

기술은 가치중립적인가?

이를 이어 트라시마코스와의 대화에서 기술은 다시 문제가 된다. 특히 소크라테스는 기술이 '그 기술이 관여하는 대상 이외에 다른 것에는 편익이 되는 것을 찾지 않는다'(342b)고 주장하면서, 따라서 기술이란 기술 그 자체, 혹은 기술을 사용하는 사람이 아니라 기술이 관여하는 대상에 편익이 되도록 한다고 주장하며(342c), 이에 대해 트라시마코스도 동의를 한다. 그런데 기술이 대상에 '편익' 즉 '이익', 다시 말해 '좋음'을 가져다주는 것으로서만 의미가 있다면, 이미 기술은 가치중립적이지 못하다. 사실 이는 소크라테스와 트라시마코스가 공통으로 가지고 있는 전제이다(342c, 트라시마코스는 이 주장은 굽히지 않는 것 같다. 346b 참조). 소크라테스는 더 나아가 기술이란 항상 대상보다 순수하고 훌륭하며 뛰어나고, 강하며, 기술의 대상은 항상 기술보다 못한 것이라고 생각한다. 게다가 기술은 일종의 '돌봄'이라고 소크라테스는 주장한다. 더 못한 것이 더 나아지도록 돕는 것이 기술의 정의라고 보는 것이다. 그렇다면 앞에서 논의된 ①은 틀린 것이고, 결과적으로 폴레마르코스가 가지고 있던 전제 두 가지는 모두 틀렸다고 할 수 있다. 그러나 우리는 여기에서 왜 트라시마코스가 기술이 가치중립적이지 않고 대상의 편익을 목적으로 한다는 것에 동의를 했는지 생각해보아야 한다. 소크라테스는 기술 그 자체는 '훌륭한 상태'에 있고, 그 훌륭한 상태를 다른 대상에게 전달하는 것을 목표로 한다고 주장한다(342b). 통치자는 자신에게 이익이 되도록 하지 않아야 하기 때문에 통치자가 통치를 한다고 해서 명예나 금전적인 이득이 있을 수는 없다. 하지만 그가 다스림으로 벌은 피할 수 있는데, 그 벌이란 자신보다 못한 사람의 통치를 받는 것이다(347c).

소크라테스의 논박 때문에 더 강한 통치자는 자신의 이익이 아니라 피지배자의 이익을 고려한다는 결론이 도출된다. 여기에서 주목할 것은 '더 강한 자'가 기술을 가진 사람이라는 사실 자체는 논박되지 않았다는 점이다. 다시 말해 두 사람이 서로 동의하고 있는 두 번째 전제 ㈏는 여전히 기각되지 않았다. 트라시마코스가 논박당한 것은 전제 ㈏의 문제 때문이 아니라, 더 강한 자는 기술을 가졌기 때문에 대상을 돌볼 것이고 그렇기 때문에 '더 강한 자의 이익'을 추구하지 않을 것이라며 트라시마코스가 일관되지 않은 주장을 했기 때문이다.

화가 난 트라시마코스

소크라테스와 대화를 시작했던 이유가 인기를 얻기 위한 것이었기 때문에 트라시마코스는 자신의 주장이 일관되지 못하고 모순된 것으로 드러나자 굉장히 격한 반응을 보인다. 그러면서 매우 현실적인 주장을 쏟아붙이고 떠나려고 한다. 정의롭게 살아가는 사람은 항상 정의롭지 못한 사람보다 덜 가질 수밖에 없다. 계약을 잘 이행하거나, 세금을 낼 때 올바르게 신고하거나, 관직에 나갈 때 올바른 과정을 택하는 사람치고 정의롭지 않게 행동하는 사람보다 더 많이 얻는 법은 없다. 이런 현실을 알고 있으면서도 어찌 소크라테스는 더 강한 사람이 약한 사람을 돌보라고 하는가?

이런 현실적인 문제는 21세기의 동아시아 한구석에서 살아가는 우리도 경험하는 일이다. 이중계약서를 쓰지 않으면 손해를 보고, 자영업자들과 달리 유리 지갑인 직장인들은 세금을 꼬박꼬박 내야만 하며, 낙하산 인사로 온갖 좋은 자리가 채워지는 일은 너무나 흔하다. 트라시마코스는 정의롭고 올바르게 살아봤자 항상 올바르지 못한 자보다 덜 가질텐데(343d) 그 삶이 어찌 행복하겠느냐고 말을 쏟아붙고 떠나버리려 한다. 이 지점에 와서야 트라시마코스는 첫 번째 전제 ㉮를 부정한다. 즉 정의는 이롭지 않다는 것이다. 그러나 이 주장을 계속 견지할 수 있을까?

여기서 잠시 트라시마코스의 태도를 살펴보자. 그는 정의로워 봤자 손해라는 주장을 소크라테스의 머릿속에 넣으려고 한다. 설득하거나 설명하지 않고 자신의 주장을 그대로 받아들이기를 강요한다. 바로 우리 교육 현장의 모습이다. 입시 위주로 교육이 이루어지는 중고등학교에서는 교과서에 있는 내용을 학생들이 수동적으로 받아들이게만 한다. 다양성에 대한 존중은 사라지고, 국정 교과서를 만들어 학생들의 생각을 일원화시키려는 시도가 행해진다. 기자회견장처럼 바뀌어버린 대학 강의실에서도 상황은 크게 다르지 않다. 교수가 하는 말을 하나도 놓치지 않고 녹음하고 노트하고 이를 머릿속에 담아두었다가 시험지에 쏟아놓고는 잊어버리는 것이 요즘의 '교육'이며, 이것이 트라시마코스가 생각한 교육이기도 하다. 하지만 정작 배우고자 하는 소크라테스는 그런 방식으로 교육을 하지 않는다. 소크라테스는 지식을 머릿속에 집어넣는 것이 교육이 아니라, 지식을 찾기 위해서 정의의 여러 후보들을 검토하면서 문제들을 제거해나가는 과정 자체가 교육이라고 생각한다. 그런 점에서 교육은 이전에 생각지 못한 방향으로부터 자신의 고정관념에 도전을 받는 과정이어야 한다. 10장에서 논의하겠지만 진정한 철학자를 키우는 교육은 암기와 거리가 멀다. 이전에 보지 못하던 것을 보게 하는 것, 이것이 바로 교육이라고 플라톤은 말한다.

트라시마코스의 목표는 인기를 얻는 것이었지만 그는 소크라테스에게 제대로 망신을 당했다. 그렇기 때문에 그는 그 자리에 더 머물러 있지 않으려 한다. 흥미로운 사실은 트라시마코스가 마지막으로 제기하고 가버리려는 이 현실적인 문제에도 '자신의 몫을 가짐'이라는 정의의 개념이 그대로 반영되어 있다는 점이다. 자신의 몫 이상을 가지려 하는 것이 인간의 본성이며 다들 그 본성대로 행하고 있는데 자기 혼자만 정의롭게, 자신의 몫에 만족하고 살아간다면, 그것이 과연 행복한 삶일까? 소크라테스는 여기서부터 다시 트라시마코스의 입장을 하나씩 반박해 나간다.

2) 2단계: 정의는 이롭다

이 부분의 논변은 굉장히 복잡한데, 그 논변에서 중요한 전제들이 어떻게 작동하고 있는지를 놓치지 않고 따라가는 것이 중요하다. 트라시마코스는 소크라테스와 대화를 하는 과정에서 ㉮ 전제에 대한 자신의 입장을 바꾸었다. 이제 그는 정의는 이득이 아니라고 생각한다. 그런데 과연 그의 믿음 체계 내에서는 그런 결론이 도출될까? 소크라테스는 이 부분에서 트라시마코스도 실제로는 ㉮ 전제를 믿고 바란다는 사실을 보임으로 트라시마코스가 ㉮ 전제를 받아들이기도 하면서 동시에 부정하기도 하는 모순된 태도를 폭로한다.

트라시마코스는 정의는 순진성이지만 부정의함은 훌륭한 판단이라고 주장하면서, 지혜와 부정의를 연결한다. 그는 세 번째 전제 "부정의한 자는 지혜롭다"(㉰ 전제)를 제시한다. 그리고 정의는 훌륭하지 않고 부정의는 훌륭하다고 생각하며(㉲ 전제), 훌륭한 것은 좋은 것이고(㉳ 전제), 좋은 것은 이득이라고(㉴ 전제) 생각한다. ㉴ 전제는 희랍 사람들의 아주 독특한 사고방식이다. 기독교와 칸트의 영향을 받은 근대 이후를 살아가는 우리는 좋음과 이득이 연결되는 것을 이상하게 느낀다. 결과가 어찌 되었든 동기가 중요하며, 선의지만 가지고 행동한다면 그 결과가 이득을 주지 못하더라도 좋은 것이라고 생각한다. 그러나 희랍 사람들은 동기도 중요하지만 결과도 중요하고, 그 결과가 이득을 주는 경우에 좋다고 여긴다. 동기만으로는 어떤 행동이나 상태의 좋음이 보장될 수 없다는 것이 희랍 사람들의 생각이다. 2권 가장 앞부분에서도 좋은 것들에 대해 논의하면서 소크라테스는 정의가 그 자체로도 좋지만 결과도 좋아야만 한다고 강하게 주장한다.

어쨌든 지금까지 나온 전제들을 연결하면, 트라시마코스는 정의가 훌륭하지 못한 것이고 그렇기 때문에 손해이지만 부정의한 것은 좋고 이익이라고 여긴다(㉰, ㉱로부터). 소크라테스는 여기서부터 트라시마코스의 주장을 하나씩 검증해나간다.

트라시마코스는 ㉲에서 부정의한 자는 지혜롭다고 주장했다. 그런데 부정의한 것은 훌륭하기 때문에(㉰), 지혜는 훌륭하다(㉴)는 주장을 해야만 한다. ㉴ 전제는 트라시마코스가 주장했던 내용으로부터 도출되는 것이기는 하지만, 결국 소크라테스에게 논박을 당하는 결정적인 근거가 된다. 소크라테스는 지혜로운 자가 상대를 이기려고 하는지를 보면서 정의로운 사람이 지혜로운 사람과 비슷하다는 점을 보이는 전략을 펼치기 때문이다.

소크라테스는 정의로운 사람의 경우는 정의로운 사람보다 더 나아지려, 혹은 그를 능가하려 들지 않지만, 부정의한 자는 정의로운 사람이든 부정의한 사람이든 관계없이 모두를 능가하려 든다고 주장하고, 트라시마코스는 여기에 동의한다. 여기에서 ㉲ 전제가 다시 사용된다. 기술을 가지고 있는 사람은 힘을 가진 사람인데 이들은 기술을 가지고 있지 않은 사람을 능가하려고는 하지만, 기술을 가지고 있는 사람을 굳이 능가하려 들지는 않는다. 하지만 기술을 갖지 못한 사람의 경우 기술이 있는 사람이든 없는 사람이든 누구와도 경쟁을 해서 능가하려 든다. 그런 점에서 부정의한 사람은 기술을 갖지 못한 사람을 닮았고, 기술을 가진 사람은 지혜롭기 때문에, 부정의한 사람은 지혜롭지 못하다는 결론이 도출된다. 그런데 이 결론은 트라시마코스가 받아들였던 ㉣ 전제와 모순을 일으키게 된다. 부정의한 사람이 지혜롭지 못하다는 결론과 ㉱, ㉲, 그리고 ㉴를 연결하게 되면 부정의한 사람은 지혜롭지 못하므로, 부정의는 훌륭하지 않고(㉵), 따라서 좋지 못하며(㉶), 그러므로 이득이 없다(㉷). 트라시마코스가 생각하는 것만 따라갔는데 부정의한 것은 이익이 되지 못한다는 결론이 나온다. 그러나 트라시마코스는 부정의가 이득이라고 주장했기 때문에 트라시마코스의 생각은 모순이다. 다시 한번 트라시마코스는 소크라테스의 엘렝코스에 당했고, 정의가 이익이라는 생각과 부정의가 이익이라는 생각 둘 중 하나를 버려야만 한다.

여기까지 왔다고 '더 강한 자의 이익'이라는, 트라시마코스가 제안한 정의의 개념이 완전히 논박된 것은 아니다. 정의가 이익일 수도 있고, 부정의가 이익일 수도 있다. 이 두 가지 중 하나가 틀렸을 뿐이다. 부정의가 이익이라는 트라시마코스의 주장이 직접적으로 잘못된 것이라고 입증되기 전까지는 트라시마코스가 모순되는 주장을 하고 있다고까지만 말할 수 있다. 그래서 소크라테스는 트라시마코스가 생각하는 '더 강한 자'가 실제로는 강하지도 않다는 사실을 보인다.

3) 3단계: 부정의는 정의보다 강하지 않다

이 부분의 논변은 비교적 간단하다. 부정의한 자들은 정말 강할까? 부정의한 국가가 정말 국가 사이의 관계에서도 힘을 발휘하는가? 핵으로 세계를 위협하는 독재자에 의해 통치되는 국가는 정말 강한 힘을 가졌는가? 트위터를 통해서 상대국 지도자를 폄하하고 무시하는 대통령이 이끄는 국가가 정말 강력한 힘을 발휘하는가? 소크라테스는 심지어 도둑의 무리도 자신들끼리는 서로 정의롭게 행동해야 강해질 수 있다고 한다. 정의로운 사람들끼리는 합심하고 우애를 나눌 수 있지만, 부정의한 사람들끼리는 서로 증오하고 다투게 된다는 것이다. 이 점은 1권 앞부분에서 서로에게 신세 지는 관계로 이루어지는 공동체의 문제, 그리고 《국가》 2권에서 이상 국가를 세우는 과정과도 연결이 된다. 서로 신세를 지고 신세를 갚으려는 사람들끼리는 서로 돕는 공동체를 이룰 수 있다. 선의지 때문이 아니라 계약 관계를 준수하는, 즉 법을 잘 지키는 정의로운 태도 때문에 공동체가 유지되는 것이다. 심지어 도둑의 무리도 서로에게 부정의한 경우에는 힘을 발휘할 수 없기 때문에, 트라시마코스의 생각과 달리 정의로운 사람들이 강하지 부정의한 사람은 강하지 않다.

여기에서 이해하기 어려운 점은, 소크라테스는 집단에서의 정의와 개인에서의 정의를 서로 유비시켜서 설명하는데 아무런 문제가 없다고 생각한다는 사실이다. 《국가》 2권에서 정의가 무엇인지 밝히는 과정에서 이상 국가를 만들어보는 사고 실험을 하는 이유도 이두 가지가 서로 유비관계에 있다고 전제하기 때문이다.

4) 4단계: 정의로운 사람이 더 이익을 얻는다

트라시마코스가 말한 '더 강한 자의 이익'은 '더 강한 자'가 실제 더 강한 자도 아닐 뿐 아니라 정의롭지도 않다는 점이 드러나면서 거의 완전히 논박되기에 이르렀다. 그런데 꼼꼼한 소크라테스는 트라시마코스의 주장을 정말 끝까지 검증해서 완전히 기각시켜버린다. 이 부분에서 소크라테스는 '이익'이라는 점에 초점을 맞추어 정말 부정의한 사람이 행복한지의 여부를 검토한다. 소크라테스는 이 논의가 '예사롭지 않다'고 말한다. 왜냐면 이것은 어떤 생활 방식으로 살아가야 할 것인지의 문제와 관련한 것이기 때문이다. 《국가》 1권의 가장 앞부분에서 보았던, 케팔로스와의 대화에서도 이 말이 나왔다. 노년의 삶을 편안하게 해주는 생활 방식이나, 행복하기 위한 생활 방식 모두 《국가》의 대화자들이 추구하는 바이다. 《국가》는 많은 독자들이 생각하는 것처럼 형이상학이나 인식론에 대한 것이라기보다는 최종적으로 실천에 대한 것이다. 결국 《국가》는 어떻게 하면 우리가 행복할 수 있을지에 대한 플라톤의 대답이다.

소크라테스는 어떤 것이 그 기능을 잘 수행하기 위해서는 가장 훌륭한 상태에 있어야만 한다고 말한다. 예를 들어 눈의 상태가 좋아야 잘 볼 수 있고, 귀에 아픈 곳이 없이 잘 작동하고 있어야 잘 들을 수 있다. 혼의 경우는 어떠한가? 일단 여기에서 말하는 '혼'은 기독교에서 말하는 '혼'과는 다른 의미이다. 소크라테스는 혼이 보살피고, 다스리고, 심사숙고하고, 살아가는 등의 고유한 기능을 가진 것이라고 생각한다. 살아있다는 것은 우선적으로 혼이 있는 것이고, 인간이 사유를 할 수 있는 까닭도 혼 때문이라고 본다. 어쨌든 이런 고유의 기능을 잘 하기 위해선 혼이 좋은 상태에 있어야 하는데, 앞의 논의에서 부정의는 훌륭하지 않다는 것이 입증되었기 때문에 정의는 훌륭하다는 사실이 도출되었었다. 따라서 올바르고 정의로운 혼이 훌륭하다고 할 수 있고, 그때에만 고유한 기능을 잘 할 수가 있다.

행복은 '잘 사는 것'이라고 정의된다. 현대인들은 욕구의 끊임없는 만족이 행복이라고 생각하지만, 희랍 사람들은 인생의 여러 요소들이 잘 맞아들어가고 잘 '풀려서' 결과적으로 잘 사는 것이 바로 행복이라고 생각했다. 그런데 이런 '잘 사는 것'은 고유의 기능들이 잘 발휘되는 것과 밀접하게 연결되어 있다. 학생이 학생답게 살고, 선생은 선생답게 살며, 정치인은 정치인답게 사는 것이 가장 행복한 일이다. 인간으로서는 인간답게 사는 것이, 즉 인간으로서의 고유한 기능을 잘 수행하면서 사는 것이 행복한 일이다. 그렇게 인간의 고유한 역할을 잘 하기 위해선 혼의 상태가 좋아야 하며, 따라서 혼이 정의로울 때 그는 잘 살 수 있고 행복하다. 그리고 행복하다는 것은 결국 '이득'이다(354a). 그러므로 부정의한 사람이 아니라 정의로운 사람이 이익을 얻는다.

훌륭한 학생, 트라시마코스

논의가 여기까지 이르자 처음 트라시마코스가 제안한 '더 강한 자의 이익'이라는 정의의 개념은 완전히 논박된다. 부정의한 사람은 강하지도 않으며, 이익도 누리지 못한다. 인기를 얻고 싶었던 트라시마코스의 목표는 이미 물건너갔다. 처음 논박당했을 때 씩씩거리면서 말을 퍼붓고 떠나버리려 했던 트라시마코스였는데, 이렇게 자신의 입장이 완전히 논박당하자 논쟁의 결론이 "벤디스 여신의 축제일에 선생을 위한 축하 잔치"라고 말한다. 읽기에는 비꼬는 투로 들릴지 모르지만, 소크라테스는 이런 결론까지 도달할 수 있었던 것이 트라시마코스의 태도 변화 때문이라고 말한다. 처음엔 사납게 대했지만, 상냥하게 이야기를 하면서 대화를 진행했기 때문에 트라시마코스의 주장을 완전히 논박할 수 있었다는 것이다. 트라시마코스는 《국가》 1권의 대화 이후의 대화에 계속 참여하고 5권에서는 간섭까지 한다. 소크라테스와의 대화를 통해 실제로 트라시마코스가 상냥해졌다면, 그리고 자신의 문제를 깨닫고 배우기 위해서 소크라테스와 글라우콘 및 아데이만토스 형제와의 긴 대화를 집중해서 들었다면, 이는 소크라테스식의 대화 방식이 사람을 변화시킨 좋은 예이다. 비철학적인 사람이 자신의 의견을 검토받는 과정에서 철학적인 사람이 되어, 진리 추구의 길을 함께 걷기로 하는 것. 이것은 교육자라면 누구든 꿈꾸는 목표이다. 선생이 일방적으로 학생에게 정보를 주는 것이 아니라 학생의 삶이 변해서 학생과 선생이 함께 지식을 얻기 위해 노력하게 되는 것. 그것이 가장 훌륭한 교육 현장의 모습이다. 트라시마코스와 같은 좋은 학생을 만난 소크라테스는 어쩌면 굉장히 운이 좋았던 선생일지도 모른다.

5 ──── 글라우콘과 아데이만토스의 도전 ^{2권 전반부}

보이는 것과 실제로 그러한 것과의 차이

소크라테스는 이 지점에 이르자 정의와 관련된 논의에서 해방되었다고 생각한다. 하지만 아직 끝났을 수는 없다. 왜냐하면《국가》1권의 트라시마코스와의 대화에서 소크라테스가 보인 것은 트라시마코스가 제안한 정의의 개념이 틀렸다는 것뿐이기 때문이다. 그는 1권에서 계속 케팔로스, 폴레마르코스 그리고 트라시마코스의 정의 개념이 충분치 않다는 것을 보여주었다. 그러나 소크라테스는 정의가 무엇이라고 하는가? 독자들과 마찬가지로 대화편의 등장인물들 또한 만족하지 못한다.

2권을 여는 글라우콘의 질문은 그런 점에서 의미심장하다. "소크라테스 선생님! 선생님께서는 부정의한 것보다는 정의로운 것이 모든 면에서 더 낫다는 것을 저희한테 설득하신 듯이 '보이기'를 바라시는 겁니까, 아니면 진정으로 설득하시기를 바라시는 겁니까?" 1권에서도 폴레마르코스의 정의를 검토하는 과정에서 친구가 실제로 친구인 경우와 친구로 보이는 경우의 차이에 대해 이야기한 적이 있었다. 그리고 이것이 플라톤의 인식론에서 핵심적이라는 사실도 언급했었다. 보이는 것은 실제로 그러한 것과는 다르다. 소크라테스는 1권에서 트라시마코스의 입장을 철저하게 논박했지만 아직 부정의한 것보다 정의로운 것이 낫다는 점을 입증하지는 못했다. 1권의 대화에서는 부정의한 것이 정의로운 것보다 나은 것은 아니라는 점을 보였을 뿐, 적극적으로 정의가 더 이득이고 행복에 기여한다는 사실을 입증하지는 못했다. 트라시마코스의 공격을 화려하게 막아냈지만 소크라테스가 아직 골을 넣은 것은 아니다. 기껏해야 0:0으로 동점 상황이고 이제 소크라테스가 왜 정의롭게 사는 것이 더 이익인지를 보여야만 경기에서 이길 수 있다.* 소크라테스가 처한 상황을 정확히 파악해내는 글라우콘은 정말 훌륭한 철학적 자질을 가졌다. 보이는 것과 실제로 그러한 것 사이의 차이를 구분해 낼 줄 아는 능력, 이것이 바로 이상 국가를 다스려야 하는 철학자가 지녀야만 하는 자질이다.

---

* 여기서 축구의 예를 든 것은 소크라테스가 답해야 할 책임을 강조하기 위한 것일 뿐이다. 이미 앞 장에서 설명한 것처럼 소크라테스는 경기(혹은 논쟁)에서 이기는 것을 목표로 하지 않는다. 그러나 소크라테스의 엘렌코스라는 방법이 상대 입장을 점검하는 것을 목표로 하기 때문에 소크라테스 자신은 어떻게 생각하는지 밝혀야 한다.

정의는 결과도 중요하다

소크라테스와 글라우콘은 세 가지 종류의 좋은 것이 있다는 데에 합의한다. 즐거움처럼 그 자체로 좋은 것이지만 결과 때문에 좋지는 않은 것, 슬기나 건강처럼 그 자체로 좋을 뿐 더러 그것에서 생기는 결과도 좋은 것, 그리고 보수나 명성처럼 결과가 좋기 때문에 좋은 것으로 나눈다. 소크라테스는 정의란 두 번째의 것, 그 자체로 좋을 뿐 아니라 결과도 좋은 것이라고 보지만, 글라우콘은 보통 사람의 생각을 대신하여, 정의란 그 자체로는 좋은 것이 아니지만 명성을 주기 때문에, 즉 결과 때문에 좋다고 주장한다.

이미 앞에서도 논의했지만, 정의는 결과와 밀접한 관계가 있다. 소크라테스나 글라우콘 모두 정의가 첫 번째 경우, 즉 그 자체로 좋은 것이지만 결과는 상관없는 것은 아니라고 본다. 따라서 아무리 좋은 의도로 행동을 했다고 하더라도 결과가 나쁜 경우는 정의롭다고 할 수 없다. 그렇다고 소크라테스가 철저한 공리주의자인 것도 아니다. 정의가 그 자체로도 좋아야 하지만, 그것이 주는 결과까지도 좋아야만 한다는 생각은 의무론이나 공리주의 같은 근대적인 관점보다 엄격하면서도, 인간 삶의 영역 전체를 고려하는 관점이다. 정의로운 상태는 이를 이루려는 동기에 있어서도, 그리고 그 결과에 있어서도 좋아야 한다. 정의롭기 위한 동기도 좋아야 하고, 정의로움을 추구하는 과정도 올발라야 할 뿐 아니라, 그 과정으로부터 나온 결과도 정의로워야 한다. 절차적 공정성이나 분배적 공정성보다 훨씬 포괄적이다.

좋은 동기에서 행동했다고 결과가 정당화되는 것이 아님에도 불구하고, 자신의 좋은 동기만으로 모든 것이 용서받을 수 있다고 생각하는 사람들이 많다. 예를 들어 종교인들의 위선적인 태도는 이런 점에서 공분을 사기 십상이다. 특히 한국 개신교가 보여주는 예시가 너무나 많다. 교회를 세습하여 정치, 종교 권력을 이어가고, 성도의 소중한 헌금을 횡령하며, 세금을 내지 않아 사회 구성원으로서의 가장 기본적인 역할도 하지 않을 뿐더러, 온갖 거짓 소문들을 퍼트려 여론을 조작한다. 이런 종교인들을 붙잡고 물어보면 누구든 자신은 신앙에 충실하기 때문에 한 행동이고, 그렇기 때문에 신에게만 용서를 받으면 된다고 대답할 것이다. 자신들은 그렇게 생각할지 모르지만 같은 사회를 살아가는 공동체의 일원에게 이해받기는 어려운 논리다.

소크라테스는, 그리고 글라우콘은 이렇게 자신의 동기만으로 모든 행동을 정당화하려는 시도에 대해 신랄하게 비판한다. 정의롭고 훌륭하고 좋은 행위나 품성은 그 결과로 드러나야 한다. 심지어 예수마저도 열매로 신앙을 알 수 있다고 하지 않았는가?(《마태복음》 7:15~27) 게다가 동기라는 것은 너무나 객관적이지 못하다. 열 길 물속은 알아도 한 길 사람 속을 도대체 어떻게 알 수가 있겠는가? 정말 그런 위선적인 종교인들이 신에 대한 신앙만으로 자신의 이익을 추구하는 행위를 할까? 그 동기는 무엇으로 점검할 수 있을까? 신이 아니다고들 대답하지만, 그 신의 생각을 우리가 객관적으로 알 수 있을까? 객관적인 근거를 묻는데 주관의 영역으로 돌아가 버리는 종교인의 화법은 논리적 대화를 거부하는 태도에 지나지 않는다.

현실주의자 글라우콘의 주장
: 정의는 무능한 자가 살아가는 방식

그렇기 때문에 글라우콘은 결과에 더욱 초점을 맞춘다. 그는 자신이 실제로 생각하는 것과는 다른, 소크라테스의 입장을 반박하는 사람들이 할 만한 주장을 내세운다. 정의란 원래 행하는 사람에게 이득을 가져다주는 것이 아니다. 트라시마코스가 말했듯 힘이 있고 더 강한 사람이라면 굳이 자신이 진 빚을, 그리고 신세를 갚으려 들지 않을 것이다. 글라우콘은 기게스의 반지를 끼고 투명인간이 된 사람의 예를 들면서 그렇게 다른 사람보다 훨씬 '강해진', 그래서 자신의 행동이 다른 사람들에게 전혀 드러나지 않는 투명인간이 된다면 누가 과연 정의롭게 살 것인지 소크라테스에게 묻는다. 글라우콘이 제안하는 인간관은 매우 부정적이다. 성선설/성악설에 따른 교과서적인 구분까지 갈 필요도 없다. 글라우콘은 철저하게 현실적인 인간의 모습을 그린다. 인간이라면 누구든 자신의 욕구를 채우려 애쓸 것이다.

　문제는 기게스의 반지를 끼고 투명인간이 될 만큼 강력한 힘을 가진 사람이 없다는 것이다. 그래서 약한 사람들이 서로 힘을 모아 법을 만든 다음, 자신들보다 강한 사람들을 그 법에 복종하게 만들었다. 약한 사람들이 더 강한 사람들에게 피해를 입지 않고 각자가 자신의 몫을 받을 수 있는 시스템이 만들어진 것이다.

　법은 일종의 계약으로 약자들이 강자에게 맞서기 위해서 만들어낸 인위적인 틀이다. 이렇게 하면 서로가 서로에게 올바르지 못한 일을 저지르거나 당할 가능성이 줄어들기 때문에, 자신의 몫만 받도록 계약을 맺는 것이 약자들에게는 이익이 된다. 또 그러기 위해 이 법을 잘 따르는 것이 합법적이고 올바르다고 생각하도록 한다. 하지만 누군가 이 법을 어길 수 있는 힘을 가진다면, 기게스의 반지라도 찾아서 투명인간이 된다면(글라우콘은 '진짜 사내'가 되는 경우라고 말한다), 그 힘을 자신의 이익을 위해서 쓰지 타인을 위해 쓰거나 기존의 법질서를 유지하는 데 쓰지는 않을 것이라는 것이 글라우콘의 생각이다. 모든 인간은 '멋대로 할 수 있는 자유'(exousia: 359c)를 바란다. 이 '멋대로 할 수 있는 자유'는 이후 민주정에 대한 비판에서 중요한 주제가 되지만, 근대 민주주의 국가에서 인간의 기본권으로 여겨지는 '자유'와 정확히 같지는 않다. 이 문제는 나중에 11장에서 이야기를 더 해보도록 하자.

요즘 유행하는 수퍼 히어로 영화들에는 자신의 강력한 능력을 다른 인류를 위해 쓰는 경우들이 종종 등장한다. 만화《데스노트》의 주인공인 라이토도 기게스의 반지에 상응하는 힘을 가졌지만 제 나름의 올바름을 구현하고 싶어 했다. 기게스의 반지를 가지고 욕구를 채우다가 어느 정도 만족하면 본인이 생각하기에 가치 있는 일, 예를 들면 이상적인 사회를 만드는 일을 할 것 같다고 우리는 기대한다. 그러나 이런 지적에 글라우콘은 '영화 같은 이야기 하지 말라'고 대답한다. 글라우콘은 인간 본성을 깊이 불신한다. 수퍼 히어로 같은 능력을 갖춘 사람이라고 하더라도 자신의 이익을 추구하지 않을 리가 없다. 능력이 없으니 법을 지키는 것이지, 능력이 있다면 약자들을 보호하는 것이 목적인 법을 지킬 이유는 없다. 그리고 소크라테스는 이런 지적을 받아들인다.

그러면 사람들은 왜 정의로운가? 수퍼 히어로와 같은, 기게스의 반지가 주는 능력이 없기 때문이다. 그러면 차라리 약자들끼리 만들어둔 법을 잘 지킴으로써 다른 사람들보다 몫을 덜 받지 않을 보장을 받는 것이 합리적인 판단이다. 즉, 다른 사람보다 손해를 더 보지 않는 선에서 만족하는 것이다. 이에 더해 힘이 없는 사람으로서는 법을 잘 지킴으로 정의롭다는 명성까지 얻는 것이 현실적으로는 가장 합리적이고 좋은 선택지라는 것이 글라우콘의 주장이다. 즉, 정의는 무능한 자가 마지못해서 살아가는 방식에 지나지 않는다. 인간의 본성은 마음대로 자신의 욕망을 채우고 싶어 한다. 그러면 정의는 가능하기나 한가? 이 질문에 소크라테스는 뭐라고 대답할 수 있을까?

사람들이 보는 모습과 실제 모습이 다른 두 사람의 경우

글라우콘은 자신의 주장을 입증하기 위해 일종의 사고 실험을 제안한다. 정의로운 사람과 부정의한 사람 둘을 비교하되, 가장 극단적인 경우를 비교해서 누구의 삶이 가장 행복한지를 보는 것이다. 먼저 가장 올바르지 못하고 부정의한 자를 택하고 이를 A라고 부르자. A는 자신의 올바르지 못함을 완벽하게 숨길 수 있는 자이다. 실수를 하더라도 바로잡을 수 있어야 하고, 부정의한 짓을 하더라도 들키지 않거나, 들키더라도 사람들을 설득해서 자신의 행동이 부정의하지 않다는 것을 납득시킬 수 있으며, 필요하다면 강제력을 행사해서라도 자신이 부정의하지 않다는 것을 보일 수 있어야 한다. 이런 방식으로 사람들의 평판으로는 가장 정의로운 사람이라고 여겨져야 한다. 여기에서 다시 한 번 '보여짐'과 '실제 그러함' 사이의 차이가 중요하게 작동한다. A는 실제로 가장 부정의한 자임에도 불구하고 사람들에겐 가장 정의로운 사람으로 보여야 한다. 또 정반대의 경우인 사람인 B를 세워두자. B는 실제로 훌륭하고 정의로운 사람이다. 하지만 그는 사람들에게는 훌륭하고 정의로운 사람으로 보이지 않는다. 따라서 정의로운 사람에게 주어지는 명성과 같은 선물을 받지 못하는 사람이다. 오히려 부정의한 일은 하나도 저지르지 않았음에도 불구하고, 가장 부정의한 사람이라는 최대의 악명을 얻는 사람이다. 이 두 사람에 대한 평판은 두 사람이 죽을 때까지도 바뀌지 않아야 한다. 그러면 A와 B 중에서 과연 누가 행복하다고 할 수 있겠는가?

트라시마코스와의 대화에서 소크라테스는 정의로운 사람이 행복하다고 했는데, 소크라테스의 말이 맞다면 A가 아니라 B가 행복한 사람임을 소크라테스는 입증해야 한다. 글라우콘은 A의 행복이 결과에만 의존한다고 생각했다. 그러니 실제로는 A가 부정의한 사람이라고 하더라도, 정의로운 사람으로 보이는 결과를 산출한다면 충분히 행복하다고 할 수 있을 것이다. 그러나 정의가 그 자체로도 좋고 결과도 좋다고 주장하는 소크라테스는 B가 그 자체로도 정의로운 사람일 뿐 아니라, 결과적으로도 행복한 사람이라고 말해야 한다. 그럼 B와 같은 상황에 있는 사람이 어떻게 행복하다고 할 수 있을까?

현실적이기에 쓰라린 질문

글라우콘의 질문은 너무나 현실적이기에 쓰리고 아프다. 우리는 이 렇게 정의로운 삶을 살기 위해 애썼지만 부정의하다고 판결받고 인 생을 마친 사람들의 이야기를 많이 알고 있다. 아무런 죄가 없는 사 람들에게 적과 내통했다고 누명을 씌운 후, 재판 후 18시간도 되지 않아 사형을 집행해버리고 시신을 탈취해서 화장시켜버린 후에야 유가족에게 돌려주면서까지 자신의 권력을 유지하려 했던 사람의 이야기를 잘 알고 있다. 그리고 그런 아버지의 부정의한 행동을 정당 화하고 아버지를 신격화시켜서 결국 다시 권력을 쟁취하고는 여왕 같은 삶을 살았던 그 자녀의 이야기를 알고 있다. 군부가 다시 권력 을 잡는 부당한 일을 막기 위해 피로 맞선 사람들을 죽이기 위해 도 시 전체를 포위하고 헬기에서 기관총을 쏘았고, 그렇게 사랑도 명예 도 이름도 남기지 못하고 죽어간 이들에게 국가를 전복하려는 부정 의한 사람들이라는 오명을 붙이고, 이들의 이름조차 기억하지 못하 게 만들었던 일이 우리 역사에서 40년도 되지 않았다는 것을 잘 알 고 있다. 덧붙여 이들을 추모하는 노래를 부르는 것이 2016년까지도 금기시되었다는 사실도 잘 알고 있다.

글라우콘은 소크라테스에게 묻는다. 남도의 아름다운 도시에서 이름도 없이 스러져간 그 사람들이 정말 행복한 삶을 살았느냐고 묻 는다. 남영동의 어두운 방에서 물고문을 당하다 22살의 젊은 나이에 죽어간 그 사람이 정말 행복했느냐고 묻는다. 부정 선거를 다시 치 르라고 소리 높여 외치다 최루탄이 머리에 박혀 바다에 던져졌던 그 사람이 정말 행복했느냐고 묻는다. 가족 중에 좌익과 친한 사람이 있다는 이유만으로 학교 운동장 한복판에서 총을 맞고 구덩이에 던져졌던 그 사람이 정말 행복했냐고 묻는다. 군 고위 간부들이 전쟁 한가운데에서도 군수 물자를 빼돌리는 바람에 추운 겨울에 천리 길을 걷다가 동사하고 아사했던 그 사람들이 정말 행복했느냐고 묻는다.

빼돌린 군수 물자로 흥청망청 살던 국방부 장관은 명을 다하고 죽은 뒤 현충원에 모셔져 있다. 부정하게 선거를 조작해서 대통령의 꿈을 연장하려던 사람도 현충원에 있고, 재판도 제대로 하지 않고 사법 살인을 저질렀던 사람도 현충원의 가장 양지바른 곳에 안장되어 신과 같은 대접을 받고 있다. 빛의 고을에서 수많은 사람들이 피 흘리며 죽어가게 했던 장본인은 29만원만 가지고도 건강히 잘 살아가고 있다. 22살의 젊은이가 죽어가면서도 지키고자 했던 사람은 그 젊은이를 죽였던 정권이 만든 정당의 국회의원 후보가 되었다. 글라우콘은 소크라테스에게 묻는다. 왜 이 부정의한 사람들이 더 행복하지 않은가? 당신은 정말 이 사람들이, 부당하게 죽어간 사람들보다 행복하지 않다고 말할 수 있느냐고.

아데이만토스의 통렬한 비판

아데이만토스는 글라우콘의 이런 질문을 받은 소크라테스의 마음에, 그리고 독자의 마음에 대못을 박아버린다. 사람들은 보통 정의롭게 살면 이 세상에서 전혀 인정받지 못하더라도 다음 세상에서 신들의 축복을 받는다고 말하곤 한다. 현실의 부정의를 내세에 대한 소망으로 눈감으려는 것이다. 그러나 아데이만토스는 이런 생각은 말도 되지 않으니 소크라테스가 이런 식의 답변을 내어놓지 못하도록 원천 봉쇄해버린다.

부조리하고 부정의한 현실을 살아가는 가장 좋은 방법은 내세에 기대는 것이다. 종교는 현실의 세계가 현실로 끝나는 것이 아니라 다음 세상이 있고, 여기에서 맺힌 것은 다음 세상에서 풀어질 것이라는 헛된 희망을 갖게 한다. 그렇기 때문에 종교인들은 현실에서의 부당함은 그냥 견딜 것이지 고칠 것이 아니라고 소리 높인다. 그러나 아데이만토스는 골방에서 기도나 할 것이지 왜 촛불 들고 길에 나서느냐고 꾸짖는 종교인들의 허위를 통렬하게 비판한다. 신들에게 받는 축복이라는 것 또한 사실 좋은 명성을 얻는 것과 관련이 있을 뿐이다. 신들에게 인정받는 것도 사람들에게 인정받는 것과 마찬가지로 명성을 얻는 것뿐이지 실제로 좋은 것은 아니다. 게다가 그리스인의 종교에서뿐 아니라, 현대 제도 종교에서도 모든 신들이 항상 정의롭지는 않다. 그리스인의 신들도 서로 속이고 질투하고 이유 없이 인간을 괴롭힌다. 현대 제도 종교의 신도 자신을 믿지 않는 자들을 전멸시켜버리도록 명령하며, 여성을 차별하고, 강간당한 여성이 가족의 명예를 더럽혔다는 이유로 당하는 살인을 정당화하며, 성소수자를 공동체로부터 추방하고 죽이고 불태워버리는 것을 정당화한다. 그렇다면 신과 종교에 정의를 기대하는 것은 도대체 무슨 의미가 있는가?

아데이만토스는 종교에 의존하는 해결 방법을 거부한다. 만약 신이 없다면 종교의 이런 허위는 아무런 의미가 없는 순전한 거짓말에 지나지 않는다. 그리고 만약 신들이 있다고 하더라도, 신들이 인간의 삶에 관심을 갖고 있는지조차 분명치 않다. 그리고 정말로 신들이 존재하고 인간의 삶에 관심이 많다고 하더라도, 신들에게 기도하고 제물을 바치면 신들의 마음을 돌리는 것은 어려운 것이 아니다. 재산의 십분의 일이 아니라 전체를 다 갖다 바치라는 명령에 따르는 것은, 그렇게 했을 때 신에게 축복을 받기를 기대하기 때문 아닌가? 삶의 여러 문제들이 풀리지 않을 때 신들에게 공양을 드리는 것은 결국 내가 원하는 방식으로 삶이 돌아가도록 신의 마음을 바꾸려는 시도이다. 종교인들의 신실함은 결국 자신이 신의 뜻을 따르기 위한 것이 아니라 자신의 뜻에 신을 맞추기 위함이다. 그리고 만약 그렇게 신의 마음을 바꾸는 것이 가능하다면 실재하는 신을 섬기는 종교가 있다고 하더라도 정의롭다고 여겨지는 사람이 최소한 내세에라도 행복한 삶을 살 수 있을 것이라는 기대 자체가 헛된 것에 지나지 않는다.

소크라테스가 대답할 차례

부정의한 역사와 사회의 피해자인 글라우콘과 아데이만토스는 소크라테스에게 묻는다. 아테네의 정의를 위해 평생을 바쳐온 소크라테스 당신이, 참주정과 민주정으로 정치권력이 바뀌는 과정에서 정치범으로 몰려 그토록 사랑하는 아테네 사람들에 의해 사형선고를 받고 결국 독배를 마시고 죽는 삶을 살았는데, 그럼에도 불구하고 당신은 정의롭게 사는 것이 더 행복한 일이라고 자신 있게 말할 수 있느냐고.

　이런 가슴 아픈 질문에 폴레마르코스를 비롯한 여러 사람들, 부정의한 아테네 역사의 희생자들이 소크라테스의 대답을 기다리고 있다. 그리고 기원전 380여 년경 아테네의 재건을 꿈꾸지만 현실의 장벽에 부딪혀 괴로워하는 아테네인들이, 플라톤의 책을 읽으면서 소크라테스의 대답을 기다린다. 부정의한 정권을 촛불로 심판했다고 하지만 여전히 정의로운 사회를 건설하는 것은 먼 미래의 일이라고 느끼는 21세기 한국의 독자들도 소크라테스의 대답을 기다리고 있다. 《국가》 2권부터 10권 마지막까지 이어지는 소크라테스의 설명은 이 무겁고 쓰라린 현실을 관통하는 글라우콘과 아데이만토스의 질문에 대한 대답이다. 부정의한 국가 권력에 희생되었던 소크라테스가, '그럼에도 불구하고'라고 대답하는 것이 《국가》이다. 플라톤의 이상 국가도, 삼분된 혼도, 민주정에 대한 비판도, 예술가를 추방해야 한다는 주장도 모두 이 맥락에서 읽어야 제대로 이해할 수 있다.

　아데이만토스는 이렇게 말한다. "보십시오, 선생님! 자신들의 말을 남긴 최초의 영웅들을 위시해서 요새 사람들에 이르기까지, 정의의 예찬자들이라는 여러분 모두 가운데서, 아직껏 그 누구도 부정의함을 비난하시거나 정의를 찬양하심에 있어서 평판이나 명예, 또는 이것들에게서 생기는 선물과 무관하게 그 자체로만 하신 적이 없습니다. 그 각각이, 그걸 지니고 있는 자의 혼 안에 있으면서, 그 자체의 힘으로 무엇을 하는지에 대해 신들도 인간들도 주목하지 않았습니다. … 한쪽은 혼이 자신 안에 지닐 수 있는 나쁜 것들 중에서도 가장 나쁜 것인 반면에, 정의는 가장 좋은 것임을 논변으로써 충분히 펴신 분은 아직껏 아무도 없습니다."(366c) 정의로운 사람이 행복하다는 옛날 어르신의 말도, 부당하게 권력을 잡은 대통령이 '법치주의'를 강조하는 맥락도, 골방에 들어가서 기도나 할 것이지 거리로 뛰어나가서 촛불을 들고 목소리를 높이지 말아야 한다는 종교인의 위선도 정의가 가장 좋은 것임을 증명하지는 못했다. 글라우콘과 아데이만토스는 소크라테스에게 큰 짐을 맡긴다. 트라시마코스의 '더 강한 자의 이익'이 정의가 될 수 없다는 것을 보이는 것만으로는 충분하지 않다. 우리 현실의 온갖 부조리한 상황 가운데에서도 왜 정의롭게 살아야만 하는지, 그것이 왜 행복을 가져다주는지 소크라테스는 적극적으로 입증해야만 한다. 이 문제를 평생 고찰해온 소크라테스는 아데이만토스에게, 플라톤의 첫 독자들에게, 그리고 그 이후 2,500년 동안《국가》를 읽어온 독자들에게 대답해주어야 한다.

철학자의 자질

폐부를 찌르는 날카로운 질문을 학생으로부터 받는 선생의 기분은 어떨까? 우리의 교육 환경에서 선생에게 질문을 하는 것은 일종의 도전으로 간주된다. 그렇기 때문에 교육은 일방적으로만 이루어진다. 정보는 교사로부터 학생에게만 전달되며, 학생의 역할은 전달받은 정보를 잘 간직하는 것뿐이다. 질문거리가 생기는 이유는 학생이 이해하지 못했기 때문이지 선생이 제대로 설명하지 않아서가 아니다. 이런 상황에서 글라우콘이나 아데이만토스 같은 학생이 교실에서 질문을 던진다면, 그 교실의 분위기는 어떻게 바뀔까? 이렇게 정곡을 찌르는 질문을 받는 선생은 자신의 권위에 생채기가 난 것을 잘 참아낼 수 있을까?

서양 철학의 역사는, 특히 그리스 철학의 역사는 제자가 선생을 '까는' 과정이다. 만물의 근원은 물이라고 주장한 탈레스의 생각이 틀렸다고 가장 처음 지적한 사람은 제자였던 아낙시만드로스였으며, 아낙시만드로스의 생각이 문제가 있다고 가장 처음 지적한 사람은 그의 제자인 아낙시메네스였다. 플라톤의 《소피스트》에서 소크라테스는 자신의 철학적 스승이라고 할 수 있는 파르메니데스를 비판하는 '부친살해'를 감행한다.* 파르메니데스 또한 여신으로부터 '있음'에 관한 설명을 듣는데, 여신은 자신의 설명이 신의 말이라는 이유로 그대로 받아들이지 말고 파르메니데스 자신이 이해할 수 있는지 점검하고 비판해보라고 명한다.** 이렇게 서양 철학은 선생의 말을 곧이곧대로 듣지 않은 제자들에 의해서 발전해왔다. 서양 철학의 역사는 제자들이 선생의 틀린 점을 지적하고 비판해온 역사다. 선생은 항상 틀렸다. 그리고 이를 지적하고 비판하는 제자가 있어서 틀린 부분이 수정된다. 그러나 어느 제자도 완전하지는 못했기 때문에 그 이후 제자에게 다시 틀렸다고 비판을 받았다. 이렇게 틀린 주장들이 이어진 역사가 바로 서양 철학이다.

• 플라톤, 《소피스트》 241d.

•• 단편 7(DK28B7), 6행

글라우콘과 아데이만토스라는 두 제자와 스승인 소크라테스의 경우도 마찬가지이다. 아무리 스승님께서 '정의로운 사람이 행복하다'고 주장하신다 할지라도, 이에 대해 합당한 설명을 해주지 않는 한 비판받아 마땅하다. 그 대상이 자신의 선생이든 동료 학생이든 학계의 권위자이든 관계없다. 누구든 합당하지 않은 설명을 하는 경우 부족한 부분에 대해 질문하는 것은 마땅하다. 그리고 오히려 그것이 선생을 대하는 올바른 예의일 수 있다. 문제가 있다면 그때 바로 수정하도록 도와줌으로써 선생의 설명이 더 확실하고 분명해지도록 만들 수 있다. 서양 철학은 이렇게 선생의 잘못을 지적하는 글라우콘과 아데이만토스와 같은 제자들에 의해 발전해왔다.

소크라테스는 서양 철학사의 훌륭한 선생답게 제자들의 질문에 대응한다.《국가》2권의 절반 이상을 사용하면서 소크라테스의 입장에 비판을 가하는 글라우콘과 아데이만토스의 질문을 자신의 권위에 대한 도전으로 여기지 않는다. 오히려 소크라테스는 이 질문을 듣고 매우 기뻐하면서 이들을 칭찬한다. 질문이 날카로우면 날카로울수록, 소크라테스는 제자들의 자질을 칭찬한다.

글라우콘과 아데이만토스를 칭찬하는 두 가지 이유

소크라테스가 이들을 칭찬하는 이유는 크게 두 가지이다. 첫째, 이 날카로운 질문을 던지는 글라우콘이나 아데이만토스는 실제 자신들이 질문하는 것처럼 부정의한 사람이 행복하고 정의로운 사람이 행복하지 않다고 생각하지 않는다는 사실이다. 그들은 소크라테스와 마찬가지로 정의로운 사람이 행복하다는 신념을 가지고 있다. 사실 정의란 명성과는 관계없이 그 자체로 좋고 결과도 좋을 것이라고 생각한다. 그럼에도 불구하고 소크라테스에게 이렇게 길고 날카롭게 질문을 던지는 것은, 자신의 신념을 정당화할 수 있는 설명과 논변을 들으려 하기 때문이다. 둘째, 이들은 정의로운 사람이 행복하지 않다는 수많은 증거를 보고 들어왔음에도 불구하고 설득되지는 않았다. 여전히 정의로운 사람이 행복할 것이라고 바라고 있으며 거기에 부합하는 설명을 찾는 중이다.

글라우콘과 아데이만토스는 철학자들이 가져야만 하는 자질을 아주 잘 갖춘 사람들이다. 아직 지혜를 갖지 못했기 때문에 지혜를 추구하고 사랑하는 사람인 철학자로서 탐구를 그치지 않는다. 자신이 특정한 신념을 가지게 되었다고 하더라도 그것이 참으로 입증되지 않았다면 이를 설명할 수 있는 방법을 멈추지 않고 찾는다. 철학자는 다른 사람들에게 훈계하는 사람도, 아픈 사람들에게 상처를 치유하는 좋은 말을 해주는 사람도 아니다. 부정의의 희생자에게 '당신이 정말 행복하냐'고 묻는 것이 철학자이다. 편안한 마음을 갖기 위해 철학 수업을 들어서는 안 된다. 자신이 기존에 생각했던 것이 뒤집어지고 혼란스러워지는 경험을 하는 곳이 철학 수업이 되어야 한다. 그동안 '당연'하다고 여겼던 일들이 당연하지 않다는 질문을 받고 고민하도록 하는 것이 철학의 목표이다.

정의라는 것이 무엇인지 분명히 밝히기 위해서 이들은 자기들이 믿는 것과는 반대되는 질문을 던져 스스로의 생각과 믿음이 정말 참인지 검증한다. 그 검증은 자신들의 믿음 체계를 완전히 파괴할 가능성이 있을 정도로 강력하다. 자신의 생각과 반대되는 사람들이 주장할 만한 내용을 스스로에게 던지면서까지 자신의 생각을 돌아보려는 태도와 이를 수행하는 비판적인 사고 능력이 바로 소크라테스에게 칭찬받은 두 사람의 뛰어난 자질이었다. 이렇게 자신의 생각을 객관적으로 바라보면서 먼저 자신을 돌아보는 태도는 철학자들이 가져야 하는 가장 기본적인 자세라고 할 수 있다. 추운 바다 위에 얼음 조각 하나만 의지하면서 둥둥 떠내려가면서도, 그 얼음이 자신을 버틸 만큼 충분히 튼튼한지 검토하기 위해 망치로 내려쳐 보는 사람들이 철학자이다. 철학은 불편하다. 철학은 전복한다. 철학은 자기 자신을 파괴할 수 있다. 그럼에도 진리를 추구하기 위해 계속해서 질문하고 비판한다.

전문가가 죽고 인터넷이 그 자리를 대신한 세상을 살아가는 사람들은 다양한 통로를 통해 여러 정보를 수동적으로 받아들이면서 자신들이 많이 안다고 생각하곤 한다. 그러나 쏟아지는 정보를 수용하기에 급급할 뿐 꼼꼼히 검증하지 못하고 수용된 정보를 자신의 삶에 능동적으로 연결하지 못하기 때문에, '아는 것 같지만 실은 모르는' 경우가 많다. 민주 사회의 시민답게 살기 위해서는 주어지는 정보를 비판적으로 받아들일 수 있어야 한다. 또 비판은 상대를 꺾어 내 생각이 이겼음을 증명하기 위해서만 사용되는 것이 아니다. 내 생각에도 그 칼날을 들이댈 수 있어야 한다. 그렇게 자신의 생각을 철저히 점검할 때, 내 믿음이 너의 믿음보다 더 낫다는 사실이 입증되는 것이 아니라 무엇이 정말 참인지가 드러난다. 비판적인 사고는 자신을 확실한 앎을 가진 더 훌륭한 사람으로 고양시킨다. 이를 위해 글라우콘과 아데이만토스처럼 자신의 믿음과 반대되는 질문을 스스로에게 던지기를 두려워하지 않아야 한다. 그 위험한 질문에 성공적으로 대답한다면 내가 알고 있는 것이 참이라는 사실은 오히려 분명해질 것이고, 내 생각이 틀린 것으로 드러난다면 자신의 무지를 알았다는 점에서 이전보다 나은 사람이 될 수 있기 때문이다. "내 생각은 정말 옳은가?"라는 질문은 진정한 성찰의 첫걸음이다. 이것이 바로 '너 자신을 알라'의 철학이다. 글라우콘과 아데이만토스는 철학자로서 훌륭한 자질을 가졌다.

철학은 불편을 감수하며 탐구해 나가는 과정

최근 미국에서 새롭게 사용되고 있는 속어 중 '눈송이(snowflake)'라는 말이 있다. 진보 성향의 청년들이 자신의 신념과 다른 이야기를 들으면 민감하게 반응하고 불편해하며 기분 나빠하는 모습을 겨울에 내리는 눈송이가 땅이나 손에 닿으면 바로 사라져버리는 것처럼, 약간의 따스함도 견디지 못하는 것에 비유한 표현이다.[•]

• 《바른 마음》으로 유명한 심리학자인 조너선 하이트는 그렉 루키아노프와 함께 쓴 책에서 2013년 이후 대학에 입학한, 스마트폰을 사용하면서 성장한 세대를 '응석받이(Coddling)'라고 부른다. 이들은 외부 자극으로부터 과하게 보호받고 자랐기 때문에 심리적인 상처와 물리적인 상처를 구분하지 못하는 눈송이 같은 대학생들로, 변화하는 이런 세대가 미국 대학에서 여러 문제를 일으키고 있다는 것이 저자들의 주장이다. 이런 특징을 보여주는 대표적인 사례가 2017년 UC버클리에서 보수적인 색채를

철학자는 이런 눈송이를 불편하게 한다. 철학의 역할은 어려운 세상을 살아가는 이들에게 마음의 평화를 가져다주거나 힐링해 주는 것이 아니다. 철학은 그들의 눈송이 같은 허약함이, 불편을 느끼는 상처 받기 쉬운 마음이 정당하다고 토닥여주지 않는다. 오히려 그들이 가장 안정감을 느끼는 바로 그 지점을 공격하고 흔들고 비판한다. 최근 인문학의 인기는 힘든 세상을 살아가는 사람들이 인문학에서 위로를 찾고자 하는 데서 비롯한 것 같다. 그런데 철학은 본질적으로 전복적이기에 불편할 수밖에 없다. 글라우콘과 아데이만토스의 질문처럼 듣기에 괴롭다. 그러나 그 괴로운 질문들에 대한 대답을 찾는 과정에서 고민이 깊어지고 생각의 폭이 넓어진다. 철학은 이것을 목표로 한다.

철학은 부조리한 역사 속에서 발전했다. 펠로폰네소스 전쟁의 피비린내가 소크라테스와 플라톤의 철학을 키워냈고, 춘추전국시대의 정치적 위험이 제자백가의 심오한 사상을 만들어냈다. 철학은 이처럼 불편하고 괴로운 현실을 극복하고자 하는 노력이다. 불편함이 있어야 고민이 시작된다. 그러나 불편함을 만들어내는 것 자체가 목표는 아니다. 불편함을 통해 진리로 나아가려는 것, 이것이 바로 철학이다. 철학은 지금의 상황에 안주하며 불편한 현실에 눈감아 버리는 종교와 다르다.

강하게 띠는 마일로 이아노풀로스라는 강사의 특강을 막기 위해 일으켰던 학생 폭력 시위이다. 자세한 것은 이들의 책 《The Coddling of the American Mind:How Good Intentions And Bad Ideas are Setting Up a Generation for Failure》(Penguin Press, 2018) 참조.

현실이 힘든 것을 모르는 것은 아니다. 지금 20대들이 살아가는 현실은 이전 세대의 생각보다 훨씬 어렵다. 열심히 살아간다고 미래가 보장되지 않는다. 최저임금도 제대로 받지 못하는 편의점 야간 근무를 하면서 공부해야만 한다. 그렇게 학점을 딴다고 해도 부모 잘 만난 친구들의 스펙을 따라가기란 불가능하다. 이런 사회에서 성공하지 못하는 것은 이들의 노력이 부족해서가 아니다. 출발점이 다른 사회를 만든 것은 이들의 책임이 아니다. 그럼에도 불구하고 우리 사회는 모든 것을 개인의 책임으로만 돌린다. 이들이 열심히 살지 않고, 노력하지 않고, 불평만 한다고 비판한다. 20대의 현실을 너무나 모르는 말들이다. 기성세대는 마땅히 이들을 위로하고 함께 사회를 바꾸려는 태도를 취해야 한다. 이 젊은이들이 대기업의, 권력자의, 정치인의 노예가 아니라 인간으로서 주체적으로 살아갈 수 있도록 도와주어야 한다. 젊은 세대가 기존의 질서를 그대로 수용하여 시스템의 부속으로만 살아가지 않고, 스스로 고민하고 문제를 해결하며 삶을 개척해 나가는 능력을 갖추도록 만드는 철학 교육이 필요하다.

기업에서 창의력이 있는 인재를 찾는다고들 하는데, 진정한 창의력은 기존의 질서를 파괴할 수 있는 능력이다. 그리고 이런 창의력을 키우는 비판적 사고를 함양하는 철학 교육을 하기 위해선 학생들이 안전한 공간을 벗어나 도전을 맞닥뜨릴 수 있도록 해야 한다. 대학의 철학 강의실은 그런 역할을 하는 실험실과 비슷하다. 강의실에서의 불편함은 현실의 불편함이 아니기 때문에 강의실은 시행착오를 겪기에 더 안전하다. 여기에서 훈련을 받고 나가면 현실의 어려움에 더 잘 대응할 수 있다. 그리고 그것이 철학 교육의 목표이다.

이런 교육은 동영상 강의로는 불가능하다. 철학 수업은 선생과 학생이 같은 문제를 놓고 씨름하고 고민하고 불편해하면서 함께 탐구해 나가는 과정이어야 한다. 훌륭한 덕성을 갖추게 해주는 것이 철학이 아니라, 훌륭한 덕성을 갖출 준비를 시키는 것이 철학이다. 차가운 현실에 맞장뜰 수 있는 힘을 갖게 도와주고 학생에게 도전하는 것이 철학이다. 철학 강의실에 들어오는 학생들은 불편함을 통해 다음 단계로 고양될 준비가 되어 있어야 한다. 글라우콘과 아데이만토스가 자신들의 신념을 근본부터 흔드는 질문을 던지면서 그러했듯이 말이다.

6 이상적인 국가의 원칙 2권 전반부

소크라테스가 받은 질문은 "정의로운 사람은 행복한가?"이다. 이상 국가를 건설하는 과정은 이 질문에 대답하는 과정에서 나온 것이다. (그래서 최소한 표면적으로는 저자인 플라톤이 이상 국가가 무엇이며 어떻게 건설해야 하는지를 제안하기 위해 《국가》를 쓴 것은 아니다.) 소크라테스는 정의라는 단어가 개인에게도 쓰이고 국가에도 쓰인다는 점에 주목한다. '전두환은 정의로운 사람이다'라는 문장에서의 '정의'와 '제5공화국은 정의로운 정부다'에서의 '정의'라는 단어는 분명히 같은 의미로 쓰였다. 두 문장에서 쓰인 '정의'라는 말이 사람의 '눈'과 하늘에서 내리는 '눈'의 관계와 같은 동음이의어 관계가 아닌 이상, 전두환이라는 개인에게 정의라는 단어가 쓰일 때와 제5공화국이라는 국가에 정의라는 단어가 쓰일 때 그 의미는 같아야 한다. 소크라테스는 이 점에 주목하면서, 개인보다 국가가 더 크니 국가에서의 정의와 부정의가 어떻게 생겨나는지를 보는 것이 훨씬 더 쉬울 것이라고 이야기한다. 그러니 국가에서의 정의를 살펴보면 정의로운 사람이 행복한지의 문제를 밝히는 일이 한결 쉬워질 것이다.

국가의 기원을 묻는다

소크라테스는 나라를 수립하는 '기원(archē)'으로부터 논의를 시작하자고 한다. 기원을 묻는 것은 철학에서 핵심적이다. 탈레스가 만물이 물로부터 비롯했다고 했을 때 그는 '기원'이라는 말을 사용했다. 그리스 철학뿐 아니다. 기독교의 성경에서도 '태초'에 신이 어떻게 세상을 창조했는지를 말하며, '태초'에 말씀(logos)으로서의 성자가 어떻게 성부와 함께 있었는지를 설명한다. 희랍어 성서에서 '태초'라는 말이 소크라테스가 사용하는 '기원'이다. 그리고 탈레스가 '만물의 근원이 물'이라고 했을 때의 '근원'도 바로 이 단어이다. 소크라테스는 국가가 어떻게 생겨났는지를 묻는다. 그리고 이 질문에 대답하기 위해서는 가장 처음 국가를 만들었던 사람들의 의도로 돌아가야 한다. 그러면 국가의 성립 원리를 이해할 수 있다.

소크라테스는 국가의 기원이 '필요'라고 말한다. "한 사람이 한 가지 필요 때문에 다른 사람을 맞아들이고, 또 다른 필요 때문에 다른 사람을 맞아들이는 식으로 하는데, 사람들에겐 많은 것이 필요하니까, 많은 사람이 동반자 및 협력자들로서 한 거주지에 모이게 되었고, 이 생활공동체(synoikia: 함께 살아가기)에다 우리가 '나라'라는 이름을 붙여주었네."(369c)

국가는 어떻게 성립하는가? 아리스토텔레스만 하더라도 《정치학》에서 가족이 확장되어서 부락이 되고, 부락이 확장되어서 국가가 된다고 말한다.* 생물학적으로는 부모 없이 개인이 존재할 수는 없을 것이고, 그런 점에서 가족관계는 공동체가 성립되는 가장 기초적인 단위로 보인다. 그러면 항상 개인이 먼저가 아니라 어머니와 자식이라는 혈연관계가 기원이 된다. 개인은 고립되어 존재하는 법이 없고, 항상 다른 사람, 특히 부모와의 관계 속에서 살아가게 된다. 사회 교과 시간에 배우는 국가의 기원이 바로 이런 방식일 것이다. 그런데 소크라테스는 나라의 기원을 다른 곳에서 찾는다. 공동체가 성립하기 시작하는 것은, 가족관계로부터가 아니라 '한 사람'에게 다른 필요가 있었기 때문이다. 가족관계로 맺어진 사람들의 네트워크가 아니라, 고립된 개인의 모임으로부터 공동체가 성립된다. 개인이 필요한 것을 혼자서 모두 만족시키는 것이 불가능하기 때문에 공동체가 만들어진다. 따라서 국가는 자연적이지 않고 인위적이다.

인간에게 가장 기본적인 필요는 의식주이다. 가장 우선은 음식이고, 둘째는 주거, 셋째는 의복 등이다. 혼자서 이 모든 것을 다 해낼 수 있다면 참 좋겠지만 이는 불가능하기 때문에 소크라테스는 최초의 국가에 농부 한 명, 집 짓는 사람 한 명, 그리고 직물을 짜는 사람 한 명에 신발을 만드는 제화공 한 명 혹은 몸과 관련되는 것을 보살피는 사람을 한 명 추가한다. 이렇게 구성된 국가는 '최소한도의 나라'라고 불리며 넷 또는 다섯 사람으로 구성된다. 자연스러운 가족관계가 아니라 고립된 개인들이 서로 필요한 것들을 채워주기 위해 모

• 아리스토텔레스《정치학》1권 2장.

인 공동체이다. 이 사람들은 각자 자신의 일만 한다. 농부는 네 사람을 위한 식량을 만들어야 하고, 집 짓는 사람은 네 사람이 살 수 있는 집을 만들어야 하며, 옷을 만드는 사람은 네 사람이 입을 옷을 지어야 한다. 그리고 서로의 생산물을 다른 사람에게 줌으로 함께 살아갈 수 있다.

이와 더불어 각자의 업무가 가장 잘 수행되는 것은, 각 사람이 자신의 일만 하고 다른 사람의 일에는 신경쓰지 않을 때이다. 그리고 일을 꼭 해야 하는 시점에 하는 것도 중요하다. 겨울에 농사를 열심히 지을 필요가 없고, 여름에 겨울옷을 만들 필요는 없다. 이렇게 각 사람이 한 가지의 일을 자신의 성향과 적성에 따라 적기에 하면서도, 다른 사람의 일에는 신경쓰지 않을 때 모든 일이 잘 진행될 수 있다. 농사짓는 사람이 옷 만드는 사람의 일에 간섭하지 않아야 하고, 집 짓는 사람이 신발 만드는 사람에게 밤 놔라 대추 놔라 하지 않아야 한다. 각자 자신이 제일 잘하는 일을 꼭 해야 하는 시점에 열심히 할 때 최소한도의 나라는 효율적으로 운영된다. 소크라테스가 제안하는 사회는 일견 분업이 잘 이루어진 전체주의 사회의 모습과 비슷하다. 각 사람이 자신의 일을 하지만 다른 사람들로부터 필요한 물건을 받을 수 있기 때문에 자신이 잘하는 일만 하더라도 기본적인 필요가 채워지는 국가가 최소한도의 나라이다. 이제 이 국가가 발전해가는 과정에서 이 분업의 원칙은 계속해서 지켜진다.

하나의 일을 성향에 따라

소크라테스가 제안하는 세 가지의 원칙, 즉 ① 한 사람이 하나의 일을, ② 성향에 따라, ③ 적기에 수행해야 한다는 조건을 하나씩 검토해보자. 공장에서 휴대폰을 만드는 분업과 생활 공동체인 국가 내에서의 분업이 같은 원칙에 따라서 운영되는 것이 정당할까?

우선 두 번째 원칙인 '성향에 따라'부터 살펴보자. (첫 번째 원칙인 '한 사람이 하나의 일'을 하는 것은 두 번째 원칙에서부터 추론이 가능하다.) 소크라테스는 각자가 자신의 성향에 가장 잘 맞는 일을 해야 한다고 주장한다. 농사를 잘 짓는 재능을 가진 사람은 집을 지어서는 안 된다. 옷을 잘 만드는 사람이 농부의 일을 하면 안 된다. 여기에서 '성향'이라고 번역된 단어는 희랍어의 '퓌시스(physis)'라는 말로 '자연', '성질', '본성' 등의 의미를 갖는다. 즉, '성향에 따라'라는 번역도 가능하지만 이는 '자연의 이치에 따라'로 번역할 수도 있다. 소크라테스는 우리가 이미 앞에서 헤시오도스의 《일과 날》을 통해서 보았던 전제, 각 사람들에게 맞는 몫이 있으며 이는 자연에 의해서 결정된다는 생각을 그대로 사용한다. 다시 말해 원래 타고난 재능을 발휘하는 삶을 살아야 한다는 것이다. 그리고 첫 번째 원칙을 함께 적용하면, 개인은 자신의 선택이 아니라 자연적으로 타고난 본성에 맞는 일을 해야 하고, 그 일만 해야 한다.

당신이 될 수 있는 것이라면 무엇이든

1980년부터 2001년까지 21년 동안 미국 육군은 신병 모집 슬로건으로 "비 올 유 캔 비(Be All You Can Be)"를 사용했다. 한국처럼 징집이 아니라 모병을 해야 하는 미 육군은 더 많은 사람들이 군에 지원하도록 해야 하기 때문에 귀에 꽂히는 카피를 만드는 것이 매우 중요하다. "비 올 유 캔 비"는 미국 육군에 들어오면 당신이 할 수 있는 모든 역할을 다 할 수 있다는 의미이다. 육군 자체가 일종의 사회와 같이 다양한 업무를 하는 사람들로 구성되어 있기 때문에 당신이 그리는 미래를 미 육군에서 이룰 수 있을 것이라고 홍보하는 것이다. 대도시에서 몇 시간이나 운전해서 들어가야 하는 시골에서 고등학교 생활까지 했던, 그래서 자신이 아는 세상이라고는 50km 내의 옥수수밭밖에 없는 시골 청년은 이 광고를 보면서 지금껏 생각지 못했던 넓은 세상에서 큰 꿈을 이룰 것이라는 희망을 갖고 미 육군에 지원한다. 이 슬로건은 미 육군의 슬로건 중 가장 오래 쓰였고 가장 효과적이었다. 이 슬로건을 만들어낸 카피라이터 얼 카터는 민간인에게 수여하는 훈장 중 세 번째로 높은 우수시민봉사 훈장(Outstanding Civilian Service Medal)을 받기도 했다.

이 슬로건의 의도는 미 육군에 들어와서 당신이 꿈꾸는 미래를 만들어가라는 것이다. 수많은 기회가 보장되는 미국 육군에서 미래를 개척하라고 속삭인다. 우리가 진로를 걱정하는 10대들에게 '네 꿈이 무엇인지 생각해보라'고 조언하는 것과 크게 다르지 않다. 그렇지만 기성세대의 조언은 기회도 만들어주지 못하면서 하는 공허한 말이고, 미 육군의 말은 꿈을 이룰 수 있는 자리를 실제로 주겠다는 약속이다. 이렇게 우리는 자신의 미래를 꿈꾸고 선택하는 것이 가능하며, 그렇게 해야만 행복하다고 생각한다. 소크라테스의 주장은 이런 우리의 직관과 크게 어긋난다. 우리는 정말 본성에 맞는 일만 하고 살아야 할까? 인생에 선택지가 하나만 있는 것도 아닌데, 마음이 끌리는 일을 해서는 왜 안 되는가?

'꿈꾸라'와 '적성을 찾으라'

소크라테스의 말을 그냥 흘려듣지 말고 고찰해보자. 정말 우리에게 다양한 기회가 주어질까? 정말 꿈꾸는 것은 무엇이든 할 수 있을까? 기성세대는 10대들에게 꿈꾸라고 말하면서 동시에 적성을 찾으라고도 조언하지 않는가? 꿈을 찾으라는 조언과 적성에 따라 미래를 결정하라는 조언은 기성세대가 생각 없이 툭툭 던지는 '어른의 지혜'다. 이미 살아본 사람들의 경험에서 나오는 진심 어린 걱정이라고 말은 할지 모르지만, 꿈꾸는 대로 살아가라는 말과 적성에 맞추어 살라는 두 가지 조언은 서로 완전히 모순된다. 서로 앞뒤가 맞지 않는 말을 조언이랍시고 젊은이들에게 던지는 것은 일종의 폭력이다. 반성적 사유는 나이에 상관없이 인간이라면 누구나 해야만 하는 작업이다. 스스로를 돌아보지 않으면 트라시마코스처럼 자기 생각을 젊은이들의 머릿속에 넣기 위해 말을 퍼붓기나 하고, 이에 반박하면 말대꾸를 한다고 씩씩거리면서 화를 내고 꾸짖는 '어르신'이 될 뿐이다.

자기 반성 없이 내뱉는 이런 말은 젊은이들이 기성세대에게 반감을 갖게 만든다.

미 육군의 슬로건을 잘 들여다 보면 '네가 꿈꾸는 것은 무엇이든 될 수 있다'고 하지 않는다. '올 유 캔 비', 즉 '네가 될 수 있는 것이라면 무엇이든'이지, '올 유 원트 투 비(All You Want to Be)', 다시 말해 '네가 원하는 것이라면 무엇이든'이 아니다. 육군 신병훈련소에서는 여러 단계의 시험을 통해 새로 들어온 신병의 적성에 가장 잘 맞는 일이 무엇인지 찾아내고 거기에 맞추어서 그 병사에게 업무를 부여한다. 신병이 하고 싶은 것이 아니라 적성이 무엇인지를 찾아 거기에 맞는 업무를 배정한다.

군대만 그러한가? 우리의 삶도 마찬가지다. 모두 타고난 적성과 능력이 있고, 노력해도 넘을 수 없는 장벽이 있다. 누군가가 아무리 야구를 좋아하고 그래서 야구 선수의 꿈을 가지고 어릴 때부터 훈련을 열심히 했다고 하더라도 태생적인 이유로 시속 160킬로의 강속구를 던질 수 없을 수도 있다. 누군가는 아무리 노력해도 메이저리그에서 사이영상을 받지는 못한다.

능력의 한계는 학교 교실에서 더 크게 보인다. 부모와 선생님은 학생에게 최선을 다하면 공부를 잘할 수 있다며 노력하라고 다그친다. 그러나 안타깝게도 우리나라의 모든 고등학생들이 노벨 물리학상을 받을 인재로 성장하지는 못한다. 노력이 부족해서가 아니라 타고난 능력의 한계 때문이다. 어차피 노벨 물리학상을 받을 능력이 안 되는 자녀에게, 열심히 공부해서 노벨상을 타서 가문과 나라를 빛내라고 강요하는 것이 자녀의 미래를 생각했을 때 옳은 조언일까? 자녀의 적성에 대한 고려 없이 의사로, 변호사로, 그리고 사회적인 지위를 가지고 부를 누릴 수 있는 직업을 갖도록 성장하기만 바라고 거기에 모든 자산을 다 쏟아 넣는 부모는 정말 자녀의 행복을 바라고 있는 것일까?

소크라테스는 매우 현실적이다. 농사를 짓는 천성을 가진 사람은 농사만 짓는 것이 행복하다. 괜히 하지도 못할 신발 만드는 일에 신경을 써서는 안 된다. 이는 농민 자신의 행복을 위한 것일 뿐 아니라 국가 전체를 위한 것이기도 하다. 분업의 원리에 따라 서로가 서로의 역할에 의존하고 있는 국가에서 한 사람이 자신의 역할에 충실하지 않으면 전체 공동체가 제대로 작동하지 못한다. 농민이 신발 만드는 일에 관심을 보이는 것은 자신의 불행뿐 아니라 국가 전체의 불행을 낳는다. 마치 전 국민이 자녀를 의사나 변호사로 키우려고 사교육 시장에 어마어마한 재원을 투자하는 것이 국가 전체의 손해인 것처럼 말이다. 소크라테스는 오르지 못할 나무는 바라보지도 말라고 한다. 자신이 오를 수 있는 나무가 무엇인지 정확하게 아는 것, 이것이 정의롭고 행복한 삶의 가장 기본적인 전제이다.

고대 그리스인들이 생각했던 이상적인 상태

소크라테스가 사용하는 이 전제 역시 너무나 현실적이기에 아프다. 그러나 어쩌면 우리가 그동안 잘못된 전제를 가지고 살았던 것은 아닐까? 고대 그리스인들은 욕구가 그치고 더이상 바라는 것이 없는 상태를 가장 좋은 상태라고 보았다. 더 바랄 것이 없다는 것은 지금 상태가 최선이라는 의미이고 거기에서 무슨 변화가 있다면 그것은 나빠지는 것뿐일 테니 말이다. 그래서 고대 그리스인은 변화를 멈추고 정지해 있는 상태가 가장 좋다고 여겼다. 중세 기독교에서도 마찬가지로 인간을 비롯한 모든 피조물은 신이 정해놓은 최선의 상태로부터 타락했기 때문에, 그 최선을 회복하는 것이 구원이라고 본다. 회복은 원래 최선의 상태로 돌아가는 것이고 거기에 도달하면 더이상의 변화는 필요하지 않다. 영원히 변치 않는 신의 세계에서 행복을 누리기만 하면 된다.

근대 이후의 사람들의 눈에는 신을 관조하거나 천국에서 신과 함께하는 삶은 너무 정적이라고 느껴지고, 그래서 재미가 없어 보인다. 목적인이 배제된 근대적 사유에 따르면 모든 살아있는 것들은 움직임으로 자신의 생명력을 발휘하며, 욕구 채우기를 그치지 않는다. 만약 누군가가 더이상 욕구하지 않고 움직이지 않는다면, 그것은 가장 좋은 상태에 도달했다는 증거가 아니라 오히려 죽어버렸다는 뜻이다. 완벽하게 충족되지 않는 욕구를 계속해서 만족시키는 것은 생명이 있다는 증거이고 삶을 살아가는 이유이다. 자본주의는 이런 생각으로부터 발전했다. 개인의 이기적인 욕구와 이를 만족시키기 위한 합리적인 선택이 자본주의를 움직이는 동력이 된다.

그렇기 때문에 누군가 당신에게 '오르지 못할 나무는 바라지도 말라'고 이야기한다면 바로 반감이 들 수밖에 없다. 왜냐면 근대인에게 더이상 욕구하지 말라는 것은 존재하지 말라고 강요하는 것과 같기 때문이다. 내가 욕구하는 것을 얻을 가능성이 있든 없든, 이를 바라고 말고는 내가 선택할 문제이다. 아무리 소크라테스라고 해도 나에게 욕구하지 말라고 명령할 수는 없다.

그런데 정말 무한정 욕구하는 것이 우리를 행복하게 할까? 인터넷과 텔레비전 광고는 서민들이 도저히 누릴 수 없는 생활을 당연한 듯이 그린다. 한 달 관리비가 백만 원씩 나가는 아파트에 살지 못하면 평균적인 생활 수준에 미치지 못하는 것처럼 이야기한다. 일 년에 한 번 이상 해외여행도 못 가면 사람도 아니고, 3천만 원 넘는 자동차를 몰지 않으면 아직 사회초년생도 되지 못한 양 취급한다. 스카이캐슬에 살아도 지금보다 더 높은 지위와 더 많은 재산을 바라는 것이 현대인이다. 자본주의는 우리의 욕구를 계속해서 자극한다. 그리고 이를 채우지 못하면 행복할 수 없다고 주입한다. 바랄 수 없는 것을 바라게 하므로 사람들의 자기만족은 점점 멀어져 가기만 한다. 아무리 노력해도 '보통 사람'의 행복에는 도달할 수 없다. 그래도 그런 삶을 바랄 수 있다는 것만으로 행복하다고 말할 수 있을까?

소크라테스는 분명히 아니라고 대답한다. 행복은 자기 몫에 만족하고 사는 삶이다. 안타깝게도 자연은 각자의 몫을 정해두었고, 그래서 사람들은 각기 다른 성향과 능력을 가지고 살아간다. 성향에 맞는 수준의 욕구나 일을 갖지 못하고 사는 것은 불행하다. 하지만 자신의 능력과 성향을 벗어나는 것을 바라고 사는 삶 또한 불행하다. 자신의 한계를 인정하고 그것을 채우면서 만족하고 사는 삶. 이것이 소크라테스가 제시하는 정의의 기본 전제이고, 쾌락주의자라고 항상 잘못 평가받아온 에피쿠로스학파 사람들이 추구하는 아타락시아의 삶이다. 소크라테스는 자본주의의 노예로 살아가는 현대인에게 도전한다. 당신은 정말로 행복한가? 11장에서 다루겠지만 자신에게 주어진 것 이상을 바라고 욕구하며, 이 욕구가 만족될 때에만 행복하다고 생각하는 것, 다시 말해 무엇이든 하고자 하는 자유는 이상 국가의 가장 기본적인 원리를 무너뜨리는 것이고, 그런 점에서 국가의 쇠퇴를 가지고 온다.

적기에 행한다는 것

두 번째 생각해볼 조건은 '적기'에 해야 한다는 것이다. 겨울에는 농사가 되지 않고, 집을 지을 수 없으며, 털신을 여름에 만들 필요는 없다. 기본적인 의식주도 가장 잘 만들어낼 수 있을 때에 생산하는 것이 효율적이다. 공장에서 물량을 출하하는 경우에는 이런 방식의 분업이 너무나 자연스럽게 보인다.

문제는 국가가 성립하는 전제조건이 각자의 필요였다는 것이다. 소크라테스는 일을 적기에 행하라고 하는데 이때의 적기는 그 일을 수행하기에 적합한 때를 말한다. 즉 생산자와 공급자의 입장에서 적기에 일을 하라는 것이다. 그런데 그 적기가 생산물이 필요한 사람에게는 적기가 아닐 수 있다. 농사의 적기는 여름이지만, 오히려 겨울에 식량이 더 필요하다. 베짱이가 개미에게 아쉬운 소리를 해야 했던 이유가 바로 여기 있다. 게다가 의식주 각각의 전문가가 자신의 생산물을 제공하고 모두가 다른 사람의 생산물을 받는 식으로 국가가 운영되기 때문에, 일종의 물물교환이 잘 이루어져야만 한다. 그러나 생산자의 적기와 소비자의 적기가 일치하지 않는다면 최소한도의 국가는 제대로 작동하지 않는다. 소크라테스는 이 문제를 어떻게 해결하는가?

예일대 교수였다가 지금은 런던 대학교에 재직 중인 인류학자 데이비드 그레이버는 《부채 그 첫 5000년》이라는 책에서 기존의 경제학자들과는 다른 흥미로운 경제사를 제안한다.[*] 경제학자들은 인류 역사에서 물물교환이 먼저 이루어졌고 이 물물교환이 복잡해지기 시작하자 이후에 화폐가 등장했으며 그 이후에 신용거래가 생겨났다고 주장한다. 그러나 그레이버는 실제로 물물교환은 거의 이루어진 적이 없었을 것이라고 본다. 왜냐하면 물물교환이란 물건을 공급하는 두 사람의 필요가 우연히 정확히 일치하는 드문 상황에서만 가능한 일이기 때문이다. 물고기 두 마리를 가지고 있는 사람이 여름옷 한 벌이 필요할 때, 여름옷 한 벌을 줄 수 있으면서도 물고기 두 마리를 필요로 하는 사람을 만나야만 거래가 이루어진다. 인터넷에서 중고 거래가 활발히 이루어지는 인터넷 카페 '중고나라'에서 수많은 사람들이 거래를 해도 맞교환은 거의 이루어지지 않는 이유가 바로 여기에 있다. 필요가 서로 정확히 일치하는 사람끼리 만날 확률은 거의 없기 때문에 물물교환은 거의 불가능했을 것이다. 그러면 사람들은 필요로 하는 재화를 어떻게 획득했을까? 그레이버는 신용 거래가 가장 먼저였다고 본다. 물고기 두 마리가 필요한 사람에게 일단 물고

• 데이비드 그레이버, 《부채 그 첫 5000년》, 부글북스, 2011.

기를 주고, 내가 필요한 시점에 그 사람으로부터 여름옷을 받기로 하는 신용 거래가 가장 처음 이루어졌다는 것이다. 화폐는 그런 신용거래의 증빙으로 작동한다. 내가 나중에 여름옷 한 벌을 받아야 한다는 사실을 입증해주는 것이 화폐라는 설명이다. 그렇다면 공동체 안에서 사람들은 서로에게 빚을 지는 상황이 된다. 부채를 바탕으로 공동체의 유대는 강화된다. 신용이 지배하는 시대에는 빚이 바로 사회적인 약속이 된다. 사회구성원 모두가 여러 가지 방식으로 모든 사람들에게 부채를 지고 있으며 그들의 덕을 보고 있고, 이것이 사회를 하나로 묶어주는 역할을 한다. 그리고 부채는 혈연보다 훨씬 더 강하게 공동체를 묶는다. 남북의 이산가족은 수십 년이 지나도 서로 만나기 어렵지만, 카드빚을 갚지 못해 월북한 사람에게 빚을 받아내기 위해 카드회사는 북한까지도 따라가려 한다.

그레이버의 해석은 소크라테스가 제안한 '적기에 행함'이라는 분업의 조건이 작동하는 방식을 잘 설명해준다. 생산자들은 자기 업무의 적기에 맞추어 열심히 일한다. 하지만 필요에 의해 만들어진 이 나라에서는, 구성원들이 자신이 필요할 때 필요한 물자를 공급받음으로써 공급자에게 신세를 지고 빚을 진다. 그 부채는 자기 생산물을 적기에 만들어내서 갚는다. 이렇게 만들어진 국가가 이상적으로 작동한다면, 모든 생산자들이 각자의 일만을 한다고 하더라도 의식주를 비롯한 다양한 욕구(2권, 돼지들의 나라)를 채우기 위한 재화를 얻기 위해 노력할 필요가 없다. 그렇지만 물론 이런 재화들이 무료로 주어지는 것은 아니다. 이 시스템은 분업을 기반으로 한 교환 경제에 근거하므로 다른 사람들에게 재화를 받기 위해서는 자신의 일을 해야 한다. 물론 그레이버가 주장하듯 각 사람의 욕구가 정확히 일치하는 것은 아니기 때문에 모든 사람은 일단 빚을 지고 있는 상태가 된다. 신발장수가 여름에 신는 나막신을 만든다고 하자. 그런데 겨울옷을 만드는 사람은 여름에 그 나막신이 있어야 장마철을 보낼 수 있다. 따라서 겨울옷 만드는 사람은 여름에 나막신을 받고, 겨울이 되어 코트를 돌려줄 때까지는 신발 제작자에게 빚을 지는 상태가 된다. 이런 식으로 모든 사람들은 서로에게 빚을 지고 있고, 이 빚이 한순간 모두 탕감될 수가 없기 때문에 계속해서 자신의 일을 해야만 하는 것이다. 바로 이런 이유로 소크라테스의 최소한도의 국가 내에서도 시장과 교환을 위한 표로서의 화폐가 생기게 된다(371b).* 그리고 서로가 서로에게 빚지며 의존하는 인간관계에서 빚을 해소하는 과정이 정의와 깊이 연결된다.

여기에서 우리는 1권에서 도대체 정의란 언제 필요한 것인가 하는, 즉 정의가 필요한 적기가 언제인지와 관련한 문제에 대해 폴레마르코스가 소크라테스와 논의했던 부분을 잠시 돌아가서 살펴볼 필요가 있다.

• 1권의 폴레마르코스가 거래에 기반을 둔 계약관계를 통한 '협력공동관계(koinōnia)'를 구축하는 것과 마찬가지로, 2권의 소크라테스는 각자가 자신의 적성의 맞는 일만 적시에 하면서 생산되는 물건들을 나누는 관계를 '협력공동관계'라고 부른다. 그리고 생산되는 물건은 팔고 사는 거래관계를 통해 분배되는데, 물물교환 방식이 아니라 교환을 위한 표(symbolon)인 화폐를 통해 이루어진다고 말한다. 또한 생산자가 생산품 일부를 교환하기 위해 시장으로 가지고 간다고 할지라도, 그 생산물을 교환해서 받기를 원하는 사람과 시간이 정확하게 일치하지 않을 때 그런 교환을 중개하는 사람들의 역할 또한 필요하다고 말한다. 교환 과정에서 화폐와 소매상의 필요성과 관련한 논의는 2권 371b~d 참조. 그런 점에서 소크라테스가 제안하는 폴리스의 성립은 그레이버의 경제사에 대한 설명과 유사한 방식으로 이루어진다.

"전쟁을 하고 있지 않은 사람들에게도 올바른 이가 쓸모없겠죠?"…
"평화 시에도 올바름은 쓸모 있는가요?"…"그렇다면 돈이 소용없
는 그런 때에도 올바름이 소용되는가요?" "그런 것 같습니다." "또
한 낫을 보관해 두어야 할 때에도, 올바름이 공동관계에 있어서나 개
인적으로 소용될 테고요. 반면에 그것을 막상 사용해야 할 때에는,
포도나무를 가꾸는 기술이 소용되겠죠?"… "그러니까 다른 모든 것
과 관련해서도 올바름은 그 각각의 것의 사용 시에는 쓸모가 없다가
도, 쓰지 않을 때에는 쓸모가 있게 되겠군요?"(332e~333d)

폴레마르코스는 정의가 교환과 관련해서 쓸모가 있다고 생각하지만
그 기술이 사용되는 시점에서 정의가 왜 유용한지는 설명하지 못했
다. 그렇기 때문에 정의는 필요없게 된 것과만 관련해서 소용되는 것
이라 요긴하지 못한 어떤 것이라고 소크라테스에게 논박당한다. 그
런데 폴레마르코스가 충분히 답하지 못한 부분은 2권의 소크라테스
에 의해서 정당화된다. 소크라테스는 정의가 적시에 행함이라는 조
건과 연결된다고 주장함으로써 교환 과정뿐 아니라 기술을 사용하
는 상황에서도 정의가 필요하다는 사실을 보인다. 이렇게 소크라테
스는 폴레마르코스의 생각을 확장하고 정당화하여 이상적인 정치 체
제에 적용한다. 케팔로스와 폴레마르코스가 가졌던 정의에 대한 의견
은 상호계약관계를 기반으로 한 소크라테스의 공동체에 반영된다.

소크라테스가 생각하는 국가의 기원은 사람들 간의 계약관계이
다. 아리스토텔레스처럼 혈연관계로부터 시작하면 공동체의 결속력
은 상황에 따라 떨어질 수밖에 없다. 서로 부채를 지는 신용관계에서

비롯한 공동체는 폴레마르코스가 1권에서 제안한, 거래를 통한 협력 관계(333a~b)이고, 이 관계가 유지되기 위한 조건은 서로 정직하고 서로에게 진 빚을 잘 갚는 것이다. 케팔로스가 가장 처음 제안한 정의의 개념, 바로 그것이 소크라테스가 제시하는 국가가 성립될 수 있는 조건이다. 《국가》 7권에 제시되는 동굴의 비유에서 소크라테스는 철학자가 통치를 해야만 하는 이유가 양육에 대한 빚 때문이라고 한다. 일반적인 사람들의 생각과 달리 철학자는 통치하고 싶어 하지 않는다. 이들은 통치하기보다는 형상에 대한 관조만 하며 살고 싶어 한다. 그러나 이들이 통치를 해야 하는 이유는 철학자가 지적으로, 그리고 육체적으로 성장할 수 있도록 해준 공동체에 대한 빚을 갚아야 하기 때문이다. 플라톤이 말하는 이상 국가의 모든 사람들은 서로가 서로에게 빚지고 사는 관계이다.

이상 국가는 인위적인 계약으로 이루어진다

1) 모두가 최고인 사람들로 이루어진 국가

한 가지 잊지 말아야 할 것은, 최초의 계약이 서로의 필요 때문에 자발적으로 참여하는 사람들로 이루어진다는 점이다. 아무도 이 계약에 들어오라고 강요하지 않는다. 살아가기 위해 필요한 것들이 있는데 이를 스스로 구할 수 없기 때문에 다른 사람과 협업을 하게 된다. 사실 《국가》에서 제시되는 이상 국가는 인위적인 약속과 계약으로 형성된다는 점에서 매우 '부자연'스럽다. 하지만 어떤 면에서는 이렇게 계약에 근거한 국가가 근대의 사회 계약론으로 설명하는 국가의 기원에 더 가까운 것 같다.

생물학적인 관계를 기반으로 국가를 설명하는 아리스토텔레스에게는 가정 내에서 생물학적인 능력 등을 근거로 했을 때 누가 더 힘이 강하고 누가 더 약한지, 누가 더 위에 올라가야 하고 누가 내려가야 하는지가 중요하다. 그러나 계약으로 형성되는 국가에서 위계는 중요하지 않다. 농사를 짓는 사람이든, 옷을 만드는 사람이든, 신발을 만드는 사람이든, 통치를 하는 사람이든, 이 나라의 누구든 다른 사람에게 필요한 존재이다. 서로가 서로를 필요로 하고 서로가 서로에게 빚을 지는 계약관계로 맺어졌기 때문에 기본적으로 모든 인간관계는 동등하다. 통치를 맡는 철학자가 이성적인 능력은 다른 사람들보다 뛰어날지 모르지만, 집을 짓는 능력이라는 측면에서는 건축가가 더 뛰어나다. 공부를 잘한다고 해서 모든 면에서 다른 사람보다 우월한 것은 아니다. 학력고사나 수능과 같은 시험만으로 전국의 수험생을 줄 세워서 대학을 보내고 그 서열에 따라 직업이 결정되는 사회를 살았던 사람들은, 전국 시험에서의 등수가 인생 등수라고 착각하는 경우가 많다. 현실은 그렇지 않다. 수능 만점을 받은 학생은 수능이 평가하는 과목에서 공부를 잘했을 뿐이다. 체육이나 음악, 미술을 잘하는 능력이나 창의력, 리더십 등이 뛰어나다는 점을 수능 점수가 보장해주지는 않는다. 수능 성적이 인간성이 훌륭한지 아닌지를 증명하지 않는다는 사실은 너무나 분명하다. 수능 점수가 높거나 내신 등급이 높은 학생이, 리더십이 강한 학생보다 우월하다는 법도 없다. 서로 비교하기 위해서는 같은 기준을 사용해야 하는데, 특징이 서로 다른 두 학생을 비교하기 위해 수능 점수라는 하나의 기준만 이용하는 것은 얼마나 어리석은 일인가.

플라톤이 주장하는 이상 국가의 원리는 인간의 다양한 능력에 주목한다. 한 사람의 '뛰어남'에 대한 판정은 하나의 기준만으로 내려지지 않는다. 사람들에게는 각자 잘하는 것이 있다. 그리고 사람들은 그 능력을 바탕으로 다른 사람들이 자신의 덕을 보도록 한다. 그렇다면 이상 국가는 '가장 뛰어난 사람들'의 모임이다. 자신의 영역에서 일을 가장 잘 해내는 사람들끼리 계약을 맺어 생겨난 국가이고, 그런 점에서 주인과 노예 같은 서열은 이 국가에 없다. 통치하고 통치를 따르는 사람은 있지만, 그것이 시민들 사이의 불평등을 의미하지는 않는다. 플라톤에 대한 오해 중 하나는 '철학자가 높은 지위에 올라 모든 것을 다 누리는 사회'를 만들었다는 것이다. 하지만 이상 국가는 그런 곳이 아니다. 역할의 차이는 있지만 서열의 차이는 없다.

2) 노모스와 퓌시스

국가가 자연적으로 형성된 것이 아니라 인위적인 계약에 근거한다는 주장은 고대 그리스인들에게 중요한 논쟁거리였던 주제를 생각나게 한다. 이는 일반적으로 '노모스-퓌시스(nomos-physis)' 논쟁이라고 불리는 것이다. 희랍어로 노모스는 법이라는 의미로 인위적으로 만들어진 원칙 등을 가리키고, 퓌시스는 자연이라는 의미이다. 그 논쟁은 국가의 기원이 인위적이냐 자연적이냐에 대한 입장 차이를 보여주는데, 넓게 보면 플라톤은 노모스의 입장에 서 있고 아리스토텔레스는 퓌시스의 입장에 서 있다고 볼 수 있다.

자연에 근거한 정의에 관한 대표적인 주장은 플라톤이 쓴 다른 대화편인 《고르기아스》의 칼리클레스라는 인물이 제시한다. 그의 입장을 간단하게 요약하면 자연은 '약육강식'이라는 것이다. 강한 사람이 더 많이 갖는 것이 정의인데, 약자들이 힘을 합쳐서 인위적인 법을 만들고 강자를 제약한다는 것이다. 따라서 이렇게 인위적으로 만든 법을 없애고 강한 사람이 더 많이 갖고 더 많이 누리는 자연의 원리로 돌아가야 한다는 것이다.* 이런 주장은 《국가》 1권 트라시마코스의 입장과도 맥을 같이 한다.

일반적으로 노모스-퓌시스 논쟁은 정치철학적인 맥락에서 이야기되지만, 사실 그리스 철학의 근거에 깔려 있는 회의주의적인 성향과 밀접하게 관계가 있다. 철학의 시조라고 불리는 탈레스가 했던 '만물은 물이다'라는 말이 갖는 의미는 여러 가지가 있는데, 이는 노모스-퓌시스 논쟁과도 관계가 있다. 앞에서 탈레스가 '기원'을 해석하는 두 가지 방법에 대해서 이야기했는데 이 '기원'을 '재료'가 아니라 '원리'라고 이해한다면, 탈레스가 '만물이 물'이라고 말하는 것은, 우리가 보고 있는 나무와 고양이와 산과 바다 이 모든 것이 '사실은' 물이라는 의미이다. 우리에게 보이는 세상은 다양한 사물들로 가득하지만, 진상은 '물'이라는 의미로 말한 것이다. 이후 많은 자연철학자들이 기원을 '무한정자(apeiron)', 공기, 불, 네 가지 원소, 원자 등등이라고 주장했다. 플라톤 또한 현상의 세계 배후에 있는 이데아, 혹

• 플라톤, 《고르기아스》 482c~484c.

은 형상의 세계가 있다고 보았다. 이는 우리에게 관찰되고 경험되는 세계와 진상의 세계가 서로 다르다는 의미를 함축한다. 우리에게 보이는 세계는 우리의 감각 기관으로 재구성되어 우리에게 나타나는 '노모스'의 세계이다. 그러나 퓌시스의 세계는 노모스와 같지 않다. 서양 그리스 철학은 우리에게 보이는 세계 넘어 자연의 진상을 찾는 것을 목표로 했다. 따라서 철학자는 현상의 세계를 그 자체로 받아들여서는 안 된다. 눈에 보이고, 귀에 들리는 것들이 아무리 나에게 확실해 보인다고 할지라도, 실제 퓌시스는 그렇지 않다. 아름다운 초록의 여름 산도 사실은 원자들의 집합인 것이다. 우리의 감각 기관은 우리를 속인다. 오감은 인위적으로 세계를 만들어낸다. 그리고 퓌시스의 세계는 우리에게 숨겨져 있다. 따라서 노모스를 극복하고 퓌시스를 찾는 것. 이것이 고대 철학의 목표였다. 그리고 노모스를 극복하는 탐구는 '내가 지금 보는 것이 실재가 아니야'라는 회의를 통해 이루어진다.

　퓌시스를 찾았다고 하더라도 그것이 확실히 찾아진 것인지 분명치 않다. 이미 앞 장에서 보았듯 철학자들은 자신의 스승에 대한 비판으로 철학을 시작한다. 자연철학자들에게 있어 탐구의 결과는 자신들이 발견한 퓌시스였다. 그러나 탈레스의 퓌시스인 물은, 제자인 아낙시만드로스에 의해서 비판된다. 아낙시만드로스가 제시한 퓌시스인 '무한정자'는 그의 제자 아낙시메네스에 의해서 기각되고 '공기'가 대신 제시된다. 그러나 공기 또한 헤라클레이토스의 '불'에 의해 기각되고, 불은 엠페도클레스의 '네 가지 원소'에 의해서, 그리고 네 가지 원소는 데모크리토스의 '원자'에 의해서 폐기된다. 플라톤은 결국 현상의 세계에서 퓌시스를 찾으려는 자연철학자들을 비판하면서 지성으로만 알려지는 형상으로 퓌시스를 제시한다.

그런 점에서 고대 그리스 철학은 회의주의 철학이다. 노모스의 세계는 일차적으로 의심의 대상이 된다. 그리고 철학자가 제안하는 퓌시스 또한 의심해볼 대상이다. 확실한 어떤 것이 발견될 때까지 모든 것은 인위적인 노모스일지도 모른다. 퓌시스를 발견했다고 생각하는 사람의 의견조차도 계속해서 비판받고 기각된다. 의심을 통해서 퓌시스의 세계로 나아가는 철학, 그리고 그 과정에서 계속해서 의심과 비판을 멈추지 않는 것이 그리스인들이 시작한 철학이었다. 이처럼 인위적이고 잠정적인 모든 것들, 불확실하고 애매모호한 모든 것들을 넘어서, 퓌시스의 세계를 분명히 알기 위한 과정을 계속해서 밟아나가는 것이 철학이다. 그리고 그 과정은 의심과 회의라는 도구이다. 내가 지금 보고 있고, 느끼고 있고, 믿고 있는 사실을 의심해보는 일은 자기 파괴적이다. 괴롭고 힘든 길이며 심각한 마음의 병에 시달리게 한다. 그럼에도 불구하고 노모스를 넘어 퓌시스를 알고 싶어 하는 열망에 시달리는 사람, 플라톤의 《파이드로스》에서 묘사되는 에로스의 열병*에 사로잡혀 있는 사람이 바로 철학자이다.

3) 계약을 통한 하나의 나라

부모와 자식 간의 관계에서 자연스럽게 발생하는 공동체인 가정을

• 플라톤, 《파이드로스》 255d~256e

확장한 형태의 국가가 아니라 자신의 일을 할 수 있는 능력을 가진 개인들끼리의 계약으로 성립되는 국가는 현실적으로는 불가능할지도 모른다. 다시 말해 역사적으로 국가가 성립된 방식에 대한 올바른 설명은 아닐 수도 있다는 것이다. 그럼에도 불구하고 소크라테스는 계약관계를 통한 공동체의 관계가 훨씬 더 단단하다고 본다. '생활 공동체(synoikia: 369c─함께 살아가는 공동체)'가 계약을 기반으로 해서 '협력공동관계(koinonia: 371b─거래를 통한 협력관계, 333b 참고)'로서 성립된 것이다. 이는 1권에서 폴레마르코스의 대답에 대해 소크라테스가 '진정한 친구란 누구인가'를 질문하는 것과 맥락을 같이 할 수 있다. 즉 가정을 확장한 형태의 공동체에서는 친구와 적이 나에게 어떻게 보이는지로 결정될 뿐이다. 그러나 계약이 있는 경우 누가 진정한 친구이고 누가 진정한 적인지가 분명하게 구분될 수 있고, 나에게 어떻게 보이는지는 중요한 조건이 아니다.

가장 좋은 나라는 혈연이라는 우연적인 요소에 의지해서는 안 된다. 공동체의 일원들은 서로 신세를 지고 살아야만 하고, 이 신세를 잘 갚도록 만들어주어야 공동체는 올바르게 유지된다. 공동체의 유대를 강화하는 부채 문제가 커져 공동체의 존립에 위험을 끼치는 것을 방지하기 위해 고대 근동 지역에서는 희년 제도와 같은 방식으로 주기적으로 부채를 탕감해주거나, 중세 유럽에서는 이자 받는 대출을 금지하는 제도를 시행했다. 하지만 모든 사람이 자신의 일에 충실함으로써 빚이 잘 갚아지는 시스템을 만든다면, 부채 때문에 공동체가 파괴되는 일을 막기 위한 제도를 만들 필요가 없다. 소크라테스는 서로 빚을 잘 갚는 국가를 건설하고자 한다. 《국가》 4권까지 소개되는 이상적인 국가는, 각 사람이 자신의 일을 열심히 함으로써, 서로가 서로에게 신세를 지지만 누구도 더 신세를 지거나 덜 신세를 지는 일이 없게 해주는 제도를 갖춘 국가이다. 이런 철저한 계약관계를 기반으로 한 공동체는 서로 빚을 잘 갚기 때문에 정의롭고, '하나의 나라'(422e)가 되고, 모든 시민들이 한마음 한뜻(homonoia: 432a)으로 생각하며 감정적으로도 동감하는 상태에 있는(homopatheia: 464d) 계약 공동체(koinonia: 462c, 371b)이다. 케팔로스의 제안이었던 '빚을 잘 갚음'으로서의 정의는 소크라테스의 계약 공동체를 통해서 정당화된다.

소박한 삶으로 만족할 수 있을까

사람들의 필요는 의식주에 한정되지만, 계절에 따라 그리고 주위 환경과 공동체 규모에 따라 필요가 다양해질 것이다. 그래서 여러 장인들, 직물을 공급할 목부, 심부름을 할 사람들, 무역상, 소매상과 도매상, 그리고 임금 노동자들도 국가에 필요하다. 이렇게 수립된 국가는 구성원 상호 간의 필요만을 만족시키기 위한 국가이기 때문에 매우 소박하다. 소크라테스는 다음과 같이 묘사한다.

"그들은 빵과 포도주, 그리고 의류와 신발을 만들며 살아가지 않겠는가? 또한 그들은 집을 짓고서 살 것이며, 여름에는 대개 옷을 벗은 상태로 그리고 맨발인 채로 일하겠지만, 겨울에는 충분히 옷을 입고 신발도 신고서 일할 걸세. … 보리쌀에서 보리가루를, 밀에서 밀가루를 마련하여, 이것들을 반죽하고 구워서, 좋은 품질의 보리 과자나 밀빵 덩이를 만들어서는, 이것을 갈대 받침이나 깨끗한 나뭇잎 위에 얹어 내놓고서, 주목과 도금양의 가지를 깐 돗자리 위에 기대 누워서 자신들은 물론 아이들도 함께 잘 먹을 것이고, 또한 식후엔 포도주를 마시며, 머리에 화관을 두르고서 신들을 찬송할 걸세. 서로들 즐겁게 교제하고, 자신들의 재력을 넘게 자식을 낳지도 않을 것인즉, 이는 가난이나 전쟁을 유념하여서일세. … 그들은 또한 소금과 올리브 치즈를 가질 것이요, 시골에서 삶아 먹는 구근들이나 채소 따위도 삶을 것이 분명하이. 또한 우리는 아마도 후식으로서 무화과와 콩류를 그들 앞에 내놓을 것이며, 그들은 또한 포도주를 홀짝홀짝 조금씩 마시면서 도금양의 열매나 도토리를 불에다 구울 걸세. 이런 식으로 그들은 건강과 함께 평화로움 속에서 일생을 보내다가, 아마도 늙은 이로서 고령에 죽으면서, 그와 같은 또 다른 인생을 후손들에게 물려줄 걸세."(372a~d)

매우 목가적이고 평온한 삶에 대한 묘사이다. 여름에는 더우니 옷도 거의 입지 않고, 겨울에는 추위를 막을 수 있는 수준의 옷만 입는다. 보리나 밀로 만든 빵이나 무화과와 콩을 먹고 포도주 한두 잔을 저녁에 걸칠 수 있다. 육식을 할 필요도 없다. 소는 쟁기질이나 짐 나르는 일을 위해서 키우고, 양은 옷 만드는 사람들과 제화공들이 가죽과 양모를 이용할 수 있도록 키울 뿐이다. 좋은 카펫이 아니라 돗자리 위에 가족이 모여서 식사를 한다. 경제력에 넘치도록 자녀를 낳으면 너무 가난해질 테니 자녀를 많이 낳지도 않는다. 이후에 보겠지만 인구가 늘어나면 전쟁의 위험이 생기기 때문에 인구를 늘리기 위해 자녀를 낳지도 않는다. 이런 삶을 평생 살면 특별히 병에 걸리지도 않고 나이가 들어서 죽고, 후손들은 비슷한 삶을 살아간다. 인간의 기본적인 필요만 채우는 나라는 이처럼 평온하다. 화려한 옷도 필요하지 않고 멋있는 저택도 필요하지 않으며 고급 와인이나 고기도 필요 없다. 채식주의자들도 기본적인 필요는 충분히 채우고 살 수 있다.

그런데 이런 필요만 만족하는 국가에서 사는 것은 행복할까? 소크라테스는 이런 목가적이고 도가적인 국가가 가장 좋은 국가라고 하지 않는다. 왜냐면 소크라테스는 인간의 욕망을 무조건 부정적으로 보지 않기 때문이다. 인간은 욕구를 가지고 있는 존재이기 때문에 최소한의 필요만 만족시키면서 살 수 없다. 물론 무화과와 콩, 그리고 밀로 만든 과자만 먹으면서 살 수도 있겠지만, 더 맛있는 음식에 대한 욕구가 없어지지는 않는다. 최소한의 필요만 채워져도 인간의 존재를 연장시킬 수 있지만, 존재를 유지하는 것만으로 인간다운 삶을 살 수는 없다. 아름다운 카펫이 깔려 있는 좀 더 좋은 집에서 기능성도 갖추고 아름답기도 한 좋은 옷을 입고 향신료를 많이 사용하여 입에 맞는 음식을 먹고 사는 것. 이런 삶을 소크라테스는 부정하지 않는다. 채식만 해도 살아갈 수는 있지만, 많은 사람들은 고기를 먹어야 행복하다고 생각한다. 지금이야 생활수준이 높아지고 영양 부족보다는 과영양을 걱정하는 상황이니, 채식주의자로 살아가더라도 여러 가지 방법으로 단백질을 채울 수 있다. 그러나 없어서 육식을 못 하던 시기를 겪던 북한에서 행복의 기준은 '이팝에 고깃국'이지 않았던가? 하루에 필요한 단백질 이상으로 섭취하고 싶은 욕구. 행복은 이런 욕구의 만족까지 포함한다.

욕구에 대한 플라톤의 입장은 에피쿠로스 학파와는 다르다. 나중에 11장에서 다시 설명하겠지만 그들은 자신에게 맞는 수준의 기본적인 욕구만 채워 고통스럽지만 않으면 충분히 행복하며, 필요 이상의 욕구를 채우려는 것은 인간을 괴롭게 한다고 보았다. 플라톤은 그런 최소한도의 필요만 만족시켜주는 나라는 현실적이지 않다고 여긴다. 그는 인간이 가지고 있는 욕망을 채우고 만족감을 얻어야 행복하다고 느낀다. 이를 위해 재화는 더 많이 필요하고, 최소한도의 나라에는 없는 다양한 직종의 사람들이 국가에 편입되어야 한다. 이 과정에서 나라는 더 커지게 되고 재화 분배 과정에서 갈등이 생길 여지가 심해진다. 따라서 가장 기본적인 필요 이상을 채우되, 그 욕구를 무제한적으로 늘리지는 않도록 중간 어느 지점에서 '적도'를 찾는 것이 중요하다. 이것이 플라톤 철학에서 말하는 '좋음'이다.

커진 국가를 어떻게 운영할 것인가

소크라테스는 기독교나 불교에서 금욕을 말할 때처럼 모든 욕망을 없애야 한다고 주장하지 않는다. 오히려 소크라테스는 인간의 욕구를 만족시키려는 시도를 인정해주는 시스템을 만들고자 한다. 욕구를 채우는 과정에서 구성원들은 서로에 대해 계속 빚을 지게 되니, 빚을 지고 갚는 과정이 순탄하게 이루어질 수 있도록 하는 국가 시스템이 이상적이다. 소크라테스는 인간에 대한 기대가 크지 않다는 사실을 계속해서 강조했다. 인간의 선의지나 훌륭한 품성 등에 의존해서는 시스템이 제대로 작동할 수 없다는 것이 플라톤의 생각이다. 다음 장에서 보겠지만 심지어 통치자의 역할을 할 철학자에 대한 기대도 없다. 좋은 시스템을 구축해 놓는 것이 플라톤에게는 더 중요한 문제이다.

한국 사람들은 이 점에서 플라톤의 생각과 좀 다른 것 같다. 대통령 선거 기간이 되면 모든 후보는 자신만이 이 나라를 구원할 능력을 갖추었다고 외치고 다닌다. 국민들 또한 자신이 지지하는 후보의 비범한 능력을 기대하면서 투표권을 행사한다. 다른 사람들은 도저히 갖추지 못한 인품과 지혜, 그리고 정치적인 능력을 갖춘 사람이 구원자로 등장해야만 국가가 바뀔 것이라고 기대한다. 그러나 소크라테스는(그리고 플라톤은) 그렇게 인간의 비범한 능력을 통한 변화와 정의 실현에 기대하지 않는다. 인간은 이기적 욕망을 가진 존재이다. 철학자도 이 점에서는 다른 사람들과 크게 다르지 않다. 개인의 욕망을 적절히 조절함으로써 신세를 갚지 못하는 사람이 없도록 하는 시스템을 구축해야 하고 그것이 바로 정의를 실현하는 계약에 기반을 둔 조직으로서의 국가이다.

━━━━━━━━━ **수호자의 교육과 삶**

전쟁의 기원과 수호자 계급의 등장

인간의 욕망은 무제한적이다. 필요를 넘어 만족을 추구하게 되면 필요한 재화는 많아지고 생산자의 수는 증가하게 되며 이를 모두 수용하기 위해 국가의 크기가 커져야 한다. 문제는 세상에 하나의 나라만 존재하는 것이 아니라는 점이다. 국가의 크기가 커지면 결국 다른 나라와 국경을 접하게 된다. 물론 그 전에도 교역을 하면서 서로 도움을 주고받았을 수 있지만, 이제는 커지는 욕구를 만족시키기 위해 국가가 커지는 상황이니 이때의 만남은 서로 파괴적일 수밖에 없다. 소크라테스는 이것이 바로 전쟁의 기원이라고 한다.

이상 국가는 각자가 자신의 임무 하나만을 적기에 하도록 되어 있다. 그런데 전쟁이 일어나면 나라를 지키는 일을 할 사람이 필요하다. 전시에만 징집을 하는 방식으로 국가를 지킬 수 있긴 할 것이다. 하지만 그 경우에 한 사람이 하나의 일만 한다는 원칙을 지킬 수가 없다. 농부가 전시에 군인이 되었다가 평화기에 다시 농사를 짓게 된다면, 한 가지 일만 한다는 원칙을 지키지 못할 뿐 아니라 적기에 농사를 짓지 못할 가능성도 있다. 따라서 징집병이 국가 방어를 담당하게 하는 경우 국가의 원리 자체가 무너져버릴 위험이 있다. 따라서 소크라테스는 전쟁의 경우에도 다른 모든 생산자들의 경우와 마찬가지로 전문가에게 일을 맡겨야 한다고 주장한다. 농사 전문가, 신발 만드는 전문가, 집 짓는 전문가가 있는 것처럼 국가를 수호하는 전쟁 전문가가 있어야 한다. 수호자 또한 다른 사람들과 마찬가지로 세 가지 조건에 따라, 즉 한 사람이 하나의 일을, 성향에 따라, 적기에 수행해야 한다. 전쟁의 경우 적기는 외부로부터 적이 침입해 들어오는 경우일 것이다. 한 사람이 하나의 일을 한다는 조건에 맞춘다면 상비군은 전쟁을 대비하는 일만 하고 농사나 집 짓는 일 등을 하지 않아야 한다. 수호자의 경우에도 신세 짐, 혹은 빚짐의 원리는 동일하게 작동한다. 그는 직접 의식주를 마련하지 않아도 다른 생산자들에게 신세를 지고 의식주에 필요한 정도 이상의 욕구까지 만족시킬 수 있다. 그러나 전쟁이 일어나는 경우 의식주 등을 생산하는 사람들은 전쟁과 관련한 일을 전혀 하지 않아도 된다. 이들은 수호자들에게 전시에 신세를 지고 빚을 진다. 이렇게 서로가 서로에게 부채를 지는 원리는 수호자와 생산자 사이에서도 동일하게 작동한다.

그러면 이 수호자들은 어떤 적성을 갖추어야 할까? 소크라테스는 수호자들이 신체적인 조건과 심적인 조건 모두에서 개와 비슷해야 한다고 한다. 신체적으로는 개처럼 예민하고, 날렵하고, 힘이 세고 용감해야 한다. 심적으로는 친근한 사람에게는 온순하고 적에게는 거친 두 성향을 같이 갖추고 있어야 한다. 폴레마르코스가 제안했던 정의의 개념에서 친구와 적을 구분하는 것이 중요했던 것을 기억해

보면 이는 아주 중요한 능력이라는 사실을 알 수 있다. 그리고 이렇게 구분할 수 있는 능력이 바로 아는 것, '지혜'이다. 수호자들은 지혜를 사랑해야 한다. 적과 친구를 정확히 식별하는 능력을 갖추어야 하고, 이를 위해서 배움을 사랑하는, 철학자(지혜를 사랑함으로서의)의 자질을 갖추고 있어야 한다.

수호자의 혼을 어떻게 교육할 것인가

1) 시가를 통한 교육

수호자가 갖추어야 하는 자질이 신체와 마음 두 차원의 것이기 때문에 수호자 계급이 될 아이들에 대한 교육도 두 차원에서 이루어져야 한다. 소크라테스는 2권 후반부부터 3권 초반부까지 혼, 즉 마음에 대한 교육이 어떠한 방식으로 이루어져야 하는지 설명한다. 혼에 대한 교육은 주로 시가로 이루어진다. 이 부분에서 소크라테스는 호메로스 등의 기존 시인들의 시에 비판을 가한다.

시인에 대한 가혹한 비판은 플라톤이 이상 국가에서 예술가들을 쫓아내려 했다는 식으로 왜곡되어 알려지곤 한다. 예술가의 순수한 창작 의욕을 꺾고, 자기표현으로서의 예술은 전체주의적인 플라톤의 이상 국가에서는 배제된다고 이해되는 것이다. 그러나 이는《국가》에서 소크라테스가 제안하는 시가 교육에 관한 내용과는 거리가 있다.

아름다움을 창조하고 표현하기 위해 다양한 소재나 수단, 형식 등을 활용하는 것이 예술이라고 우리는 이해한다. 레드 벨벳의 '빨간 맛'이라는 노래는 노래 가사를 전달하는 것 자체를 목적으로 하지 않는다. 흥겨운 리듬과 춤을 통해 아름다움을 구현하고, 그 아름다움을 경험하기 위해 노래를 창작하고, 그 노래를 듣는 것이다. 이 노래를 통해 특정한 메시지를 전달하는 것은 예술 창작 활동에 있어서 부차적이다. '빨간 맛'이라는 노래의 가사는 듣는 사람들에게 큰 의미를 주지 않을 뿐 아니라, 작사자도 노래 가사의 의미를 전달하는 것에 주목해서 곡을 만들지는 않는다. 그러나 정규 교육과정이 없던 기원전 4~5세기의 그리스에서 시가는 중요한 교육 수단이었다. 이전 세대의 지혜를 공교육을 통해 전달하는 체계가 없었기 때문에 시가를 통해 사람들끼리 인간관계를 맺는 법, 낯선 사람들을 대접하고 다루는 법 등을 교육했다. 호메로스의 《일리아스》를 읽어본 독자들은 잘 알겠지만, 이 긴 서사시의 줄거리 자체는 그렇게 복잡하지 않다. 《일리아스》를 읽는 것이 어렵다고 느껴지는 이유는 줄거리와는 별 관계가 없는 그 시대의 '예의범절'과 관련한 설명을 견뎌야 하기 때문이다. 현대의 독자 입장에서는 전체의 스토리를 이해하는 것과는 관계없는 사족이 왜 이렇게 길게 들어가 있나 싶기도 하다. 하지만 호메로스의 서사시는 아킬레우스와 아가멤논, 그리고 헥토르 사이에 있었던 영웅적인 사건들을 통해 아름다움을 표현하는 것만을 목적으로 하는 것이 아니라, 그리스 사회의 일원이 되기 위해 필요한 성품과 지식의 전달 또한 중요한 목적으로 한다. 따라서 고대 그리스의 시가에게는 현대 예술이 지닌 목표보다 정보 전달이 우선적인 목적이다. 미의 추구는 시가에 있어 부차적이었다. 사실 진리와 별개의

미가 따로 있다고 생각하지 않았다.

　플라톤이 '예술가를 추방했다' 혹은 '시가를 비판했다'라는 평가를 내릴 때 '예술'이나 '시가'는 레드 벨벳의 '빨간 맛'과 같은 노래가 아니라, 어린 아이들에게 교훈을 주기 위해 사용하는 우화나 동화, 혹은 더 나아가 초등학교 교과서와 같은 역할을 한다는 사실을 기억해야 한다. 플라톤은 예술을 미워한 것이 아니라, 시가가 담당하는 교육 기능이 제대로 이루어지도록 하는 것에 더욱 관심이 있었던 것이다. 기존의 시가 교육은 잘못되었기 때문에 비판하는 것이고 그렇기 때문에 제대로 된 내용을 가르쳐야 한다고 강조한다. 특히 이는 수호자들에 대한 교육이기 때문에, 수호자들이 갖추어야 하는 기본적인 품성이나 덕성들에 대한 교육을 이야기라는 형식을 통해 전달함으로써 나라를 잘 지킬 수 있는 훌륭한 수호자들을 성장시킬 수 있어야 한다. 이 문제는 10권에서 철학과 시가 사이의 오래된 갈등에 대해 언급하면서, 누가 교육을 담당해야 할지를 놓고 다시 검토한다. 이 책의 13장에서 이를 더 자세히 다룰 것이다.

혼의 내면을 형성하는 시가 교육

소크라테스는 시가 교육이 중요한 이유를 다음과 같이 제시한다.

> "리듬과 선법은 혼의 내면으로 가장 깊숙이 젖어들며, 우아함을 대동함으로써 혼을 가장 강력하게 사로잡고, 또한 어떤 사람이 옳게 교육을 받는다면, 우아한 사람으로 만들 것 … 시가에서 마땅히 받아야 할 교육을 받은 이는 … 훌륭하게 자라지 못한 것들에 대해서 가장

민감하게 알아볼 것이며, 그야말로 옳게 싫어할 줄을 알아서, 아름다운 것들은 칭찬하며 기뻐하여 혼 속에 받아들임으로써, 이것들에서 교육을 받아 스스로 훌륭하디훌륭한 사람으로 되는데, 일찍이 어려서 부터, 그 논거(logos)도 알 수 있기 전에, 추한 것들은 비난하고 미워하기를 옳게 하다가, 이렇게 교육받은 사람인지라, 그 논거를 접하게 되면, 그 친근성 덕에 그걸 알아보고서는 제일 반길 것이기 때문에 말일세."(401d~402a)

즉 아직 어려운 설명을 충분하게 이해할 수 있는 나이가 되지 않은 성인이 되지 않은 사람들이 교육을 통해 올바른 품성과 덕성 등에 익숙해지게 만든다. 그들은 나중에 그 내용을 이해할 수 있는 지적인 능력을 갖추었을 때 그것을 적극적으로 배우려 들 것이다. 이후 7권에서 통치자들의 교육 커리큘럼을 더 자세히 설명하겠지만, 통치자가 될 사람은 고급 교육을 받을 준비가 잘 되어 있어야 한다. 어릴 때의 시가 교육은 혼이 이렇게 고급 교육을 받도록 준비해주는 역할을 한다. 시가 교육은 본격적인 통치자가 되기 위한 수업을 잘 들을 수 있는 마음의 상태를 만드는 것을 목표로 한다. 어린 나이에는 이해할 수 없는 여러 가지 교육 내용을 혼 안에 자연스럽게 배어 있도록 한 다음, 본격적인 교육과정에서 그렇게 살아야 할 이유를 찾도록 한다.

소크라테스는 의사에 대한 교육과 판관에 대한 교육 방법을 구분한다. 훌륭한 의사는 다양한 환자를 많이 경험하는 것이 좋다. 찰상, 화상 등의 외상을 입은 환자, 피부에 염증이 있는 환자, 감기 환자부터 암 환자까지 만나보고 이들의 증상이 어떤지 직접 볼 수 있다면 비슷한 병에 걸린 환자를 더 잘 치료할 수 있다. 더 나아가 의사 자신이 이런 병을 직접 앓아보고 낫는다면 그 병의 원인과 증상, 그리고 치료 과정에 대해 더 잘 알 수 있을 것이다. 그런데 판관의 경우는 사정이 다르다. 재판을 하다 보면 온갖 범죄를 저지른 사람을 만나게 되고 이들이 받을 처벌의 강도를 결정해야 한다.[*] 그런데 의사와 달리 판관의 경우 임상 경험이 오히려 없어야 한다. 의사와 같은 방식이라면 어릴 때부터 온갖 범죄를 직접 저지르고 교화된 경험이 있는 사람이 판관이 되어야 한다고 생각할지도 모른다. 그러나 소크라테스는 판관의 경우 의사와 달리 어릴 때부터 좋은 교육을 받아 올바르고 정직한 삶이 익숙해져 있어야 한다고 주장한다. 몸은 여러 가지를 겪으면서 배울지 모르지만 혼은 어릴 때부터 좋은 것에 충분히 익숙한 상태로 자란 후에 성인이 되어 왜 좋은 삶을 살아야 하는지 알게 되면 그때 나쁜 것과 좋은 것을 구분하고 판단할 수 있다. 따라서 온갖 부도덕한 행동으로 가득한 그리스 로마 신화를 어린이용 버전으로 만들어 읽히는 것을 아마 소크라테스는 납득하지 못했을 것이다. 서점의 어린이 코너를 가득 메우던 그리스 로마 신화 이야기가 한국 어린이의 혼을 제대로 형성하는 데 얼마나 도움이 되었을까.

• 의사와 판관을 직접 비교하는 것을 보니 플라톤은 처벌이 우선적으로 교화의 목적으로 사용된다고 본 것 같다. 《고르기아스》 편에 보면 교화의 목적이 주이지만, 치료 불가능한 범죄자도 있다고 생각한다. 525c 참조.

시가의 내용―허구의 이야기

성인 이전의 교육 프로그램에 대한 소크라테스의 설명에서 '허구'에 대한 부분을 주목해서 보아야 한다. 이상 국가의 수호자를 위한 교육에서 전통적인 시가를 그대로 사용할 수는 없다. 이상 국가의 목표에 맞는 시가만 사용해야 할 텐데, 이 과정에서 시가를 노랫말이라는 측면과 시가의 양식과 관련한 부분에서 검토를 해야 한다.

노랫말은 내용과 말투라는 두 측면에서 고려되는데 우선 내용 측면에서 허구의 이야기를 사용하는 경우에 대해 논의한다. 소크라테스는 허구의 이야기들 중에서 유용한 것은 살리지만 좋지 못한 것은 구분해서 교육에 사용해서는 안 된다고 주장한다. 어린이들에 대한 교육은 허구의 이야기부터 시작해야만 한다. 그리고 국가를 세운 다음 사회 각 계급에 속하는 사람들에게도 사회 구조를 정당화하는 일종의 허구의 개국 신화를 만들어서 교육해야 한다고 한다. 소크라테스가 검열을 할 때 사용하는 기준이 '참됨/거짓'이 아니라 유용성인데, 이는 교육을 통해 마음을 형성해주기에 유용한 것(2권 377c, 381e 이후 참조)을 가르쳐야 하기 때문이다. 즉 어린이들에 대한 교육이나 사회의 여러 계급에 속하는 사람들이 자신의 위치를 받아들이도록 하기 위한 교육에는 허구의 이야기가 훨씬 더 유용하다고 생각하는 것이다. 그래서 소크라테스는 통치자의 경우 나라의 이익을 위해 거짓을 사용하는 것이 정당하다고 말한다(389b). 마치 의사가 병을 치료하기 위해 거짓을 사용하는 것이 정당한 것처럼(389b, 물론 현재는 의사가 치료를 하는 과정에서 거짓말을 하는 것이 허용될 수 있는지에 대한 의료 윤리 논쟁이 활발하지만) 좋은 결과를 낳기 위해서는 거짓을 사용할 수 있다는 것이 소크라테스의 생각이다.

소크라테스는 이와 관련하여 매우 흥미로운 논변을 제시한다. 382b~c부분에서 진짜 거짓과 거짓의 모방물을 구분하면서, 진짜 거짓은 속은 자가 혼이 무지한 상태에 있는 것이라고 말한다. 이런 무지는 소크라테스에게는 절대 좋은 것일 수가 없다. 그런데 말을 통한 거짓은 무지와는 다르다. 이는 무지한 상태인 진짜 거짓의 모방물이다. 모방물은 엄밀한 의미에서 진짜 거짓과는 다르다. 무지는 어떤 경우에도 좋을 수 없다. 그러나 무지의 모방물은 무지 자체는 아니기 때문에 완전히 나쁜 것이 아닐 수 있다. 그런 점에서 말에서의 거짓은 완전하고 순전한 거짓은 아니기에 좋을 수 있고, 따라서 유익하게 사용될 수 있다는 것이 소크라테스의 논변이다. 전쟁에 참여하는 병사에게 적에 대해서 설명을 할 때나, 친구가 광기나 어리석음으로 나쁜 짓을 저지르려 할 때, 그리고 옛날에 있었던 사건에 대해 정확히 알지 못할 때 말에서의 거짓은 허구를 가능한 한 진실같이 만들어줌으로써 유용하게 쓰일 수 있다.

교육에서 사실이 아닌 것을 가르치는 것은 과연 올바른 일인가? 거짓말이 좋을 수도 있다는 주장은 우리에게 굉장히 불편하게 들린다. 진실에 대한 존중을 기반으로 선의의 거짓말도 허용하지 않아야 한다는 칸트와 기독교의 영향을 받은 우리는 허구를 교육의 도구로 쓸 수 있다는 사실을 받아들이기가 힘들다. 그러나 소크라테스는 진실은 무조건 좋고 거짓은 무조건 나쁘다는 구도를 받아들이지 않는다. 거짓일지라도 그것이 좋은 방향으로 쓰일 수 있다면 활용할 수 있다. 진실한 것이 좋기는 하지만 그것이 절대적인 기준이 될 수는 없지 않을까. 게다가 3권 마지막 부분에서 건국 신화를 통해 국민 전체를 교육해야 한다는 주장, 그리고 그 건국 신화의 내용이 우리가 듣기에는(그리고 플라톤의 독자들이 듣기에도) 허무맹랑한 내용이라는 사실은 놀랍다. 서로 다른 계급이 서로 다른 역할을 하는 사회를 정당화하기 위해, 혹은 국민들이 이런 사회를 익숙하게 여기도록 하기 위해 소크라테스는 사람들을 설득할 수 있는 이야기를 제안한다. 사람들이 태어날 때 사실은 황금, 은, 청과 동이 섞여서 만들어졌다는 것이다. 그리고 각자의 재료에 맞는 계급에 속해서 살아가야 한다는 것이다. 이 교육을 통해 모든 시민들을 서로를 더 잘 아끼고 돌보며 국가 전체를 생각하면서 살게 될 수 있다.

계급사회에 대한 반감은 현대를 사는 우리뿐 아니라 플라톤의 독자들에게도 마찬가지였다. 왕정과 귀족정, 그리고 참주정을 무너뜨리면서 민주정을 세운 아테네 시민들이 계급을 나누어 역할을 구분해야 한다는 주장을 쉽게 받아들일 수는 없었을 것이다. 이에 소크라테스는 이런 거짓 신화로 시민들을 설득해서(당연히 사람 몸 안에 정말로 금, 은, 동, 흙 등이 들어 있다고 소크라테스가 주장하는 것이 아니다) 이상 국가 시스템을 운영해야 한다고 말한다. 그는 거짓 신화를 들려주면 처음에는 사람들이 곧이곧대로 듣지 않으리라는 사실을 잘 알고 있다. 하지만 첫 세대가 지나 두 번째 세대만 오더라도 그것이 사실이라고 믿을 것이고 이 방법으로 체제를 공고히 할 수 있다.

이 방법이 과연 통할까? 수령님께서 솔방울로 수류탄을 만드신다는 말만큼 허무맹랑한 신화가 어디 있는가? 하지만 이런 신화가 정말 통하지 않을까? 부정의한 권력자가 운동이라면 못하는 게 없어서 사관학교 생도 시절 축구부 주장을 하며 이해관계에 얽매이지 않았고, 남에게 주기 좋아하는 성격이어서 재산이 29만원밖에 되지 않는다는 신화도 소위 '정의 구현 사회'를 건설하는 과정에서 통하기는 했던 것 같다.

우리의 교육은 어떨까? 초중등교육을 받는 학생들에게 진실만 가르치고 있을까? 우리 민족이 하얀색 옷만 입을 정도로 평화를 사랑하는 민족이라고 가르치면서 1931년 평양을 비롯한 전국에서 민간인 화교를 학살했던 일은 가르치지 않는다. 그런 내용들이 성인이 되기 전까지의 교육에서 필요가 없거나 오히려 부정적인 영향을 끼칠 수 있다는 이유 때문일 것이다. 소크라테스도 아직 성인이 아닌 수호자들에 대한 교육에 주의를 기울여야 하며, 나중에 훌륭한 수호자가 될 수 있게 만드는 내용을 가르쳐야 한다고 주장한다. 이처럼 소크라테스의 의도는 좋다. 좋은 나라의 시민과 수호자를 만들기 위해서는 이들이 갖추어야 하는 덕목을 어릴 때부터 키워야 하고, 이를 위해서는 허구의 이야기를 사용할 수도 있다. 그 내용이 좋은 것에 관련된 것이기만 하다면 말이다. 물론 그때 '좋음'은 독재자의 이익이나 우리 민족의 자부심 같은 주관적인 기준에 의한 것이 아니라, 객관적인 기준에 의한 것이어야 한다.

신은 신답게 묘사되어야 한다

소크라테스는 이전 시가들의 내용 중에서 신 혹은 영웅들에 대한 내용, 그리고 수호자가 갖추어야 하는 덕목과 관련된 내용을 검열을 통해 가려내야 한다고 생각한다. 신에 대해 사실대로 기술하지 않은 이야기들은 시가에서 배제해야 한다. 전통적인 시가에서 묘사되는 신들은 신답지 못하다고 소크라테스는 생각한다. 질투 때문에 10년이넘는 시간 동안 전쟁을 일으키는 존재가 선한 신일 수는 없다. 수많은 여인을 대상으로 바람을 피우는 신은 신일 수 없다. 소크라테스는신의 가장 기본적인 속성, 혹은 성품이란 좋음이라고 본다. 신은 나쁜 일의 원인이 될 수 없다. 따라서 그리스 신화에 등장하는, 온갖 나쁜 일들의 원인을 제공하는 신은 신일 수 없다. 따라서 신이 나쁘고해로운 일의 원인으로 묘사되는 내용은 교육을 위한 시가에서 배제되어야 한다. 이미 말했던 것처럼 그리스 로마 신화에는 그와 같은,신에 대한 부정적인 묘사가 가득하다. 기독교 같은 일신론을 중심으로 종교를 이해하는 독자들은 이렇게 부도덕하고 욕망에 사로잡혀비이성적인 행위를 일삼는 그리스의 신이 어떻게 신으로 경배하는대상이 될 수 있는지 의아해한다. 그리스인들에게 신은 그런 경배의대상이라기보다는 아직 나에게 알려지지 않은 어떠한 것이 인격화된 설명 방식이었다. 기독교인들은 "나는 예수님을 닮고 싶어요"라고 노래부르지만, 그리스인들은 "나는 제우스님같이 살고 싶어요"라고 하지 않았다.

소크라테스는 젊은이들에 대한 교육이라는 측면에서 신들과 관련한 이야기에 접근해야 한다고 본다. 신화에 등장하는 신들에 대한 이야기는 신에 대한 정당한 평가가 아니다. 소크라테스는 일신론적인입장으로 신과 관련한 이야기를 다루어야 한다고 주장한다. 세상에일어나는 나쁜 일들의 원인은 신이 아니다. 신은 인간에게 유익을 주는 존재이므로, 신이 나쁜 일을 일으킨다고 하는 이야기는 시가에서 배제되어야 한다. 또한 신은 자신의 모습을 바꾸어 사람들을 속이지 않는다. 신이 가장 좋은 존재라고 한다면, 가장 좋은 것에서 생겨나는 변화는 무조건 좋은 방향으로 일어난다. 근대인들은 진보를 당연한 것으로 간주한다. 그러나 고대인들은 가장 좋은 상태라는 것이 고정되어 있고, 모든 것은 이 목적을 향해서 변화한다고 보았다. 어떤 것이 가장 좋은 상태에 도달했다면, 더이상 추구해야 할 목표는 없다. 가장 좋은 상태인데 여기에서 변화한다면 나빠지는 것뿐일 테니 가장 좋은 상태에서는 그 상태에서 변화하지 않도록 하는 것이 유일하게 할 수 있는 일이다. 그렇기 때문에 모든 것이 자기 자리에서 최선의 상태를 유지하는, 고정되고 변화하지 않는 세계가 가장 이상적이다. 멈추어 있는 것은 죽은 것이기 때문에 계속해서 움직여 나가야 한다는 근대 기계론적 세계관의 전제와는 매우 다르다. 어쨌든 이런 전제를 바탕으로 신은 가장 좋은 존재이므로 변할 이유가 없고, 따라서 신은 아름다운 여성을 꾀기 위해 멋진 남자로 모습을 바꾸어 나타나는 법도 없고, 소로 변신해서 바다를 넘어 도망가는 일도 없다. 그러니 이야기에서도 신을 그런 방식으로 묘사해서는 안 된다.

소크라테스가 신에 대한 묘사를 정확하게 해야 한다고 주장한 것은 신에 대한 적절한 공경을 통해 제대로 된 종교를 세우려는 의도 때문이 아니다. 수호자를 어떻게 교육할지에 대한 관심에서, 수호자들이 좋은 것을 추구하고 나쁜 것을 피하도록 교육하기 위해서는 좋음의 원인인 신들을 바르게 이해하는 것이 좋다고 생각해서이다. 어린이들은 이야기를 들으면서 그 내용을 배우고 따라하기 마련이다. 소크라테스는 부도덕하고 부정의한 신의 이야기를 들은 어린이가 그런 것을 배울까 걱정하는 것이다. 신에 대해서 올바르게 묘사한다는 것은, 올바른 삶의 모범을 시가 안에 그려진 신들의 삶을 통해서 보여주는 것이다. 그런 점에서 어린이들에게 그리스 로마 신화를 원래의 내용 그대로 가르치는 것은 위험하다. 조기 교육을 강조하는 한국 부모들도 신과 인간을 가리지 않고 바람을 피워대는 제우스 이야기를 초등학생에게 읽히고 싶지는 않을 것이다. 하물며 한 나라의 수호자가 될 사람들은 어떠해야겠는가. 그들은 좋음과 나쁨의 원인에 대해서, 그리고 거짓과 진실에 관해서 정확히 알고 있어야 한다. 교육의 핵심은 이야기로서의 신화에 있고 그렇기 때문에 신에 대한 바르지 못한 묘사는 잘못된 교육 내용이다.

죽음 이후의 삶을 찬양하는 이야기를 가르쳐야 하는 이유

수호자들의 역할이 전쟁에서 싸우는 것이라면, 그들은 패배하여 노예가 되느니 죽음을 택할 만큼 용기 있는 사람으로 성장해야 할 것이다. 그러므로 저승에 대한 무서운 이야기들은 모두 배제하고, 오히려 죽음 이후의 삶을 찬양하는 이야기를 가르쳐야 한다. 이들이 나약해지거나 조급해하지 않도록 하기 위해서, 감정적으로 흔들리게 만드는 이야기들도 배제해야 한다. 흥미로운 것은 소크라테스가 심한 웃음을 유발하는 이야기도 빼야 한다고 주장한다는 점이다. 누군가가 스스로를 웃음에 내맡길 경우 강한 변화가 생길 텐데, 앞에서 이야기한 것처럼 최선의 수호자라면 변화하지 않는 것이 좋다. 따라서 너무 심한 웃음을 유발하는 이야기도 교육과정에서 빼야 한다. 통치자가 나라를 다스리는 과정에서 전체의 이익을 도모하기 위해 거짓

말을 사용하는 것은 가능하지만, 수호자들은 거짓에 간여해서는 안 된다. 쾌락에 자신을 내어주지 않고 자신을 다스리는 절제의 덕을 가질 수 있는 이야기들과, 인내의 덕을 키워주는 이야기들은 교육과정에 포함되지만, 뇌물을 받거나 재물을 사랑하거나, 경건하지 않거나, 여인을 겁탈하거나, 근친상간을 하는 이야기는 모두 빼야 한다. 사실 이런 검열은 정도의 차이가 있지만 대부분의 사회에서 받아들일 수 있는 정도이다. 특히 이 교육이 20살이 되기 전의 어린이와 청소년을 대상으로 하는 교육이라면 이런 부도덕한 내용을 빼는 것은 현대 사회에서도 당연하게 여겨진다. 훌륭한 사람으로 성장하기 위해 어린 시절 보여줄 수 있는 것과 보여줄 수 없는 것을 나눈다. 교과서에 이런 부정적인 내용이 들어가지 않을 뿐 아니라 엔터테인먼트의 영역에 속하는 텔레비전 방송, 가요, 영화 등에서도 심의를 통해 어린이들이 접해도 좋은 것과 그렇지 않은 것을 구분하여 제공한다. 부모가 티브이 채널을 돌릴 때, 서점에 가서 책을 고를 때, 스마트폰으로 유튜브 동영상을 보여줄 때 고심하는 것은 다 자녀 교육을 위해서이다. 플라톤이 《국가》에서 제안하는 시가 내용에 대한 제한을 예술가의 자유를 침해하고 검열을 시행하는 전체주의적 정책이라고 비판할 수 있을까?

시가의 말투—교육과 모방의 문제

예술가들에 대한 비판과 연결된 또 하나의 문제는 시인이 모방하는 말투와 관련된 것이다. 소크라테스는 모방을 전문으로 하는 사람이 국가 내에서 필요가 없다고 한다. 이 모방을 전문으로 하는 사람은 사시를 암송하여 공연하던 바드를 가리킨다. 교육에서 사용되는 시는 시집에 글로 적혀있는 시를 말하는 것이 아니다. 그것은 시인의 낭송을 통해 듣는 것이다. 그러나 호메로스의 《일리아스》를 암송하는 시인은, 책으로 된 《일리아스》를 읽을 때 교과서를 읽듯 무미건조하게 읽지 않는다. 마치 판소리 명창처럼 《일리아스》의 여러 상황에 맞게 목소리 톤과 억양을 바꾸고, 필요에 따라 여러 행동들도 흉내내면서, 마치 자신이 《일리아스》의 주인공이 된 것처럼 서사시를 들려준다. 따라서 시인, 혹은 바드의 역할은 일종의 종합 엔터테이너와 같다고 할 수 있고, 훌륭한 시인은 《일리아스》에 등장하는 여러 주인공들의 목소리나 행동을 가장 비슷하게 흉내낼 수 있는 사람이다. 훌륭한 시인은 아킬레우스가 되어서 아가멤논에게 화를 내는 모습을 재현하기도 하고, 헥토르가 되어 용맹스럽게 싸우다가 죽는 모습을 흉내내기도 하며, 프리아모스가 되어 아들의 죽음을 애통해하는 모습을 묘사하기도 한다. 이런 사람이 군중들을 즐겁게 하는 것은 분명하다(397d).

그러나 이런 사람은 소크라테스가 수립해가는 정체에는 어울리지 않는, '양면적인 사람'이거나 '다방면적인 사람'이다. 모방을 하는 사람은 한 사람이 한 가지의 일을 해야 한다는 이상 국가의 기본 원리를 지키지 않는 사람이라는 점 때문에 문제다. 이 나라에서 지켜야 하는 가장 근본적인 원칙은 각자가 자신의 일을 열심히 하면서 다른 일들에 대해서는 한가롭게 여기는 것이다. 그러나 훌륭한 시인은 《일리아스》에 등장하는 여러 캐릭터를 잘 흉내내어 청중에게 즐거움을 줄지는 모르지만, 이 나라의 원리에는 맞지 않는다.

소크라테스는 젊은 시절부터 시작해 모방을 오래 하게 되면, 몸가짐, 목소리, 또는 사고에 모방하는 일이 습관으로 그리고 성향으로 굳어져버린다고 말한다. 어릴 때부터 비굴한 사람이나 노예, 여자*를 모방하면 그런 성향의 사람이 되어버린다. 훌륭하지 않고 비천한 사람은 시인이 들려주는 이야기에서 온갖 것을 들으면서 이 모든 것을 흉내내려 하고, 그 흉내내는 것 모두가 다 자기에게 어울린다고 착각할지도 모른다. 그래서 천둥소리나 바람 소리, 우박이나 악기 소리 등의 성대모사를 열심히 연습할지 모른다. 그러나 그 사람이 천둥이 되거나 우박이 되거나 악기가 되지는 못한다. 따라서 그렇게 저열한 대상을 모방하는 것은 부끄러운 일이다. 그러나 이야기 안에서 훌륭한 사람의 말투나 행동은 모방할 수 있다. 어린 시절 혼의 성향을 굳히기 위해 시가 안의 훌륭한 신이나 사람의 행동을 모방하는 일은 충분히 가능하다. 수호자에게 어울리는 용감함이나 절제, 경건이나 자유인에게 어울리는 덕목을 가진 사람을 모방하는 경우, 이를 계속하면 습관이 성향이 되어 그 사람에게 굳어질 수 있다. 따라서 플라톤이 모방하는 사람을 완전히 쫓아냈다는 해석, 즉 철학자는 예술가를 추방한 예술의 적이라는 해석은 과도하다. 그는 수호자들이 자신의 전문 영역에 종사해야 한다는 사실을 강조했을 뿐이며, 훌륭한 일을 모방하는 사람, 혹은 수호자들이 덕스러운 행동을 모방하는 것까

• 저자인 플라톤은 2,500년 전에 살았던 사람임을 잊지 말자. 성평등은 그에게 아직은 먼 이야기이다. 물론 5권에서 여성 수호자에 대한 논의를 하기는 한다. 이는 9장에서 다시 다루자.

지 금지한 것은 아니다. 2권 초반부에 국가가 확장되어 가는 과정에서 필요한 직업군으로 시가, 음송인, 배우, 합창가무단, 연출가 등이 언급되는 것을 보면(373b), 소크라테스가 제시하는 이상 국가에서 예술 자체가 배척되지는 않는다. 《국가》의 소크라테스가 즐거움을 싫어하고 사람들이 딱딱한 인생을 살아가기를 바란다고 생각하면 오해이다. 9권에서 소크라테스는 삶에서 즐거움이 필요하다고 분명히 말한다. 시가 교육과 관련해서 기억할 것은 시가의 목적은 교육이지 즐거움이 아니라는 점이다. 그래서 덜 재미있는 시인이나 설화 작가들이 훌륭한 사람의 말투나 행동, 규범을 보여주기 위해서 분명히 필요하다(398a~c).

철학자는 각자가 하나의 일만 해야 한다는 원칙에서 예외인 사람이다. 철학자와 마찬가지로 시인 또한 예외적인 사람이다. 이 둘은 비슷한 점이 있고 역할에 있어서도 경쟁한다. 그렇기 때문에 더욱이나 플라톤은 소크라테스의 입을 빌려 예술의 역할에 대해 경계한다. 교육과 관련한 예술 비판의 문제는 13장에서 다시 다루기로 하자. 철학자의 역할이 무엇인지 《국가》 5~7권을 통해 밝히고 나면, 플라톤의 예술 비판을 한 차원 더 깊이 이해할 수 있을 것이다.

선법과 리듬

고대 그리스의 시가는 노랫말과 선법 그리고 리듬이 어우러져 하나의 시가 된다. 노랫말과 리듬은 독자들에게 익숙하지만, 선법은 그렇지 않다. 이는 장조와 단조 개념이 생겨나기 전의 근대까지 사용되던 음계를 말한다. 특정한 선법은 정해진 음들만 사용하므로 선법은 특정한 분위기를 만든다. 그레고리안 성가의 독특한 분위기는 그리스 선법을 발전시킨 교회 선법의 결과물이다. 소크라테스는 시가의 세 가지 구성요소가 하나의 목표, 즉 수호자가 될 어린이의 교육을 위해서 사용되어야 한다고 본다. 다시 말해 선법과 리듬이 노랫말의 내용을 따라 사용되어야 한다는 것이다. 감정을 고조시키거나 유약한 마음을 만들어내는 내용이 교육을 위한 시가에서 배제되었기 때문에 비탄조나, 유약하고 술자리에서나 어울릴만한 선법인 이오니아 선법, 혹은 리디아 선법은 버려야 한다. 이처럼 다양하고 화려한 음악은 듣는 이를 무절제하게 만들 수 있다. 그러나 단순하고 절제 있으면서도 용감한 사람의 어조와 억양을 모방하는 선법인 도리스와 프리기아 선법은 남겨야 하며, 평화적이고 강제적이지 않고 자유롭고 자발적인 행위를 하는 사람을 모방하는 선법도 남겨서 젊은이들의 혼이 절제 있고 용감하게 형성되도록 해야 한다. 악기 사용에 있어서도 감정을 자극하는 현악기나 아울로스는 사용하지 말고 리라, 키타라, 피리 등만을 남겨야 하고, 리듬 중에서도 아름다운 이야기 투를 닮은 좋은 리듬만 남겨야 한다. 이렇게 훌륭하고 좋은 성격을 갖춘 사람을 모방하는 말씨, 조화로움과 우아함 등을 보여주는 리듬 등만 남겨야 한다.

우리는 음악을 들을 때 가사보다는 리듬과 선법을 먼저 듣게 된다. 귀에 꽂히는 음악이 있으면 그때야 노래의 가사가 무엇인지 궁금해한다. 이제 가사가 무엇인지는 중요하지 않다. 빌보드 앨범차트에서 1등을 하면서 전 세계적으로 유명해진 BTS의 노래 가사 중 일부가 소셜미디어에 올라온 다른 사람의 글을 무단으로 가지고 온 것이라는 논란이 있었다. 그러나 BTS의 음악을 즐기는 사람들은 크게 개의치 않는다. 어차피 Fake Love라는 곡의 가사가 무엇인지는 별 상관이 없다. 음과 리듬이 좋아서 BTS의 음악을 듣는 사람이 훨씬 많을 것이다. 이런 것은 《국가》의 첫 독자들이 살아가던 시대에도 크게 다르지 않았던 것 같다.

리듬과 선법은 가사보다 먼저 그리고 더 깊이 혼의 내면으로 깊숙이 젖어들어 간다. 그렇기 때문에 혼을 바른 방향으로 형성하는 데에 리듬과 선법의 역할이 오히려 더 중요하다. 하지만 소크라테스는 리듬과 선법이 가사를 보완해야 한다고 생각한다. 결국 가사에 어울리는 리듬과 선법을 통해 혼을 바른 방향으로 만든다. 음악을 가지고 이념 교육에 사용한다는 것 자체가 사회주의 국가나, "아! 대한민국" 같은 '건전 가요'를 앨범에 한 트랙씩 강제로 집어넣게 하던 국가의 정책이다. 하지만 《국가》에서 모든 종류의 시가를 이런 방식으로 만들어야 한다고 주장하는 것 같지는 않다. 수호자가 될 젊은이들을 교육하는 음악에서만 가사와 선법, 그리고 리듬을 제한해서 이들의 혼을 잘 준비시키고자 한다.

수호자들이 갖추어야 하는 정의, 용기, 절제 등이 이야기 안에 들어가 있지만 젊은이들은 이에 대한 논거를 정확히 알지는 못하면서 교육을 통해 익숙해진다. 정확히 이유는 모르지만 좋은 것은 따르고 추한 것은 미워하고 비난하는 옳은 삶을 살아가다가, 성인의 교육을 받으면서 좋은 것이 왜 좋으며 나쁜 것이 왜 나쁜지 이유를 알게 되면, 어릴 때부터 받은 이야기를 통한 교육 때문에 친근해져 있는 내용이라 알아보고 반기게 된다. 시가 자체로는 '왜?'라는 질문에 대답할 수 없다. 그러나 진정한 철학자가 되어가는 과정에서 질문을 던지더라도 어릴 때부터의 교육으로 좋은 것에 익숙해진 혼은 흔들리지 않고 좋음을 향해 나아갈 수 있을 것이다. 그렇기 때문에 시가 교육의 마지막은 아름다운 것에 대한 사랑(403c)이 되어야 한다. 훌륭한 수호자는 아름다운 것을 욕망하고 추구해야 한다. 그리고 시가 교육은 그런 욕구를 갖춘 훌륭한 혼을 형성한다.

2) 체육 교육은 혼에 관한 것

소크라테스는 다음으로 수호자가 될 젊은이들에 대한 교육 교과로 체육을 제시한다. 체육은 성인이 되기 전까지가 아니라 일생을 통해 계속해서 받아야만 하는 교육이다. 내가 고등학생일 때는 입시 준비 때문에 체육 시간은 시간표에만 들어 있을 뿐 실제 체육 수업은 거의 이루어지지 않았다. 학력고사 시절에는 체력장 점수가 입시에 포함되었기 때문에 체력장 시험을 위해 약간의 체육 수업이 이루어지기는 했지만, 이는 젊은이들이 마땅히 받아야 하는 교육이기 때문에 이루어진 것이 아니라 입시 준비의 일환에 지나지 않았다. 이후 체육이 입시에서 빠지니 고교 교육과정에서도 별로 중요하게 여겨지지 않는다. 그러나 소크라테스는 시가와 체육 이 두 교과가 성인이 되기 전의 젊은이들에게 필수적인 교육이라고 말한다.

'멘스 사나 인 꼬르포레 사노(Mens sana in corpore sano)'라는 유명한 라틴어 격언이 있다. '건강한 육체에 건강한 정신'이라는 뜻인데, 로마의 시인 유베날리스의 풍자시에 있는 구절이다. 사실 이 구절은 '너희의 건강한 몸에 건강한 정신이 깃들기를 기도하라'는 뜻의

'orandum est ut sit mens sana in corpore sano'에서 나온 것이다.[•]
육체만 단련하는 로마 시민들을 보면서, '그렇게 건강한 너희 몸에
건강한 정신도 있어야 하지 않겠느냐'라고 비꼬는 것이 원래의 의미
였다. 하지만 이 말은 격언 부분만 떼어내어져 왜곡된 방식으로 사용
되어왔다. 1972년 6월 제1회 스포오츠 소년대회에서 박정희 대통령
이 연설에서 "옛날부터 건전한 정신은 건강한 신체에 깃든다고 하는
말이 있읍니다. 몸이 건강해야만 정신도 건강하다는 뜻입니다. 몸이
건강하지 못하고 허약하면 정신도 허약하고 사고 방식도 불건전하
다 하는 이야기입니다"[•••]라고 말했던 것처럼 사용되는 것이 일반적
이다. 유베날리스의 의도와는 정반대라고 할 수 있겠다.

철학의 시조라고 불리는 탈레스는 "행복한 사람은 건강한 몸과,
재치 있는 혼과, 잘 배우는 천성을 가진 사람이다"라고 말했다.[•••]
《국가》에서 소크라테스가 체육 교육을 필수로 정하면서 의도한 것
은 박정희보다는 탈레스의 생각에 더 가깝다. 그는 체육 교육이 몸에
대한 것이 아니라 혼에 대한 것이라고 주장한다. 몸이 혼을 훌륭하게
하는 것이 아니라, 혼의 훌륭함이 몸을 최대한 훌륭하게 만들 것이라
고 한다. 마음이 제대로 보살핌을 받았다면 그런 마음은 자신의 몸을
당연히 잘 돌보게 될 것이라는 의미이다. 시가를 통해 혼이 잘 형성

• Satire X (10.356)

•• http://pa.go.kr/research/contents/speech/index.jsp?spMode=view&artid=1306335&catid=c_pa02062

••• 디오게네스 라에르티오스, 《저명한 철학자들의 삶》, 1권 37절

된 젊은이가 자신의 몸을 망가뜨리는 일을 하지는 않을 것이고, 자신의 몸을 최대한 건강하고 좋게, 즉 가장 잘 작동할 수 있게 보살피게 될 것이다. 체육 교육은 이렇게 훌륭한 혼을 가진 사람이 몸을 훌륭하게 만드는 방법에 대한 것이다.

유베날리스도 걱정했던 것처럼 체육 교육만 열심히 받은 사람은 필요 이상으로 사나운 성향을 갖게 될 위험이 있다. 시가 교육만 받고 체육 교육을 등한시하면, 고3 수험생들처럼 비실비실하고 건강하지 못할 뿐 아니라 혼에 있어서도 너무 부드러워질 위험이 있다. 좋은 수호자라면 절도 있으면서도 용감할 수 있도록 두 측면을 모두 발달시켜야 할 것이다. 너무 부드럽지도 않고 너무 사나워지지도 않는 혼이 절도 있고 용감할 수 있다. 그런 점에서 시가와 체육은 혼을 가꾸어가기 위한 교육 제도이다. 시가는 혼의 지혜를 사랑하는 면을 위한 교육이지만, 체육 교과는 혼의 격정적인 부분, 즉 승리를 사랑하는 부분을 발달시키기 위한 것이다. 박정희 대통령은 유베날리스뿐 아니라 소크라테스(혹은 플라톤)의 의도를 전혀 이해하지 못한 셈이다.

이와 더불어 소크라테스는 몸을 잘 돌보기 위해 필요한 것들을 제안한다. 먼저 술 취함을 삼가야 하고, 올림픽에 나가는 선수들이 자신의 몸을 만들 때 음식을 가려서 먹는 것처럼 음식을 가려야 한다고 말한다. 전쟁보다 더 큰 시합이 어디 있겠는가? 따라서 전사가 될 이들은 정교한 단련을 통해 몸을 만들어서, 전쟁 중 물도 음식도 없는 상황이나 혹서와 혹한 등의 어려운 상황에 대처할 수 있어야 한다. 이들은 구운 고기만 먹어야 한다. 훌륭한 전사라면 몸을 최대한 가볍게 하고 전쟁에 나갈 것이므로, 요리할 그릇까지 다 챙겨 다닐 수는 없다. 삶은 요리에는 그릇이 필요하므로 수호자는 그릇 없이도 조리할 수 있는 구운 고기를 먹어야 한다. 양념해서 먹을 여유도 없고 시라쿠사이나 시켈리아식의 복잡한 요리도 먹을 수 없다. 또 매춘부를 가까이하면 건강을 해칠 수 있으며, 아티케의 달콤한 과자류도 몸이 좋은 상태에 있지 못하게 한다. 선법과 리듬 중에서도 화려하고 다양한 것들은 혼의 무절제를 낳았는데, 신체의 측면에서는 다양한 음식이나 생활 습관이 질병을 낳는다. 따라서 시가와 체육 모두 단순성을 추구해서 혼에는 절제가, 그리고 몸에는 건강이 생겨나도록 해야 한다.

자신의 몸을 잘 돌보지 않아 건강을 잃은 사람은 어떻게 해야 할까? 잔인하게 들릴지 모르지만, 그런 사람은 '자신을 위해서도 나라를 위해서도 유익하지 않기 때문에' 치료를 하지 말아야 한다고 의술의 신인 아스클레피오스가 말했다고 소크라테스는 전한다(407d). 소크라테스가 말하는 국가는 자신의 일을 열심히 하고 다른 것에 한눈팔지 않는 것을 원칙으로 받아들이는 사람들의 계약에 의해 수립되었다. 국가를 수호하는 것이 임무인 전사가 자신의 몸을 돌보지 않고 함부로 굴려 매춘부와 놀아나다가 성병에 걸렸다면, 군인으로서의 책임을 다하지 못한 그 사람을 배려할 이유는 없다. 처음 계약 조건을 위반한 사람에게 계속해서 사회적인 자원을 투입해야 한다는 점을 정당화하기는 쉽지 않다. 플라톤이 《국가》에서 그리고 있는 이상 국가가 전체주의적이라고 비판할지도 모르겠다. 확실히 모든 인간을 인간이라는 이유 하나만으로 무조건 존중하는 것이 이 나라의 원칙은 아니다. 다음 장에서 보겠지만, 정의로운 사람은 자신에게 맡겨진 일을 잘 하는 사람이다. 왜냐하면 그렇게 하기로 약속하고 다른 사람의 덕을 입는 것이기 때문이다. 그리고 그 일을 하지 않는 사람에 대한 배려는 전제되어 있지 않다. 계약되어 있는 자신의 일을 해야만 계약에 참여하는 사람으로 존중받을 수 있다.《국가》의 소크라테스는 약속을 지키지 않은 사람도 단지 천부인권을 가진 사람이기 때문에 존중하고 배려해야 한다는 현대인을 이상하다고 여기지 않을까?

통치자는 어떻게 뽑을까

시가와 체육으로 교육받은 수호자들 중에서 나라를 다스릴 통치자 계급이 나와야 한다. 따라서 통치자는 일단 수호자가 지녀야 하는 능력은 모두 갖추어야 한다. 9장에서 이야기하겠지만 진정한 통치자가 될 수 있는 사람은 철학자이다. 플라톤이 말하는 철학자는 1920년대 일제 치하에서 좌절한 유약한 지식인같이 뿔테 안경을 쓰고 하얀 셔츠를 입은 무기력한 사람이 아니다. 시가와 체육 교육을 충분히 거친 다음 여러 시험을 통과한, 강인하고 좋은 품성을 가진, 나라에서 가장 훌륭한 사람(hoi aristoi)으로 입증된 사람이어야 한다.

이들은 수호자이기 때문에 나라를 가장 잘 지킬 수 있어야 하며, 나라의 문제에 마음을 쓰고 슬기롭고 유능하게 대처할 수 있어야 한다. 그리고 국가가 잘되는 것이 자신에게도 이익이 된다고 생각하여,

나라에 유익한 일에는 최대한으로 노력하며 나라에 유익한 것이 아니라면 어떤 일도 하지 않으려는 사람이어야 한다. 이런 소신을 분명히 갖추고 있는 사람, 그런 사람이 훌륭한 사람이며 통치자가 되기에 적합한 사람이다. 문제는 모든 수호자들이 이런 신념을 유지하지는 못한다는 사실이다. 그래서 《국가》의 소크라테스는 성인이 되는 시점까지 시가와 체육 교육을 받은 수호자인 젊은이들에게 시험을 치르게 하여 선발된 사람들만 통치자의 교육을 받는 커리큘럼을 제안한다.

가지고 있는 소신 혹은 신념을 어떻게 버리게 될까? 소크라테스는 소신의 내용이 참되다면 자발적으로 소신을 버리는 경우는 없다고 생각한다. 다시 말해, 자신이 가지고 있던 소신이 거짓이라는 사실을 알게 되면 그때 그 사람은 자발적으로 소신을 버리고 참된 소신을 갖게 된다. 그리고 소크라테스는 가진 소신이 참되다는 것을 아는 사람이 자발적으로 그것을 버리고 거짓된 것을 선택하지는 않을 것이라고 주장한다. 의아하게 들릴지 모르겠다. 왜냐하면 참인 소신을 버리는 정치인은 흔히 볼 수 있기 때문이다. 소크라테스는 그런 경우마저도 자발적이지는 않다고 본다. 그는 5~7권에서 제시되는 형이상학에 근거하여 참된 것을 싫어하는 사람은 없다고 전제한다. 참된 것은 좋은데, 좋은 것을 자발적으로 거부하는 사람은 없기 때문이다. 죽음을 앞두고 치료를 거부하거나 의사 조력 자살을 통해 존엄한 죽음을 맞이하기로 결정하는 사람은, 그렇게 죽는 것이 육체적, 정신적 고통 속에서 살아가는 것보다 훨씬 행복하다고 생각하기 때문에 죽음을 선택하는 것이다. 모든 자발적인 결정은 좋은 것을 선택하기 위한 것이다. 따라서 참된 것을 자발적으로 버리는 사람은 없다.

그렇다면 우리가 만나는 배신자는 비자발적으로, 다른 외부의 힘에 굴복하여 소신을 버린 사람이다. 소크라테스는 이렇게 외부의 힘에 굴복하지 않을 능력이 있는지를 테스트하여 그 시험을 통과한 사람들만 통치자가 되는 교육을 받도록 해야 한다고 말한다. 외부의 힘에 굴복하여 소신을 버리는 경우는 세 종류로 구분할 수 있다. 첫째, 소신을 도둑질당하는 경우이다. 참된 소신을 알면서도 잘못된 논의에 설득당해 이를 버리거나, 시간이 흘러 참된 소신의 내용을 잊어버리면서 신념을 버리는 경우이다. 말도 안 되는 논리를 계속해서 반복적으로 주입하면 결국 듣는 사람은 그것을 받아들이는 경우가 있다. 그렇게 거짓 논리로 참된 소신을 잊거나 버리도록 유도하는 테스트를 받더라도 진실에 대한 자신의 소신을 잘 지키는 사람이어야 통치자가 될 수 있다.

둘째, 고통이나 슬픔 등 강제적인 힘으로 소신을 버리게 되는 경우이다. 일제 강점기에 경찰의 고문 때문에 동료를 배신했던 항일 독립투사라든지, 군사 정권에 의해 남영동 어두운 방에서 물고문을 받던 학생이 동료 민주화 운동 투사들의 행방을 털어놓는 등의 경우이다. 통치자가 될 사람은 이런 강제도 이겨낼 수 있어야 한다. 셋째는 쾌락이나 공포 때문에 소신을 버리는 경우이다. 스파이 영화에 종종 등장하는, 미인계에 넘어가 정보를 흘려주는 정보 요원이 대표적인 경우라고 할 수 있다. 통치자는 이런 외부의 유혹에 의해 비자발적으로라도 자신의 소신을 버리지 않는 사람이어야 한다.

수호자와 통치자에게는 가족과 사유재산이 없어야 한다

또 잘 훈련된 수호자와 통치자들에게는 국가를 외부의 적으로부터 지키는 업무를 잘 수행하도록 환경을 만들어주어야 한다. 소크라테스는 제대로 된 교육을 받는 것만으로는 충분치 않다고 생각하고, 외부적인 제약을 가함으로써 그들이 올바른 수호자와 통치자가 되게 한다. 군인인 이들은 집에서 잘 수 없고, 숙영하는 막사에서 자는 것이 어울린다. 이미 삶은 고기는 먹지 못하게 했고, 스파르타의 전사들처럼 공동으로 식사를 하도록 해야 한다. 이들은 신화를 통해 자신이 혼에 금과 은을 가지고 태어났다고 알고 있으므로, 일반 사람들에게 필수적인 재화는 이들에게 필요 없다고 일러주어야 한다는 것이 소크라테스의 주장이다. 이들은 재산보다 더 귀한 것을 가졌기 때문에 사유재산을 가질 필요가 없고, 더 나아가 그것은 금지되어야 한다. 임진왜란 때 평안도 감찰사였던 이원익은 병사들과 함께 군막에서 자고 같은 밥을 먹었기 때문에 노블리스 오블리제의 전형으로 칭송받지만, 소크라테스는 수호자라면 그리고 수호자 계급을 이끄는 통치자라면 그것은 칭찬받을 일이 아니라 당연한 생활 방식이어야 한다고 설명한다. 게다가 수호자는 가족을 가져서는 안 된다. 수호자는 국가를 지키기 위한 사람들인데, 가족이 있는 경우 국가보다 가족을 위해 살게 될 위험이 있다. 따라서 가족관계를 맺지 말고 아내와 남편, 그리고 자녀를 모두 공유해야 한다고 한다. 공동생활을 하고, 자녀들 또한 공동으로 양육해야 자기 배우자, 혹은 자기 자식을 더 잘 돌봐주고 싶은 마음에 국가를 제대로 돌보지 않을 위험이 생기지 않는다.

1987년 6월 항쟁으로 대통령을 직선제 선거로 뽑을 수 있게 되었다. 하지만 그 후 대통령에 선출되었던 사람들 중 많은 경우는 자식을 비롯한 가족의 비리 때문에 지지율이 떨어졌고 집권 후반기 레임덕을 겪곤 했다. 대통령 비서실 민정수석비서관의 여러 업무 중 하나는 대통령 가족의 부정부패를 감시하는 일이다. 권력자 자신이 아무리 나라를 위해 살고자 해도 가족이 방해가 되는 경우가 종종 있기 때문일 것이다. 그래서 플라톤은《국가》의 소크라테스를 통해 수호자가 아예 가족을 갖지 못하도록 한다. 마치 가톨릭 신부들이 그리스도와 결혼하였기 때문에 여성과 결혼하지 않는 것처럼, 국가를 위해 살기로 한 수호자에게는 가족조차 허락되지 않는다.

왜 이렇게 엄격한 삶의 방식을 요구하는가? 수호자는 나라를 지키는 일만 해야 한 사람이 하나의 일만 하는 원칙에 부합한다. 그러나 이들이 땅과 집, 그리고 돈을 소유하는 순간 이들은 수호자가 아니라 호주와 농부가 될 것이고 자신의 재산을 더 키우는 데에 군인으로서 가지고 있는 물리력을 쓰게 된다. 그런 경우에 시민을 주인처럼 지키는 개와 같은 역할을 해야 하는 수호자가 반대로 시민의 주인 노릇을 하려 들고, 시민의 재산을 노리게 될지도 모른다. 나중에 11장에서 더 설명하겠지만 수호자와 통치자에게 사유재산을 허용하는 것이 이상 국가가 몰락하는 계기가 된다. 플라톤은 사람을 전적으로 신뢰하지는 않는다. 아무리 수호자와 통치자라고 할지라도, 이들의 자발적인 헌신, 혹은 자신의 일에 최선을 다하려는 열심만으로 마땅히 해야 하는 역할을 할 것이라고 기대하지 않는다. 교육을 통한 자발적인 역할 수행과 더불어, 법이라는 외부적인 강제를 통해 '멋대로 할 수 있는 자유'를 제약함으로써 이들이 가장 훌륭한 통치자와 수호자가 되게 만든다. 교육을 통해 형성되는 인간의 자발성에 대한 신뢰는 플라톤의 철학과 거리가 있다. 9장에서 보겠지만 통치자가 되는 철학자에게도 사유재산 등에 가해지는 외부적인 강제는 당연하게 적용된다. 아무리 좋음의 이데아에 대한 앎을 가지고 있는 철학자라 할지라도, 그가 인간인 한 자발성만으로는 자신의 역할을 다하지 못할 가능성이 있다. 따라서 교육과 더불어 제도적인 강제까지 활용해서 가장 훌륭한 통치자와 수호자가 되도록 한다. 좋은 성품만으로 좋은 사회가 건설될 수는 없다는 것이 플라톤의 생각이다. 아무리 훌륭한 사람이라도 제도에 의해 제약을 받아야 한다. 법을 넘어서는 훌륭한 사람은 없다. 여러 계급의 사람 모두 법과 제도 아래에 있다는 점에서는 같다.

"이 사람들은 그다지 행복한 사람이 아니지 않나요?"

이런 삶을 사는 통치자와 수호자가 정말 행복할까? 통치자가 되면 생산자들을 마구 부려먹을 것이라는 생각은, 왕정과 독재정을 거친 우리에게 어쩌면 당연할지도 모르겠다. 그러나 플라톤이 《국가》에서 소크라테스의 입을 통해 제시하는 통치자의 상은 '권력'과는 거리가 멀다. 국가를 위해 개처럼 일하는 사람이 통치자이고, 이들은 맡은 일을 잘 하기 위해 자신의 사적인 행복, 즉 재산이나 집, 가족까지도 포기하는 사람들이다. 이런 설명을 들은 아데이만토스가 '이 사람들은 그다지 행복한 사람이 아니다'(419a)라고 말하는 것은 전혀 이상하지 않다. 정치권력을 휘두르고 싶어 하는 사람들은 자신의 행복을 위해서 그렇게 하고자 하는데, 이렇게 사유재산이나 가족의 사랑이라는, 행복의 가장 기본적인 조건까지 모두 버리라고 한다면 누가 통치자와 수호자가 되고자 하겠는가?

소크라테스는 이상 국가의 목표는 특정한 사람이나 집단이 행복해지는 것이 아니라 시민 전체가 최대한으로 행복해지는 것이라고 한다. 서로가 서로에게 빚지고 있는 국가에서는 일방적으로 군림하거나 짓밟히는 계급은 없다. 모두가 모두를 위해 살아가는 방법은 각자가 각자의 일을 하는 것이다. 그리고 이를 통해 모두가 행복해질 수 있다. 그렇기 때문에 자신에게 맞는 일을 해야지, 다른 일을 넘보아서는 안 된다. 농부가 통치자 노릇을 해서는 안 되는 것처럼, 통치자가 농사를 지으려 해서도 안 된다. 자신의 적성에 가장 잘 맞는 일이 주어졌으므로 그 일을 열심히 해야 한다. 따라서 수호자들은 자신들만의 행복, 즉 금과 은을 소유하고, 좋은 집에서 훌륭한 음식을 먹으며 사는 것을 목표로 하지 말고 나라 전체를 염두에 두고 국가의 행복을 최대한으로 크게 만들려고 노력해야 한다. 그러기 위해서는 수호자에게 걸맞지 않은 재산이나 집, 땅은 기꺼이 포기해야 하고, 포기하지 않는 고집 센 수호자는 국가 시스템을 통해 이런 개인의 행복을 포기하도록 해야 한다. 그러면 수호자들은 불행하게 살라는 것인가? 아니다. 수호자는 농부가 되지 않고 나라를 지킬 때 가장 행복할 수 있다. 그것이 적성에 가장 잘 맞는 일이기 때문이다. 수호자가 금과 은을 소유하는 것은 어울리지 않는 일이다. 그는 수호자에게 어울리는 삶의 방식으로 살 때 가장 행복하다. 통치하기 싫어하는 철학자를 통치하도록 강제해야 하는 제도, 그것은 철학자를 꼭 불행하게 만들지는 않는다.

이 장을 마무리하기 전에 한 가지만 더 짚고 넘어가기로 하자. 수호자와 통치자에게 사유재산이 허락되지 않았는데, 일반인, 즉 생산자의 경우에는 어떨까? 이들은 사유재산을 가지고, 자신의 집에서, 좋은 음식을 먹으면서 가정을 꾸릴 수 있다. 하지만 소크라테스는 과도한 부를 추구하는 것은 경고한다. 부는 사치와 게으름을 초래한다. 문제는 사치하고 게을러지면, 자신이 맡은 일을 제대로 못 하게 될 것이라는 점이다. 반대로 빈곤해지면 노예근성이 나타나서 돈을 주면 무엇이든 하려는 마음을 갖게 될 텐데 그 경우에도 자신이 해야만 하는 일을 하지 않게 될 수 있다. 게다가 가난 때문에 제대로 먹지 못하고, 생존을 위해 이런 저런 일들을 찾다 보면, 수행해야 하는 업무의 기량은 계속 떨어진다. 그래서 소크라테스는 생산자가 자신의 일을 가장 잘 수행하도록 하기 위해서는 부유하지도 가난하지도 않은 삶을 살도록 해주어야 한다고 주장한다. 게다가 경제적인 수준 차이가 크게 벌어지면, 가난한 계급과 부유한 계급이 서로 반목하게 될 수 있다. 이렇게 나라가 둘로 쪼개지면 그 나라는 더이상 하나의 나라라고 부를 수 없다. 따라서 부와 가난이 이 나라에 침범하지 못하도록 해야 하며, 욕망을 채우기 위해 국토를 확장할 수는 있지만 나라 전체가 단일한 하나로 유지되는 수준을 넘어서까지 영토를 넓히려 해서는 안 된다. 플라톤은 《법률》에서 국가에서 재산을 가장 많이 가지고 있는 사람이 가장 적게 가지고 있는 사람의 네 배를 초과해서 갖지는 못하도록 제한해야 한다고 주장한다(《법률》744c~745b).

2018년 현재 한국에서 연봉을 가장 많이 받는 사람은 241억을 받는다고 한다. 그런데 2015년 기준으로 통계청이 발표한 '일자리 행정통계를 통해 본 임금근로일자리별 소득(보수) 분포 분석(일자리 소득 분석)'*에 따르면 직장인의 평균 월급은 세전 329만원이고, 중위소득은 241만원이다. 평균 월급이 중위소득보다 높다는 것은 고소득층으로 갈수록 급여가 급격히 인상되어 소득 격차가 매우 심하다는 의미이다. 이것도 건강보험 및 국민연금에 가입된 사람들만 한정하여 조사한 것이기 때문에, 여기에 포함되지 않는 저임금 노동자의 상황은 훨씬 더 심각하다. 큰 임금 격차는 자산의 격차를 낳고, 결국 도저히 넘을 수 없는 신분 차이가 생겨나게 한다. 입에 물고 태어난 수저의 차이는 도저히 극복할 수 없으며, 강남의 아파트는 그곳에서 나고 자란 사람이 아니면 꿈도 꿀 수 없는 것이 되어버렸다. 급여를 가장 많이 받는 사람의 소득이 중위소득의 1000배 가까이 되는 한국 사회를 보면 소크라테스는 얼마나 걱정을 할까? 소크라테스라면 한국에서 내분이 일어나 나라가 쪼개지더라도 전혀 이상하지 않다고 생각하지 않을까?

* http://kostat.go.kr/portal/korea/kor_nw/2/1/index.board?bmode=read&aSeq=361207

8 이상적인 국가의 덕과 이상적인 개인의 덕 ^{4권}

덕德, 아레테, 훌륭함

이제 이상 국가의 정치체제는 분명해졌다. 생산자와 수호자, 그리고 수호자 중에서 선발된 통치자로 구성된 국가 내에서 각 사람이 자신에게 주어진 일을 적기에 맞추어서 열심히 하면, 모든 사람이 행복하게 살아갈 수 있다. 각 계급의 사람들은 어떤 덕목을 가지고 살아야 할까?

우선 덕이 무엇인지 잠시 언급해야 할 것 같다. 우리 문화에서 덕이란 나이든 분들의 지혜와 비슷한 것으로 여겨진다. 그러나 그리스 사람들에게 덕은 그것보다 훨씬 넓은 의미를 지닌다. 아레테(aretē)라는 말은 '좋다'는 의미인 '아가토스(agathos)'에서 나왔다. "이 칼은 참 좋다"라는 말을 생각해보자. 이 말을 하는 사람은 어떤 의미로 이렇게 말했을까? 칼은 어떤 점에서 좋을 수 있을까? 칼집이 화려하게 수놓아졌기 때문에 좋을 수 있다. 책장 안에 전시해두기에 딱 맞는 크기이기 때문에 좋을 수 있다. 혹은 칼이 손에 들기에 딱 적당한 무게라서 좋을 수도 있다. 왼손잡이인 사람이 왼손잡이 전용으로 나온 칼이라서 좋다고 판단했을 수도 있다. 그러나 칼이 좋다고 할 때는 칼이 고유하게 수행해야 하는 기능, 즉 잘 자를 수 있는지의 여부 때문에 좋다고 하는 것이 가장 우선이다. 칼의 모양이 아름답고, 크기가 전시하기에 적당하다고 하더라도, 이는 칼의 가장 고유한 기능과는 별 관계없이 좋은 것일 뿐이다. 하지만 칼의 무게가 적당하다거나 왼손잡이에게 적절하다는 의미로 좋다고 할 때는 결국 칼의 기능인 자르기에 도움이 되기 때문에 좋다고 말할 수 있다. 따라서 칼의 좋음은 우선적으로 칼이 잘 벨 수 있는지의 여부에 의존한다. 칼이 아름다운 것은 부차적이다.

그리스인들이 무엇을 좋다고 할 때는 이처럼 '기능을 잘 수행함'이라는 조건을 만족할 때이다. 각각이 본질적으로 수행해야 하는 역할을 잘 할 때에야 그것을 '좋다'고 말할 수 있었고, 이런 상태를 '아레테'라고 불렀다. 칼의 예로 돌아가 보면, 칼이 요리 재료를 잘 벨 때 칼은 아레테가 있다고 말할 수 있고, 칼의 아레테는 '잘 자름'이다. 그래서 아레테를 '훌륭함(excellent)'으로 번역하기도 한다.

그런데 덕이라는 말에는 윤리적인 의미가 내포되어 있다. 어떻게 '잘함'이라는 말에서부터 '도덕적임'이라는 의미가 나오게 되었을까? 사람의 아레테는 무엇일까? 사람에게 본질적인 기능은 무엇일까? 우리가 "철수는 참 좋은 사람이야"라고 할 때, 어떤 점에서 좋다고 하는 것일까? 프로그래머 철수가 코딩을 잘한다고 해보자. 이때 철수는 프로그래머로서의 기능을 잘 하는 것이다. 그래서 "철수는 코딩을 참 잘해서 좋아"라고 말한다면 이는 철수가 프로그래머로서의 아레테를 가졌기 때문이라고 이해할 수 있다. 철수가 의사로서 환자 치료를 잘한다고 해보자. 그러면 우리는 "철수는 참 좋은 의사야!" 하고 칭찬할 것이다. 그는 의사로서의 아레테를 가지고 있다. "철수는 참 좋은 CEO구나"라고 말하는 것은, 그가 회사를 경영함이라는 특별한 기능을 잘 수행하기 때문일 것이다. 이때 철수는 경영자의 아레테를 가진 사람이다. 그런데 "철수는 참 좋은 사람이야"라고 말할 때는 무엇 때문에 '좋다'고 하는가? 프로그래머로서, 회사 경영자로서, 혹은 아버지로서, 대학 교수, 국회의원으로서가 아니라 '사람으로서' 좋다고 말하려면 어떤 점을 고려하는가? 바로 여기에서 '도덕'의 문제가 들어온다. 만약에 철수가 다른 사람과 인간관계를 잘 못 맺는다고 해보자. 자신의 욕심만 채우고 이를 위해 다른 사람을 이용하기만 한다면 우리는 그를 '좋은 사람'이라고 부르지는 않을 것이다. 타인의 목소리를 경청하고 그 사람의 입장에서 상황을 보고 배려하지 않으면 '좋은 사람'이 아니다. 힘들고 어려운 상황에서도 참고 버티며 신념을 지키려 하지 않고, 이 사람 저 사람 눈치만 보면서 동료를 배신한다면 '좋은 사람'의 범주에 들어가기는 어려울 것이다. 중대한 의사 결정을 해야 하는 순간에 여러 상황을 예상하여 가장 현명한 선택을 내리지 못하는 사람은 보통 사람 정도일 뿐 '좋은 사람'은 아니다.

인간의 고유한 기능, 윤리적이 되기

아레테라는 말이 윤리적인 의미를 내포하는 '덕'이 되는 것은 이 점 때문이다. '사람'으로서의 고유한 기능이 있다고 한다면, 그 기능을 잘 수행하는 사람을 '좋은 사람'이라고 부른다. 여러 사회에서 이런 고유한 기능을 윤리 규범과 동일한 것으로 본다. 각 사회가 받아들이는 규범을 잘 지키는 사람은 '좋은 사람'이다. 문제는 '사람으로서의 고유한 기능'이라고 규정되는 윤리 규범이 사회와 문화, 역사적인 배경에 따라 다를 수 있다는 것이다.

예를 들어 남자와 여자의 역할이 엄격히 구분되던 시절, 명절에 남자가 부엌에 들어가지 못하게 막는 사람은 '좋은 사람'일까? 조선시대라면 그런 역할을 한 사람은 사람으로서 마땅한 도리를 잘 지킬 뿐 아니라 도리를 다른 사람에게도 적용시키는 '좋은 사람'이다. 그러나 21세기 한국 사회에서 그런 말을 하는 사람은 좋은 사람이기는커녕 꼰대에 지나지 않는다. 여성이 성폭행을 당하더라도 그 여성이 집안의 수치가 되었기 때문에 오히려 처벌을 받아야 한다고 생각하는 나라도 있다. 집안의 명예를 지키기 위해 성폭력 피해자인 여동생을 불태워 죽이는 오빠가 '좋은 사람'이라고 여겨진다. 하지만 그는 특정한 규범이 통하는 집단 바깥에서는 '나쁜 사람'으로 간주된다.

도덕규범이 보편적인지 상대적인지에 대한 논쟁은 역사가 길다. 어느 쪽이 옳은지를 여기서 결정할 필요는 없을 것 같다. 여기서는 이런 규범들이 사람의 사람됨, 혹은 사람의 고유한 기능을 결정한다는 사실만 짚고 넘어가자. 프로그래머로서, 교수로서, 정치가로서의 아레테가 아닌, 사람으로서의 아레테는 이런 도덕규범을 잘 지키는 것이다. 우리는 그런 사람을 좋은 사람이라고 부른다. 바로 이런 이유 때문에 '훌륭함'이라는 의미를 지닌 아레테라는 말이 '덕'이라는 의미로도 쓰일 수 있게 된다. 사람이 사람으로서 훌륭한 것은 윤리 규범을 잘 지키기 때문이고, 이런 사람을 '덕이 있다'고 한다. 따라서 아레테가 칼이나 자동차, 돼지나 말, 혹은 프로그래머나 정치가가 아니라 사람에게 쓰일 때는 이런 윤리적인 의미가 포함된다. 덕을 갖추었다는 것은 그 사회가 받아들이는 도덕규범을 잘 따른다는 의미이고, (그 사회의 기준에 따라) 사람이 사람으로서의 기능을 잘 한다는 뜻이다.

소크라테스는 이제 이상 국가에서 발현되는 '덕'이 무엇인지에 대해 이야기한다. 각 사람이 자신의 일을 적기에 하는 국가에서는 어떤 덕이 발견될까? 이상의 논의에 따르면 각 사람이 자신의 일을 잘 할 때 '덕'이 발견될 수 있을 것 같다. 그리고 이를 통해 '이상 국가'가 어떻게 '좋다'고 말할 수 있는지, 다시 말해 이상 국가의 덕은 무엇인지도 밝혀질 수 있을 것이다.

이상 국가의 덕

고등학교 《윤리와 사상》 교과서에도 등장하는 '4주덕'이 바로 이 부분에서 이상 국가의 덕으로 소개된다. 그러나 이미 앞에서도 여러 번 이야기했듯, 교과서로 정리된 내용이 플라톤의 《국가》와 정확히 일치하지 않는 경우가 많다. 네 가지 덕에 대한 설명 또한 그렇다. 소크라테스의 주장을 차근차근 따라가 보자.

1) 지혜: 국가는 어떻게 지혜로울 수 있을까?

소크라테스가 만든 이상 국가가 지혜로운 국가라면 무슨 이유 때문일까? 먼저, 어떤 나라가 지혜롭다는 말은 좀 이상하게 들린다. 지혜롭다는 말은 사람이나 말을 잘 듣는 개한테 쓸 수는 있을 것 같다. 하지만 '국가'는 어떤 의미에서 지혜로울 수 있을까?

북한이 핵무기 제조에 성공하고 장거리 미사일을 개발해서 미국 본토를 공격할 수 있게 되자 미국인은 공포에 떨게 되었다. 2018년 1월 하와이의 한 공무원이 실수로 버튼을 누르는 바람에 하와이에 있는 모든 사람에게 북한에서 탄도 미사일을 발사했다는 긴급 재난 경보 메시지가 잘못 전달되었고, 39분 동안 하와이에 있던 사람들은 인생의 마지막 순간을 보내는 것처럼 두려움에 떨어야 했다. 미국 트럼프 대통령은 북한의 김정은 국방위원장을 이렇게 자극하였고, 양국가 간의 긴장관계는 극한에 치달았다. 일촉즉발의 위기 상황에서 한국은 북한과 미국 중간에서 둘을 설득하고 결국 모두 회담 자리에 나오도록 조율해냈다. 이럴 때 우리는 '북한과 미국의 적대관계를 해소하기 위해 한국이 지혜롭게 중재했다'고 말한다.

어떤 독자는 이렇게 말할지도 모른다. '한국이 지혜로운 것이 아니라, 김정은 국방위원장과 트럼프 대통령 사이를 조율했던 문재인 대통령이 지혜로웠던 것이다.' 미국의 전 대통령 빌 클린턴 또한 문재인 대통령의 지혜가 이런 역사적인 회담을 이끌어냈다고 평가했다. 그런데 이것이 바로 소크라테스가 하고 싶은 말이다. 어떤 나라가 지혜롭다고 할 수 있다면, 그것은 그 나라를 통치하는 통치자의 지혜 때문이다. 통치자가 자신이 해야 하는 일, 즉 통치하는 일을 잘하기 위해서는 지혜가 있어야 한다. 통치자에게는 지혜라는 덕이 필수적이다. 그리고 이 지혜 덕에 이상 국가도 지혜롭다. 이상 국가의 지혜는 이렇게 통치자가 자신의 일을 잘 하는지의 여부에 달려있다. 어떤 전 대통령이 미국 대통령과의 공동 기자회견장에서 질문받은 내용을 잊어버려서 대답을 제대로 못할 때, 우리가 그 대통령이 지혜롭지 못한 사람이라고만 생각하지 않고 '우리나라가 못나 보이면 어쩌나' 하고 걱정했던 것도 같은 이유에서다.

지혜는 모든 사람에게 필요하다

이상 국가 안의 사람들은 모두 자기 나름대로 지혜를 발휘한다. 농사 짓는 사람은 적절한 시기에 씨를 뿌리고, 더 많은 곡식을 거둘 수 있도록 농업 지식을 사용한다. 건물을 짓는 사람은 동일한 재료로 더 튼튼한 건물을 짓기 위해 지식을 습득한다. 모든 제작자들은 자신의 역할을 잘 하기 위해서 기술을 배우고, 이 기술을 발전시키기 위해 노력한다. 수호자 또한 전쟁에서 더 잘 싸우기 위한 전법을 연구하며, 교육과 훈련을 통해 몸과 마음을 더 잘 다루는 방법을 고민한다. 농부는 농사짓는 일에는 건축가보다 지혜로우며, 건축가는 집을 짓는 일에 있어서 제화공보다 지혜롭다. 수호자는 전쟁에서 진을 치는 일에 농부보다 지혜로운 사람이다. 이 국가에 있는 모든 계급은 다 지혜롭다. 플라톤의 이상 국가에 관한 큰 오해 중 하나는, 생산자들이 로봇이나 노예와 같이 무지하여 통치자가 시키는 것만 하는 사람들이라고 보는 것이다. 하지만 플라톤의 이상 국가에서는 모두가 지혜로워야 한다. 사람들이 각자의 영역에서 가장 지혜로울 때 자신의 역할을 최선으로 수행할 수 있다. 그럼에도 불구하고 나라가 지혜롭다는 평가를 받을 때에는, 농부의 농사지음에 대한 지혜나, 건축가의 집 지음에 대한 지혜나, 수호자의 전쟁 진영 짜는 일에 대한 지혜 때문이 아니라, 통치자의 나라를 다스리는 일에 대한 지혜, 즉 통치자가 자신의 일을 잘 수행하는지의 여부에 따라 평가받는다.

지혜의 덕이 마치 통치자에게만 국한된다고 설명하는 윤리 교과서의 해석은 정확하지 않다. 소크라테스는 통치자만 지혜롭고 다른 사람은 무식하다고 주장하지 않는다. 모든 사람들이 자신의 영역에서 지혜로워야겠지만, 국가 전체가 지혜로운 것은 통치자가 지혜로울 때이다.

2) 용기: 국가가 용기를 지니는 방식

용기의 경우에도 나라가 용기 있다고 말해지는 경우는 무슨 이유 때문인지를 보아야 한다. 플라톤 대화편 중 《라케스》라는 책은 '용기란 무엇인가?'라는 주제를 다룬다. 이는 소크라테스가 당대의 유명한 장군이었던 니키아스와 라케스라는 두 사람에게, 전쟁의 전문가인 이들이 전사로서 가져야만 하는 덕목인 '용기'가 과연 무엇인지 아는지를 묻는 내용으로 이루어져 있다. 이들이 군인으로서 전투와 관련된 전문가라면 이 분야의 전문 지식을 가지고 있어야 하며, 그 지식은 사람들을 진정한 전사로 만드는 용기와 관련한 것이어야만 할 것이다. 따라서 소크라테스는 이들에게 용기가 무엇인지를 배우기 위해 유명한 이들 두 장군이 용기가 무엇인지를 알고 있는지 묻는다. 먼저 라케스는 용기를 '대오를 지키고 도망치지 않는 것'이라고 정의한다.* 진을 치고 싸우는 고대 전쟁에서 적과 맞설 때 자신의 대오를 무너뜨리지 않고 자리를 지키는 행동이 용기라는 것이다. 그러나 적과 우리의 규모를 비교해 보았을 때 너무 큰 차이가 있다면, 그때 맞서 싸우는 것은 용기라기보다는 무모함이다. 차라리 후퇴하여 다음 기회를 도모하는 것이 훨씬 더 나을 수 있다. 따라서 용기는 이렇게 특정한 상황에서만 통하는 예를 가지고 정의해서는 안 되고, 모든 상황에 적용할 수 있는 것이어야 한다. 이에 라케스는 '영혼의 인내'를 용기의 새로운 정의로 제안한다.** 그러나 참고 버티는 모든 것이 다 용기는 아니다. 적과의 전력 차가 엄청난데도 버티고 있는 것이 용기는 아니며, 병들어 아픈 사람이 고통을 참아내기만 하면서 치료를 거부하는 것이 용기는 아니다. 이런 태도를 우리는 오히려 '만용'이라고 부른다. 따라서 용기는 잘 참아내는 것이라고 정의할 수는 없다.

다른 유명한 장군인 니키아스는 용기를 '내가 무엇을 두려워해야 할지, 무엇에 대해 대담해야 할지에 대한 앎'이라고 정의한다.*** 두려움은 미래에 있을 나쁜 일에 대한 예상이기 때문에, 용기 있는 사람은 잘 예측하는 능력을 갖추어야 하고, 이것은 결국 앎을 가져야 한다는 의미이다. 따라서 용기는 장차 있을 좋은 일과 나쁜 일에 대

• 플라톤, 《라케스》 190e.

•• 플라톤, 《라케스》 192b.

••• 플라톤, 《라케스》 194e~195a.

한 앎으로 귀결될 수 있는데, 그렇다면 이는 용기라기보다는 덕, 혹은 지혜에 대한 정의가 되어버린다. 니키아스는 용기가 지식 혹은 판단과 관계되어 있다고 생각해서 앎의 일부라고 보았지만, 두려워할 것에 대한 앎은 좋음에 대한 앎과 다르지 않기에 그가 제안한 용기의 정의는 지식의 정의와 구분되지 않는다. 결국 《라케스》의 주인공들은 용기를 정의하는 데 실패하고 계속해서 용기가 무엇인지 탐구하기로 한다.

소크라테스: 소신을 지키는 것이 용기다

《라케스》에서는 용기의 정의가 무엇인지 알 수 없었지만, 《국가》의 소크라테스는 용기가 무엇인지 분명하게 설명한다. 소크라테스는 잘 지켜내는 것, '보전(soteria: 429c)'을 용기라고 주장한다. 용기란 전쟁에서 잘 싸우는 것이나, 아픔을 잘 참아 내는 것, 혹은 두려워할 것이 무엇인지를 구분할 수 있는 능력보다 훨씬 더 근본적이다. 용기는 '잘 지키는 것'과 관련이 있다. 러시아와 중국, 일본과 미국, 그리고 북한 사이에서 균형을 잘 잡고 전쟁이 일어날 위험에도 물러서지 않고 정체성을 잘 지키는 대한민국은 용기 있는 나라이다. 어떤 나라에도 휘둘리지 않고 평화를 향한 의지를 굳건히 갖고 자리를 지키는 것. 이것이 대한민국의 용기이다. 북한을 핵무기로 폭격하고 압록강까지 북진하여 태극기를 꽂는 것만이 용기가 아니다. 그렇다면 용기는 무엇을 지키는 것인가? 소크라테스는 수호자가 국가나 사람이나 재산을 외부의 적으로부터 지키는 것보다는 '소신'을 지키는 것이 진정한 용기라고 한다. 다시 말해 일종의 앎을 가지고 있을 때 그것을 끝까지 버리지 않는 것이 바로 용기라는 덕이다. 통치자를 선발하는 과정에서 성인이 될 때까지 시가와 체육 교과를 통해 배운 내용을 계속해서 지키는지의 여부를 세 가지의 시험을 통해 확인한다는 사실은 앞 장에서 이야기했다. 그 시험은 후보자가 용기를 가졌는지를 가리기 위한 것이었다.

그런데 소신을 지키는 것이 용기라는 정의는 좀 이상해 보인다. 이해를 돕기 위해 다음의 예를 생각해보자. 2017년 10월 뉴욕타임즈*와 뉴요커**는 헐리우드의 유명한 영화 제작자인 하비 와인스틴에게 성추행을 당해온 여러 여성들의 이야기를 폭로했다. 그 직후 배우인 알리사 밀라노는 와인스틴뿐 아니라 수많은 남성에 의해 일어나는 성폭력이 미국 사회에 만연해 있다는 사실을 드러내는 온라인 운동을 일으키기 위해 #MeToo라는 해시태그를 소셜 미디어에서 사용하자고 제안한다. 10월 말이 되기 전에 와인스틴에게 성추행을 당했다고 증언한 여성은 80명을 넘었고, 이 운동은 할리우드뿐 아니라 사회 각 계층으로 퍼져나가 수많은 여성들이 자신들 또한 성폭력의 희생자임을 드러내면서 부조리하고 억압적인 사회 현실을 폭로했다. 2017년 말 타임지는 '올해의 인물'로 미투 운동을 선정했으며, 이후에 운동은 전 세계로 퍼져나갔다. 한국 사회도 이 운동의 영향을 받아 그동안 폭력을 당했던 피해자들이 목소리를 내기 시작하며 큰

- https://www.nytimes.com/2017/10/05/us/harvey-weinstein-harassment-allegations.html

•• https://www.newyorker.com/news/news-desk/from-aggressive-overtures-to-sexual-assault-harvey-weinsteins-accusers-tell-their-stories

변화가 일어나고 있다. 권력관계 내에서 자신의 일자리와 미래가 사라질지도 모른다는 두려움 때문에 피해자라는 사실을 몇십 년 동안 숨겨오던 여성들이 용기를 내어 현실을 고발한다. 이들이 용기를 내어 자신의 이야기를 세상에 드러냈을 때 사회는 변화하기 시작했다.

이 운동을 처음 시작했던 사람, 그리고 이후에 미투 운동의 영향을 받아 자신 또한 피해자임을 드러낸 사람들은 진정 용기를 가졌다. 어떤 점에서 이들이 용기를 가졌다고 할 수 있을까? 부조리한 것은 고쳐야 하며, 잘못을 저지른 사람을 정당한 대가를 치러야 하고, 피해받은 사람은 보호받고 회복되어야 하며, 정당하지 않은 권력은 무너져야 한다는 신념을 가졌던 여성들이 신념을 잘 지켜내고 그에 따라 행동했기 때문에 미투 운동이 시작되고 확산될 수 있었다. 이들은 그런 점에서 용기 있다. 이런 용감한 사람은 우리 주위에 많이 있다. 최순실의 국정 농단을 고발하여 탄핵을 이끌어낸 내부고발자가 있었다. 이 사람의 용기로 부당한 정권은 탄핵되었다. 국적기를 운영하는 항공사 경영자 집안의 불법적인 행위나 노동자 탄압을 고발한 직원들은 용기 있는 사람들이다. 이들이 부당함에 맞서 싸워야 한다는 소신을 지킴으로써 대한민국은 부당함에 맞서는 정의로운 국가가 될 수 있었다. 옳고 그름에 대해 배운 내용인 소신과 신념을 잘 지켜내는 것. 이것이 바로 용기이다.

수호자들은 자신들에게 '염색'된 내용물, 즉 소신이 빠져나가지 않게 보전해야 한다. 바로 이것이 이들에게 필요한 용기이다. 앞 장에서 설명한 세 가지 시험도 결국 소신을 지키는지 여부를 확인하는 것이었다. 이 덕목을 수호자들이 갖도록 하기 위해서 "두려워할 것들과 두려워하지 않을 것들에 대한 바르고 준법적인 소신의 지속적인 보전"(430b)을 할 수 있도록 교육해야 하고, 이들의 용기로 인해 국가 전체가 용기 있는 국가라고 불릴 수 있다.

3) 절제: 신이 아니라 인간이기 때문에 갖춰야 하는 덕목

절제라는 덕 또한 일반적으로 알려진 것과는 조금 다르다. '절제'라는 말을 들으면 우리는 그것이 욕구를 참는 것, 즉 금욕과 관계되어 있다고 생각하기 십상이다. 우리는 깊은 산속에 있는 암자에서 묵언 수행을 하는 스님 같은 사람이어야 '절제 있다'고 생각하곤 한다. 그러나 《국가》의 소크라테스는 절제를 금욕과 같은 것으로 보지 않는다. 금욕은 욕구를 극단적으로 채우는 것과 정반대이다. 음식으로 예를 들어보자. 폭식의 반대말은 거식이다. 거식이든 폭식이든 극단적이면 건강에 좋지 않다. 자신의 건강 상태에 맞게 적절한 정도의 영양분을 골고루 공급받는 정도로 식사하는 것이 가장 좋다. 그리스인들에게 절제는 이렇게 극단으로 치우치지 않는 것이었다. "너 자신을 알라"•라는 말은 아폴론 신전으로 올라가는 길 좌우에 있는 기둥 중 하나에 쓰여 있던 구절이다. 신의 영역으로 들어가는 자에게 '너는 신이 아닌 인간임을 기억하라'고 알려주는 말이다. 그런데 다른 기둥에는 "메덴 아간(mēden agan)"이라고 쓰여 있었다. 해석하면

• 소크라테스의 말이라고 알고 있는 사람들이 많지만, 이 말을 철학의 주요한 주제로 처음 사용한 사람은 최초의 철학자라고 불리는 탈레스라고 한다. 디오게네스 라에르티오스, 《그리스 철학자 열전》, I. 40.

'무엇도 지나치지 않게'라는 의미이다. 신이 아닌 인간이 갖추어야 하는 가장 기본적인 덕목은 어떤 것도 지나치지 않도록 자신에게 맞는 것을 바라고, 먹고, 느끼고, 생각하고, 행하는 것이었다. 신은 무절제할 수 있지만 인간은 인간다워야 한다. 인간다운 것은 자신의 한계를 알고 모든 일에 지나치지 않도록 하는 것이고 이것이 절제였다. 절제라는 덕은 이상 국가의 특정 계급만 갖추어야 하는 것이 아니다. 시민 모두가 절제 있을 때 그 국가가 절제 있는 국가라고, 즉 어떤 것에도 지나치지 않은 국가라고 불린다. 따라서 생산자 계층에게만 절제라는 덕을 요구하는 것처럼 기록되어 있는 윤리 교과서의 설명은 정확하지 않다.[*]

국가에서 모든 계층의 사람들이 절제가 있으면 어떤 일이 벌어질까? 모든 사람들이 자신의 본성에 맞는 일을 적기에 한다는 원칙을 잘 지키면서 살고, 더 많은 것을 바라지 않을 것이다. 그렇다면 국가 전체는 아름다운 하나의 체계로 작동할 것이다.

절제는 차별을 정당화하기 위한 핑계가 아니다

누가 다스릴 것이며 누가 다스림 받을 것인지를 명확히 규정하고 시민 모두가 이를 따르는 상태가 절제 있는 상태이다. 시민 모두가 같은 판단을 하고, 한마음 한뜻(homonoia: 432a)이 되어서 살아가는 국가가 절제 있는 국가이다. 그러니 절제는 생산자에게만 자기 주제를

• 정창우 외, 《고등학교 윤리와 사상》, 미래엔, 2016, p. 142.

넘어서지 말고 잘 지배받을 것을 요구하는, 즉 생산자가 통치자에 굴복해야 함을 정당화하는 덕이 아니다. 소크라테스가 '다스림'이라는 말을 사용하기 때문에 현대의 독자들은 거부감을 느낄지도 모르겠다. 그러나 앞 장에서 이야기했듯 다스리는 사람들이 특별한 권한을 더 많이 갖지 않는다. 아데이만토스는 통치자의 열악한 생활환경 때문에 누가 통치자가 되려 하겠느냐고 묻지 않았던가? 소크라테스의 말은 역할에 대한 것이다. 누군가는 더 높고 누군가는 더 낮게 서열을 정하는 것이 아니다. 다스리는 역할을 하는 사람은 다스리고, 다스림을 받는 역할을 하는 사람은 다스림을 받을 때 절제 있는 사회가 될 수 있다는 의미이다.

현실에서도 마찬가지이다. 반도체나 휴대폰을 만드는 회사가 부정한 돈을 가지고 사법부와 행정부를 장악하려 드는 경우를 생각해보자. 법을 집행해야 하는 사람들에게 금품을 돌려 인맥을 만들고, 대선이나 총선에서 불법 선거 자금을 제공하여 행정부와 입법부에 자기 사람들을 심어놓는다. 불법적으로 경영권을 승계하고, 분식회계를 하며, 노동법을 무시하고 노조를 만들지 못하게 막으며, 기업의 부당한 노동권 침해에 반대하여 투쟁하다 세상을 뜬 직원의 시신을 탈취하는 등 국민의 국가를 사기업의 공화국으로 만든다. 법과 규제를 따라야 마땅한 기업이 자기 주제를 넘어서 법과 규제 위에 있으려 하는 것, 다스림을 받아야 함에도 다스리려 하는 것. 소크라테스는 이를 절제 없음이라고 여긴다. 그런데 이런 의미에서 절제와 무절제는 올바름, 즉 정의와 밀접하게 관계가 있다.

4) 정의: 이 모든 덕이 갖추어진 상태

2장 마지막에서 잠시 이야기했듯《국가》를 읽기 어려운 이유는 전체적인 맥락을 자꾸 놓치기 때문이다. 10권이나 되는 두꺼운 책의 전체 구조를 기억하면서 읽는 일은 쉽지 않다. 2권 중반부터 4권 중반부까지 국가의 기원은 무엇이고, 국가가 어떻게 발전하며, 국가 안의 계급이 어떻게 나뉘고, 수호자의 교육은 어떻게 하는지 주욱 이야기했던 이유는 정의가 무엇인지 찾기 위함이었다. 그런데 소크라테스는 지금까지의 논의에서 이미 정의가 무엇인지 드러났다고 한다.

소크라테스는 모든 국민들이 각자가 자신의 것을 가지고 자신의 일을 함으로써 절제 있고 용기 있으며 지혜롭다면 그 상태가 바로 정의라고 말한다. 정의는 갖추어야 할 것이라기보다는 질서 잡혀 있는 상태 그 자체이다. 이 올바름 혹은 정의의 개념은 1권에서 다루었던 여러 가능한 올바름의 정의들을 포괄한다. 빚지지 않는 것은 자신의 것을 소유하는 상태를 유지하는 것이기 때문에 정의롭다. 통치자가 통치를 잘 하고, 수호자는 나라를 잘 지키며, 생산자는 각자 생산해야 할 것들을 잘 만들어내어 모든 사람이 서로의 덕으로 살아간다면, 이는 매우 정의로운 일이다. 그러나 농부가 소출을 내지 않으면서 옷만 받아 입으려 하는 것은, 옷 짓는 사람에게 빚지는 상태를 만드므로 부정의한 일이다. 정신이 나간 친구에게 그의 칼을 돌려주는 것은, 친구가 그 칼로 자신이 해야만 하는 일 이외의 일을 할 가능성, 즉 지하철 한복판에서 묻지마 살인을 할 가능성을 만들기 때문에 부정의한 일이다. 힘이 세다는 이유로 같이 살아가는 공동체 내에서 약자들을 괴롭히는 것은, 강자가 처음에 공동체에 들어올 때 약속한 일을 하지 않는 상태이기 때문에 부정의하다. 대통령이 권한을 남용해서 권력의 실세를 배부르게 한다면, 통치라는 자신의 일을 하지 않은 것이기 때문에 부정의하다. 군인이 적으로부터 국민을 지키지 않고 국민에게 총부리를 돌려 대장을 대통령 자리에 앉힌다면, 이는 올바른 소신을 버린 용기 없는 행동이기 때문에 부정의하다. 규제에 따라야 하는 기업이 규제를 만드는 일에 간여하여 자기의 이익을 도모한다면 이 기업은 부정의하다. 모두가 제 할 일을 하고 다른 것에 참여하지 않고, 이런 상태를 계속해서 보전하는 것이 바로 올바름이다. 그리고 가장 큰 해악이자 부정의는 서로 참견하고 역할을 바꾸려 드는 일이다. 이렇게 모두가 자신의 역할을 하고 같은 마음을 가지고 살아갈 때 그 국가는 정의롭다. 정의는 특정 사안에 관해 무엇을 행해야 한다고 규정짓는 계명이나 규범과는 다르다. 특정한 상황에 관한 것이 아니라 지속적으로 이런 상태가 지속되는 것, 그리고 국가의 각 구성원들이 이를 위해 모든 일에서 계속 자신의 역할을 다하는 상태를 정의라고 한다.

개인적인 관점에서의 덕

1) 혼의 세 부분과 덕

다시 《국가》 전체의 맥락을 기억해보자. 국가에서의 올바름을 찾으려 했던 이유는 무엇이었던가? 2권 초반부에서 글라우콘과 아데이만토스는 소크라테스에게 정의로운 사람이 정말 행복한지를 물었다. 왜냐하면 그렇지 않은 경우가 너무나 많기 때문이다. 이에 소크라테스는 사람에 있어서 정의가 무엇인지 알아보아야 할 텐데, 사람에 있어서의 정의보다 국가에 있어서의 정의가 더 크므로 국가에서의 정의를 찾아보자고 했었다. 소크라테스는 큰 글자와 작은 글자 사이의 관계처럼, 정의라는 말이 국가와 개인에게 같은 의미로 쓰이는 것 같기 때문에(435a) 국가에 대해 먼저 탐구해보았다. 이제 국가의 정의가 무엇인지 알았으므로, 처음의 질문으로 돌아갈 때이다. 개인에 있어서 정의란 과연 무엇인가?

소크라테스는 먼저 큰 글자와 작은 글자의 유비가 정말로 성립하는지를 알아보아야 한다고 생각한다. 두 가지가 비슷하게 구성되어 있고, 두 대상에 공히 정의라는 말을 사용하며, 그 말의 의미가 같다면, 두 가지에 적용되는 원리는 같을 것이라는 것이 소크라테스의 전제이다. 하지만 개인과 국가에 쓰이는 정의라는 말이 동음이의어일 가능성은 여전히 열려 있다. 개인과 국가가 유비관계에 있고 국가가 정의롭게 되는 방식으로 개인도 정의롭게 된다는 것이 입증되어야만 '정의'라는 말이 국가와 개인에게 같은 의미로 쓰인다고 할 수 있다. 다시 말해 혼에도 세 부분이 있으며, 각 부분이 국가의 경우와 마찬가지인지를 먼저 알아보아야 한다. 그리고 혼의 각 부분이 덕을 갖는 방식 또한 국가의 경우와 마찬가지인지도 검토되어야 한다. 이를 입증하는 것은 쉽지 않다. 어느 작가의 소설 제목으로도 사용된 그리스 속담 '칼레파 타 칼라(kalepa ta kala)'가 말하는 것처럼 아름다운 것은 어렵다(435c). 이 작업이 아무리 어렵더라도 혼이 세 부분으로 나누어지는지 탐구해보아야, 소크라테스는 글라우콘과 아데이만토스의 도전에 대해 제대로 그리고 아름답게 답할 수 있다.

영혼을 구성하는 세 부분

혼에는 부분이 있는가? 일반적으로 사람의 혼에는 격정적인 부분, 배움을 좋아하는 부분, 돈을 좋아하는 부분이 있다고들 한다(435e). 이 구분이 정말 옳은지 먼저 탐구해보자. 소크라테스는 이 논의를 시작하면서 중요한 전제를 하나 도입한다. '동일한 것이 동일한 부분에 있어서 그리고 동일한 것에 대해서 상반된 것을 동시에 행하거나 겪는 일은 없다'(436b)는 것으로, A가 참일 때 A의 부정인 ~A는 항상 거짓이라는 모순율이 이때 처음 소개된다. 모순율은 논리적 사유에서 가장 기본적인 원칙이라 너무나 당연해 보이지만, 이것이 서술된 시점은 서양 철학이 본격적으로 시작되어 발전한 지 약 200년 정도밖에 안 되었던 시기라는 사실을 감안해야 한다.

돌아가는 팽이를 보면 축은 가만히 있지만 팽이의 몸통은 돌고 있다. 이것은 팽이가 모순되는 행동을 동시에 하는 것이 아니다. 마찬가지로 어떤 사람이 머리를 까딱이면서 가만히 서 있다면, 그 사람이 움직임과 정지라는 모순되는 두 행동을 하고 있는 것이 아니라, 머리는 움직이지만 다리는 움직이지 않고 있는 것이다. 마찬가지로 혼이 모순되는 두 행위를 동시에 하고 있는 것처럼 보인다면, 이는 혼의 일부는 하나의 행동을, 그리고 다른 일부는 이에 모순되는 행동을 하고 있는 것으로 여겨야 한다.

한 사람의 혼에 있어 가장 분명한 행위는 무엇일까? 배가 고프면 아무것도 할 수 없고, 목이 마르면 생존의 위협을 느낀다. 인간과 동물이 모두 공유하는 혼의 기능은 아마도 무엇인가를 욕구하는 것일 테다. 그런데 인간이 지닌 혼의 또 다른 기능은 사고하는 것이다. 숙고하고 헤아려 어떤 결정을 내리면 좋을지 판단을 내리는 행위 또한 혼 안에서 일어나는 것 같다. 그러면 욕구와 사고 혹은 헤아림은 서로 같을까? 전신 마취를 하고 수술을 받고 나면 2~3시간 동안은 물도 마시면 안 된다. 마취 중 정지했던 기관들이 다시 제 기능을 회복할 때까지 시간을 주어야 하기 때문이다. 회복실의 환자가 타는 목마름 때문에 무엇이든 마시기를 갈망하면서도, 머릿속으로는 완전히 회복되기 전에 무엇인가를 마시면 폐렴에 걸릴 수 있다는 사실을 알고 계산하고 판단한다고 해보자. 이 환자는 한 사람이지만, 마실 것을 욕망하면서도 헤아림으로 마실 것을 거부한다. 앞에서 말한 모순율의 전제에 따르면 마실 것을 욕망함과 거부함이라는 서로 모순되는 두 행위를 동시에 같은 곳에서 할 수는 없으므로, 이 환자의 혼은 하나일지 모르지만 혼 안에 서로 다른 부분이 있어 각각 다른 것을 행위하고 있음을 알 수 있다. 이를 근거로 혼 안에 욕구하는 부분과 이성적인 부분, 두 부분이 마치 팽이의 축과 몸통처럼 나누어져 있다는 사실이 드러난다.

혼에는 이 두 부분밖에 없을까? 전신 마취 환자의 예로 또 살펴보자. 회복실의 환자가 물을 마시면 안 된다는 사실을 알면서도 목마름을 참지 못해서 수도꼭지에서 떨어지는 물을 조금 마셨다고 생각해보자. 마시지 말아야 한다는 이성적인 판단을 했음에도 불구하고 목마름이라는 욕구가 그 판단을 이겨서 물을 조금 마신 상황이다. 그런 후 환자는 자괴감에 빠지게 된다. 그는 알면서도 욕구에 진 자신이 부끄러울 수 있다. 목마름이라는 욕망에 굴해버린 자기 자신에게 화를 낼지도 모른다. 이 경우 '자신에게 화를 냄'이라는 행위는 목마름이라는 욕구로서의 행위, 그리고 수술 후 회복 중에 물을 마셔서는 안 된다는 판단이라는 행위와는 별개의 행위이다. 이는 자기 자신에게, 특히 목마름이라는 욕구에게 화를 내고 있는 혼의 부분이 따로 있다는 증거다. 헤아리고 판단하는 이성은 화를 내는 부분과는 다르다. 어린아이의 경우 아직 이성적인 판단은 잘 하지 못하지만 젖을 빼앗으면 분노하는 것을 확인할 수 있다. 이를 통해서도 이성적인 부분과 분노를 담당하는 부분은 서로 다르다는 사실을 알 수 있다. 또한 화를 내는 부분이 욕구하는 부분에 대해 화를 낸다는 사실은, 화를 내는 부분과 욕구하는 부분이 서로 다르다는 것을 보여준다. 이렇게 혼에는 이성이라는 부분과 욕구라는 부분과는 다른, 분노를 담당하는 부분이 따로 있고, 소크라테스는 이를 격정(thymos: 439e)이라고 부른다.

플라톤보다 약 200~300년 전 호메로스의 시대에 영웅이 갖추어야 하는 덕 중 하나는 분노였다.* 《국가》의 소크라테스는 그리스 사회에서 전통적으로 중요하게 여겨지던 품성인 분노를 담당하는 혼의 격정이라는 부분이 이성이나 욕구와는 독립적으로 존재하며, 이성과 한 편이 되어서 헤아리는 부분을 보조하는 역할을 한다고 설명한다.

---

* 《일리아스》가 아킬레우스의 분노에 관한 책이라는 사실은 이미 3장에서 설명했다.

2) 올바른 국가와 같이 올바른 개인

이제 나라와 개인 모두 세 가지 부분이 있다는 사실이 밝혀졌으므로, 둘 사이의 유비관계에 따라 개인에게도 정의가 국가와 동일한 방식으로 발견되는지 알아보아야 할 것이다. 소크라테스는 "나라를 지혜롭게 한 방식 및 부류와 같은 방식 및 같은 부류에 의해서 개인도 지혜롭게 되는 것임은 아무튼 이미 필연적이지 않은가?"(441c)라고 하면서, 개인의 경우에도 각 부분이 자신의 일을 할 때 올바르고 정의로운 사람이 된다고 설명한다. 이성적인 부분은 개인 전체를 다스리고 지배할 수 있는 앎을 가지고 있어야 하고, 이때 그는 지혜롭다고 할 수 있다. 마찬가지로 이성적인 부분의 지혜로움 때문에 이 개인은 지혜로운 사람이라고 불릴 수 있다. 두려워할 것과 두려워하지 않을 것이 무엇인지에 대한 앎을 가르쳐주면, 고통과 쾌락 등 여러 가지 시험을 당하더라도 이에 대한 앎을 잘 보전하는 것이 격정이 해야만 하는 일이다. 그리고 격정이 이런 앎을 잘 보전하고 있다면 용기 있다고 할 수 있고, 그때 이 사람은 용기 있는 사람이 된다.* 이성적인 부분과 격정, 그리고 욕구 세 부분이 서로 화합하고 우의를 나눌 때, 즉 누가 지배하고 누가 지배받을 것인지에 대한 의견을 일치시키고 이성이 지배하며 격정과 욕구 부분이 이성에 반대하지 않고 자신의

• 《라케스》에서 니키아스의 제안이 혼의 부분들에 대한 고려가 빠졌기 때문에 문제에 빠졌다는 사실을 여기에서 알 수 있다. 그는 용기가 앎이라는 결론을 내리게 되었는데, 《국가》의 소크라테스는 앎과 이 앎을 잘 지키는 부분을 나누어서 설명함으로 용기가 어떻게 이성적인 부분과 관계가 있으면서도 다른지를 잘 설명해낸다.

일을 잘 할 때 혼의 모든 부분이 절제가 있다고 할 수 있다. 다시 말해 절제라는 덕은 욕구만 가져야 하는 것이 아니다. 이처럼 혼의 모든 부분들이 질서를 지킬 때 이 사람은 절제 있는 사람이 된다.

이제 올바른 사람이 누구인지 드러났다. 나라의 경우와 마찬가지로 올바름은 혼의 각 부분이 자신의 일을 잘 하고 있는 상태이다. 혼의 각 부분이 남이 담당해야 할 일을 하지 않고 참견도 하지 않고, 자신의 것들을 잘 조절하고 스스로 자신을 지배하며 통솔하고 자기 자신과도 화목하면서 전체적으로 조화를 이루는 상태일 때, 이 사람은 올바르고 정의로운 사람이 된다. 반대로 세 부분 사이에서 일종의 내분이 일어나서 서로 싸운다든지, 다른 부분의 일에 간섭하거나 참견을 하게 되면 이 사람은 올바르지 않은 사람이 된다. 국가가 세 계급이 있고 각 부분이 자신의 일을 할 때 정의로운 것처럼, 개인의 세 부분도 자신의 일을 할 때 정의로울 수 있다.

몸을 구성하는 요소들이 각자 자신의 일을 잘 하고 있다면 건강을 지킬 수 있다. 그러나 루푸스 같은 자가 면역 질환을 앓는 사람은 신체를 지키는 것이 본분인 면역세포가 오히려 신체를 공격하기 때문에 괴로움을 겪는다. 몸의 각 부분들이 자신의 역할을 하지 않으면 건강을 잃는 것처럼, 혼의 각 부분도 자신의 일을 하지 않아 질서가 깨지면 혼의 건강인 올바름, 혹은 정의로운 상태를 잃어버리게 된다.

유치원 선생님이 아이들에게 과자를 나누어줄 때, 어떤 아이가 같은 양을 받아야 한다는 사실을 알면서도 더 많이 먹고 싶은 욕심에 옆 친구의 것을 빼앗아 먹는 경우, 어린이 친구들은 '공평하지 않다'고 불평한다. 최고 속도가 시속 110km인 고속도로에서 교통질서를 지켜야 한다는 사실을 알고 있으면서도 달리고 싶은 욕망 때문에 시속 200km로 달리는 사람은 올바르지 않은 사람이다. 차용증을 쓰고 친구에게 돈을 빌렸지만 떼어먹고 잠적해버린 사람은 부정의하다. 차용증의 내용대로 약속을 이행해야 한다고 이성이 판단을 함에도 불구하고, 돈에 대한 욕심에 눈이 멀어 이성의 판단을 무시하고 돈을 차지하기로 한 사람은 욕구가 이성을 이겨서 혼의 질서가 깨어졌으므로 부정의하다. 지원자를 공정하게 평가해야 한다고 판단하면서도 동향 출신 편을 들어주고 싶은 욕구 때문에 그쪽에 일자리를 주는 취업 담당관은 올바르지 않다. 군인으로서 국민을 지키지 않고, 무력으로 권력을 잡기 위해 국민에게 총부리를 돌린 장군은 부정의하다. 권력에 대한 욕구가 군인으로서 국민을 지켜야 한다는 이성의 판단을 이겨서 욕구를 만족시키기 위해 국민을 학살한 사람은, 이성이 다스리고 욕구가 이를 따라야 하는 질서가 깨어진 사람이기 때문이다. 대통령이라는 지위를 이용하여 자신의 사적인 욕구를 채우기 위해 대기업 총수와 거래를 하여 자신과 측근의 재산을 늘린 사람은 부정의하다. 대통령으로서의 역할이 무엇인지 이성이 지시함에도 불구하고, 부자가 되고자 하는 욕구가 이성을 이겼기 때문이다. 이처럼 '부정의한 사람'은 모두 혼의 질서가 깨진 사람이다. 욕구가 이성의 판단을 이겨서 욕구가 이성을 따르지 않고 반대로 이성이 욕구를 따르기 때문이다.

판단 능력이 없는 사람과 부정의한 사람의 경우

이성이 자신의 역할을 할 능력을 갖추고 있을 때에야 각 부분이 각자의 역할을 하는 것이 올바름이라고 정의할 수 있겠지만 이성이 이 능력을 결여한 경우는 어떨까? 소크라테스가 그런 사람을 고려하지 않는 이유는 아마도 모든 사람이 올바른 행동을 할 수 있다고 전제하기 때문인 것 같다. 《메논》에서 소크라테스는 전해들은 이야기를 통해서 인간들이 태어나기 전에 모든 것을 알고 있지만 태어나기 전에 잊어버린다고 한다.* 그리고 잊어버린 것을 다시 기억해 내는 것이 상기로서의 교육이라고 한다. 《국가》 10권 마지막의 에르 신화에서도 태어나기 전에 망각의 강을 잘 건너야 혼이 더럽혀지지 않는다고 말한다. 잘못한 일에 대한 처벌과 관련한 소크라테스의 입장도 아마 이런 전제에서 비롯하는 것으로 보인다. 그렇기 때문에 모든 사람은 정의로워질 가능성을 가지고 있다. 따라서 소크라테스는 몸이 건강하지 않은 것은 좋지 않고, 따라서 이득이 아니기 때문에 치료를 받아야 하는 것처럼 정의롭지 못한 사람 또한 고쳐야 한다고 말한다. 부정의한 사람을 정의롭게 만들어야 하는데, 이성이 욕구에 의해 지배받는 사람들에게 가하는 처벌은 이성은 이성의 역할을 하고 욕구는 욕구의 일을 하게 하는, 질서를 회복하는 수단이 되어야 한다. 소크라테스는 부정의에 대한 처벌이 사회에서의 격리나 '눈에는 눈'과

• 플라톤, 《메논》 81 c~d.

같이 인과응보적인 방식으로 이루어져서는 안 되고, 부정의한 사람이 회복하고 치료될 수 있도록 하는 교정 기능을 해야 한다고 본다. 교정 기능으로서의 처벌은 모든 사람들이 올바른 것이 무엇인지를 알고 있다는 점이 전제되어야 가능하다. 이 문제는 12장에서 자세히 논의할 것이다.

2권 초반부에 던져진 질문, 즉 "올바른 사람이 행복한가?"에 대해, 소크라테스는 나라에 있어서의 올바름과 개인에 있어서의 올바름이 무엇인지 보이고, 올바른 사람은 건강한 사람과 같으므로 유익하다는 것을 보여준다. 다음 단계는 정치체제, 혹은 국가에 있어서 부정의함이 어떻게 발생하는지, 그리고 개인에서 부정의함은 어떻게 발생하는지 설명하는 것이다. 그렇게 찾아낸 정의로운 사람과 부정의한 사람을 비교하여 누가 더 행복한지를 보이면 글라우콘과 아데이만토스가 제기한 문제에 충분한 대답을 제시할 수 있다. 그러나 소크라테스의 계획은 이상 국가에 대한 설명에 만족하지 못한 참석자들의 질문 때문에 한참 미루어진다. 정치체제와 개인에게 부정의함이 발생하는 과정에 대한 설명은 8권과 9권 초반에, 그리고 정의로운 사람이 부정의한 사람보다 행복하다는 증명은 9권 후반부와 10권에서야 제시된다.

철학자의 통치 5권~6권 전반부

소크라테스에게 닥쳐오는 세 개의 파도

소크라테스는 정의로운 국가와 정의로운 개인이 몰락해가는 과정을 설명하고 이를 통해 정의로운 사람과 부정의한 사람 중 누가 더 행복한지의 문제, 즉 2권에서 글라우콘과 아데이만토스가 제기한 가장 근본적인 문제에 답하고자 한다. 그런데 계속해서 침묵을 지키던 집주인 폴레마르코스가 갑자기 등장한다. 사실 등장했다기보다는 청중 가운데서 계속 이야기를 듣고 있다가 옆에 있던 아데이만토스에게 귓속말을 했을 뿐인데, 성격 급한 아데이만토스가 일을 키웠다. 그래서 논의는 처음 주제에서 벗어나, 5권부터 7권까지 이상 국가에 관한 질문에 대한 소크라테스의 대답이 이어진다.

폴레마르코스와 아데이만토스가 나누던 귓속말은 이상 국가의 수호자들이 처자를 공유하는 문제에 관한 것이었다. 아무리 수호자라도 가족조차 가지지 말아야 한다는 것은 너무 가혹하다. 소크라테스가 제시한 가장 올바른 나라는 현대의 독자들에게 허황되어 보이듯이 《국가》의 등장인물들에게도 받아들이기 어려웠다. 1권에서 소크

라테스와 열심히 대화를 나눈 뒤 침묵을 지키던 트라시마코스마저 다른 등장인물들과 함께 소크라테스에게 이상 국가에 대한 추가 설명을 요구한다. 이들은 크게 세 개의 질문을 던지는데, 소크라테스는 이를 자신에게 닥쳐오는 '세 개의 파도'라고 한다. 첫 번째 파도는 여성 통치자에 대한 문제이고, 두 번째 파도는 배우자와 자녀를 공유하는 문제, 그리고 세 번째 파도는 도대체 이런 이상 국가가 가능한지의 문제이다.

서양 철학사에 대한 배경 지식이 있는 독자는 플라톤의 철학을 이데아에 대한 철학이라고 이해할 것이다. 라파엘로의 그림 《아테네 학당》은 매우 유명하다. 이 그림 한가운데를 보면 플라톤과 아리스토텔레스가 서 있다. 플라톤은 한 손에 《티마이오스》라는, 우주가 생겨나게 된 이야기를 다룬 책을 들고 다른 손으로는 하늘을 가리키고 있다. 아리스토텔레스는 《윤리학》이라는 책을 들고 다른 손으로는 땅을 가리킨다. 아리스토텔레스는 윤리학에 관심을 가지고 경험 세계에 대한 탐구를 통해 귀납적으로 철학을 했다면, 플라톤은 형이상학에 대한 관심으로 이데아부터 연역적으로 철학을 했다는, 두 철학자에 대한 일반적인 이해 방식을 잘 보여주는 그림이라고 할 수 있다. 하지만 이 그림은 두 철학자에 대한 오해도 많이 불러일으킨다. 플라톤이 위를 가리키고 있기 때문에 이데아에만 관심을 가졌다고 생각하기 십상이지만, 《국가》의 첫 단어가 '내려감'이었던 것처럼 플라톤의 철학은 현실을 지향한다. 아리스토텔레스가 경험세계로부터 철학을 시작했을지 모르지만 그는 신을 관조하는 삶을 가장 최종적인 것으로 보았다. 따라서 플라톤의 목표는 아래라고 한다면 아리스토텔레스의 목표는 위라고 할 수 있을지도 모르겠다. 라파엘로의 그림은 플라톤과 아리스토텔레스 철학의 목표가 무엇인지를 그렸다기보다는 각 철학자의 탐구가 어디에서 시작하는지를 보여주는 것이라고도 할 수 있다. 어쨌든 플라톤의 손가락이 가리키는 위, 즉 형상혹은 이데아는 그의 철학에서 매우 중요하다.

소위 형상 이론, 혹은 이데아론이라고 불리는 플라톤의 형이상학이 본격적으로 소개되는 곳이 《국가》 5~7권이다. 플라톤 철학에서형이상학이 중요하지 않은 것은 아니지만, 《국가》의 중심 논의에서벗어나 있는 부분에서 플라톤 철학의 핵심을 설명한다는 점은 흥미롭다. 다가오는 세 파도에 대한 소크라테스의 대답도 재미있다. 소크라테스 자신 또한 그 질문에 대한 답을 정확하게 알고 있지는 않으며, 의심하고 찾는 사람이기 때문에 이 어려운 질문에 대답하기 주저한다. 그러나 "아름답고 좋으며 올바른 관습과 관련해 협잡꾼이 되느니 본의 아닌 살인자가 되는 것"(451a)이 잘못이 적다고 하면서, 세가지 파도에 대한 대답을 제대로 하지 못할지라도, 문제를 간과하고있을 수는 없다고 말한다.

화자인 소크라테스 또한 세 가지 파도 중 특히 마지막 내용인 형상 이론에 대한 것에 대해서는 더욱 자신 없어 보인다. 이 부분에 가면 소크라테스는 논의를 통해 설명하기보다는 태양의 비유, 선분의비유, 그리고 동굴의 비유라는 이야기를 통해 설명을 대체한다. 플라톤이 쓴 이야기 안에, 거기에 등장하는 소크라테스가 자기도 잘 모르는 내용이기는 하지만 대답해보겠다고 하면서 이야기로 설명하는내용 안에 플라톤의 그 유명한 '이데아'가 들어 있다. 그러면 플라톤은 형상 이론에 대해 얼마나 진지할까? 어쩌면 플라톤은 형상 이론을 중요하게 여기지 않았을지도 모른다. 이 책 1장에서 이야기했듯 저자로서의 플라톤이 독자와의 간극을 많이 두고 있기 때문이다. 플라톤 자신이 형상 이론에 자신이 없어서였을까? 혹은 독자가 더 주의해서 들여다보라고 권하기 위해서였을까? 어쨌든 플라톤이 이 책에서 표면적인 주제로 드러내고자 하는 것은 개인의 측면에서 정의라는 윤리학, 그리고 공동체 측면에서 정의라는 정치철학에 대한 관심이다. 플라톤은 자신의 저작 어디에서도 형상 이론을 '이론'으로서 설명한 적이 없다. 플라톤이 형상 이론을 주장하지 않았다는 의미가 아니다. 플라톤이 이데아를 자신 철학의 핵심이라고 말한 적은 없다는 점을 기억할 필요가 있다는 것이다.

1) 첫 번째 파도: 여성 통치자와 수호자

첫 번째 파도는 여성이 남성과 같은 일을 할 수 있는지의 문제이다. 이제야 여성의 권리가 무엇인지에 대한 논의가 본격적으로 시작되고 있는, 가부장적인 문화가 뿌리깊은 한국 사회도 아직 멀었지만, 하물며 2,500년도 더 된 고대 그리스에서는 어떠했겠는가? 당시 여성의 지위는 남성과 비교할 수 없을 정도로 낮았다. 이런 상황에서 소크라테스가 각 직업에 대해 논의하면서 성차에 대해 다루지 않은 것은 이상해 보인다. 당시의 통념에 따르면 직업을 갖는다는 측면에서 남성과 여성이 동등하게 취급받는다면, 특히 여성들이 수호자가 될 수 있다면 관습에 어긋나는 일이라 우스워 보일 수 있기 때문이다.

남성과 여성의 성향은 서로 다르기 때문에 이 국가의 근본 원리인

'각자가 각자의 성향에 따라 각자의 일을 해야 함'에 따르면 남성과 여성은 같은 일을 할 수 없을 것이며, 따라서 여성인 수호자나 통치자는 출현할 수 없지 않을까?

소크라테스는 성향이 다른 사람들에게 다른 일을 배정한다고 할 때, 성향은 주어질 업무에 대해서만 고려해야 한다고 본다. 예를 들어, 대머리인 사람과 장발인 사람의 특징은 분명히 다르다. 그러나 이들이 제화공이라는 업무를 맡는 점에 있어서 성향이 다른 것은 아니다. 머리숱이라는 특징은 제화공의 업무를 담당하는 데에 있어서 아무런 차이가 없다.

소크라테스는 나라를 경영하는 수호자 혹은 통치자가 되기 위한 성향에 적합하다는 것이 무슨 의미인지 세 가지로 제시한다. 첫째, 배울 때 쉽게 배우는지 여부, 둘째, 배운 것을 잘 간직할 수 있는지의 여부, 셋째, 생각하는 대로 몸이 잘 따라 움직이는지의 여부이다. 이 세 가지 성향이 수호자가 됨에 있어서 가장 중요한 것이다. 2,500년 전에 이런 성향만 갖추었다면 여성도 수호자가 될 수 있다는 진보적인 주장을 했다는 것은 놀랍다. 아직까지 우리나라에서도 주요 정당에서 여성 공천 할당을 해도 숫자를 채우기 힘들어하고, 광역자치단체장에 여성이 한 번도 선출되지 못하고 있는데 말이다.

그러나 플라톤이(혹은《국가》의 소크라테스가) 남성과 여성의 절대적인 평등을 주장한 것은 아니다.《국가》의 논의는 남성은 힘이 세고 여성은 힘이 약하다는 점에서 성향이 다른 것을 간과하지 않는다. 남성과 여성이 동등한 지위를 누리기 위해 여성이 힘을 키워 남성 수준의 물리적 능력을 가져야 한다는 것이 아니다. 남성과 여성은 여러 측면에서 다른 성향을 가지고 있다는 사실을 소크라테스는 분명히 인정한다. 단지 성별의 차이가 수호자가 되기 위한 조건과는 관계가 없을 뿐이다. 여성 중에서도 체육을 좋아하고 지혜를 사랑하는 사람들이 있을 수 있고, 남성 중에서도 체육을 싫어하고 지적인 능력이 떨어지는 사람들이 있을 수 있다. 그럼에도 불구하고 남성만 수호자와 통치자가 될 수 있게 하고 여성은 그럴 수 없게 한다면, 남성보다 뛰어날 수도 있는, 여성인 수호자와 통치자 후보들을 잃어버리게 된다. 그 경우 나라 전체를 최선의 상태가 되도록 하려는 목표를 이룰 수 없다. 더 잘 수호하고 다스릴 수 있는 여성이 있다면, 여성이라는 이유만으로 수호자와 통치자의 자리에서 배제되어서는 안 된다. 국가의 모든 역량을 가장 효율적으로 사용해야 하는데 뛰어난 사람을 여성이라는 이유로 통치자의 자리에 오르지 못하게 하고 덜 뛰어난 남성을 그 자리에 앉히는 방식으로 비효율적인 자원 분배를 해서는 곤란하다. 하지만 딱 거기까지다. 소크라테스는 성별에 따른 차이가 없다고 주장하는 것이 아니라 그 차이가 수호자가 되는 데 지장을 주지는 않는다고 주장한다. 소크라테스가 모든 면에서 남성과 여성이 완전히 동등한 지위와 권리를 누려야 함을 주장했다고 해석할 근거는 없다. 아주 제한적인 측면에서 남녀 모두 동등하게 수호자 계급에 진입할 수 있게 문을 열어 놓았을 뿐이다. 이렇게 첫 번째 파도는 넘어섰다.

2) 두 번째 파도: 배우자와 자녀 공유 문제

두 번째 파도는 수호자 계급은 가족도 갖지 못하고 배우자와 자녀를 공동으로 양육해야 한다는 주장에 대한 질문이다. 이 파도에 대한 대답은 첫 번째 파도에 대한 소크라테스의 답보다 훨씬 더 충격적이다 (그리고 세 번째 파도의 대답은 이보다도 충격적이다). 일단 간단하게 소크라테스의 제안을 살펴보자.

소크라테스는 개인이 가족관계를 갖는 것이 자연스럽다는 일반적인 생각*과는 달리, 오히려 배우자와 자녀를 공유하는 것이 훨씬 더 유용하다고 생각한다. 남성뿐 아니라 여성도 수호자가 될 수 있기 때문에 이들은 한 막사에서 같이 훈련을 받고, 공동 식사를 하며, 전우로 전쟁에 출전한다. 이때 젊은 남성과 여성이 성적으로 끌리지 않을 리가 없다. 소크라테스는 이런 상황에서 배우자의 공유가 국가에 큰 이익을 줄 수 있을 것이라고 본다.

소크라테스는 혼인 제도의 목적을 출산이라고 말한다. 최소한 수호자 계급에서는 그렇다. 출산은 훌륭한 수호자 계급 자녀들을 낳는 수단이다. 2권에서 수호자를 개에 비유했던 것을 기억해보자. 품종이 좋은 강아지를 얻기 위해 가장 품종이 좋은 어미와 아비를 가장 건강할 때 교배시킨다. 소크라테스는 수호자도 개의 경우와 마찬가지 방법을 통해 자녀를 얻어야 한다고 생각한다. 수호자 계급의 경우 가장 최선의 남성과 여성이 가장 건강한 시점에 자녀를 낳도록 해야 하기 때문에, 최선의 남자와 최선의 여자는 가능한 한 자주 성관계를 갖도록 해서 자식을 출산하도록 해야 하지만, 가장 변변찮은 남성과

• 아리스토텔레스, 《정치학》 1권 2장.

여성은 가끔 성관계를 갖도록 해서 좋지 못한 자녀는 덜 출산하도록 해야 한다. 혹은 수호자 계급에 걸맞지 않은 자녀가 태어나는 경우 살해를 해서라도 수호자 계급에서 최선의 자녀가 남겨지도록 해야 한다.

두 사람 사이의 결혼은 허락하지 않지만, 국가적인 축제날 등을 법으로 정해서 이날 남성과 여성이 성관계를 갖도록 유도하고, 임신을 할 수 있도록 도와주어야 한다. 또한 뛰어난 무공을 거둔 남성이나 여성에게는 포상으로 성관계 맺을 기회를 더 줌으로써 더 나은 자녀를 출산할 기회를 주어야 한다. 남성의 경우 30년 정도, 여성의 경우는 20년 정도가 건강한 자녀를 출산할 수 있는 기간이라고 본다. 따라서 남성은 25살부터 55살까지, 그리고 여성은 20살부터 40살까지 출산을 위한 성관계를 맺도록 해야 하고, 이 나이가 아닌 사람들은 자유롭게 성관계를 허락하지만 자녀를 출산하는 경우 양육을 해주지 않는다(따라서 죽도록 내버려 둔다).

태어난 자녀들은 어머니와 같이 살지 않고 특별한 탁아 시설에서 공동으로 양육한다. 태어나자마자 산모와 떼어 놓아서 어머니는 자신의 자녀가 누구인지 알아보지 못하도록 한다. 산모가 탁아소로 가서 젖을 주기는 하지만, 자기 자녀에게만 주는 것이 아니라 그곳의 아기들에게 돌아가면서 준다. 모유 수유 이외의 모든 양육은 공동 시설에서 근무하는 보모와 담당자들이 맡는다. 이렇게 공동 양육을 통해 자란 수호자 자녀들이 성인이 되고 나면, 자신의 부모를 알 방법이 없으므로 수호자 계급에서 서로 성관계를 맺다가 근친상간을 범할 위험이 있다. 소크라테스는 근친상간이 불경한 것이기는 하며 공동 양육으로 성장한다면 실제로 형제를 구분할 방법이 없다는 위험을 인정한다. 그러니 궁여지책으로 같은 달에 태어나는 아이들은 모두 다 형제와 자매가 되도록 정하고 이들 사이에서의 성관계만 금지한다. 하지만 이마저도 최선의 자녀를 낳을 가능성이 있는 경우에는 깨질 수 있는 규칙이다.

소크라테스의 제안은 상식으로부터 너무나 멀리 떨어져 있다. 어린이들이 가정이라는 테두리 안에서 부모의 사랑을 받으며 자라지 못한다는 것은 아주 작은 문제에 지나지 않는다. 가장 뛰어난 자녀를 낳기 위해 가장 뛰어난 부모를 골라내어야 하며, 만약 그렇지 않은 자녀가 나오는 경우 영아 살해를 허용하는 국가 시스템이라니 인류를 유전학적으로 개량하겠다는 우생학의 주장과 다를 바가 없다. 플라톤의 논리에 따르면 게르만족의 우월성이라는 헛된 믿음으로 유태인, 슬라브족, 집시, 동성애자, 장애인을 학살했던 홀로코스트를 정당화할 수도 있을 것 같다. 하지만 소크라테스는 이 주장이 자연주의적 오류라고 보지는 않는다. 오히려 인간도 동물이기 때문에 수호자들은 개의 경우와 마찬가지로 개량이 가능하다고 본다. 2권에서 수호자를 선발하는 근거도 수호자와 개가 지혜와 용기라는 측면에서 유비관계에 있다는 점이었다.

《국가》의 소크라테스는 공동 양육이 국가에게 가장 큰 이득을 주는 최선의 방책이라고 생각한다. 모든 수호자들과 통치자들이 '직장 동료'가 아니라 '한 부모 아래에서 나온 한 형제'가 되기 때문에 고통과 즐거움을 서로 공유할 것이며, 서로를 위할 것이며, 전쟁에서 서로를 위해 더욱 열심히 싸울 것이다. 소크라테스의 이상 국가는 한 사람처럼 운영되는, 한마음 한뜻을 가진 나라여야만 한다. 소크라테스는 모두가 정말로 한 가족, 한 형제가 되면 더 효율적으로 하나의 공동관계(koinoia)를 이룰 수 있을 것이라고 생각한다. 재산 공유를 넘어 혈연관계까지 이루게 되면, 말로만 '우리가 남이가?' 하는 태도를 벗어나 한 가족처럼 끈끈한 관계가 된다. 경제적 특수관계로 이미 끈끈한 사이인 한국 재벌들이 결혼으로 서로 뗄 수 없는 관계를 맺는 것도 자본 권력을 영속화하려는 목적 때문이다.

3) 세 번째 파도: 이상 국가는 현실적으로 가능한가

소크라테스에게 닥친 세 번째 파도는 '이상 국가가 과연 가능하기는 한가?'라는 문제이다. 소크라테스의 계획은 가장 이상적인 국가의 청사진을 제시하는 것이었을까?《국가》에 설명되어 있는 그대로 국가를 건설하면 모든 사람이 행복한 국가를 만들 수 있을까? 학부생을 대상으로《국가》를 강의할 때마다 늘 이 질문을 받는다. 그들이 이 질문을 던지는 이유는, 소크라테스가 제시하는 이상적인 나라가 너무나 허황되기 때문에 비현실적이라고 생각하면서도 현실의 부조리함에 지쳐 이상적인 국가가 가능하기를 갈망하기 때문이다.

　실망스럽게도 소크라테스는 이 국가가 현실화될 가능성 자체는 중요하지 않다고 한다. 논의는 처음에 정의 혹은 올바름이 무엇인지를 탐구하다가 여기까지 이르렀는데, 목표는 올바름의 본을 찾는 것이지 가능성을 검토하는 것은 아니었다. 가장 아름다운 사람의 본을 보여주는 화가가, 그런 사람이 실제로 있다는 사실을 입증하지 못한다고 해서 훌륭하지 않다고 할 수는 없다. 소크라테스의 작업은 훌륭하고 올바른 나라의 본을 만드는 것이고 이것으로도 의의는 있다. 하지만 이것만으로는 너무 아쉽다. 2권부터 5권 초반부까지 여성 통치자와 자녀의 공유, 공동 식사와 공동 생활 등 혁명적인 제안을 통해 기대를 키워놓더니 이제 와서 자기의 이야기는 '본'에 대한 것일 뿐이라고 한다. 하지만 소크라테스는 이상 국가를 실현하는 방안이 없는 것은 아니라고 하면서 이야기를 나누고 있는 사람들에게, 그리고 독자들에게 희망의 실마리를 남긴다. 청중은 기대하면서 소크라테스의 말을 기다린다.

소크라테스는 본이 되는 이상 국가가 가능해지려면 딱 한 가지의 변화를 주면 된다고 말한다. 그 한 가지의 변화는 정치권력과 철학이 합쳐지는 것이다. 다시 말해 철학자가 통치자가 되거나, 통치자가 철학자가 되는 것이다. 그 유명한 '철인통치'가 이상 국가의 현실화를 위한 조건으로 제시된다. 플라톤 철학에서 가장 유명한 말 중 하나가 '철인정치'가 아닐까 싶다. 철학을 학부에서 전공했던 정치인이 대통령에 당선되었을 때 언론은 '철인정치의 현실화'라고 기사를 썼다. 또 청춘콘서트로 인기를 끌고 쟁쟁한 대선 후보로 거론되었지만 8년 후 광역자치단체장 선거에서 2등 안에도 들지 못한 한 정치인은 자신이 '철인정치'를 구현할 사람이라고 생각했다고 한다.

일반적으로 철인정치는 민중의 어리석음에서 비롯하는 중우정치와 대조되는 것이라고 생각한다. 그리고 이 철인정치를 독재와 연결해서 설명하기도 한다. 이런 편견이 꼭 틀린 말은 아니기는 하다. 그리고 민중에 의한 정치, 특히 민주정에 대한 비판이《국가》8권에 등장하는 것도 사실이다. 그런데 일단 통치자의 삶이 그리 행복하지는 않아 보인다는 사실을 《국가》의 등장인물들이 계속해서 걱정했다는 사실을 기억하자. '독재'라는 말이 갖는 뉘앙스 중 하나는, 독재자가 모든 것을 다 누릴 것이라는 점이다. 그러나 이미 앞에서 계속 이야기 했듯, 소크라테스가 제시하는 국가에서 통치자가 누릴 수 있는 것은 그리 많지 않다. 독재를 하면 뭐 하나? 정치해서 남 주는데. 따라서 '철 인통치'가 독재라고 주장할 때 주의할 필요가 있다. 또한 중우정치와 의 비교 또한 그렇게 단편적이지 않다. 《국가》 8권에서 이상 국가가 몰락해가는 과정을 설명하면서 민중의 역할에 대한 논의가 소개되 니, 중우정치 혹은 민주정치에 대한 플라톤의 입장에 대한 문제는 나 중에 11장에서 더 이야기할 것이다. 여기서는 《국가》 등장인물들의 '철인정치'에 대한 반응이 생각보다 좋지 않다는 점에만 주목하자.

철학자에 대한 사람들의 시선

이상 국가가 어떻게 현실화될 수 있을지 잔뜩 기대하면서 듣던 글라 우콘 등의 등장인물들은 철학과 정치의 결합이라는 답을 듣고 실망 한다. 그리고 자기들이야 실망할 뿐이지만 다른 곳에 가서 그런 대답 을 제시하면 비웃음감이 될 것이라고 말한다. 그 시절에 '철학자'라 는 직업에 대한 평가는 이율배반적이었다. 무언가 고상한 일을 하는 대단한 사람처럼 보이지만, 동시에 현실적인 문제에 무지하며, 입만 살아 트집 잡고, 말꼬리 잡아서 논박만 일삼을 뿐인 사람이었기 때문 이다.

플라톤이 쓴《고르기아스》라는 책에서 소크라테스와 대화를 하는 칼리클레스는 이렇게 말한다.

"교양에 필요한 정도로 철학에 관여하는 것은 좋은 일이며, 청소년 시절에 하는 철학 활동은 부끄러운 것이 아닙니다. 하지만 소크라테스, 사람이 나이가 이미 꽤 들었는데도 계속해서 철학을 하게 되면 그 일이 웃음거리가 됩니다. 저 역시도 철학을 하는 사람들에 대해서 웅얼거리며 장난하는 사람들을 대하는 것과 아주 비슷한 느낌을 받습니다. … 성인 남자가 웅얼거리는 소리를 듣거나 장난하는 것을 누가 보게 되면 우스꽝스럽고 사내답지 못하며 맞아도 싸다는 인상을 받게 됩니다. 그런데 나는 이와 똑같은 느낌을 철학하는 자들에 대해서도 받습니다. … 나이가 꽤 든 사람이 여전히 철학을 하고 있고 거기서 벗어나지 않는 것을 볼 때마다, 소크라테스, 이 사람은 당장 매가 필요하다는 생각을 하게 됩니다. … 이 사람은 … 도시의 중심지와 시장을 피해 움츠러트린 채 서너 명의 청소년들과 구석에서 쑥덕공론이나 하며 여생을 보내면서 자유인다운 중요하고 번번한 말 한마디 입 밖에 내지조차 못할 수가 있으니까요."*

《고르기아스》의 이 지문을 학교 입시 문항으로 출제한 적이 있었다. 문제 검토를 위해 참여하셨던 한 고등학교 윤리 선생님은 이 지문을

---

* 플라톤,《고르기아스》 485a~d, (김인곤 역, 이제이북스)

보더니 굉장히 화를 내시면서, '철학이 얼마나 중요한데 이 지문 내용은 말도 안 돼요. 철학과 교수가 출제했다면 이런 내용은 절대 다루지 않을 거여요'라고 말씀하셨다. 아이러니하게도 그 선생님은 이 지문이 플라톤의 책에서 나왔다는 사실을 모르셨고, 출제자가 철학과 교수이자 소크라테스를 전공하는 학자라는 사실도 모르고 계셨다.

그 선생님의 말씀처럼 철학은 분명 중요한 학문이고, 또한 실제로 그렇게 평가하는 사람들이 많다. 그러나 철학에 대한 높은 평가에 동의하지 않는 사람들도 많다. 철학과에 진학한다는 학생을 걱정스럽게 바라보는 사회와 가족의 눈빛은, 대학에서 철학을 전공한 학생이라면 모두 경험해보았다. 정말 중요한 학문이라면 공부를 한다는데 왜 걱정을 할까? 물론 졸업 후 '전공을 살려' 취직을 할 수 있을지에 대한 걱정도 클 것이다. 하지만 철학 공부를 했다가 '태도'에 문제가 생길까 걱정하기도 한다. 괜히 어려운 단어들이나 남발하는 삐딱한 사람이 되면 어쩌나 하는 걱정 말이다. 철학은 분명 그런 사람을 만들어내기도 한다. 철학에 대한 태도는 이렇게 양극단으로 치우치기 마련이다.

철학에 대한 양면적인 평가는 최근의 일이 아니다. 2,500년 전 플라톤이 《고르기아스》와 《국가》를 쓸 때에도 철학이 고귀한 것이라고 생각하는 사람도 있었지만, 나이 들어 철학을 하려 하면 매로 다스려야 한다는 사람들도 많았다. 《국가》 6권에서 아데이만토스는 철학자야말로 젊은이들을 타락시키고 삐딱한 사람으로 만드는 주범이라고 한다. 철학에 대한 평가는 철학이 시작될 때 이후 바뀐 적이 없다.

철학이 이런 평가를 받는 이유는 무엇일까? 철학자가 허공에 뜬 심오하고 추상적인 논의, 다른 사람들이 알아듣기 어려운 현학적인 논의를 늘어놓으니 대단해 보이기는 하지만 일상을 살아가는 사람들의 현실에 대해서는 무감하다는 편견은 전혀 새롭지 않다. 실제로 소위 철학자 중에는 자신이 철학자이기 때문에 일단 대중과는 급이 다르다고 생각하는 사람도 있다. 그들은 인생에서 필요한 명언 한마디를 던져주고 상담을 통해 '힐링'을 해주고, 그렇게 간단하고 명료하게 전달되는 철학의 편린으로 추종자들을 모아 그들에게 떠받들어지며 살아가는 것이 철학이라고 생각한다. 따르는 사람의 수는 좀 많을지 모르지만 '서너 명의 청소년들과 구석에서 쑥덕공론이나 하며' 보내는 사람에 대한 칼리클레스의 비판과 크게 다를 바가 없다. 강단 철학자라고 사정이 크게 다르지는 않다. 학계에서만 이루어지는 논의는 대중들에게 아무런 흥미를 주지 못하고, 대중들의 고민은 학계에 들리지 않는다.

결국 이 모든 일은 철학자가 철학자의 역할을 하지 못해서 생긴 것이다. 무지한 대중이 철학자를 알아보지 못해서가 아니라, 진정한 철학자가 올바른 의미의 철학을 하지 못해서이다. 대화자들의 비웃음에 답하기 위해 소크라테스는 철학자란 누구인지 설명한다. '철인 통치'가 이상 국가를 이루는 방법이라는 것을 납득시켜야 하기 때문이다. 그리고 철학자가 누구인지를 설명하는 맥락에서 플라톤 철학의 핵심인 '형상' 혹은 '이데아'가 스치듯 설명된다. 우리도 이 문제는 깊이 다루지 않을 것이다.《국가》의 소크라테스가 그러했듯이.

철학자는 사랑하는 사람

앞에서 언급했듯 철학(philosophy)이라는 말은 사랑이라는 희랍어 philos와 지혜라는 의미의 sophia가 합쳐져서 생겼다. 그런데 학문명으로서 '철학'이라는 말은 굉장히 독특하다. 생물학을 영어로 하면 biology인데, 이는 삶이라는 의미의 희랍어 bios와 말, 원리, 논리 등의 의미를 갖는 희랍어 logos가 합쳐진 것이다. 인간에 대한 학문인 인류학(anthropology)은 인간(anthropos)에 logos가 붙은 것이고, 생태학(ecology)은 집이라는 의미의 oikos에 logos가 붙어서 만들어진 단어이다. 이처럼 학문명 뒤에 logos가 들어가는 경우는 매우 많다. 경제학(economy)이라는 학문명은 생태학에서 쓰였던 oikos에 '법'이라는 의미의 nomos가 합쳐져서 만들어진 단어이다. 수학(mathematics)이라는 단어는 '배울 것'이라는 의미의 희랍어 mathema에서 만들어진 단어이다. 이렇게 학문명은 학문의 대상(집이든, 자연이든, 인간이든, 생명이든)에 관한 '원리', '규칙', '법' 혹은 '배울 것' 등 고정된 어떠한 것이라는 의미를 갖는다. 그런데 철학은 그런 고정된 원리, 법, 규칙 등이 아니라, 학문의 대상이 되는 지혜를 '사랑'하는 것이다.

사랑은 무엇일까? 11장에서 이야기하겠지만, 《국가》 9권에서 혼의 각 부분들은 각각의 대상을 '사랑'한다. 승리를 사랑하는 사람은 승리를 얻기 위해 노력한다. 돈을 사랑하는 사람은 돈을 더 벌기 위해 노력한다. 무엇인가를 사랑한다는 것은 이처럼 지금 그 사랑의 대상을 가지고 있지 못하다는 사실을 전제한다. 그러면 지혜에 대한 사랑이라는 철학이라는 학문은, 지금 지혜를 가지고 있지 않다는 점을 전제한다. 다른 학문은 이미 알고 있는 학문의 내용, 원리, 규칙들을 전수하는 데 반하여, 철학은 사랑하는 대상을 아직까지 확보하거나 알고 있지는 못하다. 다른 학문이 이미 고정된 원리와 이론을 갖고 있다고 한다면, 철학은 고정된 것을 찾아가는 과정 중에 있다. 철학자는 이 활동을 하는 사람이다.

미국 플로리다 주 연방상원의원인 마르코 루비오가 2015년 공화당 대통령 후보 경선 과정에서 대학에서 철학을 전공하는 학생들이 차라리 용접 기술을 배우는 것이 더 낫다고 말해서 논란이 되었다. 우주에 대해 추상적으로 탐구하기보다는 기술 관련 학위를 갖는 것이 더 나은 인생을 사는 방법이라는 것이 그의 주장이었다. 한국에서도 어떤 대통령은 인문학 전공자에게 단기 기술 교육을 시켜 취업시장에 내보내야 한다고 주장하기도 했다. 철학이 형이상학적이고 현학적인 내용을 공부하지만, 현실의 문제와는 별개이고 그래서 취업에 도움이 안 된다는 이유 때문이었다.

철학이라는 교과가 돈벌이에 도움이 되는 자격증 하나 주지 못하는 것은 사실이다. 하지만 철학은 다른 학문처럼 고정된 것이 아니기 때문에 자격증을 줄 수 없다. 철학은 살아가는 방식이다. 지혜를 추구하면서 살아갈 때에 다양한 학문과 기술을 배우고자 하는 열망, 그것이 바로 철학이다. 아직 그런 기술과 학문, 지혜를 얻지 못했기 때문에 욕망하고 사랑한다. 따라서 철학은 현실의 문제와 별개일 수가 없다. 우리의 일상 모든 것에 대해 알고 싶어 하는 욕구, 이 모든 것이 바로 철학이며 철학하는 삶이다. 첨언하자면, 기술 교육을 인문학도에게 시키자던 대통령은 자신이 도덕적으로 완벽하다고 자랑했으나 뇌물수수혐의로 구치소에 갇혀 있는 처지이다. 마르코 루비오는 용접공 발언 후 스토아학파와 관련한 책을 읽기 시작했고 3년이 지난 2018년, 자신의 과거 발언이 틀렸음을 인정하고 자기가 철학에 대한 관점이 바뀌었으며 용접 기술만큼이나 철학도 중요하다고 고백했다. 철학은 생각보다 우리가 현실을 잘 살아가게 도와준다.

철학자는 지혜를 사랑하는 사람이다. 무엇인가 더 알고 싶어 하는 활동을 하는 사람이 철학자라고 한다면, 호기심이 많아서 이것저것 구경하고 다니는 사람은 철학자일까? 위키피디아 항목을 넘어 다니면서 시간 가는 줄 모르고 정보를 찾아 헤매는 사람은 철학자라고 할 수 있을까? 세계 곳곳을 돌아다니면서 각 나라의 문화를 탐방하는 사람은 철학자일까? 박람회에 가서 부스마다 들러 브로셔를 모으는 사람도 무엇인가 알고 싶어 노력하는 사람이기는 하다. 박물관을 구석구석 살펴보는 사람도 지혜를 사랑하는 사람처럼 보인다. 소크라테스는 이런 사람들이 철학자를 닮았기는 하지만 철학자는 이런 대상이 아니라 진리를 구경하기 좋아하는 사람(475e)이라고 정의한다.

의견과 인식의 차이

이런저런 구경거리를 좋아하는 사람들은 온갖 비슷하게 생긴 아름다운 것들을 보고도 좋아하지만, 이들은 아름다움 자체의 본성은 보지 못하는 경우가 많다. 아름다움을 그 자체로, 즉 아름다운 사물을 통해서 아름다움이 무엇인지 짐작하는 것이 아니라, 아름다움 그 자체를 다른 것을 통하지 않고 볼 수 있는 사람은 매우 적다. 소크라테스는 아름다운 사물들은 보면서도 아름다움 자체를 보지 못하는 사람들은 마치 꿈꾸는 사람들과 같고 이들은 의견*을 가진 사람이라고 하지만, 아름다운 것 자체를 볼 수 있으며 이에 관여하는 많은 아름다운 것들 또한 아름다움 자체에 관여해서 알아보는 사람들은 깨어있는 사람들로서 인식(epistēmē)을 가진 사람이라고 한다.

예를 들어보자. 빨간색 드레스를 보고 어떤 사람은 아름답다고 생각할지 모르지만, 다른 사람은 과하게 화려해서 아름답지 않다고 볼 수 있다. 각자의 취향에 따라 옷 색깔이 아름다워 보일 수도 있고 그렇지 않을 수도 있다. 드레스 선택이라는 문제를 놓고 친구와 이렇게 판단이 갈리는 경우, "네 의견은 존중하지만, 나는 이 드레스가 아름답지 않다고 생각해"라고 말할 수 있다. 아름답다고 판단되는 모든 대상들(꽃이든, 드레스든, 차든, 집이든, 사람이든)에 대해 모든 사람의 판단이 동일한 경우는 아마 없을 것이다. 각 사람의 '취향', 즉 각자의 판단 기준이 다르기 때문이다. 구경하기 좋아하는 사람의 '의견'이란 이렇게 공통의 기준 없이 자기 나름의 판단을 하는 것을 말한다. 구약성경에는 "그때에 이스라엘에 왕이 없으므로 사람이 각기 자기의 소견에 옳은 대로 행하였더라"(《사사기》 21:15)라고 기록되어 있는데, 이처럼 각자가 판단함에 있어서 최종적인 기준이 되는 것이 각자의

• doxa: dokei라는 '~하게 보인다'라는 말에서 나왔다. 영어에서 be 동사와 의미가 다른 appear에 해당하는 단어라고 보면 된다.

'의견'이다.

　'아름다움'이라는 것이 만약 각 사람의 판단과 별개로 존재한다면 어떨까? 주관적인 판단 때문에 아름답게 보이는 것이 아니라 그 자체로 아름다운 것이 있다고 한다면, 그것은 각자의 취향과 상관없이 객관적으로 아름다울 것이다. 특정한 꽃이 어떨 때는 아름다워 보이고 어떨 때는 추해 보이거나, 철수에게는 아름다워 보이지만 영희에게는 아름다워 보이지 않는 경우와는 다르다. 만약 아름다움이 있고, 그것을 볼 수 있다면 철수나 영희나 누구든지 그것을 아름답다고 할 것이고 밤이나 낮이나 아름답다고 할 것이며 2,500년 전이나 지금이나 2,500년 후에나 아름다울 것이다.

　소크라테스는 각자의 취향에 따라서 다르게 보일 수 있는 것이 '의견'의 대상이지만, 아름다움 그 자체와 같은 대상은 '인식'의 대상이라고 본다. 만약 변치 않는 아름다움이라는 대상이 있다면 이에 대한 판단은 서로 다를 수 없다. 인식을 할 수 있느냐 없느냐, 즉 아름다움이라는 것을 볼 수 있느냐 없느냐의 차이는 있겠지만, 일단 인식을 할 수 있다면 이에 대해 잘못 알 수는 없다. 그러나 의견의 경우 상황에 따라서 틀릴 수도 있다. 자기의 취향에 따르면 분명 아름다운 옷이어야만 함에도 불구하고 조명 상태에 따라 아름답지 않다고 잘못 판단할 가능성이 있다. 따라서 인식과 의견은 서로 같은 능력이 아니다.

인식과 무지 사이, 존재와 비존재 사이

그런데 우리의 인지 능력과 관련해서 또 하나의 능력이 있는 것 같다. '무지'라고 불리는 것인데, 사실 이것은 하나의 능력이라기보다 능력이 없는 상태라고 정의해야 적절하다. 인식이든 의견이든 갖지 못하는 상태, 그래서 특정한 대상에 대한 앎도, 이에 대한 판단이나 의견도 갖지 못하는 상태를 무지라고 부른다. 4권에서 혼의 부분을 나눌 때 사용했던 모순율을 다시 적용하면, 이들은 서로 다른 능력이므로 관여하는 대상도 서로 다르다.

무지의 경우 능력이 없는 것이니 그 대상 또한 '비존재' 혹은 '있지 않은 것'이다. 인식의 경우 틀릴 수 없는 이유가 인식의 대상이 변치 않는 것이기 때문에 '있는 것'을 대상으로 한다. 의견의 대상은 무엇일까? 의견은 무지도 인식도 아닌 능력이면서, 인식보다는 덜 명확하지만 무지보다는 분명한, 인식과 무지 사이 어느 지점에 있는 능력이다. 따라서 의견의 대상 또한 있는 것과 없는 것, 혹은 존재와 비존재 사이에 있는 어떤 것이다. 이렇게 말하면 이제 본격적으로 어려운 형이상학 논의에 들어간 것 같다. 좀 쉽게 생각해보자. 세상에 있는 많은 것들은 아름다워 보이기도 하고 추해 보이기도 한다. 키가 180센티미터인 사람은 200센티미터인 사람보다는 작아 보이지만, 160센티미터인 사람보다는 크다. 무게, 크기, 옳고 그름은 모두 마찬가지다. 우리가 경험하는 세상의 많은 것은 '~이다'와 '~이지 않다' 사이의 어떤 것이다. 그래서 수많은 것들은 존재와 비존재 사이 어딘가에 있다.

뭔가 이상한 설명이다. 이것은 우리말의 특징 때문이기도 하다. 영어 be 동사는 크게 두 가지 역할을 한다. 첫 번째는 계사로서 두 단어 사이를 연결해준다. 예를 들어 "Tom is a student."라는 문장에서 '톰'이라는 주어와 '학생'이라는 보어를 is라는 동사가 연결해주어서 '톰은 학생이다'라는 의미를 갖는다. 두 번째는 존재사로서의 의미이다. "There is a book on the table."이라는 문장은 "그 탁자 위에 책이 있다(존재한다)."라고 해석된다. 같은 is라는 동사가 '~이다'라는 의미와 '있다'라는 의미를 갖고 있다. 우리말에서는 서로 다른 단어를 사용하지만 영어에서는 이 두 의미가 be 동사 하나 안에 들어 있다. 사정은 희랍어에서도 마찬가지다. be 동사에 해당하는 eimi 동사 또한 존재사와 계사 둘 다 사용될 수 있고, 그렇기 때문에 일반적으로 철학에서 '존재'라고 번역될 때 이는 항상 '있음'과 '~임' 모두를 의미할 수 있다. 우리말에서 be 동사의 번역어가 두 개인 바람에 '존재론'은 우리에게 너무나 난해한 철학이 되어버렸다.

인식의 대상은 항상 '~임'인 것이다. 예를 들어 '아름다움'은 언제나 인식의 대상이다. 그런데 이 말은 아름다움이라는 '존재'가 인식의 대상이라는 의미이기도 하다. 의견의 대상은 때에 따라 '아름다운 것'이기도 하지만 다른 경우에는 '아름답지 않은 것'인데, 이는 '아름다움이라는 존재'와 '아름다움의 비존재'라는 의미이기도 하다. 바로 그래서 소크라테스는 의견의 대상이 '~이다'나 '~이지 않다'가 아니면서도 둘 다 아니라고도 할 수 없는 중간의 어떤 것이기에, 이것들이 '존재'와 '비존재' 사이의 어느 것이라고 설명한다.

플라톤의 '형상 이론'은 《국가》에서 이렇게 소개된다. 인지 능력의 종류가 셋인 것은, 그 능력의 대상이 셋(사실 무지는 없는 것이므로 둘이기는 하지만)이기 때문이다. 그리고 그 대상 간의 서열을 따져보면 존재, 존재도 비존재도 아닌 중간 것, 비존재 순이다. 플라톤의 '형상'은 인식의 대상이 되는 '존재'이다. 이 존재는 '언제나 똑같은 방식으로 한결같은 상태로 있는 것들(ta aei kata tauta hosautos onta: 479e)'이며 이것이 바로 이데아(479a)이다. 실제 세계는 존재론적 지위에 따라 이데아와 경험의 대상으로 이루어져 있을지 모르지만, 이에 대해 알아가는 과정은 우리의 인지 능력으로부터 시작한다. 대상의 존재론적 층위가 서로 다르다는 것은, 내가 가지고 있는 인식 능력의 차이 때문에 알려진다. 많은 철학 입문서에서 플라톤의 형이상학을 먼저 설명하지만, 《국가》에서는 인식에 대한 설명이 먼저라는 사실은 주목할 만하다.

소크라테스의 변명: 철학자는 이데아를 '모두' 사랑하는 사람

소크라테스의 인식 대상이 되는 '존재' 혹은 변치 않는 것을 사랑하는 철학자는 일반인들과는 다른 훌륭하디훌륭한 사람(hos kalos kagathos: 489e)이다. 희랍어로 '아름답고 좋은' 사람이라는 말은 그 시대에 가장 뛰어난 사람에게 붙이는 호칭이었다. 이들은 배움을 사랑하고, 진실하며, 지혜를 사랑하기 때문에 절제가 있고, 재물을 좋아하지도 않고, 쉽게 배우고 배운 것을 잘 잊어버리지 않으며, '있는 것' 혹은 '존재', 혹은 이데아를 부분만이 아니라 모두 사랑하는 사람이다. 게다가 이들은 실재를 인식할 수 있는 사람이기 때문에 경험에 있어서 모자라지 않고 훌륭함에 있어서도 뒤처지지 않는 사람이다. 일반적인 오해처럼 구름 위에 있는 것들만 알려 하며 현실의 세계에 무관심한 것은 아니라고 소크라테스는 분명히 말한다.

소크라테스의 이야기를 듣는 사람들은 철학자에 대한 소크라테스의 설명에 여전히 납득되지는 않았다. 아데이만토스는 소위 철학자라고 불리는 사람들이 보통 쓸모없는 사람일 뿐 아니라 대다수는 온갖 면에서 나쁜 사람들로서 다른 사람들을 타락시킨다는 편견을 상기시키면서, 소크라테스가 말한 철학자는 이런 평가로부터 어떻게 자유로울 수 있는지 묻는다. 역사적인 소크라테스가 시장이나 김나지움 근처에서 젊은이들만 따라다니며 이야기하는 것으로 하루를 보냈고, 그가 사형선고를 받을 때의 죄목 둘 중 하나가 '젊은이들을 타락시킴'[*]이었다는 점을 상기해본다면, 철학자에 대한 편견은 지어낸 것이 아님은 분명하다. 어쩌면 플라톤은 《국가》에서 소크라테스의 입을 빌려 자기 스승 소크라테스가 생전에 충분히 하지 못한, 혹은 사람들을 설득하는 데 성공하지 못한 '변명'을 제시하고 있는지도 모른다.

• 플라톤, 《소크라테스의 변명》 18a

'존재'에 이끌리는 본성을 가진 이들은 어떻게 망가지는가

철학자가 정말 쓸모없는가?《국가》의 소크라테스에 따르면 철학자는 정치를 해야 마땅한 사람이다. 그러나 언제 한번 그에게 정치할 기회를 주어봤는가? 철학자는 모든 종류의 인식을 사랑하는 사람이기 때문에 정치술도 가지고 있음에도 불구하고, 사회는 철학자에게 통치할 기회를 준 적이 없다. 쓸모가 없다고 판단되는 이유는 이용해보지 않아서이다. 철학자가 쓸모없다고 이야기하기 전에, 쓰일 만한 일에 한번 써보라. 아리스토텔레스는《정치학》에서 철학자가 현실의 문제에 아무런 역할을 하지 못한다는 비난을 받은 탈레스가 자신의 쓸모를 손수 입증해 보였던 에피소드를 기록했다.* 탈레스는 천체를 관측하여 다음 해에 올리브 풍년이 들 것을 예측하고는 올리브기름 짜는 기계를 모두 빌려서, 그다음 해에 올리브 풍년이 들었을 때 자신을 통하지 않으면 기름을 짤 수 없는 상황을 만들었다. 탈레스는 비싼 값에 기계를 대여해주고 많은 돈을 벌 수 있었다. 이처럼 철학자가 쓸모없어 보일지 모르지만, 실제로 철학자가 쓸모있는 일을 할 기회를 갖지 못해서 그렇게 보일지도 모른다.

철학은 사람들을 타락시키는가? 플라톤은 자기 스승의 명예를 되찾기 위해서라도 철학 때문에 사람이 타락하는 것은 아니라고 설명했어야 했다. 여기에서 잠시 플라톤이 소크라테스의 입을 빌려 이를

---

* 아리스토텔레스, 《정치학》 1권 11장

어떻게 설명하는지 살펴보자. 철학자는 이데아, 혹은 '존재'에 이끌리는 사람이고, 이런 성향은 극소수의 사람들만 갖고 태어난다. 그러나 그런 특별한 성향 때문에 이들은 오히려 타락할 가능성이 크다. 좋은 성향을 갖고 태어나서 어릴 때부터 '수재'라고 불리는 아이를 생각해보자. 여러 면에서 칭찬을 받을 만한 성향을 가진 아이의 경우 사람들의 칭송과 아부에 어릴 때부터 노출되기 십상이다. 아직 충분히 성장하기 전에 이런 환경에 노출되면, 젠체하는 마음과 공허한 자만심으로 충만해지고, 더이상 배우지 않으려 할지도 모른다. 아테네 역사에서 돋보이는 인물, 소크라테스를 사랑했던 알키비아데스는 아마도 이런 사람이었을 것이다. 부유한 명문가에서 태어나 뛰어난 재능과 훌륭한 외모 덕에 어릴 시절부터 아테네인들에게 칭송을 받았던 그는, 소크라테스를 사랑했을지 모르지만 지혜를 사랑하지는 않았다. 그 결과 아테네의 배반자가 되어버렸다. 특히 소피스트들은 이런 젊은이를 찾아다니면서 타락시키고자 한다. 훌륭한 젊은이들을 비난과 칭찬에 휩쓸리게 함으로써 변치 않는 인식의 대상보다 사람들의 평판, 즉 의견의 대상에 휘둘리게 만든다. 좋음, 아름다움, 올바름 자체보다 자신에게 명성을 가져다주는 대중들의 의견에 더욱 귀를 기울인다. 어떤 소피스트들은 올바른 성향을 가지고 태어나서 잘 성장하는 훌륭한 젊은이가 자신들의 말을 듣지 않을 때 시민권을 박탈하거나 사형을 시키는 등의 강제적인 제재까지 행하면서 그를 특출나게 성장하지 못하도록 막는다.

철학을 욕먹이는 이들은 따로 있다

좋은 성향을 가진 사람은 어릴 때부터 주위에서 가만히 놔두지 않는 바람에 철학에서 멀어진다. 오히려 철학에 어울리지 않는 사람들이 철학자입네 하고 나서서 철학을 수치스러운 것으로 만들고 비난의 대상이 되도록 한다. 상대방의 말꼬리를 잡아서 논쟁을 벌이고, 상대의 의견을 논파함으로써 성취감을 느낄지 모르지만, 논쟁을 통해 지식을 탐구하려 들지는 않는 사람들이다. 소크라테스가 이런 오해를 받았다. 소크라테스가 젊은이들을 타락시켰다는 혐의를 받은 이유는, 젊은이들이 소크라테스를 흉내냈기 때문이다. 소크라테스는 상대를 공격해서 이기려 들었던 것이 아니라, 자신이 지혜롭다고 주장하는 상대가 제시하는 지식 체계의 논리를 점검하여 문제가 없다면 그것을 배우려 했음에도 말이다.* 그런데 소크라테스의 캐물음(exegesis)** 때문에 그가 찾아갔던 당대의 지혜 있는 사람들이 실제로는 무지하다는 사실이 드러났다. 젊은이들은 소크라테스의 의도를 정확하게 이해하지 못하고 그가 질문하는 방식만 배웠던 것 같다. 그래서 권위에 도전하고 유명한 사람들을 찾아가 말싸움을 해서 이기고, 어떻게든 승리하기 위해 궤변을 늘어놓는 것이 철학이라고 생각했던 것 같다. 말싸움과 철학은 다르다. 그러나 겉보기에는 크게

• 플라톤, 《소크라테스의 변명》 21c~23a

•• 플라톤, 《소크라테스의 변명》 22e

다르지 않을 수도 있다. 결국 질문자의 의도가 중요한데, 의도는 드러나지 않기 때문이다. 당대의 소크라테스가 소피스트라고 비난받았던 것도 전혀 이상하지 않다.

상황이 이러니 철학자가 대중에게 비난받는 것을 피하기란 힘들다. 대중은 지혜를 사랑하는 것이 무엇인지 모르거나, 혹은 훌륭한 사람이라고 여겨지는 철학자에게 배신감을 느끼거나, 철학이라는 명목으로 말꼬리 잡으며 논쟁만 일삼는 사람을 만나서 철학자에 대해 오해한다. 사실 아주 소수의 사람은 좋은 성향을 가지고 태어나서 주위의 유혹에 굴복하지 않고 훌륭한 철학자로 성장하기도 한다. 그러나 그들은 어릴 때부터 대중에게 너무나 시달렸기 때문에, 사람들을 떠나 숨어 살고 싶어 한다. 그러나 철학자는 통치자가 될 때에만 인생에서 해야 할 모든 것을 성취했다고 말할 수 있다. 아쉽게도 숨어 살아가는 철학자에게 어울리는 정체는 없었다.

철학자는 어떻게 본래의 자리로 돌아올 수 있을까

소크라테스는 2권부터 4권까지 고찰했던 이상적인 정치체제가 철학자에게 가장 적합한 것이라고 생각한다. 따라서 이런 정치체제를 만들고 좋은 성향의 어린이를 잘 훈련시켜서 그 정치체제의 지도자로 만든다면, 철학에 대한 비난은 극복될 수 있다. 이를 위해서 좋은 정치체제를 만든 다음 이 체제의 필연성, 즉 시스템의 힘에 철학자가 따라오게 해야 한다고 말한다. 인간은 완전하지 못하다. 아무리 좋은 성향과 교육을 통해서도 완전한 사람을 만들기는 힘들다. 따라서 좋은 시스템을 만들어 두고, 그 안에서 좋은 사람이 그 시스템을 운영하도록 해야 한다. 좋은 성향을 가진 사람이 잘 양육받아 성장한다고 해서 그가 언제나 철학자로서 최선의 것을 이루어내는 것은 아니다. 그런 사람이 좋은 시스템 안에 들어가야만 철학자로서, 그리고 통치자로서 가장 좋은 결과를 산출할 수 있다. 시스템에 대한 신뢰는 플라톤 철학에서 주목할 만한 부분이다. 플라톤은 인본주의적이지 않다. 몸을 가지고 있는 인간은 계속해서 변화한다. 변화하는 인간이 변치 않는 존재를 사랑하는 것은 매우 어려운 일이다. 자발적인 노력만으로는 한계가 있다. 따라서 일종의 강제력이 가해져야 한다. 이 점은 다음 장에서 '동굴의 비유'를 설명할 때 더 생각해보기로 하자.

만약 이런 시스템 안에 철학자가 들어와서 자신의 역할을 한다면, 대중 또한 철학에 대한 편견을 버리게 될 것이다. 철학이 비난받는 것은 소피스트와 같은 사람들이 철학에 대해 적절하지 못한 짓을 했기 때문이다. 철학자가 누구인지 알고 그들의 역할이 무엇인지 안다면, 대중 또한 철학자의 통치를 따라 '시민으로서의 덕(demotikē aretē, 441c~442d 참조)'을 구현하게 될 것이다. 덕이 무엇인지에 대한 인식을 갖지는 못하기 때문에 올바름에 대해 설명할 수는 없지만 올바르게 살아가고, 용기가 무엇인지 설명은 못해도 용기 있게 행동하며, 절제 그 자체를 인식하지는 못하지만 언제나 적절한 정도로 욕구하면서 사는 것이 대중에게도 가능하다. 따라서 철학자는 쓸모없지 않다. 이들은 올바른 정치체제를 통해 국가를 최선으로 인도하므로 실제로는 매우 쓸모 있고 중요한 사람들이다. 대중이 철학자의 쓸모를 정확하게 알지 못하기 때문에 철학자가 통치해야 한다는 소크라테스의 말을 비웃을지는 모른다. 그러나 대중에게 이상적인 국가가 무엇이며 철학자의 역할이 무엇인지 설명해준다면, 철학자의 쓸모를 이해할 것이고, 그렇다면 철학자를 비난하거나 철학자의 통치를 반대하지 않을 것이다.

이상 국가의 현실화를 위한 조건인 철학과 정치권력의 결합은 충분히 설명된 것 같다. 이제 소크라테스가 설명해야 할 주제는 어떻게 철학자를 키워내느냐 하는 것이다. 좋은 성향을 가진 아이를 좋은 교육을 통해 올바른 철학자로 성장시키지 못한다면, 철학자의 통치를 통한 정의로운 국가 건설은 불가능하다. 철학자는 어떻게 교육할까? 의견이 아니라 인식을 사랑하는 사람으로 만드는 방법은 무엇일까? 소크라테스는 6권 후반부부터 7권까지 철학자를 키우는 교육 커리큘럼을 설명한다. 그리고 커리큘럼 설명에 앞서 교육이란 무엇인지를 먼저 정의한다.

10 ───── 철학자를 키우기 위한 교육 ^{6권 후반부~7권}

철학자를 위한 '가장 큰 배움'

이상 국가를 현실화하기 위해서는 철학자가 통치해야 한다. 철학자는 지혜를 사랑하되, 인식의 대상이 되는 이데아 혹은 형상을 욕구하는 사람이다. 철학자의 성향을 가지고 태어나는 사람은 매우 소수인데다 그들은 제대로 양육되지 않으면 철학자로 성장하지 않을 것이기 때문에, 정의로운 국가를 만들기 위해서는 이들을 잘 키워야만 한다. 앞에서 수호자를 기르기 위한 시가와 체육 교육을 어떻게 할 것인지 이야기했지만, 수호자들 중 세 가지 시험을 거쳐 선발된 통치자들은 특별한 교육이 있어야만 제대로 된 통치자로서 역할을 할 수 있다. 어떤 교과로 이들을 훈련할 것인가? 소크라테스는 철학자를 키우기 위해 '가장 큰 배움(to megiston mathēma: 504d, 505a)'을 주어야 할 텐데 이 배움은 '좋음의 이데아(hē tou agathou idea: 505a)'에 대한 것이여야 한다고 말한다. 난해하고 형이상학적인, 플라톤스러운 철학으로 소크라테스가 우리를 끌고 가는 것 같다. 가능한 한 쉽게 설명해보자.

어떤 것을 욕구하고 행하게 하는 동기는 무엇인가? 우리는 그것이 '좋다'고 판단하기 때문에 욕구하고 행한다. 학생이 아침에 눈을 떴을 때 너무나 피곤한데도 불구하고 학교에 등교를 하는 것은, 자는 것보다 학교에 가서 공부를 하는 것이 좋다고 판단하기 때문이다. 육식보다 채식을 선택하는 것은 그것이 동물의 복지에 기여하는 좋은 일이라고 생각하기 때문이다. 시험 기간에 공부를 하지 않고 밤을 새고 유럽 축구 경기를 보는 것은, 축구를 보는 것이 더 좋다고 판단해서이다.* 의사 조력 자살 등으로 존엄한 죽음을 택하는 것은, 나을 수 없는 육체의 병이나 치매와 같은 정신의 병에 고통스러워하면서 자신을 잃어가며 사는 것보다는, 죽음을 택하여 더이상 고통을 겪지 않으며 자신을 지키는 것이 더 좋다고 생각하기 때문이다. 모든 사람들이 사는 것보다 죽는 것이 좋다고 생각하지는 않는다.

다른 모든 것처럼 교육도 좋음을 목표로 이루어진다. 특히 철학자의 교육은 더더욱 '좋음'을 위해야 할 것이다. 그는 국가 전체를 잘 다스리는 능력을 갖추어야 하는 사람이기 때문이다. 체육을 배우는 이유도 그것이 좋기 때문이고, 시가에서 검열을 시행하는 것도 그것이 '좋다'고 판단되기 때문이다. 정의, 절제, 용기, 지혜 모두를 추구해야 하는 이유는 결국 그것들이 좋기 때문이다. 지혜를 추구하는 철

---

* 인식과 달리 의견이 틀릴 가능성의 좋은 예라고 할 수 있다. 그런데 축구를 보는 것이 더 즐거워서 그런 것은 아닐까?(505b 참고) 우리는 보통 좋은 것을 즐거움을 주는 것과 연결해서 생각하곤 하지만, 플라톤의 입장은 좀 다른 것 같다. 하지만 좋음과 즐거움의 관계는 《국가》에서 자세히 논의되지는 않는다.

학자가 다른 모든 인식 대상은 추구하면서 인식 대상들이 궁극적으로 목표하는 '좋음'을 알고 싶어 하지 않는다면, 진정한 철학, 즉 지혜를 사랑한다고 할 수 있을까? 배우는 모든 것이 좋음을 지향하므로 최종적인 목표까지 알고 싶어 하는 것이 바로 지혜를 욕구하는 태도라고 할 수 있다. 앞 장에서 설명한 것처럼 좋음의 이데아란 '좋음 그 자체'이다. 즉, 다른 어떤 것 때문에 좋은 것이 아니라 정말로 좋은 것이다. 많은 사람들은 올바르고 아름다운 것으로 여겨지는 것을 택할지는 몰라도, 좋은 것에 있어서는 '그런 것으로 보이는' 혹은 '여겨지는' 것에 만족하지 않고 실제로 그러한, 즉 좋은 것 그 자체를 추구한다.

'좋음'은 어떻게 이해할 수 있을까

'좋음 그 자체'를 수많은 좋은 개별자들을 통하지 않고 어떻게 설명할 수 있을까? 글라우콘은 4권에서 국가와 개인에게 정의, 지혜, 용기, 절제가 무엇인가를 소크라테스가 자세히 설명했던 것처럼 '좋음 그 자체'가 무엇인지도 알려달라고 부탁한다. 그런데 소크라테스는 여기에서 또 한 발 뺀다. 좋음이 무엇인지 설명하는 것이 불가능하거나, 설명하려고 열심히 노력해봤자 비웃음을 자초할 것을 두려워한 그는 '좋음 자체'가 무엇인가 하는 문제는 내버려두고 '좋음의 소산', 즉 좋음에서 비롯하는 것으로서 좋음과 가장 닮아 보이는 것만을 이야기해주기로 한다(506d~e).

플라톤 철학에서 아마 가장 유명한 이야기일 태양의 비유, 선분의 비유, 그리고 동굴의 비유는 '좋음의 소산'과 이를 교육하기 위한 과정을 설명하기 위한 소크라테스의 장치이다. 보통 이 비유들은 플라톤의 이데아론에 대한 설명이라고 알려져 있고, 플라톤의 형이상학을 이해하기 위해 꼭 알아야 하는 것으로 여겨진다. 하지만 9장 시작 부분에서 언급했던 것처럼, 플라톤 철학의 핵심이 등장하는 맥락을 살펴보면 맥이 빠진다. 당연히 플라톤의 목소리는 전혀 들리지 않는다. 이미 죽은 지 한참이고 플라톤의 생각을 직접 전하는지도 분명치 않은 소크라테스라는 사람이, 직접적인 설명도 아니고 이야기 형식의 비유를 통해서 형상이 무엇인지 소개한다.《국가》의 핵심 내용과는 거리가 먼 곁가지 중의 곁가지에서,《국가》라는 이야기 안에 있는 소크라테스의 입으로 전해지는 세 개의 이야기를 통해, 좋음의 이데아 그 자체에 대해서도 아니라 그것과 닮은 것에 대한 내용을 전해줄 뿐이다. 그러니 2,500년 후 동양의 한구석에서《국가》를 읽는 독자들에게 '좋음 그 자체'는 너무나 멀리 떨어져 있다.

어쩌면 이것이 플라톤이 기대하던 것이었을지도 모른다. 플라톤의 '이데아'는 이해하기 너무 어렵다. 그러나 플라톤은 일차적으로 소크라테스와 대화하고 있는 글라우콘 등이 철학자가 되기를 바라고, 자신의 첫 독자들이 철학하기 바라며, 한국의 독자들 또한《국가》를 통해 철학자가 되기를 원한다. 플라톤은 독자들이 능동적으로 '좋음'을 탐구하도록 하기 위해 독자와의 간극을 최대한 벌리고는, 그 간극을 좁힐 수 있는 실마리를 이야기로 제시한다. 독자는 그 실마리를 좇아 좋음을 향해 나간다. 그리고 그 과정에서 철학자가 되어간다. 그러니 우리도 여기에서 "그래서 좋음의 이데아가 도대체 뭔지 간단하게 설명할 수 없어?"라고 묻지 말고, 일단 소크라테스가 제시하는 세 가지 이야기를 하나씩 따라가보자.

첫 번째 비유: 태양

소크라테스는 좋음의 소산이라 할 수 있는 태양에 '좋음 그 자체'를 비유한다. 세상에 있는 만물은 태양으로부터 에너지를 받아서 성장한다. 태양은 또한 눈이 개별 사물을 볼 수 있도록 해주기도 한다. 태양으로부터 오는 빛이 없다면 만물은 우리에게 알려질 수 없다. 소크라테스는 만물과 눈, 그리고 태양 사이의 관계가, 개별 이데아들과 혼에서 인식을 담당하는 부분, 그리고 좋음의 이데아의 관계와 같다고 비유한다. 정의, 아름다움, 용기 등의 이데아가 우리에게 알려지는 것은 좋음의 이데아가 우리의 인식이 가능하도록 힘을 주기 때문이다. 또한 개별 이데아들이 이데아로서 존재할 수 있는 것은, 그것들이 모두 좋음의 이데아에 의존하기 때문이다. 다시 말해 개별 이데아들이 이데아인 것은 그것들이 좋기 때문이다.

1) 이데아는 일단 술어이다

다른 이데아들이 좋음에 의존한다는 것은 어떤 의미일까? 위에서 욕구나 행위는 그것이 좋다는 판단에서 비롯한다고 했다. '존엄사는 나에게 좋다'는 판단 때문에 죽음을 선택한다고 할 때, '좋음'이라는 말이 문장에서 어디에 위치하는지를 주목해보자. '좋음'은 '존엄사'의 술어이다. 다른 경우는 어떤가? "채식은 좋다"라는 문장에서도 좋음은 술어이고, "공부는 좋다"에서도 좋음은 술어이다. 4권에서 소개된 네 가지 덕들은 어떤가? 정의가 추구되어야 하는 이유는 각자가 각자의 일을 하는 것이 이 나라에 '좋아서'이다. 모든 사람들이 맡겨진 일을 하는 것이 '좋기' 때문에 절제를 갖추어야 하고 그래서 '절제는 좋다'. 군인이 전쟁에 출전할 때에 용기가 있어야 하는 것은 군인에게 '용기가 좋기' 때문이다. 철학자는 지혜를 추구해야 하는데, 제대로 다스리기 위해서는 '잘 아는 것이 좋다'는 이유에서다. 이처럼 '좋음'은 다른 모든 것들의 술어가 된다.

플라톤 철학에서 가장 중요하면서도 어려운 핵심은 '이데아'라는 개념이다. 설명하기도 너무 난해할 뿐 아니라, 소크라테스가 걱정했던 것처럼 그 설명이 비웃음의 대상이 되지나 않을까 걱정스럽다. 그런데 한 가지 주의깊게 보아야 할 것은 '이데아'라고 이야기되는 많은 것들은 문장의 주어가 아니라 술어라는 점이다. '아름다움'도 주어 자리보다는 술어 자리에 훨씬 어울린다. "아름다움 그 자체가 어떠하다"라는 문장은 굉장히 어색하다. 하지만 "저 꽃은 아름답다"와 같은 문장은 일상에서 흔히 쓰는 말이다. "정의 그 자체는 어떠하다"보다는 "철수는 정의롭다"라는 말이 자연스럽다. 이데아라고 하면 '사람의 이데아', '소의 이데아' 혹은 '침대의 이데아'(10권 참조) 등을 먼저 떠올리지만, 인식 대상에 관해 설명하는 《국가》 5권 후반부와 6권 후반부에서는 이런 술어가 이데아로 가장 적합하다고 설명한다.* 이데아란 다른 어떤 것에 의해 규정되는 것이 아니라, 주어를 최종적으로 규정해주는, 다시 말해 다른 것에 의해 '아름다움', '정의', '절제'로 규정되지는 않는 '아름다움 그 자체', '정의 그 자체', '절제 그 자체'이다. 그리고 그런 점에서 9장에서 설명했듯 이는 의견의 대상이 아니라 인식의 대상이다. 따라서 플라톤 철학에서 이데아란 우선적으로 술어라고 해도 큰 비웃음을 살 것 같지는 않다.

2) 이데아 사이의 의존 관계

"철수는 정의롭다"라는 문장은 술어에 의해 규정된다. 철수가 누구인지에 대해 말하기 위해서는 정의가 무엇인지 알아야 하고, 이 술어에 의해 철수라는 존재가 우리에게 알려진다. 그런 점에서 철수는 '정의'에 의존한다. "화단에 핀 저 꽃은 아름답다"라는 문장에서도 저 특정한 꽃은 아름다움에 의존하고 있다. 아름다운 많은 것들과 아름다움 그 자체의 관계를 여러 측면에서 설명할 수 있겠지만, 그 중 하나는 전자가 후자에 의존한다는 점이다.

의존관계는 좋음의 이데아와 다른 이데아 사이의 관계에서도 마찬가지로 적용된다. "정의는 좋다"는 말이 되지만 "좋음은 정의롭다"는 뭔가 어색하다. "아름다움은 좋다"는 말이 되지만 "좋음은 아름답

• 플라톤의 《파르메니데스》편에서 사람, 불, 물 등의 이데아에 대해 그 대화편의 주인공 젊은 소크라테스는 굉장히 주저하면서 그런 것들의 이데아가 존재한다고 말하기도 한다. 소크라테스는 이런 것들에 대해서, 형상의 후보에 적합한 '좋음', '아름다움', '정의로움' 등과 같은 방식으로 말해야 할지 자신 없어 한다(130b~c).

다"는 뭔가 이상하다. "지혜는 좋다"는 가능하지만 "좋음은 지혜이다" 는 가능하지 않다. 좋음은 가장 궁극적인 술어이다. 좋음을 어떻게 규정할 수 있을까? 사실 그래서 좋음이 무엇인지 알기는 어렵다. 무어가 '좋음'을 정의내릴 수 없다고 말한 것은 이런 점 때문이다.* 좋음보다 상위의 술어가 없기 때문에 좋음에 다른 어떤 술어를 붙일 수가 없다. 그러나 그렇다고 해서 '좋음'이라는 술어가 공허하다는 의미는 아니다. 자연의 어떤 것으로도 좋음을 규정할 수 없기 때문에 좋음이 없는 것은 아니다. 오히려 좋음이 가장 궁극적이기 때문에 모든 것을 포괄하고 모든 것이 이에 의존한다.

좋음은 다른 모든 것의 술어가 될 수 있지만, 그 어떤 것도 좋음의 술어가 되지는 못한다. 바로 그 점에서 좋음은 궁극적이고 최종적이다. 태양이 만물의 생성과 성장, 그리고 영양의 근원이면서 사물을 보이도록 하는 힘의 근원이듯, 좋음은 모든 이데아가 존재하고 그 본질을 갖게 하며, 인식됨이 가능하게 하는 근원이다. 철학자가 지혜를 추구할 때 최종적인 목표는 이 '좋음'을 아는 것이다. 다른 어떤 존재하는 것에 의존하지 않고 좋음을 그 자체로 아는 것, 이것이 '좋음의 이데아'를 '가장 큰 배움'으로 추구하는 철학자의 교육 목표다.

---

* G. E. Moore, *Principia Ethica*, 10장 3절.

두 번째 비유: 선분

이데아(형상) 사이의 관계를 조금 더 분명히 설명하기 위해 소크라테스는 5권 후반부에서 설명했던 인식과 의견이라는 능력을 각각 설명한다. 선분을 이용해서 플라톤의 형이상학적인 세계를 설명하는 이 부분은 태양의 비유보다 훨씬 더 많이 알려져 있다. 하나의 선분을 나누어서 의견의 대상인 영역과 인식의 대상인 영역으로 구분한다. 세계를 인식과 의견이라는 인식론적인 구분에 따라 설명한다. 이미 앞 장에서도 이야기했듯이, 플라톤의 형이상학적인 세계가 존재론적으로 우선할지는 모르지만, 세계를 파악하는 일은 우리의 인식론적인 상태부터 시작된다.

소크라테스는 나누어진 선분 중 인식의 대상이 되는 영역을 '지성에 의해 알 수 있는 것(ta noeta)'이라 부르고, 의견의 대상이 되는 부분을 '가시적인 것(ta horata)'이라고 부른다. 보통 '가지계(可知界)'와 '가시계(可視界)'라는 이름을 사용하기도 한다. 가시계에 속하는 것들은 변화하지만, 가지계에 속하는 것은 변치 않는다. 가시적인 것은 지성에 의해 알 수 있는 것을 닮기는 했으나 정확히 같지는 않다. 지성에 의해 알 수 있는 것의 영역 또한 둘로 나뉘는데, 지성에 의해 알려지는 대상이지만 이를 알기 위해서 일종의 영상을 사용해야 하는 것들과, 그런 것 없이 그 자체를 지성으로 탐구하는 것의 두 부분이다.

전자는 수학과 관련한 것들로서 기하학을 생각하면 비교적 이해하기 쉽다. 중학생에게 삼각형의 세 각의 합을 구하는 방법을 설명하는 경우를 생각해보자. 칠판에 삼각형을 그린 다음 아랫변과 평행한 선을 긋고, 동위각과 엇각이 같다는 성질을 이용해서 세 각의 합이 180도라는 사실을 증명한다. 세 각의 합을 구하는 과정에서 삼각형과 선분을 그려서 이해를 돕는데, 문제는 칠판에 그린 삼각형이 완전한 삼각형은 아니라는 점이다. 선분은 점과 점 사이의 거리이므로 두께를 가지지 않아야 한다. 하지만 삼각형을 그리게 되면 아무리 정교하게 그리더라도 그림은 삼각형의 정의, 그리고 선과 점의 정의에 맞지 않다. 유클리드 평면에서야 완전한 삼각형이 있겠지만, 칠판이든 책이든 연습장이든 어디에든 그린 삼각형은 유클리드 평면의 완전한 삼각형의 불완전한 모방물에 지나지 않는다. 삼각형의 세 각의 합을 구하는 과정에서 칠판에 그린 그림을 이용하기는 하지만, 수업을 듣는 학생이나 가르치는 선생님은 칠판에 그려진 바로 그 삼각형이 아니라 현실 세계에는 존재하지 않는 완전한 삼각형을 염두에 두고 이해한다.

'지성에 의해 알 수 있는 것들' 중 '수학적인 것들'은 바로 이런 것이다. 완전한 삼각형은 지성에 의해 알 수 있는 것이지만, 우리는 이를 완전한 삼각형을 닮은 불완전한 영상, 혹은 모방물을 통해서 이해한다. 소크라테스는 이렇게 닮은꼴, 혹은 영상을 이용하여 이해하는 것을 '추론적 사고(dianoia)'라고 부른다. 이에 반해 형상은 다른 것을 통하지 않고 그 자체로 아는 것이므로 '인식'으로 우리에게 알려진다. 가시적인 것들 또한 실물과 이를 닮은 그림자 혹은 영상 등이 있고, 실물은 '믿음(pistis)' 그리고 그림자나 영상은 '상상 혹은 짐작(eikasia)'으로 우리에게 알려진다.

1) 가시계·가지계에 대한 흔한 오독

플라톤 형이상학에 있어서 핵심적인 틀, 즉 가지계와 가시계의 구분은 이렇게 선분에 비유되어 설명될 뿐이다. 내가 이 설명을 처음 들었을 때 크게 오해했던 것 중 하나는 가지계가 일종의 사후 세계와 비슷한 것이 아닌가 하는 것이었다. 《국가》의 이 부분을 읽지 않고 플라톤의 형이상학을 교과서로만 이해하면 충분히 그렇게 오해할 수 있다.

같은 오독의 맥락에서 기독교는 플라톤의 철학을 좋아하기도 한다. 플라톤이 제시하는 형이상학적인 틀, 소위 두 세계 이론은 기독교 신학을 정립하는 데 큰 영향을 끼쳤다. 가지계와 가시계의 구분, 혹은 이데아의 세계와 현상계의 구분이라고 보통 알려져 있는 이원론적인 입장은 우리의 감각 경험에서는 벗어나 있는 변치 않는 곳과 우리가 오감으로 경험하는 곳이라는 두 세계를 전제한다. 그리고 변하지 않고 항상 그 자체로 존재하는 세계인 가지계에 우리의 진정한 정체성의 근원이라고 할 수 있는 영혼이 속하는 반면, 육체는 가시계 안에서 짧은 나그네 인생을 살아가는 것으로 설명한다.

이러한 두 세계라는 구조는 신의 성품과 그 구원의 일차적인 대상으로서 인간의 지성, 감성, 의지를 포괄하는 영혼 간의 관계를 설명하는 데에 효과적으로 사용되어 왔다. 신의 초월성에 대한 강조, 그리고 그 초월적이신 신이 시간을 비롯한 모든 피조물들의 창조주임을 설명하는 데에 플라톤의 철학은 매우 유용한 측면이 있으며, 그래서 초기 기독교의 학자들은 플라톤의 두 세계 틀을 이용하여 마니교와 같은 이원론에 대항하여 기독교를 변증했다. 그러나 영혼에 너무 초점을 맞추는 나머지 육체를 간과하도록 하고, 극단적으로는 신학이 영지주의와 같은 형태로 흘러갈 여지를 열어준 부정적인 측면도 있다. 그리고 거꾸로 플라톤 철학이 마치 기독교의 이원론과 같다고 오해하도록 만들기도 했다. 하지만 플라톤의 두 세계는 기독교의 이원론과는 다르다.

2) '플라톤주의'가 바라보는 저 밖의 진리

플라톤 철학을 오해한 설명에 따르면 추상적인 진리란 저 밖에 존재하고 있으며, 우리가 자연과학적인 지식을 발견하듯 추상적인 진리도 우리에 의해 발견되어야 할 것이다. 그리고 이런 추상적인 대상들은 구체적인 대상만큼이나 실재적이거나, 혹은 구체적인 대상들보다도 더욱 실재인 것이다. 이런 입장을 플라톤 철학과 구분하여 '플라톤주의'라고 부른다. 플라톤주의자가 생각하는 수학적인 대상들은 우리의 정신적인 관념도 아니며, 인지 능력의 구조도 아니며, 상상력이 그려낸 허구의 세계도 아니다. 수학적인 대상들은 우리 내면을 들여다보아 발견되는 것이 아니고, 귀납을 통해 구성된 공리 체계도 아니다. 수학자들이 사용하는 도구는 발견을 위한 것이지 창조를 위한 것이 아니고, 바로 그 이유로 프레게는 "수학자들은 지질학자들과 마찬가지로 어떤 것을 창조해내지 않는다. 수학자는 존재하는 것을 발견하여 거기에 이름을 부여할 뿐"[•] 이라고 말했다. 일반적으

• Frege, *Foundations*, §96, pp. 107~8.

로 이런 형태의 '플라톤주의'는 수학적인 것을 비롯한 여러 추상적인 것들이 존재하는 어떤 세계가 있는데, 거기에는 완전성이 영원히 보장되며, 시간의 흐름에 영향받지 않는 추상적이고도 보편적인 숫자나 다른 대상들이 존재하며, 우리의 경험 세계와는 심연의 차이를 갖고 있다고 주장한다. 이 추상적인 세계는 어떤 의미에서 경험 세계와 평행을 이루지만, 완전성에 있어서는 넘을 수 없는 큰 격차를 보이는 곳이라고 생각한다.

3) 가시계·가지계는 장소에 따른 구분이 아니다

많은 사람들은 '플라톤주의'가 이원론의 근거라고 생각한다. 실제로 플라톤은 두 세계 이론을 통해서 자신의 철학을 발전시켰기 때문에, 이원론적인 두 세계의 틀은 분명히 플라톤 철학과 관계가 있다. 그러나 극단적인 형태의 이원론은 플라톤 철학에 근거를 두고 있지 않다. 최소한 《국가》에서 제시된 선분의 비유는 극단적인 구분을 제시하지 않는다. 가지계와 가시계는 장소가 다른 곳이 아니다. 두 세계는 우리에게 알려지는 방법이 다를 뿐, 이승과 저승처럼 서로 다른 장소를 차지하는 방식으로 있지 않다. "가지계가 어디에 있는가?"라는 질문 자체가 선분의 비유에 대한 오해에서 비롯한다. 두 영역은 분명히 선분의 양쪽으로 나뉘어 있다. 하지만 나뉘어 있는 것은 '우리에게' 나뉘어져 있는 것이다. 인식 능력에 따라 두 세계가 다르게 알려지는 것이지, 정말로 두 세계가 다른 곳에 존재하는 것이 아니다. 특히 가지계는 감각에 포착되지 않기 때문에 특정한 공간과 시간을 점유하지 않는다.

기독교에서, 그리고 많은 입문서에서 설명하듯 두 세계가 존재론적으로 나뉘어져 있다는 점에만 주목하면 플라톤 철학은 현실의 문제와 아무 관계없이 이상만 추구하는 플라톤주의로 해석될 여지가 있다. 이상 국가를 현실화하기 위해서 지도자가 되어야 하는 사람은 누구이며, 그 지도자가 될 사람이 가져야 하는 지적인 능력이 어떠한 것인지 소개하기 위해 철학자의 지적인 상태를 설명하는 맥락에서 두 세계가 설명된다는 사실을 간과해서는 안 된다. 철학자가 추구하는 앎이 나라의 경영과 관련되는 모델의 성격을 가지는 것이라면, 이 앎은 필연적으로 실천적일 수밖에 없다. 그리고 그 실천은 두 세계를 모두 알 수 있는 철학자에 의해 매개된다. 인식 능력을 갖는 사람은 매우 소수이지만, 의견은 모두가 갖기 때문이다.

두 세계가 어떻게 구분되어 있는지의 문제보다는, 두 세계가 어떻게 연결되는지에 소크라테스는 관심을 가지고 있다. 그리고 세 번째 비유는 이 문제에 주목한다.

세 번째 비유: 동굴

《국가》 7권에서 소크라테스는 그 유명한 '동굴의 비유'를 소개한다. 그런데 이 비유는 입문서에서 주로 서술하듯 두 세계의 존재론적인 구분에 대한 설명이 아니다. 이승에서 저승으로 넘어가는, 혹은 현상계에서 영혼의 세계로 넘어가는 사람의 이야기가 동굴의 비유의 핵심이 아닌 것이다. 동굴의 비유는 교육이 무엇인지를 설명하기 위한 것이다.

동굴 안에 갇혀서 벽에 비친 그림자만 바라보면서 그것이 세상의 전부라고 생각하는 죄수들은 가시적인 세계만 보는 사람을 비유한 것이다. 그리고 동굴 밖에 나가 실재하는 대상들, 즉 하늘과 별과 달, 그리고 해를 그 자체로까지 보는 철학자가 속하는 세계는 지성에 의해서라야 알 수 있는 세계를 비유한 것이다. 다른 죄수들과 마찬가지로 어두운 동굴 안에서 벽만 바라보도록 묶여 있던 사람이 외부의 힘에 의해 족쇄가 풀리자 일어서서 고개를 돌려 동굴 안을 보게 된다. 지금까지는 동굴 벽에 비치는 그림자가 세상의 전부라고 생각했는데, 돌아서보니 횃불 앞을 지나가는 인형들의 그림자가 벽에 비치고 있었다는 사실을 알게 되었다. 동굴 위쪽을 보니 밖으로부터 빛이 새어 들어오고 있었는데, 거기까지 올라가는 길은 매우 멀고 험해 보인다. 주인공은 굳이 그 험한 길을 걸어 올라가고 싶어 하지 않지만, 강제력에 이끌려 가파른 오르막길을 오르게 된다. 마침내 동굴을 벗어나니 나무와 동물과 바다와 하늘 등이 보인다. 동굴 안에서는 이들의 모방물의 그림자만 바라보았는데, 그때와 완전히 다른 것을 볼 수 있게 되었다. 그리고 최종적으로 모든 것의 궁극적인 원인이 되는 태양까지도 보게 되었다. 동굴 안은 단지 그림자에 불과하고 진짜 세계는 동굴 밖이라는 사실을 깨닫게 되었다.

1) 교육은 다른 곳을 보게 하는 것

이 비유에서 어느 부분이 교육을 나타내는 것일까? 동굴 안에 갇혀 있던 죄수가 벗어나게 만든 외부의 힘이 바로 교육이다. 지금까지 반복적으로 이야기해왔듯 교육이란 머릿속에 특정한 정보를 넣어주는 것이 아니다. 이전에 벽만 바라보던 사람이 자신의 등 뒤를 볼 수 있도록 머리를 돌려주는 것. 그리고 동굴을 벗어나 다른 세상을 보도록 해주는 것이 교육이다. 소크라테스는 이를 '혼의 전환'이라고 한다. 교육은 혼이 이전에 보던 곳과는 다른 곳을 보게 하는 것이다. 다음 절에서 설명할, 철학자를 위한 여러 교과도 이전과는 다른 것을 보게 해주려고 가르치는 것이다. 정보는 책과 위키피디아 안에 더 많이 들어 있다. 인간의 기억력이 아무리 좋더라도 데이터베이스에 저장된 내용만큼 알 수 있을까? 기억한다고 해도 구글보다 빨리 찾아낼 수 있을까? 그런데 한국의 중등 교육은 정보를 외우도록 하는 데만 집중한다. 고등 교육 기관의 교육은 달라야 할 텐데, 학생들은 주입식 암기 교육에 너무나 익숙해져서 대학에서도 교수의 말을 다 외우고, 시험장에서 그것을 쏟아놓은 후에는 다 잊어버린다.

　교육은 《국가》의 소크라테스가 동굴의 비유에서 제시하는 방식으로 이루어져야 한다. 교육을 통해 학생은 이전에 보지 못하던 것을 볼 수 있어야 한다. 5장에서 실험실로서의 강의실에 대한 이야기를 했다. 자신의 생각과는 다른 의견을 듣고, 그 입장에 대해 검토해 보는 경험이 교육이다. 교과서 내용을 잘 암기하는 것은 동굴의 벽을 보면서 다음에 어떤 그림자가 지나갈지 잘 맞추는 능력과 크게 다르지 않다. 교육은 관점을 바꾸는 것이다. 스스로 자신의 울타리를 벗어나기는 힘들다. 아무리 진리의 빛이 강하다고 할지라도, 자발적으로 고개를 돌리고 험한 언덕을 오르려 하지 않는 것이 인간의 본성이다. 따라서 소크라테스는 외부의 강제력으로서의 교육이 필요하다고 한다. 고개를 강제로 뒤로 돌리게 하고, 가파른 오르막을 강제로 끌고 올라가는 것이 교육이다. 그 과정은 괴롭다. 자신에게 익숙한 관점과 전혀 다른 주장을 듣는 것은 매우 고통스러운 일이다. 하지만 그런 괴로움이 없이는 지성에 의해 알게 되는 것을 볼 수 없다. 교육은 괴로운 일이다. 암기가 힘들어서가 아니라, 자신의 안전지대로부터 돌아서서 그곳으로부터 멀리 떨어지는 것이 진정한 교육이기 때문이다.

2) 동굴로 돌아가기

진짜 세계로 나온 주인공은 동굴 속에 여전히 갇혀 있는 다른 죄수들을 불쌍히 여기겠지만, 동굴 밖에 있는 자신은 매우 행복하다고 느낀다. 어두운 동굴 속에서 그림자만 보던 사람이 총천연색으로 빛나는 바깥 세상을 보고, 세상이 태양에 의해 존재하고 생장한다는 사실을 알게 되었기 때문이다. 기독교에서는 이런 주인공이 '구원'받은 사람과 비슷하다고 생각하는 모양이다. 그런 천국에서 신과 영생을 누리는 것이 지복이라고 주장한다. 하지만 플라톤은 기독교와는 상관 없던 사람이었다.

　소크라테스는 이 사람이 그 '좋음'을 충분히 보면 그에게 거기에 머물러 있는 특권을 더이상 허용하지 않아야 한다고 말한다. 오히려 그 사람을 죄수들 곁으로 내려가게 하여 다른 사람들과 함께 노고와 명예를 나누어 가지도록 해야 한다고 주장한다. 물론 동굴에 처음 돌아오면, 마치 밝은 곳에서 어두운 극장 안에 들어갈 때처럼 어둠 속을 쉽게 구분하지 못할 것이다. 그런 채로 동굴 안의 다른 사람들에게 외부 세계에 대해서 말해주었을 때 비웃음거리만 되면 그나마 다행이다. 그는 사람들을 속인다는 이유로 죽임까지 당할지도 모른다. 그러나 일단 어두움에 익숙해지고 나면, 두 세계에 대한 앎을 모두 가지고 있기에 동굴 안의 상도 다른 죄수들보다 월등하게 잘 볼 수 있게 된다. 각각의 상들이 무엇이고 또 어떤 것의 상인지를 알게 될 수 있기 때문이다. 바로 이 사람, 즉 실재에 대한 인식과 동굴 안의 상에 대한 의견 모두를 다 잘 알고 있는 사람에 의해 동굴 안이 통치되고 경영될 때 그 나라는 깨어 있는 상태에서 통치될 수 있을 것이고, 그때 본(paradeigma, 472c)으로서의 좋은 나라에 가장 가까운 상태로 회복될 수 있다.

죄수를 구원해내는 것이 아니다

한 가지 오해를 짚고 넘어가자. 기독교에서 동굴의 비유를 잘못 인용하면서 주인공이 사람들을 천국으로 구원해내는 역할을 하는 것처럼 설명하는 경우가 많다. 그러나 위에서 말했듯, 실재를 본 사람이 동굴로 돌아가는 이유는 '동굴 안'을 통치하기 위해서이다. 동굴 안의 다른 죄수들에게 밖의 아름다운 세계에 대한 '복음'을 전한 후, 이들을 '죄악으로 가득한 세상'에서 벗어나 구원받을 수 있도록 이끌어주는 것이 주인공의 책임이 아니다. 안타깝지만 동굴 안에서 살아가는 사람들은 각자의 본성과 역할이 철학자와는 달라서 동굴을 벗어날 능력을 갖추지 못했다. 오직 소수의 사람만 고개를 돌려 다른 것을 바라볼 수 있는 교육을 감내할 수 있는 본성을 갖추고 태어났다. 다른 사람들은 아무리 고개를 돌려 오르막을 오르도록 강제하더라도, 그 어려움을 감내할 수 있는 능력을 갖추지 못하고 있다. 어차피 사람은 눈으로 보이는 세계에 살아간다. 동굴 밖으로 벗어났던 우리의 주인공도 마찬가지다. 몸과 혼으로 이루어진 사람으로 살아가는 한, 동굴 안이 그에게 적합한 삶의 터전이다. 변함이 없는 인식의 대상인 형상을 본 그는 이제 이를 본으로 삼아 동굴 안에서 살아간다. 그리고 그곳을 최대한 밖과 비슷하게 만들어야 한다. 그것이 철학자에 의한 통치의 핵심이다. 각자의 본성에 맞는 곳에서 최선으로 살아가는 것이 좋은 삶이다. 내가 살아가고 있는 이곳을 천국으로 만들어야 한다. 이 세상은 본향이 아니니 다른 세상으로 초월하는 것이 플라톤의 철학이 아니다.

플라톤은 플라톤주의자가 아닐지도 모른다

두 세계의 문제는 인식론적인 측면에서 먼저 논의되고 있다는 점에 다시 주목하자. 인식의 차원에서 두 세계에 접하는 지적인 능력의 수준이 다르다는 점은 강조하지만, 그렇다고 해서 두 세계가 접점이 전혀 없는 극단적인 이원론의 구조를 갖는다고 설명하지도 않는다. 철학자가 가져야 할 인식적인 측면을 강조하기 위해 인식의 대상에 따라 두 세계가 필요하지만, 이 두 세계는 한 사람에 의해 연결되어야 한다. 의견의 대상인 중간의 것들로 가득한 경험의 세계를 벗어나는 것이 철학의 궁극적인 목표가 아니다. 경험 세계를 벗어나 실재의 세계에 대한 앎을 획득하는 일은 필수적이지만, 그 자체로 목표가 완수되는 것은 아니다. 실재에 대한 앎은 그것과 닮은 경험 세계의 상들을 제대로 구분하고 그것들을 조화롭게 만들기 위해서 쓰여야 한다.

철학자의 앎은 실천을 궁극적인 목표로 한다. 철학자 개인으로서는 실재의 세계에 사는 것이 어쩌면 가장 좋은 일일지 모르지만《국가》의 소크라테스는 좋음이 공동체 안에서, 즉 온 나라 안에 실현되도록 하는 것이 중요하며, 철학자가 가진 지식을 바탕으로 공동체가 바르게 다스려질 때에야 그 구성원 모두가 행복해질 수 있다고 주장한다. 극단적인 이원론자가 주장하듯 육체의 세계를 떠나 영혼의 세계에서만 살아가는 것은 플라톤이 제시하는 이상적인 삶의 모습이 아니다. 지적인 능력의 정도, 그리고 대상의 차이에 의해 두 세계가 구분이 되는 것은 사실이지만, 그 두 세계는 양쪽 모두에 대한 앎을 가지고 있는 철학자에 의해서 연결된다. 본이 되는 형상의 세계에서 얻은 인식을 경험 세계에서 이루어내는 것, 다시 말해서 경험 세계가 가능한 한 본과 일치하도록 만드는 것은 더 높은 수준의 지적 능력을 가진 철학자가 져야 하는 책임이다. 그리고 한 나라를 본에 가깝게 만들어갈 때에만 철학자 또한 가장 좋은 삶을 살 수 있다. 플라톤은 플라톤주의자가 아니다.

《국가》의 결론은 두 세계 모두에 대한 앎을 가지고 있는 철학자에 의해서 경험 세계가 좋은 곳이 되도록 다스려져야 공동체 전체의 좋음이 이루어질 수 있다는 것이다. 하지만《국가》에서 주로 다루어진 내용은 철학자가 어떻게 하면 형상의 세계에 대한 앎을 가질 수 있는지의 문제였다. 그리고 바로 그 점 때문에 많은 독자들은 플라톤이 극단적으로 분리된 두 세계를 강조하고 있다고 해석하곤 했다.《국가》에서는 철학자가 실재에 대한 앎을 갖기 위한 교육의 문제를 중점적으로 다루지만 그 좋음에 대한 앎을 철학자가 아닌 개인의 삶과 이들이 모여서 사는 공동체 안에서 어떻게 구현할 것인지 많이 논의하지 않는다. 일종의 예비 논의인 철학자에 대한 부분이 책 전체에서 중요한 비중을 차지하기 때문에, 철학자가 실천하는 방안에 대해서는 많이 다루지 못한다. 이 실천의 문제는 플라톤 후기에 쓰여진《필레보스》,《법률》등의 대화편에서 중점적으로 다루어진다.

3) 철학자에 대한 강제

외부의 강제를 통해 족쇄에서 벗어나 동굴 밖으로 향하여 실재하는 대상들과 이들이 존재할 수 있도록 해주는 태양까지 보고 난 철학자는, 그 세계에서 머무르며 살 운명이 아니다. 어렵게 상승의 길을 걸은 주인공은 다시 자신의 동료들에게 돌아오는 하강(katabasis)의 길*을 걸어야 한다고《국가》의 소크라테스는 말한다. 이 책의 3장에서《국가》의 가장 첫 단어가 '내려감'이라는 것에 대해 장황하게 설명했다. 동굴의 비유에 대해 자세한 설명을 듣고 나면, 이 긴 대화편의 첫 단어가 갖는 함의를 더 잘 이해할 수 있다.《국가》의 주제는 이데아의 세계로 나아감만이 아니다. 동굴의 비유도 천상의 세계로 나아가는 구원에 대한 이야기가 아니다. 철학자는 동굴로 내려가야 한다. 플라톤은 철학의 본질적인 역할이 내려가서 동료 시민들과 함께 잘 살려고 노력하는 것이라고 한다. 저 하늘 위에서 일반 사람보다 훨씬 고귀한 척 살아가고자 하는 철학자를 강제로 동굴 안으로 끌고 내려

---

* 3장에서《국가》의 첫 단어가 이것이었다고 설명했던 내용을 참고하라.

가서 통치하도록 하는 것, 그것이 동굴의 비유가 전하는 메시지이다.

나는 동굴의 비유를 대학 1학년 학생들에게 꼭 설명해준다. 철학과에 입학해서 배우는 여러 철학자들의 다양한 사상들 가운데, 동굴의 비유는 가장 중요한 것 중 하나가 아닐까 싶다. 고등 교육을 받는 것은 여전히 나 혼자 잘 사는 것을 목적으로 하지 않는다. 배워서 남도 주는 것, 그것이 고등 교육의 목적이 되어야 한다. 특히 고등 교육이라는 특권을 받은 사람은 사회의 덕을 보았기 때문에 이를 사회로 돌려주어야 한다. 탄핵당했던 정권의 부정의함이 드러나 촛불이 하나둘씩 들리던 때, 내가 일하고 있는 학교 학생들이 금요일 하루 동맹 휴학을 결의했다. 그런데 총학생회에서 그 결정을 내린 것이 금요일 새벽이어서 이를 통보받지 못한 학생들이 많았다. 혹은 동맹 휴학에 참가하지 않으려 했던 학생들도 있었을 것이다. 하필 수업이 금요일 오전이었고, 통보받지 못하거나 동맹 휴학에 참가하지 않는 학생들이 걱정되어 수업에 들어갔다. 절반 정도의 학생이 출석해 있었다. 나는 그때 수업에서 동굴의 비유를 설명해주고, 학생들이 고등 교육을 받은 만큼, 게다가 반값등록금 제도를 통해 서울시의 세금으로 보전받아 '신세를 지면서' 공부하고 있는 만큼 사회에 대한 책임을 져야 한다는 메시지를 전했다. 그리고 수업을 바로 마무리한 후 학생들에게 나가서 동맹 휴업에 동참하고 집회에 참가하는 것이 사회로부터 받은 신세를 갚는 것이라고 설명했다.

철학자도 빚을 잘 갚는 삶을 살아야 한다

소크라테스의 대화 상대자인 글라우콘은 과연 그런 철학자의 삶이 행복하겠느냐고 소크라테스에게 묻는다. 다른 사람들은 어차피 능력이 안 되니 어쩔 수 없지만, 힘든 교육을 감내할 본성을 갖추어 성공적으로 교육받은 주인공이 굳이 어두컴컴한 동굴 속으로 돌아오고 싶겠는가? 돌아왔을 때 동료들로부터 질시와 비난, 게다가 죽음의 위협까지 받을 수 있다. 동굴 밖에 실재의 세상이 있다고 아무리 말한들, 그림자만 보고 살아온 사람들에게는 헛소리로 들릴지 모른다. 동료들은 헛똑똑이 짓을 하는 철학자를 순순히 동료로 다시 받아주지 않을 것 같다. 그러니 철학자가 동굴 밖 아름다운 실재의 세상에서 머무르기를 바라는 것은 어쩌면 당연하다.

하지만 소크라테스의 삶은 그렇게 바보 같은 철학자의 삶이었다. 그는 '신이 아테네 시민들에게 준 선물'로서 하루 종일 여기저기로 동료 시민들을 찾아가 그들을 일깨우고 설득하고 꾸짖는 일을 멈추지 않았다. 소크라테스는 모두가 잠에서 깬 상태로 살도록 해주는 역할을 자청하며* 동료 시민들이 잘 살 수 있도록 최선을 다했다. 하지만 사형 선고를 받아 독배를 마시는 것으로 그의 임무는 끝나버리지 않았는가? 이 사실을 매우 잘 알고 있는 플라톤은 그렇게 죽었던 소크라테스에게 글라우콘이 질문하게 한다. "왜 당신 같은 삶을 살라고 하는 건가요? 당신도 아테네인들 신경쓰지 말고 혼자만의 행복을 찾지 그랬어요? 크리톤이 교도관을 매수하고 탈옥시켜줄 준비를 다 하고 찾아왔을 때에도, 왜 탈옥하는 것이 부정의한 것이라면서 남

---

* 플라톤, 《소크라테스의 변명》 30e~31a

아서 죽음을 맞이했던가요?"《국가》의 소크라테스는 역사적 소크라 테스를 위해 변명해주어야 한다. 왜 자신만의 행복을 포기하고 동굴로 내려가야 할까? 왜 철학자는 구름 위에 머물러 있어서는 안 되고 삶의 현장에 함께해야 할까?

철학자는 국가에 양육에 대한 빚을 지고 있다. 양육의 빚이란, 철학자 양성을 위한 교육 커리큘럼을 설명하면서 더 자세히 이야기하겠지만 통치자가 될 때까지 50여 년의 기간 동안 먹고 자고 입혀주고 교육시켜주었던 것에 대한 빚이다. 왜 양육을 '빚'이라고 할까? 이 책의 6장에서 이야기했듯 국가의 다른 생산자가 감당하는 역할과 연결해서 생각하자. 이 국가의 가장 기본인 원리가 '각자가 자기의 일을 적시에 함'이라는 사실은 이미 반복적으로 이야기했다. 농부가 농사만 지어도 괜찮은 것은, 집 짓는 사람과 옷 짓는 사람과 신발 만드는 사람이 농부가 필요한 집, 옷, 그리고 신발을 만들어줄 것이라는 사실을 알고 있기 때문이다. 이것이 바로 이 국가가 형성될 때의 계약이었다. 이런 계약관계는 철학자에게도 마찬가지로 적용된다. 철학자는 다른 생산자와 달리 50살이 될 때까지 어떤 것도 생산하지 않는다. 그러면서 다른 사람이 생산한 것을 받아서 생활하고 교육받고 성장했다. 그 대신 철학자가 감당해야 할 일은 '통치'이고 적시는 50살이 넘어서 그의 지혜가 원숙해진 시점이다. 철학자가 통치를 하지 않고 동굴 밖에 머무르겠다고 한다면, 그는 빚을 갚지 않고 바깥 세상으로 도망가버린 부정의한 사람이다.

부정의한 사람은 행복할까

철학자뿐 아니라 모든 사람들이 빚을 갚아가면서 사는 상태가 바로 정의라는 것이 4권의 설명이었다. 《국가》편 1권에 가장 처음에 나오는 '정의'의 정의도 이것이었다. 3장에서 설명했듯 케팔로스가 노년이 행복한 이유는 빚진 것을 갚지 않고 저승으로 떠나는 일이 없을 만큼 재산이 넉넉하기 때문이다. 그러면서 정의의 가장 첫 번째 정의가 등장하는데 이는 "정직함과 빚진 것을 갚는 것"이다. 케팔로스의 정의는 정의의 개념으로 충분치 않다는 사실이 입증되었을 뿐(미친 사람의 경우를 고려해야 하기 때문에), 기각된 적은 없다. 특정한 상황에서 '정직하거나 빚진 것을 갚지 못하는 경우'를 논하기 위해 이야기가 길어져서 결국 10권까지 이르게 된 것이지, 이 정의가 틀린 것은 아니다. 철학자는 자신이 진 빚을 갚아야 한다. 지혜를 사랑하는 사람이 부정의해서는 안 된다. 글라우콘의 질문, 동굴 안에 들어간 철학자가 과연 행복할지의 문제도 이 맥락에서 대답할 수 있다.

부정의한 사람이 행복할까? 동료의 빚을 갚지 않고 살아가는 사람은 살아서도, 그리고 죽어서도 행복할 수 없다는 것이 《국가》 10권까지의 논증이다. 관조하는 삶을 살지 못하더라도, 동굴에 돌아가서 동료들과 함께 살아가는 것이 철학자에게는 더 행복한 일이다. 글라우콘은 이 점까지는 보지 못했기 때문에 개인의 욕구 만족을 행복이라 생각했다. 그러나 실재를 누리면서 사는 것은 사실 그렇게 행복한 일은 아니다. 동료들의 덕을 보고 살아와놓고는 이제 개인의 만족만을 위해 살다니, 양심이 있으면 가책 때문에 버티지 못하리라. 죽음을 각오하고라도 동굴 안을 실재와 가장 가깝게 만들어가는 통치를 하는 것이 철학자에게는 빚을 잘 갚으며 살아가는 행복한 삶이다. 《크리톤》에서 탈옥하는 것이 부정의한 일이라며 법의 명령에 따라 떠나지 않는 소크라테스는, '악법도 법'이기 때문에 아테네에 머무르면서 사형을 당한 것이 아니었다. 그는 아테네인들에게 진 빚을 갚음으로써 그를 비롯한 동료 시민 모두가 잘 살기를 바랐기 때문에 이들을 떠나지 않았다.

강제와 자유

상황이 그러하다면 철학자가 동굴 안으로 들어가도록 강제할 필요가 있을까? 지혜를 사랑하는 사람이 알아서 잘 할 걸 굳이 강제해야 하나? 일단 여기에서의 강제는 두 측면에서 생각해볼 수 있을 것이다. 우선 빚을 갚아야만 한다는 계약 내용이 철학자에게 일종의 강제이다. 글라우콘이 걱정하는 것처럼, 철학자가 자기 욕심을 부리지 않고 자발적으로 동굴에 내려가더라도 그는 여전히 계약이라는 강제 하에 있다. 그렇지만 계약의 강제 하에 있다고 해서 그가 자유롭지 않은 것은 아니다.

이런 상황을 가정해보자. 학교에 가는 길에 점심에는 김치찌개를 먹고 싶다는 마음이 강하게 들었다. 다른 어떤 음식도 아니고 김치찌개만 먹고 싶다. 그런데 학교 식당에는 네 개의 코너가 있고 오늘 각 코너에서 어떤 음식을 제공할지는 모른다. 점심시간이 되어 식당으로 가보니, 주방에서 재료를 충분히 준비하지 못한 까닭에 오늘은 네 코너 모두에서 단 하나의 메뉴, 김치찌개만 제공한다. 나에게는 김치찌개 말고 다른 선택지는 없다. 김치찌개가 나에게 강제되었다. 그렇다고 내가 자유롭지 않은가? 나는 분명히 김치찌개를 먹고 싶었고, 선택지는 단 하나밖에 없다. 그렇다면 나는 김치찌개라는 한 가지의 선택지만 강제되어 있지만 내가 원하는 것을 먹을 수 있었고 어느누구도 김치찌개를 먹으라고 강요하지 않았으므로 자유롭다. 자발적으로 동굴에 내려가서 통치하는 철학자의 경우도 마찬가지이다. 계약 때문에 그는 동굴에 내려가야만 한다. 그리고 그는 밖에 머물러 있지 않고 동굴에 가고 싶었다. 그 경우 동료 시민들과의 계약이 있기는 하지만, 그는 자유로이 동굴 안에 들어가 통치하는 삶을 산다.

그런데 김치찌개가 강제되는 상황과 철학자가 동굴로 내려가는 경우의 유비가 정확히 성립하는 것은 아니다. 철학자는 네 개의 코너에서 똑같은 음식을 제공하는 경우처럼 선택지가 없는 상황이 아니라 다른 선택지가 있는, 즉 동굴 밖에 머물 가능성이 열려있는 상황이기 때문이다. 글라우콘의 걱정도 바로 그것이다. 철학자가 실재를 보고 남아있기를 원한다면 어떻게 해야 할까? 플라톤 또한 철학자의 자발성을 온전히 신뢰하지는 않는다. 철학자가 아무리 동굴을 벗어나 형상을 바라보았다고 하더라도, 그는 여전히 인간이다. 다시 한 번 철학의 정의가 '지혜를 사랑함'이라는 사실을 되새기자. 지혜를 사랑한다는 것은 아직 지혜를 완전히 가지고 있지는 못하다는 의미이다. 철학적 본성을 가진 사람이라도 교육과정은 강제로 행해졌어야 했다. 이와 비슷하게 철학자라고 해도, 그가 이데아에 대한 앎을 가지고 있다고 하더라도, 좋음의 이데아가 무엇인지 안다고 하더라도 아직 인간인 한 이기심에 이끌릴 수 있다. 따라서 국가 구성원들 간의 상호 채무를 갚아가는 시스템을 통해 실재를 본 철학자를 강제로 동굴에 돌아오도록 해야 한다.

우리는 자유롭지 않으면 불행할 것이라고 생각한다. 그러나 다음 장에서 더 자세히 논의하겠지만 멋대로 할 수 있는 자유가 꼭 우리에게 행복을 가져다주는 것은 아니다. 삼겹살이 맛있다고 1년 내내 매끼 삼겹살을 마음껏 먹으면 심혈관계에 큰 문제가 발생할 것이다. 정말 행복한 삶은 자기의 본성에 맞게 살아가는 것이다. 그리고 그 본성에 맞는 한도 내에서 자유를 누릴 수 있다. 감당할 수 있는 정도만 삼겹살을 먹는다면 건강한 삶을 향유할 수 있다. 진정한 자유는 자기 자신의 주인이 되는 것이고, 이를 위해서는 자신의 몫과 한계를 정확히 알고 있어야 한다. 그것보다 더 바라지도 않고, 또한 한계 너머의 일을 하지 못할 상황에 처하지도 않는 사람이 자유롭다. 철학자가 부정의해지려고 욕구하는 것은 자신의 본성을 넘어서는 부정의한 일이다. 하지만 그런 일이 충분히 일어날 수 있다. 플라톤은 철학자라고 해서 무조건적으로 신뢰하지는 않는다. 인간만큼이나, 아니 오히려 시스템을 더 신뢰하는 플라톤은 철학자가 계약을 지키고 정의롭게 살 수 있도록 도와주는 시스템을 만든다. 그것이 바로 법이라는 강제다.* 법 아래에 있는 것이 부자유한 것이 아니다. 철학자는 법 아래에 있으므로 오히려 자신의 역할을 수행할 수 있고 그래서 교육받은 대로 원하며, 원하는 대로 자신의 역량을 최대한 발휘한다

• 《국가》에서는 입법과 관련한 구체적인 내용을 다루지는 않는다. 하지만 플라톤이 말년에 쓴 《법률》은 이상적인 국가를 유지하는 시스템을 어떻게 만들 것인지 구체적으로 논의한다.

는 점에서, 김치찌개를 자유로이 먹듯 자유롭다.

철학자에게 법이라는 형태의 강제는 교육이라는 또 다른 강제의 다음 단계로 작동한다. 따라서 먼저 어떻게 하면 철학자의 자질을 가진 수호자 중 뛰어난 자들을 철학자로 교육시킬지, 즉 혼을 전환시킬지 살펴보자.

철학자 양성을 위한 교과 과정

교육이 동굴 속 벽에 비친 그림자로부터 혼을 돌려 실재를 향해서 올라가는 것이라고 한다면, 교과 과정은 혼을 그런 그림자와 같은 것으로부터 실재로 끌어올릴 수 있는 강제력을 갖는 것이어야 한다. 그런 점에서 수호자 계급이 될 젊은이들에게 가르쳤던 체육이나 시가만으로는 충분하지 않다. 체육은 생성하고 소멸하는 몸과 주로 관계되어 있으며, 시가는 혼의 조화나 단정함을 키워줄지는 모르지만 실재로 인도하지는 않기 때문이다. 생산자들은 각자의 기술을 가지고 있고 그런 점에서 가르칠 만한 내용이 있기는 하지만, 생산자들의 기술은 혼을 전환시키지는 않는다.

1) 예비 교과

소크라테스는 본격적인 철학 공부를 시작하기 전 거쳐야 할 네 단계의 커리큘럼을 제시한다. 첫 번째 단계에서는 수와 계산, 두 번째로는 기하학, 세 번째 교과로는 입체기하학, 그리고 네 번째로는 천문학과 화성학을 동시에 가르친다. 이 교과는 선분의 비유에서 가지 계 영역의 아래쪽 부분, 즉 영상을 이용하는 것으로서 추론적 사고 (dianoia)를 사용해서 배우는 것들이다. 각 교과는 그 자체로 현실에서 살아가는 데 유용성이 있기는 하지만, 그런 유용성보다는 혼을 전환시키고 실재를 바라보게 한다는 점에서 철학자의 준비 교과로 선택되었다.

첫 번째 교과인 수와 계산은 모든 기술과 모든 형태의 사고와 지식이 이용하는 공통의 것이며 따라서 가장 먼저 배워야 한다. 전쟁, 측량 등 살아가면서 수와 계산이 활용될 곳이 많지만 철학자는 그런 이유로 수학을 배우지는 않는다. 수를 통해 혼이 실재로 향해야 한다. 물건을 하나 둘 셀 때 사용하는 수가 어떻게 우리의 혼을 전환시키고 실재로 이끄는가?

예를 들어보자. 40킬로그램의 짐을 지고 걸어가다가, 그 가방을 내려놓고 20킬로그램짜리 가방을 메면, 그 가방은 가볍게 느껴진다. 그런데 아무 것도 메고 있지 않다가 갑자기 20킬로그램짜리 가방을 메면 무겁다고 느낀다. 똑같은 20킬로그램짜리 가방인데 왜 다르게 느낄까? 감각은 경험하는 대로 혼에 알려줄 뿐이다. 가방이 무겁게 느껴질 때는 무거운 가방이라고 알려주고, 가볍게 느껴질 때는 가벼운 가방이라고 알린다. 그러나 혼의 입장에서는 분명히 하나의 가방인데 감각은 이를 서로 다른(가벼운 가방과 무거운 가방) 가방으로 경험하며 혼란스러워한다. 이 지점에서 단순한 감각을 뛰어넘는 지성이 작동하기 시작한다. 도대체 무슨 이유로 같은 대상이 하나처럼 느껴지기도 하고 둘처럼 느껴지기도 하는 것일까? 이 혼란은 결국 혼이

'하나'란 무엇이고 '둘'이란 무엇인지 묻게 만든다. 감각에서의 혼란이 혼을 '하나 자체'에 대해 묻게 하고, 이 질문은 '수 자체'가 무엇인지 탐구하게 하며, 이를 바탕으로 '자체'란 무엇인지에 대한 탐구로, 즉 실재에 대한 고찰로 이끌어준다. 수나 산술은 이런 방식으로 혼을 경험 세계로부터 돌이켜 실재로 향하도록 한다. 따라서 이는 철학자를 양성하는 커리큘럼에서 가장 먼저 가르쳐야 할 교과이다.

두 번째로 기하학을 배운다. 물론 기하학 또한 전쟁에서 진을 치는 등의 상황에서 실용적이다. 하지만 철학자 양성을 위한 교육에서는 그런 실천적인 유용성 때문이 아니라, 기하학이 혼을 실재와 진리로 이끈다는 점 때문에 교육된다. 앞에서 칠판에 그려진 도형을 통해 유클리드 평면의 가장 이상적인 도형을 떠올린다는 점은 설명했다. 바로 그런 점에서 기하학은 혼을 실재로 이끌어준다.

세 번째로 입체 기하학을 배워야 한다. 플라톤이 《국가》를 집필하던 시절에는 입체 기하학이 아직 독립된 학문으로 완전히 자리를 잡지는 않았던 것 같다. 그래서 이 교과를 철학자 양성 커리큘럼에 넣는 데 주저하는 사람도 있을 수 있다. 하지만 기하학이 실재로 인도하는 것과 같은 방식으로 삼차원의 입체에 대한 공부를 통해 혼은 실재로 이끌린다.

다음은 천문학과 화성학이다. 글라우콘은 소크라테스의 의도를 잘 이해하지 못했는지, 천문학은 위를 쳐다보게 하니 실재로 이끌리게 만드는 좋은 학문이라고 말한다. 그러나 이미 앞에서 이야기했듯 가시계와 가지계는 공간의 구분이 아니다. 가지계는 저세상, 하늘나라가 아니다. 하늘에 있는 별을 관측하는 것은 눈은 위를 향할지 모르지만 실재를 보는 것이 아니라 경험 세계를 보는 것에 지나지 않는다. 따라서 천문학을 공부할 때도 하늘의 별들이 어떤 수와 도형, 그리고 원리에 의해 운동을 하는지 파악하여, 별들의 본이 되었던 수의 비율을 파악하고 아는 것이 목표가 되어야 한다. 화성학도 천문학과 마찬가지로 음들 사이의 비율과 조화 그리고 운동에 대한 것이다. 눈으로 별들의 움직임을 관찰하듯, 귀로는 음의 운동을 탐구해야 한다. 화성학도 마찬가지로 피아노 조율을 잘 하려고 공부하는 것이 아니다. 이는 협화음들 안의 수와 협화음 배후에서 음의 길이를 만들어 내는 수의 비율을 탐구하는 것이다.

2) 본 교과

예비 교과를 통해 혼이 실재로 끌리게 된 다음에는 본 교과를 배워야 한다. '변증술'이라고 불리는 이 과목은 일체의 감각은 사용하지 않고 이성적인 논의만을 통해 형상을 향해 나아가도록 해주는 학문이다. 결박에서 풀려난 혼의 방향을 틀고, 그림자가 아니라 가장 좋은 것을 보게 하는 것인데, 소크라테스는 이전의 설명들과 달리 형상으로 나아가도록 해주는 힘으로서의 변증술과 그 길에 대해서는 더이상 비유를 쓸 수 없다고 한다. 선분의 비유에서 제시한 형상에 대한 탐구는 수학적 도형에 대한 탐구가 모상들을 사용하는 것과 달리, 형상 자체로 가는 것이었다. 따라서 변증술은 그림이나 도형 등 모상인 가정들을 하나씩 폐기해 가면서, 원리 자체로 나아가 확실성을 확보하는 학문이다.

변증술은 논의를 통해서 자기가 이미 알고 있는 것, 그리고 신념으로 가지고 있는 것에 대해 질문을 던진다. 따라서 변증술이 잘못 사용되는 경우, 4권에 제시된 용기가 없는 사람은 질문 때문에 오히려 자신의 소신을 잃어버리게 될 수도 있다. 변증술을 쓰는 자는 망망대해의 얼음 한 조각 위에 서 있는 사람에 비유할 수 있다. 변증술을 쓰는 일은 파선하고 구조선 하나 보이지 않아 희망이 있을지 모르는 상황에서 자신이 발을 디디고 있는 얼음에 생명을 걸고 있는 사람이, 이 얼음이 과연 나를 지켜낼 수 있을 만큼 단단할까 확인하기 위해서 망치로 때리는 것과 비슷하다. 얼음이 약하다면 망치질 때문에 얼음이 갈라져 버릴 것이고 그 사람은 물에 빠져 차가운 바닷물 속에서 죽어버릴지도 모른다. 변증술은 그런 위험을 감수하고 사용하는 학문이다.

철학은 기존 질서에 질문을 던지고 도전한다. 하지만 궁극적으로 이는 자기 자신에 대한 도전이다. 자신의 믿음과 신념과 이념을 점검하고, 그것이 정말 확실한지 다시 한 번 확인하는 것이 철학이다. 고대 그리스 철학은 확실한 믿음을 찾기 위해서 계속 달려나가는, 그러면서도 현재 자신이 가지고 있는 신념은 잠정적이고 충분히 입증되지 못한 것이라는 사실을 인정하는 철학이다. 철학은 사람을 겸손하게 한다. 자신의 신념을 강하게 밀어붙이기에는, 아직 충분히 확실하지 않다. 바로 그 지점에서 다른 사람과의 논의를 통해 형상에 대한 앎으로 더 가까이 나아갈 수 있다. 따라서 변증술은 다른 어떤 모상도 사용하지 않고 말로 진리를 탐구해 가는 것이지만, 논쟁술과는 다르다. 이 사실을 정확히 알지 못하고 변증술을 접하면, 이를 놀이처럼 남용하여 다른 사람을 공격하는 데에만 쓰게 될지도 모른다. 철학에 대한 비난은 바로 이 때문이다.

변증술은 결국 자신을 향해 쓰인다. 문제는 그 과정에서 자신이 모든 신념을 다 부정하고, 어떤 것도 믿지 못하는 상태에 빠질 위험도 있다는 것이다. 따라서 변증술은 너무 어린 나이에 가르쳐서는 안 된다. 올바른 교육을 통해 신념과 믿음이 충분히 굳어졌을 때에, 자신의 믿음 체계에 대한 정당화 과정에서의 질문은 자기 파괴로 귀결되지 않는다.

3) 교과 과정 시행 시기

이 커리큘럼을 어떤 사람에게 언제 실시해야 하는지만 간단하게 소개하도록 하자. 교육받는 사람이 적합한 성향을 갖추어야 함은 이미 충분히 이야기했다. 20살까지 체육과 시가 교육을 받은 수호자가 될 젊은이들 중, 시험을 통과한 사람들에게 수와 산술에 대한 교과부터 시작하여 네 가지 교과에 대한 교육을 서른 살까지 시행한다. 그리고 서른이 된 시점에 변증술적 논변으로 시험을 치러서, 눈이나 그 밖의 다른 감각을 이용하지 않고 실재 자체로 나아가서 진리를 파악하는 자가 이들 중 누구인지 테스트한다. 이를 통과한 사람들에게 5년간 변증술을 가르친 다음, 서른다섯 살부터 쉰 살 까지 이들을 공동체 안으로 들여보내어, 전쟁 상황이나 관직 등에서 실무 경험을 충분히 쌓도록 해준다. 철학자가 현실에서 유리되어 살아가는 것이 아니라, 충분한 실무 경험을 통해 실천의 측면에서도 가장 뛰어난 사람이 되도록 만들어야 한다는 것이다. 그리고 쉰 살이 되면 실무에서나 학식에서나 가장 훌륭한 사람들을 뽑아내어 최종적인 목표를 달성하도록, 즉 좋음의 이데아를 보도록 만들어서 철학자를 키워낸다. 그리고 이런 사람이 좋음 그 자체를 본으로 삼고 통치를 할 수 있도록 하되, 죽을 때까지 계속 통치를 시키는 것이 아니라 철학으로 소일하도록 해주다가 순서대로 통치할 기회를 준다. 그리고 통치하는 의무를 다한 사람은 은퇴하여 철학하며 살아갈 수 있도록 해준다.

5권 초반부 소크라테스와 대화하던 사람들이 말을 끊고 던진 세 가지 파도 중 마지막 것은 '이상 국가가 과연 가능한가?'이었다. 이에 대답하기 위해 소크라테스는 철학자란 어떤 사람이며 이런 사람을 어떻게 교육할 수 있는지를 7권 마지막까지 길게 설명했다. 이제 논의는 다시 4권 마지막 부분으로 돌아간다. 이상 국가가 어떤 과정을 거쳐서 무너져가는지, 그리고 그 원인은 무엇인지, 그리고 그때 생겨나는 정치 체제가 무엇인지를 8권부터 다룬다. 그리고 4권에서 이상 국가와 유비관계에 있는 이상적인 사람에 대해 탐구했던 것처럼, 몰락해가는 정치 체제와 유비되는 사람의 종류에 관해서도 다룬다.《국가》의 원래 맥락으로 돌아가보자.

11 이상 국가의 쇠퇴와 다양한 정치체제 ^{8권~9권 전반부}

통치자의 판단 착오로 인한 국가의 실패

최선의 정치체제가 망해가는 과정에 대한 설명에서 주목해야 할 것은, 통치자의 실수나 판단 착오, 혹은 무지가 최선의 정치체제를 망친다는 점이다. 소크라테스는 세계에 존재하는 모든 것은 생성과 쇠퇴를 반복한다고 생각한다. 모든 존재하는 것들에는 이러한 생성과 쇠퇴의 주기가 있고 정치체제 또한 여기에서 예외는 아니다. 그러므로 이렇게 수학적으로 정해져 있는 주기를 정확하게 계산해내는 능력이 나라를 잘 통치하려는 사람에게는 중요하다. 그런데 통치자가 이를 계산할 때 지각을 한꺼번에 사용함으로 잘못 계산할 수 있고, 그 계산 착오는 통치자 계급의 출산 과정에서 문제가 발생하는 원인이다. 정확하게 황금의 자녀만 태어나야 하는데, 이를 주관하는 통치자(5권 참조)가 잘못 판단하여 황금의 자녀가 아닌 은이나 쇠나 동의 자녀가 태어나서 통치자 계급에 섞이는 경우, 이 나라의 통치자들은 최선의 통치자들처럼 살아가려 하지 않는다. 플라톤은 문제의 원인을 다른 데가 아닌 통치자들 자신에게서 찾는다.

통치자가 이런 실수나 판단 착오를 겪는 것은 어떤 점에서는 필연적이다. 철학자는 신과 같이 완전한 존재가 아니기 때문이다. 철학자 또한 인간이다. 여전히 동굴 속에서 살아가야만 한다. 따라서 아무리 훌륭한 교육 프로그램을 통해 준비가 되어 있다고 하더라도, 실수할 가능성은 항상 열려 있다. 그리고 딱 한 번의 실수만 발생하더라도 통치자 계급 안에는 황금의 자녀가 아닌 사람이 포함되게 되고, 그 사람이 올바른 통치자로서의 역할을 감당하지 못하면 잘 짜여있는 시스템이라도 균열은 필연적으로 발생한다. 그리고 한 번의 균열은 시스템 전체를 천천히 붕괴시켜버린다. 따라서 철학자가 통치를 하더라도 이상적인 국가의 쇠퇴는 피할 수 없다. 그리고 그 쇠퇴의 원인은 다른 집단에 있는 것이 아니라 통치자인 철학자 자신에게 있다. 철학자가 인간인 이상, 이상 국가는 영원할 수 없다. 통치자는 최선을 다해 실수하지 않으려 노력하고 계산을 정확히 해서 이상 국가가 유지될 수 있도록 해야 한다. 가장 이상적인 상태에서 변화는 더 나빠지는 방향으로만 일어날 수 있기 때문이다. 여기서 주목할 것은, 모든 문제의 원인이 철학자에게 있다는 것이다. 이상 국가를 만드는 것도 철학자의 몫이고, 이상 국가가 지속되도록 노력하는 것도 철학자의 역할이며, 이상 국가가 몰락하는 것도 철학자 탓이다. 철학자는 두 세계를 연결하기 때문에 그만큼 책임도 크고 그만큼 위태롭기도 하다. 철학자는 니체가 말하는 수퍼맨이 될 수 없다. 이데아에 대한 지식을 가졌지만 인간이라는 한계에 묶여 있기 때문이다.

플라톤이 《파이돈》 같은 대화편에 설명하듯 죽음을 연습해온 존재인 철학자가 날카로운 이성적 사유만 하는 데 지장을 주던 육체의 감각으로부터 자유로워지는 궁극적인 경지에 오를 수 있다면 오류는 발생하지 않을지도 모른다. 그러나 《국가》를 쓰는 플라톤은 육체의 감옥을 벗어나려는 철학자의 모습이 인간 공동체라는 관점에서 보면 '올바르지 않다'고 설명한다. 철학자의 자질을 갖춘 사람이라도 자기 노력만으로 철학자가 된 것은 아니었기 때문이다. 따라서 철학자는 동굴로 돌아와 두 세계를 연결해야 한다. 그러한 철학자의 운명은 동굴 속에 이상 국가를 만들어내는 원인이 되기도 하고, 세워진 이상 국가의 쇠퇴를 불러오는 원인이 되기도 한다. 이상을 추구하지만 현실에서 살아가야만 하는 철학자의 운명은 비극적이다. 한계를 도저히 벗어날 수 없다는 사실을 알아도 이상은 끝까지 추구되어야 한다. 그리고 이를 이루어내려는 철학자는 여전히 인간이다.

철학은 대단하다. 하지만 동시에 대단하지 않다. 철학은 항상 대단하다는 측면에서만 자신의 정체성을 규정했다. 그래서 철학자들이나 철학자가 아닌 사람들이나 철학자의 역할을 구름 위에서 소위 일반인들을 내려다보며 훈계하고 꾸짖는 것이라고 생각했다. 그러나 철학은 굉장히 위험하고 불안정한 학문이다. 앞에서 이미 보았듯 철학이라는 명예를 얻고 싶어 하는 사람들이 철학을 망치는 경우도 큰 문제이기는 하다. 이에 더하여 철학의 재능을 가지고 있는 사람이 통치를 하지 않는 것도 문제이지만, 통치를 하는 것도 문제의 원인일 수 있다. 철학자가 하나라도 실수하는 순간엔 시스템 전체가 무너진다. 철학자가 교육받은 것을 제대로 활용하지 않으면 국가는 위험에 처하게 된다. 그런데 철학자가 인간인 한 모든 것을 다 알 수는 없기 때문에, 자신의 지식과 능력을 과신하면 바로 그것이 문제의 근본적인 원인이 된다. 따라서 철학자는 시스템이 최대한 변화 없이 잘 유지될 수 있도록 노력하며 통치해야 하고, 이 과정에서 계속해서 자신을 돌아보아야 한다. 자신이 제대로 알고 있는지 점검하고, 자신의 판단이 올바른지 검토하며, 자신의 계산이 정확한지 살펴야 한다. 결국 "너 자신을 알라"는 철학자가 가장 먼저 수행해야 하는 철학적 활동이다. 그리고 철학자가 철학적 활동에 충실하지 않으면, 철학자 개인뿐 아니라 그 철학자가 통치하는 국가 전체의 파멸은 불가피하다.

이상 국가에 미달하는 세 가지 통치 체제

1) 명예지상정체: 무너져가는 이상 국가

소크라테스는 철학자의 판단 착오가 통치자 계급의 분화를 일으키고, 통치자 계급 사이에서 두 종류의 사람이 등장하게 만든다고 말한다. 한 종류는 통치자다운 훌륭한 성품을 지니고 좋은 교육을 받아 올바른 국가를 유지하는 데 필요한 자질을 충분히 발휘하는 사람이지만 다른 하나는 은과 동과 철의 자녀로, 철학자로서의 자질을 가지고 있지 못하다. 후자에 속하는 사람의 가장 큰 특징은 돈을 사랑한다는 점이다. 이들은 과두정치체제에 어울리는 사람들처럼 돈에 대한 욕심으로 가득하다. 소크라테스가 그리는 이상 국가의 가장 중요한 원칙은 '하나의 국가'를 유지하는 것이다. 이상 국가가 쇠퇴하기 시작하면서 처음 나타나는 이 정치체제에서는, 두 종류로 나누어진 사람들이 여전히 하나의 나라를 유지해야 한다는 사실을 알고 있기 때문에 합의를 보려 한다. 두 집단 모두의 기본적인 욕구를 만족시키는 선에서 시스템을 만들어내는 것이다. 이상 국가와 마찬가지로 여전히 시스템에 의해서 국가가 작동하기를 바라면서 두 집단은 서로 약간씩 양보한다. 이전 통치자 계급은 사적 재산을 소지하지 못했지만 이에 대한 대가로 명예를 부여받았다. 이들은 고귀한 목표를 포기하는 대신 명예는 유지하는 것을 선택한다. 동시에 과두정치체제에 어울릴 만한 사람들은 금지되었던 사적 재산의 소유를 허가받는다. 이에 더하여 통치자 계급에 금지되었던 가족관계 또한 허용된다. 물론 처음에는 과도한 재산 추구는 금지되고, 공적인 영역보다 사적인 영역에 속하는 가족에 관심을 더 쓰지는 못하도록 되어 있지만, 적당한 수준을 유지하는 것은 굉장히 어려운 일이다. 소크라테스의 기획에서 처음부터 사유재산과 가족이 금지된 이유는, 약간의 빈틈이라도 허용이 된다면 끝없는 인간의 욕망을 통제하는 것이 불가능하기 때문이었다. 두 집단이 합의를 보아 가족과 사유재산을 허용하는 대신 통치자에게 주어지는 명예를 중요하게 여기기로 하면서, 이 국가는 이제 모든 구성원이 잘 사는 것을 목표로 하지 않고 통치자가 명예를 좇기 위해 운영되는 체제를 만들게 된다. 그리고 명예를 가장 크게 누릴 수 있는 것은 전쟁이기 때문에, 이상 국가에서는 방어가 전쟁의 주된 목표였다고 한다면 이제 명예를 얻기 위해 전쟁을 벌이게 된다. 특히 침략을 통해 명성을 높이려고 하게 된다. 전쟁의 부산물로 얻게 되는 전리품은 과두정체적인 사람들의 욕구를 채워줄 수 있다. 그리고 이들의 목표는 국가를 지키는 것이 아니라 자신의 재산을 지키는 것이 된다.

이 사람들은 어떤 점에서는 이상 국가에 어울릴 만하기도 하지만 어떤 점에서는 그렇지 않다. 덜 고집스럽고, 시가를 좋아하기는 하고, 이야기 듣기는 좋아하며, 자유인에게는 상냥하고 통치자들에게 순종적이라는 점에서 이전 통치자들의 성향을 닮았다. 그러나 변론술에 능하지는 못하고, 노예에게 가혹하고, 명예를 사랑하고, 전쟁과 관련된 공적 때문에 자기가 통치자가 될 자격이 있다고 생각하며, 통치하는 것을 좋아한다는 점에서 이상 국가의 통치자들과는 다르다. 철학자들은 통치하기를 원치 않았고 그래서 동굴 밖에 머물러 있고 싶어 했다. 이들은 통치하려 들지 않았기 때문에 국가 시스템, 즉 법률이 이들을 강제하여 통치하도록 해야만 했다. 그러나 명예지상정체의 통치자들은 스스로가 통치하기를 바란다. 이 정치체제에서 가장 중요하게 여기는 명예를 얻는 가장 좋은 방법은 통치자가 되는 것이다. 겉으로 보기에는 명예지상정체가 이상 국가의 정체와 크게 달라 보이지 않지만 가장 핵심적인 점, 통치자가 통치를 하고 싶어하는지의 여부에서 차이가 난다.

정치인이 국가를 위해 정치를 하고자 한다면 《국가》에서 제시하는 것처럼 권력욕에서 자유로워야 잘 할 수 있다. 국가를 위한 봉사는 권력에 대한 욕구에서 비롯해서는 안 된다. 대통령에 대한 후보들의 개인적 욕망이 1987년 6월을 절반의 승리로 만들어버렸던 것 아닌가? 권력과 명예에 대한 두 사람의 사적인 욕구로 인해 쿠데타 세력에게 다시 정치권력이 넘어감으로써 남산의 어두운 건물 내에서 죽어간 박종철과, 최루탄에 맞아 쓰러져간 이한열과, 그리고 이름도 남기지 않으면서 나라를 위해 피 흘리고 죽어간 수많은 사람들의 희생이 물거품으로 돌아가 버린 것이 1987년 12월이다. 인간으로서 권력욕을 가져야 하는 것이 당연하다고 사람들은 말할지 모른다. 컴퓨터 백신으로 명예를 얻었던 어떤 사람은 촛불의 민심을 '극중주의'로 읽어 정치적 명예까지 얻고자 했으나 실패로 돌아갔다. 촛불 이후 대통령에 당선된 사람은, 후보 시절 '권력욕'이 부족하다는 평을 지지자에게 듣기도 했는데, 어쩌면 그래서 비교적 좋은 평가를 받고 있을지도 모른다. 그러나 플라톤은 우리에게 경고한다. 국가 전체가 잘 되도록 만드는 정치인들이 개인의 재산과 명예에 관심을 두기 시작하는 순간, 아무리 그런 욕구가 '인간적'이라고 할지라도, 정치인 개인뿐 아니라 국가 전체가 흔들리게 된다고. 국가 권력을 잡은 사람 또한 인간이다. 그렇기 때문에 플라톤은 통치자가 인간으로서의 욕망을 발휘할 수 없는 국가 시스템을 만들어야 한다고 주장한다. 그리고 그런 시스템 내에서도 통치자가 실수를 할 여지를 최소한으로 만들어야 한다. 통치자가 되기 위해서는 계속해서 '자신을 부인'하고 국가 전체를 위해 살아가야 한다. '권력욕'은 이상적인 국가의 가장 큰 장애물이다. 정치인에게 사적인 영역은 없어야 한다. 그런데 현대 정치체제에서 과연 이런 정치인을 만나는 것이 가능할까? 플라톤 스스로도 현실적으로 자신이 말하는 이상적인 정치인은 찾기 어렵다는 사실을 인정한다. 그러나 최소한 '권력욕'이 정치의 목적이어서는 안 되지 않을까?

2) 과두정치체제: 돈이 최고인 나라

명예정치체제는 그리 오래 가지 못한다. 사유재산이 허용되자 통치자들 중 일부는 돈에 대한 욕망을 키워가고, 각자의 금고를 황금으로 채워간다. 처음에는 국가 전체를 잘 다스리고자 했던 사람들도 몇 사람들이 부자가 되어가는 것을 보면서 그런 삶을 선택하고 돈벌이에 힘쓴다. 전통적인 가치나 도덕은 판단의 기준이 되지 못한다. 각자가 자신의 생각이 옳다고 생각하는데, 이는 공통적인 판단 기준으로서의 '훌륭함'을 추구하던 전통과는 다르다. 개인의 사적 이익을 추구하는 사회에서 모든 사람들의 생각에 깔려 있는 유일한 공통 전제는 돈이다. 아름다움에 대한 기준도, 좋음에 대한 기준도, 도덕에 대한 기준도 서로 다르지만 돈에 대한 욕망을 채우는 것이 좋다는 것은 모두가 동의한다. 따라서 명예를 중요시하던 정치체제는 서서히 돈이 모든 것의 기준이 되는 체제로 바뀌게 된다. 각자가 가진 재산을 평가하여 가난한 사람은 통치에 관여할 수 없도록 한다. 통치술에 재능이 있고 교육을 받았고 그래서 이에 능하다고 하더라도 가난한 사람은 통치를 할 수가 없다. 또한 명예정치체제에서는 사유재산의 소유만 허용이 되었는데, 이제 재산을 팔고 사는 것이 허용되면서 특정한 소수는 지나치게 부유해지고 가난한 사람들은 계속해서 가난해지며 이 격차는 점점 심해지게 된다. 하나의 나라가 20:80의 나라가 되고, 10:90, 그리고 1:99의 나라로 바뀌어간다.

소크라테스가 4권에서 걱정했던 것처럼 과두정치체제의 나라는 필연적으로 두 나라로 나뉜다. 겉보기에는 하나의 나라로 유지되고 있지만, 사실 부자들의 나라와 가난한 자들의 나라라는 두 나라다. 국가 내에서 갈등은 심화되고 시스템은 이를 해소하지 못한다. 통치자들은 전쟁을 하려 들지 않는다. 부유한 통치자들은 자신들만으로는 전쟁을 수행할 수 없다. 필연적으로 가난한 사람들의 도움을 받아야 한다. 가난한 사람들이 군인으로 전쟁에 뛰어들어야 통치자들이 명예를 얻는다. 그러나 과두정치체제의 지도자들은 명예보다는 재산을 더욱 중요하게 생각한다. 그래서 그들은 가난한 자들에게 무기를 쥐어주고 전쟁을 하라고 시킬 때 가난한 이들이 그 칼과 창을 오히려 부유한 사람들에게 돌릴 것을 두려워한다. 차라리 명예를 얻지 않는 것이 낫지, 가난한 사람들에게 자신의 재산이 위협받는 상황에 이르기를 바라지 않는다. 그만큼이나 돈을 사랑하는 사람들이다. 또 전쟁도 일어나지 않게 된다. 돈에 대한 욕망에 이끌리는 사람들은 인색한 스크루지처럼 자신의 재산을 쓰지 않으려 하기 때문에 막대한 자원을 투자해야 하는 전쟁은 하지 않는다. 겉보기에는 전쟁이 없는 평화로운 국가일지 모르지만, 나라 안에서는 두 계급 사이의 드러나지 않는 갈등이 너무나 깊어서 회복되기 어렵다.

이 정치체제는 여전히 이상적인 정치체제와 닮았다. 법이라는 국가 시스템을 통해 국가가 운영된다. 이상 국가가 좋은 법 체제를 만들어 이에 따르도록 한 것처럼, 과두정치체제 또한 돈이라는 하나의 기준을 근거로 국가 시스템을 만든다. 누가 다스리고 누가 지배를 받는지, 정책은 무엇을 기준으로 만들어지는지, 어떤 종류의 교육을 시행해야 하는지 등은 여전히 사회 전체가 참이라고 여기는 돈을 근거로 결정된다. 무엇이 더 좋고 무엇이 더 나쁜지에 대한 기준은 분명히 있다. 무엇이 옳은지에 대한 판단의 기준이 없는, 완전히 상대적인 사회는 아니다. 그런 점에서 바로 다음에 등장하는, 어떤 보편적인 기준도 없는 민주정치체제보다 법에 의해 움직인다는 점에서 더 낮다. 최소한 사회 전체가 동의하는 전제는 있고 이에 따라 시스템은 작동하고 있다는 점에서 그러하다.

이런 사회는 전통적인 가치가 다 무너져서 돈 말고는 어떤 것도 기준으로 작동하지 않는 한국 사회와 얼마나 다를까? 2017년 후반과 2018년 초반 가상화폐 열풍에 전국이 들썩거리면서 중고등학생들부터 직장인들, 노인까지 가릴 것 없이 대박을 꿈꾸며 차트를 들여다보았다. 그리고 1년도 되지 않아 이는 허황된 꿈이었던 것으로 드러나버리고 말았다. 경제적으로 안정적인 삶을 살고 싶어 하는 것 자체를 비판할 수는 없다. 그러나 돈은 그 자체로 목적이 될 수 없다. 아리스토텔레스가 《니코마코스 윤리학》에서 지적하듯, 돈은 다른 무엇을 하는 수단에 지나지 않는다.* 돈을 벌어서 무엇을 할 것인가? 우리 사회에는 이에 대한 고민이 별로 없다. 어쩌면 사는 것이 너무나 팍팍해서 생존만 바라고 있기 때문일지도 모른다.

좋은 직장을 다니든, 재건축으로 얼마를 벌어들이든, 가상화폐가 '떡상'해서 몇 십 배 몇 백 배를 남기든 그렇게 모은 돈으로 무엇을 할 것인지에 대한 답을 가지고 있어야 한다. 수백억을 벌어서 집안에 쌓아둘 것이 아니라면 말이다. 그러나 사람들은 마치 과두정치체제에서 살아가는 것처럼 돈을 모으고 쌓아두기 위해 최선을 다하지만 그것이 어떤 가치를 위해 쓰여야 할지에 대해 논의하지 않는다. 미래에 안정적으로 살 만한 기반을 갖추는 것은 필요하다. 그러나 미

• 아리스토텔레스, 《니코마코스윤리학》 1권 5장 1096a5~10

래에 필요한 경제적 기반은 또다시 무엇을 위한 것인지 물어야 한다. 경제 성장이 불투명한 우리 사회에서 미래에 대한 불안한 마음은 돈 그 자체를 추구하도록 한다. 특히 경제적 패자 부활전이 불가능에 가까운 우리 사회에서 삶의 근간을 포기하지 않고자 하는 의지나 자녀들은 물적 기반에 대한 걱정 없이 살기를 바라는 마음을 비판하기는 어렵다. 한국 사회에서 한 번의 실패는 곧 사회로부터의 퇴출과 다름없고, 이는 세계 최고 수준의 자살률이라는 결과로 나타난다. 그러나 경제적 기반이 근거하는 삶의 목표, 즉 내가 왜 살아야 하는지의 문제는 여전히 의미 있다. 그냥 사는 것이 아니라 '잘 살기'를 추구한다면, 돈은 그 자체로 목적이 되지 않는다.

우리 사회에서 사람은 그가 버는 연봉이나 자산으로만 판단될 뿐이다. 물론 혈통이나 출신 지역, 졸업한 학교나 직업으로 사람을 판단하는 시대보다야 돈이라는 단일한 기준으로 평가된다는 점이 긍정적이라고 볼지도 모르겠다. 그러나 인격의 다양한 측면을 재산 하나로 환원하여 평가하는 것이 과연 정당한 것일까?

2017년, 어떤 사람이 한 자선 재단을 통해 후원하는 어린이가 그에게 20만 원짜리 롱패딩을 요구하자 너무 과한 것을 요구한다는 이유로 후원을 끊고 인터넷에서 논쟁을 벌인 일이 있었다. 후원받아 살아가야 할 정도로 경제적 약자인 어린이가 20만 원짜리 롱패딩이나 피아노 강습을 받는 것은 어울리지 않는다고 후원자는 생각한 모양이다. 경제적 약자는 인생의 모든 면에서 다른 사람보다 못한 수준이어야 한다고 생각한 것이다. 돈이라는 하나의 기준으로 후원받는 어린이를 바라보니, 이 어린이는 모든 면에서 나보다 못한 사람이어야 하고 그렇기 때문에 감히 그 수준을 넘보는 것을 꿈꾸지조차 않아야 한다고 생각했나 보다.

돈이 부족하면 막장 인생을 살아야 한다고 생각하는 사람은 우리 사회에도 많다. 돈 말고 어떤 것도 가치의 기준이 되지 않는 사회이다. 이런 사회의 가장 큰 문제는 나라가 '하나의 나라'일 수 없다는 것이다. 이 나라는 다수의 가난한 사람들과 소수의 부유한 사람들로 구성된 두 개의 나라이다. 명예를 중요하게 여겼던 나라는 하나의 나라를 유지하려는 노력이라도 기울였지만, 둘로 나누어진 나라는 모두가 잘 사는 것에 대한 관심은 없고, 자기 계급의 이익만을 추구한다. 그러면 가난한 자들과 부유한 자들의 계급은 각각 하나로 유지될 수 있을까? 그럴 수 없다. 모두가 자기 마음대로 살아가고자 하는 민주정치체제는 이런 토양에서 생겨난다.

3) 민주정치체제: 마음대로 할 수 있는 자유가 넘쳐나는 사회

플라톤은 민주정치체제를 비판한 것으로 매우 유명하다. 포퍼는 플라톤을 민주주의의 적으로 간주했다. 《열린 사회의 적들》에서 포퍼는 플라톤의 철학과 소크라테스의 철학을 구분하여 《국가》부터 플라톤은 민주주의적이던 소크라테스의 철학을 배신하고 전체주의적인 철학을 펼쳤다고 강하게 비판한다.• 포퍼의 해석이 정당하든 그

• 칼 포퍼 《열린사회의 적들》 6장 5절. 포퍼는 역사적 소크라테스의 가르침은 기독교의 가르침과 비슷하고, 정의 개념은 페리클레스와 크게 다르지 않았다고 생각한다. 플라톤의 초기 대화편에서는 이런 소크라테스의 원리를 따랐지만, 《국가》를 집필하는 시점에 와서는 소크라테스의 원리를 버렸다고 주

렇지 않든, 플라톤이 제시하는 이상 국가가 '열린' 사회가 아닌 것은 분명하다. 그러나 플라톤이 정말로 '민주주의의 적'인지는 생각해볼 필요가 있다. 이를 위해서는 《국가》 8권에서 플라톤이 민주정치체제를 비판하는 부분을 꼼꼼히 읽어보아야 한다.

《국가》 8권의 소크라테스는 과두정치체제가 곧 민주정치체제로 바뀐다고 한다. 민주정치체제의 가장 큰 특징은 모두가 '제멋대로 할 수 있는 자유'를 갖는다는 점이다. 이는 가난한 자들이든 부유한 자들이든 가릴 것 없이 각자의 욕망을 추구할 수 있도록 해주는 정치체제이다. 과두정체에서는 '돈'이라는 단일한 기준이 있었다. 따라서 돈에 대한 욕망은 모든 다른 욕망보다 우선한다. 그런 이유로 과두정치체제의 지도자들은 전쟁을 피하려 했다. 전쟁을 수행하려면 돈을 잃어야 하기 때문이다. 그러나 민주정치체제에서는 욕망은 욕망인 한 모두 평등하다. 어떤 욕망이 더 좋고, 어떤 욕망은 더 나쁘다는 가치 판단을 욕망에 대해서는 할 수 없다. 명예에 대한 욕망과, 돈에 대한 욕망과, 성적인 즐거움에 대한 욕망과, 지적인 욕망은 각각 욕망으로서 평등하고, 어떤 것도 다른 것에 우선하지 않는다. 최선자 정치체제, 명예지상정치체제, 그리고 과두정치체제에서는 가치판단의 객관적 기준이 존재했는데, 민주정치체제에 오면 이제 가치판단의 보편적 기준은 없다. 사람들이 각자 보기에 좋은 대로 행동하는 것은 언제나 정당하다. 절대적인 진리는 없고, 각 사람은 그 나름의 이유

장한다. 플라톤의 철학과 소크라테스의 철학을 구분할 수 있는지의 문제는 이미 1장에서 다루었다.

를 근거로 욕망한다. 그리고 다른 사람을 비판할 수 있는 사회 전체의 보편적인 근거, 혹은 모두가 동의하는 상식은 없다. 각 사람은 언제나 옳다.

다채롭고 화려한 민주정의 모습

이상 국가의 최선자 정치체제에서는 다양성이란 없고 모든 것이 획일적이다. 통치자가 가지고 있는 이데아에 대한 앎을 근거로 세워진 시스템에 따라 모든 것이 하나로 움직인다. 명예지상정체나 과두정체 또한 마찬가지로 명예나 돈이라는 하나의 기준으로 작동하는, 다양성은 인정되지 않는 곳이다. 그러나 민주정체는 다양성이 존중되는 곳이다. 민주정체에서는 각자가 법을 제정한다. 각 사람은 자신이 생각하기에 옳은 기준을 만들고 이에 따라서 산다. 플라톤이 제시하는 이상 국가 또한 어떤 점에서는 다양하다. 다양한 직업이 있고 계급이 있으며 각자는 자신의 일들만 하게 되어 있다. 그러나 이 다양함은 하나로 통합되어 전체 국가는 '한마음 한뜻'으로 움직인다. 다양성은 이상 국가의 근본 전제에 따라 하나로 조화를 이룬다. 백색광을 나누면 다양한 스펙트럼이 있지만 우리에게는 하나의 빛으로 경험되는 것과 마찬가지이다. 그러나 민주정체에서는 각자의 기준과 법이 서로 조화로울 이유가 없다. 각자의 생각이 최종적이기 때문에 서로 조정과 조율을 통해서 전체가 하나의 색으로 보일 필요가 없다. 화려하고 다채로운 색과 같은 정치체제가 민주정체이다.

　민주정체도 이전 정체와 어떤 측면에서는 연속적이다. 이전 체제들은 각각의 기준에 따라 전체 시스템이 구축되어 있다고 한다면, 민주정체의 경우 사람들이 각자의 기준을 가지고 각자 그 기준에 맞추어 살아간다. 다시 말해 최소한 나는 내 삶을 내가 가장 좋은 것이라고 생각하는 욕구의 만족을 위해서 살아가도록 규칙을 정한다. 보편적이지는 않을지 모르지만, 나는 나 나름의 규칙에 맞추어서 살아간다. 사회 전체의 시스템은 갖추어질 수 없겠지만, 개인의 삶은 그 나름의 기준에 따라서 체계적이다. 법을 지키면서 살아야 한다는 최선자 정체의 흔적이 최소한 개인의 삶에는 남아 있다.

한국 사회가 돈에 대한 욕구로 움직이는 것 같지만,《국가》의 설명처럼 우리 사회에서 돈에 대한 욕구의 지위도 이전만 하지는 않은 것 같다. '욜로' 열풍은 돈 이외의 다른 욕구 또한 중요하다는, 혹은 돈보다 다른 삶의 질에 대한 욕구가 더 중요하다는 생각의 변화를 보여준다. 돈만 중요하게 생각하는 문화를 벗어나 인간다운 삶을 추구하려는 움직임 자체는 매우 긍정적이다. 전후 경제 발전만이 국가 전체의 최고 목표였던 시기를 지나 여러 측면의 욕구들에 주목하게 된 상황은 지극히 자연스럽다. 인간은 돈을 벌기 위한 수단이 아니라 '잘 살아야' 하는 주체이다.

문제는 '잘 살기'의 기준이 사람마다 모두 다르다는 점이다. 어떤 사람은 해외여행을, 어떤 사람은 명품 가방을, 어떤 사람은 맛있는 음식을, 어떤 사람은 스포츠카를 잘 사는 기준으로 삼을지 모른다. 각자가 자신이 보기에 좋은 기준에 따라 삶의 우선순위를 정하고 살아가는 삶은 민주정체적이다. 그러나 이 체제에서 다른 사람의 삶에 관여하는 것은 문제가 된다. 소크라테스가 제시하는 민주정체에서는 사람들이 각자의 기준에 따라 살기 때문에 다른 사람의 삶에 대해 이래라 저래라 하지 않는다.

에피쿠로스 학파가 말하는 만족과 쾌락

민주정체적인 사람들은 순간의 욕망을 만족시키는 것이 가장 중요하다고 본다. 이런 태도가 극단화되면 '미래'에 대한 고려 없이 현재에 초점을 맞추는 '욜로'와 같은 태도가 나타난다. 호라티우스의 시에 나오는 '오늘을 잡아라'라는 의미의 carpe diem*은 이런 욜로 정신을 정당화한다고 오해되곤 한다. 하지만 과연 그럴까? 내일 일은 걱정하지 말고 오늘을 잘 살라는 이 말은 '오늘 즐겁게 살자'는 의미라고 알려져 있다. 그러나 이 구절을 해석할 때에는 로마의 시인인 호라티우스가 에피쿠로스학파라는 사실을 근거로 해석해야 한다. 사람들은 에피쿠로스학파를 단순한 쾌락주의자라고 알고 있다. 하지만 에피쿠로스학파 사람들은 만족으로서의 쾌락만을 중요하게 여긴 사람들이 아니다. 그들은 신을 포함하여 모든 것이 다 물질이라고 생각했던 유물론자들이며, 만물은 원자로 이루어져 있다고 생각했다. 세계의 모든 것은 원자들의 운동이라는 물리적인 법칙에 따라서만 존재하고 생성하고 소멸하고 변화한다고 보았다. 따라서 모든 일들은 물리적 인과 법칙에 따라서 정해져 있다. 이에 대해 인간이 알고 모를 수는 있지만, 불확실성이라는 것은 없다. 모든 것은 정해져

• 호라티우스, *Odes*, Book 1.11. "Carpe diem, quam minimum credula postero." (내일은 믿지 마라. 오늘을 즐겨라 - 김남우 역, 《카르페 디엠》, 민음사, 2016.)

있으므로 미래의 불확실한 일에 대해 두려워하거나 걱정하는 것은 의미 없는 일이다. 정해져 있는 일을 계획하려 애써봤자 소용이 없다. 오히려 우리는 주어진 하루하루에 충실하면서 살아가야 한다. 이것이 에피쿠로스학파 사람들이 생각하는 즐거움이다. 더 큰 쾌락을 얻기 위해 노력하는 것은 의미 없는 일이고, 그날그날 주어진 것들에 충실하면서 괴로움을 피하는 것이 바로 소박한 의미에서의 즐거움이다. 이런 식의 즐거움을 추구하는 것을 '쾌락주의'라는 부정적인 뉘앙스로 폄하할 수 있을까? 고통을 벗어남으로서의 즐거움을 누리면서 하루를 잘 살아가는 것이 행복이다. '오늘을 즐기라'는 그런 맥락에서 그날그날에 충실하라는 호라티우스의 조언이지, 내일 어떻게 될지 모르니 그날의 쾌락에 탐닉하라는 의미가 아니다.

현재의 즉각적인 욕망의 만족만을 추구하면서 미래에 끼칠 영향을 고려하지 않는다면, 현재의 즐거움은 더 큰 미래의 고통을 초래할 수도 있다. 계속해서 즉각적으로는 즐거워하고 있으니 아무 문제 없는 것 아니냐는 반론도 가능하다. 그러나 현재의 즐거움이 내일의 고통을 초래한다면, 내일은 그 고통을 상쇄시킬 정도로 현재의 즐거움보다 더 큰 즐거움을 경험해야만 한다. 그러면 순간순간 경험해야 하는 즐거움의 양을 증가시켜야만 하고, 고통의 양도 계속 커져만 간다. 플라톤의 《고르기아스》에서는 이렇게 즉각적 욕망만 따라 사는 사람을 구멍 뚫린 항아리에 계속해서 물을 붓는 사람이나, 종기가 난 몸을 계속해서 긁는 사람과 다르지 않다고 한다.* 일시적으로 항아리가 채워진다는 만족은 있을지 모르지만 채워지는 물은 하나도 없으므로 계속해서 물을 부어야 한다. 항아리의 깨진 구멍이 점점 커져가면, 그만큼 더 큰 노력을 기울여야 이전에 느꼈던 정도의 즐거움을 느낄 수 있다. 고름이 흘러내리는 종기를 긁으면 잠깐 시원하기는 하겠지만 염증 부위가 덧나서 상처는 깊어지기만 하고 근본적인 문제는 해결되지 않는다.

플라톤은 민주정체의 다양성을 부정적으로 여긴다. 사람들의 정신적인 능력과 육체적인 능력이 각기 다르다고 보는 플라톤으로선 각 사람이 내리는 판단이 평등할 수 없다고 본다. 사람들이 각자의 기준에 따라 판단한다고는 하지만, 안타깝게도 모든 사람들이 좋음을 판단할 수 있는 능력을 가지고 있지는 않다. 농부는 농사와 관련한 문제에 있어서는 전문가일지 모르지만, 자신의 건강에 관한 문제에 있어서 좋음을 판단할 수 있는 능력을 갖추지는 못했다. 군인은 전쟁과 관련해서 어떤 전략을 취하는 것이 좋을지는 잘 판단할 수 있을지 모르지만, 어떤 직물로 된 옷을 입는 것이 추운 겨울을 나는 데 좋은지에 대해서는 바른 판단 기준을 가지고 있지는 못하다.

민주정체하에서 자신의 기준에 따라 일관되게 살아갈 수 있다면, 모든 '좋음'의 판단 기준이 자신의 것이므로 각자의 삶은 좋다고 할 수 있을지도 모른다. 하지만 문제는 모든 사람이 자신의 삶에 정말

---

* 플라톤, 《고르기아스》 494a~c.

좋은 것이 무엇인지 판단할 수 있는 능력을 갖추지는 못했다는 점이다. 오히려 극소수만이 이런 능력을 갖추고 있다. 사람들이 각자 자신의 행복을 추구할 수는 있지만, 그들 각자의 생각이 항상 옳다는 보장은 없다. 즐거움과 행복에 대한 객관적 기준이 없는 사회에서 각 사람들이 자기 뜻대로 살아간다고 해도, 그 생활 방식이 그 자체로 정당성을 갖지는 않는다. 민주정체에서는 객관적인 기준으로 개인을 평가하려 드는 것 자체가 부정된다. 모든 사람들은 각자의 주인이고 누구의 명령도 듣지 않는다. 과연 이런 사회에서 살아가는 사람들은 행복할까?

전체주의자 플라톤?

플라톤의 이상 국가에 대해 학부생을 대상으로 수업을 해보면 학생들의 심리적 반감이 매우 강하다. 각자가 가진 능력에 따라 주어진 일만 해야 하고 다른 사람들의 삶에 관심을 기울여서는 안 된다는 플라톤의 주장은, 인간은 모두 평등하다고 전제하는 민주주의 제도 하에서 살아가는 대학생이 받아들이기 쉽지 않다. 이미 여러 번 논의했듯 플라톤은 각 사람이 서로 다른 능력을 가지고 있으며 그 능력에 맞는 일을 하는 것이 그 사람에게도 가장 좋은 일이라고 생각했다. 플라톤의 이상 국가 논의에서는 나오지 않지만, 아리스토텔레스는 노예의 본성이 따로 있고 그렇기 때문에 노예의 본성을 가지고 태어난 사람은 노예가 되는 것이 자연스러운 일이며, 주인의 본성을 가진 사람은 주인이 되는 것이 자연스럽다고 보았다.[*] 플라톤도 마찬가지로 농사를 짓는 것이 본성인 사람에게는 농사의 업무가, 집을 짓는 사람에게는 건축의 업무가 부여되어야 한다고 주장한다. 그리고 누구든 자신에게 주어진 업무에 충실해야 한다.

이 지점에서 플라톤의 독자들, 특히 현대의 독자들은 엄청나게 불편함을 느낀다. 개인의 존재 이유가 국가의 목표를 위한 것이라면 파시즘과 다를 바가 무엇인가? 대한민국 헌법 10조는 "모든 국민은 인간으로서의 존엄과 가치를 가지며, 행복을 추구할 권리를 가진다. 국가는 개인이 가지는 불가침의 기본적 인권을 확인하고 이를 보장할 의무를 진다"라고 하여 국민의 행복 추구를 기본 권리로 상정하고 있다. 플라톤의 이상 국가는 인간의 가장 기본적인 권리를 침해하는, 지금 같으면 탄핵될 만한 정부가 아닌가? 각자가 하고 싶은 것을 하지 못하게 하는 사회, 전체의 목표를 위해 개인의 자유를 희생하도록 하는 사회가 과연 이상적이라고 할 수 있을까? 가장 '아름다운 나라(kalli polis)'라는 이름은 오히려 가장 부적절하다. 그렇다면 과연 플라톤은 민주주의를 비판하고, 한 나라의 국민 모두를 국가의 부품으로 이용하는 전체주의적인 이념을 가진 철학자일까. 물론 플라톤의 《국가》에서 그려지는 이상 국가의 모습이 민주적이지 않은 것은 분명하다. 그러나 플라톤 입장에서도 변론할 기회를 주기는 해야 할 것 같다.

• 아리스토텔레스, 《정치학》 1권 7장.

플라톤의 '자유', 플라톤의 '조화로운 국가'는 어떻게 다른가

플라톤이 말하는 '자유'는 근대 자유민주주의 사회에서의 자유와 정확히 일치하는 것은 아니다. 플라톤은 《국가》에서 자유를 항상 '멋대로 할 수 있는' 자유라고 의미에 제한을 둔다. 멋대로 한다는 것은 자신에게 주어진 일뿐 아니라 다른 것까지도 원하는 것이라면 무엇이든 하려고 하는 태도를 말한다. 플라톤은 '자유'에 방점을 찍기보다는 '멋대로 함'에 더욱 무게를 싣고 있다. 각자가 자신이 '해야 할' 일을 하지 않고 다른 일을 하는 경우이다. 예를 들어 생각을 해보자.

나는 스포츠 경기를 보는 것을 즐기는데, 그중에 특별히 좋아하는 스포츠는 미식축구이다. 이 스포츠를 좋아하는 이유 중 하나는 다양한 체형과 체력을 가진 사람들이 한 팀을 이루어서 경기를 펼친다는 점에 있다. 키가 큰 사람도 키가 작은 사람도, 가벼운 사람도 무거운 사람도 모두 각자의 역할이 있다. 어깨가 강하고 공을 정확히 던질 수 있는 사람은 쿼터백으로, 키가 크고 다리가 빠른 사람은 와이드 리시버로, 저돌적이고 발이 빠르며 키는 작지만 맷집이 좋은 사람은 러닝백으로 공격에 가담한다. 덩치가 크고 몸무게가 많이 나가는 사람은 라인맨으로, 발이 빠른 사람은 코너백으로 수비에 참여하며, 공을 정확하게 찰 수 있는 사람은 키커로 참여한다. 또한 각 선수들은 공격과 수비에 참여할 때 코치가 정해놓은 역할만 감당해야 한다. 열한 명의 선수가 코치가 계획해놓은 작전대로 자신의 역할을 그대로 수행한다면 공격은 성공적으로 이루어질 수 있다. 다른 사람이 역할을 다하는지를 꼭 체크할 필요는 없다. 자신의 일만 하면 된다.

문제는 이런 방식으로 경기가 진행될 때 각 선수의 '자유'는 있을수 없다는 점이다. 물론 수비 팀의 전략에 따라 공격 팀이 즉흥적으로 공격 패턴을 바꿔야 하는 경우가 있지만 이때도 쿼터백의 지시에 따라서 움직여야 한다. 하나의 목표를 위해 뛰고 있는 팀에서는 개인의 자유보다 전체 안에서 자신이 맡은 역할이 더 중요하다.

　그런데 태클을 전문으로 하는 선수가 양지로 나와 관중들의 주목을 받고 싶어서 러닝백으로 패스되던 공을 들고 뛴다면 어떤 일이벌어질까? 다른 모든 포지션의 선수들이 주어진 역할에 따라 정해진위치로 뛰어가기도 하고, 달려드는 수비 선수를 태클하기도 하고, 쿼터백을 지키기도 하면서 자신의 역할을 성공적으로 수행했다고 하더라도 그 공격 기회는 실패로 돌아가고 말 것이다.

　플라톤이 경계하는 자유는 바로 이런 것이다. 각자에게 주어진 역할이 있는데 그것을 하지 않고 그때그때 하고 싶은 일을 자신의 능력과 관계없이 하고자 한다면 국가 전체의 목표는 달성될 수 없다. 하지만 이 정도의 설명으로는 여전히 플라톤에 대한 의혹을 풀기 어렵다. 여전히 개인의 욕구나 목표보다는 국가 전체의 목표를 위해서개인이 희생해야 하는 것으로 보이기 때문이다. 그런데 정말 플라톤은 생산자 계층과 군인 계층, 그리고 더 나아가 통치자 계층에게 국가를 위해 '희생'하라고 요구하는 것일까? 그렇지 않다.

　플라톤이 추구하는 나라는 '한마음 한뜻'을 이룬 나라이다. 그러나이 나라는 "잘 살아 보세"를 외치면서 기업을 위해 개인을 희생시키고, 노동자가 한 달에 이틀도 못 쉬게 하면서 하루에 15시간 이상 기계처럼 일하게 만들던 전체주의 국가와는 다르다. 《국가》에서 제시되는 이상 국가는 생산자를 노예로 여기지 않는다. 국가의 목표는 개인의 행복과 별개의 것이 아니다. 오히려 구성원 한 명 한 명의 행복을 달성시키기 위해 국가는 존재한다. 이 국가의 구성원 각자는 처음부터 계약의 주체였다. 각자가 잘하는 일만 계속하면, 자신이 잘하지 못하는 영역에서 생산되는 물품들을 가질 수 있도록 한다는 계약이 되어 있다. 개인의 존재 의미를 국가에서만 찾게 했던 독재정권하의 한국 사회와 달리, 이상 국가의 개인들은 자유로운 계약 주체로서 계약을 통해 개인의 이익을 최대화하려는 판단을 통해 국가에 들어온 사람들이다. 이상 국가의 시민이 되는 것은 자유로운 선택이었다. 이 국가는 사람들이 자신이 가장 잘하는 일에만 종사해도 잘 살기 위해 필요한 여러 재화들을 공급받을 수 있는 사회가 목표다. 따라서 시민들의 노동은 강요된 것이 아니다. 개인이 자신의 일에 열심을 다하는 것은, 노예처럼 원치 않는데 강압에 의해 떠밀렸기 때문이 아니다. 그렇게 하기로 약속하고 계약에 참여했던 것이다. 멋대로 살지 않는 이유는 강요 때문이 아니라 계약 때문이다. 운동 경기에 참여하는 어떤 선수가 작은 역할이더라도 그것이 자신의 적성에 제일 잘 맞고 그 일을 함으로써 개인의 행복을 누릴 수 있다는 사실을 알고 그 포지션을 선택하는 것과 같다.

다른 일을 하고 싶은 사람은 자기가 가장 잘하는 일이 아닌 다른 일에 관심을 기울이는 사람이다. 농사일을 가장 잘하는 사람이 집 짓는 일을 하고 싶을 수는 있다. 그러나 집 짓는 일로 직업을 바꾸는 결정은 우선 현명하지 않다. 자기가 잘 못하는 일이기 때문에 이전보다 성과를 훨씬 덜 거둘 것이기 때문이다. 더 나아가 이는 올바른 일도 아니다. 국가의 처음 계약 조건 자체가 자신이 가장 잘 하는 일을 함으로써 자신뿐 아니라 전체가 행복해지는 것을 함께 추구하는 것이었으므로, 다른 일을 하고 싶어 하는 것은 계약 위반이기도 하다. 처음에 국가가 형성될 때의 계약은 국가의 어느 누구가 더 피해나 손해를 보는 방식으로 맺어진 것이 아니다. 이 사회가 생산자 계급은 국가의 노예이고 통치자는 누릴 것 다 누리고 사는 사회가 아님은 이미 앞에서 보았다. 플라톤이 경계하는 것은 사람들이 개인의 욕심에 이끌려, 국가를 구성할 때의 계약이 파기되는 것이다. 특정 계급이 아니라 구성원 전체를 위했던 계약이 한 사람의 '멋대로' 살고 싶은 마음 때문에 위태로워질 위험이 있기에 플라톤은 '멋대로 할 수 있는 자유'가 넘치는 상황을 경계한다.

플라톤이 비판하는 민주정은 이런 '멋대로 할 수 있는 자유'가 넘쳐나는 곳이다. 누구도 다른 사람을 생각하지 않고 자기 자신의 욕망만을 채우려 한다. 다른 사람과 국가 전체의 행복은 문제가 되지 않는다. 자기 자신이 행복을 누리는 한 의사 결정에 있어 자신 이외의 다른 요소는 고려 사항이 아니다. 농부가 집을 짓고 싶은 마음이 들어 농사일을 그만두고 집을 짓기 시작한다면, 그 순간 자신의 욕망은 채워지기 때문에 행복하다고 생각할지 모른다. 그러나 집 짓는 데 시간을 쓰면 쓸수록 자신의 적성에 맞지 않는 일이기 때문에 성과와 효율은 낮을 것이며, 만족감도 결국은 떨어지고 말 것이다. 개인 차원에서의 문제를 넘어 사회 전체에도 여러 문제가 발생한다. 농부가 농사를 짓지 않으므로 다른 사회 구성원들에게 식량 공급이 어려워진다. 주택을 짓기 위한 자재가 추가로 필요할 뿐 아니라 초과 공급된 주택은 사용되지 않아 버려진다. 사회 전체적으로 균형이 깨진 재화의 분배는 시간이 지나면 결국 농부 자신의 피해로 돌아오게 된다. 농부 자신에게 필요한 옷과 집의 공급이 정상적으로 이루어지지 않을 것이기 때문이다.

인간은 혼자 살 수 없다. 그렇게 때문에 역할을 나눠서 서로 협력하며 서로가 서로에게 빚을 지고 신세를 지는 국가를 만들기로 한 것이다. 함께 살아갈 때에는 자기 마음대로만 하고 살 수는 없다. 그런 점에서 플라톤은 사회와 동떨어져 혼자 살아가는 사람이나 '멋대로 할 수 있는 자유'를 지향하는 민주정을 비판한다.

개인의 즉각적인 욕구를 만족시키는 것이 목표인 민주정을 비판하다

《국가》 2권에서 다루었던 기게스의 반지는 그런 '멋대로 할 수 있는 자유'를 최대한으로 누릴 수 있는 장치이다. 그런 자유를 누릴 수 있는 기회가 주어진다면, 개인이든 국가 전체든 정의롭지 못하게 될 것이라고 플라톤은 비판한다. 순간의 욕망을 즉각적으로 만족시키는 것을 가장 좋은 일이라고 여기는 민주정의 '멋대로 할 수 있는 자유'는 결국 순간의 만족도, 장기적인 행복도 주지 못한다. 민주정에 대한 플라톤의 비판은 이러한 '멋대로 함'에 초점이 맞추어져 있다. 인간의 기본적인 권리를 근간으로 하는 근대 민주주의 개념을 플라톤이 비판했다고 할 수는 없다. 이보다는 플라톤이 개인과 국가 사이의 관계에 대한 이해 없이 개인의 즉각적인 욕구를 만족시키는 것을 목표로 하는 정치체제가 어떤 문제를 가지는지를 보인다고 이해하는 것이 타당하다. 그렇다면 멋대로 할 수 있는 자유에 대한 플라톤의 비판에서 근대 이후의 자유민주주의체제하에 살아가는 우리가 배울 것은 하나도 없을까?

플라톤의 민주정 비판에서 초점은 민주주의라는 제도가 아니라 민주정이 운영되는 원리, 특히 '자유'의 성격에 있다. 구성원 전체의 행복을 추구하는 고대 국가와는 달리, 근대 국가는 기본적으로 국민의 안전을 보장하기 위해 만들어졌다.《리바이어던》에서 홉스는 개인이 자연 상태의 위험으로부터 보호받기 위해 국가에 주권을 양도한다고 주장한다.* 현대 국가는 이와 달리 복지 국가를 지향한다. 정치적인 입장이 보수이든 진보이든 관계없이, 복지에 대한 고려를 하지 않는 정당은 없다. 오늘날 국가의 역할이 국민의 안전을 지키는 것 이상이 되어야 한다는 사실을 부정하는 사람은 거의 없다. 현대 국가는 구성원들의 복지를 목표로 한다.

그런데 국가 구성원 모두가 잘 살기 위해서 개인의 자유는 제한될 수 있다. 국가는 타인의 자유를 침해하는 개인의 삶에 적극적으로 개입하여 그가 멋대로 하도록 내버려두지 않는다. 비싼 스포츠카를 운전하는 사람은 차의 성능을 최대한 발휘해보고자 한다. 그러나 국가는 도심에서는 최고 속도를 50km 이하로 낮추라고 한다. 모두의 안

• 토머스 홉스, 《리바이어던》 1부 13~14장.

전을 지키는 것이 중요하기 때문이다. 사실 법규를 정확히 지킨다면, 트랙이 아닌 길에서 스포츠카의 성능을 다 발휘하는 것은 불가능하다. 우리나라가 규정하는 도로에서의 최고 속도는 시속 110km이기 때문이다. 시속 200km가 넘게 달리고 싶어 하는 이 운전자의 자유는 제한된다. 그 사람의 자유로 인해 교통질서가 무너지고 피해를 입는 사람이 발생할 수 있기 때문이다. 도로를 사용하는 보행자와 운전자 모두가 행복해지기 위한 속도는 시속 50km이고, 모두 이 기준을 지키기로 했다. 그리고 그 기준을 따라야 한다는 점에서 이 운전자는 자유롭지 않다.

개인의 자유는 존중되어야 하지만, 이는 법의 테두리 안에서 존중되어야 한다. 특히 법이 복지를 목표로 하고 있다면 개인의 자유 중 많은 부분이 제한된다. 세금도 일종의 자유에 대한 제한이라고 할 수 있다. 국가가 왜 개인의 가장 기본적인 권리라고 할 수 있는 재산권을 침해하고 재산의 일부를 세금으로 내도록 하는가? 왜 교통 신호를 지켜야만 하는가? 왜 살인을 해서는 안 되며, 도둑질을 해서는 안 되는가? 이 모두는 국가 구성원 전체가 행복해지는 것을 목표로 하는 법에서 정해둔 것이고, 국민은 이 법을 따른다. 법치주의를 근간으로 하는 자유민주주의 국가의 국민은 자유로이 법을 지키기로 선택하였기 때문에 이 나라의 국적을 가진다.*

---

* 물론 국적을 자유롭게 선택한다는 것이 낯설게 들릴지 모르겠다. 특히 국방의 의무 때문에 복수국적이 쉽게 허용되지 않는 우리에게는 국적을 자유롭게 선택한다는 것이 이상하게 느껴진다. 그러나 최소한 이론적으로는 개인이 국가보다 우선하는 것이 근대 국가의 이념이다. 개인이 모여서 계약을 맺어야 국

플라톤의 이상 국가처럼 근대 국가 또한 자유로운 개인들의 계약을 이론적인 근거로 삼는다. 이런 시민들에게 선택의 자유와 이를 근거로 하는 계약의 성립은 선거라는 형식을 통해서 현실화된다. 4년에 한 번 국회의원을 선출할 때, 대한민국 국민들은 특정한 종류의 '계약', 곧 법에 의해 자신의 자유가 제약받을 수 있다는 사실을 알고 특정한 후보나 당을 선택한다. 국회의원이 내 지역을 위해 고속도로를 지어준다는 공약만 보고 표를 던지는 것이 아니라, 국회의원 후보가 선출되었을 때 만들 법, 그리고 그 법을 통해서 이루어질 나라의 모습을 보고 표를 던진다. 특히 우리는 비례대표 투표를 할 때 정당이 목표로 하는 국가의 모습을 보면서 표를 주지만, 지역구 국회의원 후보라고 해서 국가 전체의 그림을 제시하지 않는 것은 아니다. 이처럼 우리는 법을 만드는 과정에 자유롭게 참여하며, 그리고 그 법에 의해 기꺼이 자신의 '멋대로 할 수 있는 자유'를 제약받기로 약속한다. 과속을 하고 싶은 순간의 욕구가 만족되지 않을지는 모르지만, 그로 인해 모두가 행복해지고 그 모두에 '나' 또한 포함되기 때문에 그 순간의 자유가 제약되는 것을 기꺼워한다. 자유를 핵심 원칙으로 삼으면서 소유권의 우선성을 강조하는 우파 자유지상주의자들조차도 플라톤이 경계하는 '멋대로 할 수 있는 자유'까지 모두 받아들이지는 않는다. 이런 자유까지 모두 용인한다면 플라톤이 최악의 정치체제라

가는 이루어진다. 따라서 국가가 개인을 선택하는 것이 아니라 개인이 국가를 선택한다. 그리고 사실 많은 나라에서 국적은 자유로운 선택에 의해서 얻어지기도 버려지기도 한다. 의무복무제를 시행하는 한국의 현실이 개인보다 국가를 우선하는 전근대를 벗어나지 못하게 한다.

고 생각하는 참주정치체제보다 더한, 정치체제 자체가 없는 무정부
주의로까지 이르게 된다.

우리가 플라톤에게 동의할 수 있는 것

플라톤이 현대적인 의미의 민주주의에 대한 적일까? 플라톤은 인
간의 존엄성을 기반으로 하는 근대적 의미의 민주주의에 대해 알지
못했다. 그가 알고 있던 민주정은, 개인의 자유를 기반으로 하는 민
중에 의한 통치이다. 그런데 플라톤이나 21세기 대한민국 국민이나
'멋대로 할 수 있는 자유'가 허용되어서는 안 된다는 점에는 서로 동
의할 수 있다. 개인이 홀로 살아갈 수 없기에 국가를 이루어야만 하
는 상황이라면, 그리고 국가가 국민 모두를 행복하게 하는 것을 목표
로 한다면 개인의 자유는 상황에 따라 제한되기도 한다. 자유민주주
의 사회라고 해도 개인의 자유를 완전히 보장해주지 않는다. 플라톤
의 이상 국가에서 살아가는 시민 또한 자유가 제한된다. 그렇다고 그
들이 노예인 것은 아니다. 자유가 박탈된 채 명령받은 일만 하는 기
계와 같은 사람들은 아닌 것이다. 자신에게 주어진 임무를 잘 수행하
기만 한다면 개인 재산도 소유할 수 있고, 연애도 할 수 있고, 그때그
때의 욕망을 채우는 것도 가능하다(물론 통치자와 수호자의 경우에는 이
런 자유에 대한 제한이 더 많다. 그렇기 때문에 4권 초반에서 글라우콘이 걱정하
듯 이들은 행복해 보이지 않을지도 모른다). 그렇다면 현대 민주주의 국가
의 구성원인 시민들과 사회적 지위라는 측면에서 크게 다르지 않다.

이 모든 사람들이 행복한 나라, 즉 내가, 네가, 그리고 우리 모두가 잘 사는 나라가 플라톤의 이상 국가이다. 자유민주주의 사회의 국민들도 마찬가지이다. 이들은 자유로운 시민으로서 자유롭게 자신의 욕망을 추구할 수 있다. 단지 그들에게는 그 사회가 정해놓은 규칙 안에서, 해야 할 일을 해야 한다는 조건이 전제된다. 그렇게 되는 경우에는 통치자의 꿈만이 아니라 국민 모두의 꿈이 이루어져 모두가 행복해지는 국가를 만들 수 있다. 또 민주정이라는 제도가 국민 전체의 행복이라는 목표를 제대로 달성하기 위해서는, 멋대로 할 수 있는 자유를 허용하지 않아야 한다는 플라톤의 조언에 귀를 기울여야 할지도 모른다.

참주정체: 극과 극은 통한다

민주정치체제제하의 사람들에게는 개인의 욕구만이 관심 대상이다. 그들은 지금 당장의 욕구가 만족될 수 있다면 무엇이든 하려고 한다. 문제는 개인의 능력에는 한계가 있다는 점이다. 아무리 자기가 하고 싶고 갖고 싶고 먹고 싶은 것이 많다고 하더라도, 개인의 능력으로 이 모든 것을 하는 것은 불가능하다. 그러면 어떻게 해야 할까? 나의 욕망을 만족시켜줄 수 있는 사람이 정치권력을 가지게 하고, 그 사람의 권력에 힘입어 나의 욕망을 채운다. 국가 전체가 어떻게 되든, 사회적 약자들의 삶이 얼마나 망가지든, 국가가 개인의 안전을 지켜주든 말든, 대통령 후보가 도덕적인 문제를 가지고 있든 말든, 내 부동산 가격만 올려줄 수 있다면 기꺼이 지지를 보내준다. '그분은 다 이루어주실 것'이라는 깊은 믿음으로 누군가를 전폭적으로 지지하는 것은 그 사람의 인격을 존중하기 때문이 아니라 나의 욕망 때문이다. 욕망은 가시적인 대상에만 국한되지 않는다. 사람들이 부동산을 한 평도 소유하고 있지 않으면서 종합 부동산세 도입을 반대하는 이유는, 세금과 국가 경영에 대한 이해가 부족해서가 아니라 언젠가는 자기 자신이 그 세금을 내는 위치에 오를 것이라고 여기며 그때 나의 욕망이 제한되지 않기를 바라기 때문이다. 지금 누릴 수 있는 자유뿐 아니라 올지 오지 않을지도 모르는 미래의 자유까지도 보장받고자 하는 민주정의 시민들은 참주를 내세워 자신의 자유를 보장받고자 한다.

극단은 언제나 극단으로 통한다. 극단적인 자유를 누리고자 했던 사람들의 욕망은 한 명에게 권력이 집중되게 만들어, 오히려 그 참주에게 스스로가 종속되는 결과를 낳고 만다. 아폴론 신전의 기둥에 적힌 "어떤 것도 지나치지 않게(mēden agan)"라는 격언은 아리스토텔레스뿐 아니라 그리스인 전체가 절제와 중용을 얼마나 강조했는지 잘 보여준다. '극중'을 찾는 것이 아니라 어느 쪽이든 지나침을 경계하는 것, 상황에 따라 적절한 균형을 찾는 것이 그리스인들의 지혜이다.

시민의 지도자로 등장하는 참주는 시민의 모든 욕망을 채워주겠다는 헛된 공약을 남발한다. 그러나 국가 전체가 잘 되기를 추구하면서 시민을 잘 돌보는 이상 국가의 철인 통치자와 달리 이 사람은 시민을 위하지 않는다. 시민들 각자가 자기 멋대로 하려는 것처럼, 민주정의 지도자 역시 시민들을 바르게 이끄는 것이 아니라 자신의 욕망을 채우는 것에만 관심을 갖는다. 자신을 따르는 사람들은 자신의 욕망을 채우기 위한 도구에 지나지 않는다. 이들은 일차적으로는 정치권력을 차지하기 위해 민중을 이용하여 이들의 물리력을 근거로 기존 정체를 무너뜨린다. 이렇게 민중의 지도자는 권력을 차지하고, 이를 이용하여 자신의 욕망을 채운다.

민중은 참주의 사탕발림 속임수에 넘어가, 자신의 욕망을 채운다고 착각하면서 참주를 위해 살아간다. 자유롭게 살아가고자 하던 시민들은 오히려 참주의 노예가 되어버린다. 하지만 민중 또한 바보는 아닌 터라, 자신들이 속고 있다는 사실을 곧 깨닫게 된다. 민중이 뭉치면 물리력은 참주 한 명보다 훨씬 강하기 때문에 민중들은 함께 기존 정체를 무너뜨린 참주 또한 권력의 자리에서 끌어내리려 한다. 현명하고 준비가 잘 된 참주라면 그렇게 호락호락하지는 않다. 민중의 선봉에 섰던 사람은 권력을 잡은 후 자신의 안전을 지키기 위해 이미 물리친 적을 핑계 대며 개인 경호대를 요구한다. 민중들 사이에 자신의 충성된 부하들을 만들어두고(물론 자신의 권력이 유지되는 한 이들의 욕망도 계속해서 채울 수 있을 것이라고 약속하면서) 이들을 이용하여 민중 봉기나 암살 음모 등을 막아낸다. 참주는 자신을 반대하는 무리를 계속해서 숙청하고 제거해서 결국 온 나라를 깨끗하게 정리해버린다. 하지만 참주의 편은 그 나라 안에서 점점 줄어들게 된다. 그래서 일차적으로는 노예를 해방해준다고 하면서 이들을 경호원으로 고용하고, 더 나아가서는 돈으로 외국의 용병들을 구해 자신을 보호하도록 한다.

플라톤 국가 강의

노예가 된 시민

민중은 참주를 낳았다. 자유를 원하는 민중의 욕심은 참주에게 권력을 주었고, 자유롭기를 바라던 시민은 참주의 노예가 되었다. 민중은 이제 참주와 그의 패거리를 먹여 살리게 되었고, 참주는 자신을 낳아준 민중이 자기에 대해 불평하면 민중을 압제하고 폭행한다. 참주는 마치 '친부 살해자'와 같다. 자신을 낳아준 아비를 폭행하고 때리려들며 죽이려 하는 최악의 인간이 권력을 잡게 되는 것이다. 소크라테스는 이를 '민중이 자유민의 구속이라는 연기를 피해서 노예들의 전횡이라는 불에 뛰어드는 셈'(569b)이라고 말한다. 결국 힘들고 가혹한 노예의 삶을 살게 되는 것이 멋대로 할 수 있는 자유를 추구하던 시민들의 운명이다.

아무런 근거도 없는 공약에 혹해서 자신의 욕망을 채우고자 했던 시민들은 주가 조작으로 자신의 배를 불렸던 사람을 대통령으로 뽑았다. 시민들이 저항했을 때 그는 버스로 만든 벽으로 맞섰고, 온갖 수단과 방법을 동원하여 자신의 자리를 지켜줄 수 있는 사람을 다음 대통령으로 만들었다. 무능할 뿐 아니라 부패했던 정권은 사법부와 협상하여 권력을 휘두르고, 기업을 겁박하여 자신의 배를 채웠으며, 물대포로 사람을 죽여가면서까지 자신의 권력을 유지하려 들었다. 연인원 천만이 넘는 촛불이 결국 그를 탄핵시켰지만, 플라톤은 대한민국 국민들이 운이 좋았을 뿐이라고 생각할지도 모른다. 제대로 준비된 참주였다면 촛불을 껐을지도 모른다. 탄핵당했던 대통령이 군인을 동원해서 촛불을 짓밟으려 계획했던 것처럼 말이다. 플라톤은 민주정의 제멋대로 할 수 있는 자유가 시민을 참주의 노예로 만들어 버리기 위해 수단과 방법을 가리지 않을 것이라고 보았다.

플라톤은 그다음에 어떤 일이 일어날지에 대해서는 말하지 않는다. 참주는 계속해서 용병과 노예들을 동원하여 자신의 권력을 유지할지도 모른다. 그래도 대한민국은 북진통일을 외치면서 종전에 반대했던 소위 국부를, 쿠데타로 권력을 잡고 종신 총통이 되고 싶었던 대통령을, 빛고을에서 공수부대로 시민들을 짓밟아 그 피로 정권을 잡았던 장군을, 그리고 아무 능력도 없었지만 아버지의 후광에 힘입어 참주와 같은 권력을 휘둘렀던 대통령을 끌어내린 경험이 있다. 플라톤은 퇴보하는 역사의 종점으로 참주정을 말하지만, 대한민국 역사는 시민들의 힘이 참주의 권력을 이겨내는 일도 가능하다는 것을 입증한다.

이상 국가는 철학자의 실수 때문에 명예지상정체로, 그리고 돈에 대한 욕심 때문에 과두정치체제로, 멋대로 살고 싶은 자유에의 욕망 때문에 민주정으로, 그리고 과도한 자유 때문에 참주정으로 망해간다. 플라톤에게 근대인들이 생각하는 것과 같은 역사의 진보란 없다. 가장 이상적인 국가는 시간이 지나면 망해갈 뿐이다. 훌륭한 철학자 왕이 국가를 제대로 통치한다면 이 파멸의 속도를 늦추거나, 되돌려 처음의 상태로 회복할 수 있다. 가장 처음 상태인, 철학자에 의해 통치되는 국가가 가장 좋은 국가이다. 인류가 진보해간다는 믿음은 옳을까? 정말 인류의 역사가 나아지고 있을까? 플라톤이 1960년 4.19혁명을, 1987년 6월 항쟁을, 그리고 2016년 촛불을 본다면 뭐라고 할까? 대한민국은 진보하는 것이 아니라 좋음을 회복해가는 과정에 있다고 말할지도 모른다.

각 정치체제에 해당되는 인간상과 가장 행복한 사람

소크라테스가 4권까지 이상 국가와 이상적인 사람에 대해 탐구했던 것은, 글라우콘과 아데이만토스가 2권에서 던진 질문에 대해 답하기 위해서였다. '정의롭게 보이지만 사실은 가장 부정의한 사람과 부정의하게 보일지 모르지만 정의로운 사람 중 누가 더 행복한가'라는 도발에 대응하는 것이《국가》전체의 내용이다. 이 목적을 달성하기 위해 가장 올바른 사람과 가장 올바르지 않은 사람이 도대체 어떤 사람인지를 밝혀야 했고, 4권까지는 가장 정의로운 사람이 누구인지를 보였으며, 8권부터 9권 초반까지 이상적인 국가가 몰락해가는 과정을 따라간 것은 이와 유비관계에 있는 몰락해가는 이상적인 사람이 어떤 사람인지 보기 위해서였다.

명예지상정체와 비슷한 사람은 글라우콘처럼 격정적인 부분이 강하여 호전적이며, 명예에 대한 사랑이 강하다. 여전히 시가를 좋아하고 이야기 듣기를 좋아하며, 자유인에게 상냥하고 통치자에게 순종적이기는 하다. 그러나 변론술에 능하지 못하고, 노예들에게 가혹하다. 무엇보다 통치하기를 좋아할 뿐 아니라, 자신이 통치자가 될 자격이 있다고 생각한다.

과두정을 닮은 사람은 재물을 귀하게 여기고 인색하며, 이윤을 추구하지만 교육에 돈을 쓰지는 않는다. 민주정을 닮은 사람들이 좋아하는 멋대로 하는 자유에 관심은 갖지만, 재산을 지키는 것이 훨씬 더 중요하다고 생각한다. 따라서 혹시라도 재산을 빼앗길까 두려워하는 마음에 자유로운 삶을 선택하지는 않는다. 인색하여 자신의 재산을 쓰지는 않지만, 다른 사람의 재산은 마음껏 쓰고 싶어 한다. 기회만 되면 그렇게 하지만 두려움 많고 소심한 성격 때문에 마음속의 욕구를 누르고 있어서 겉보기에는 그 나름대로 의젓한 태도를 보이는 사람이다.

민주정을 닮은 사람은 돈에 대한 욕구뿐 아니라 다양한 욕구로 가득한 사람이다. 과두정을 닮은 사람은 그 나름으로 필요한 욕구들을 찾는 편이지만, 민주정을 닮은 사람은 불필요하지만 즐거움을 주는 욕구들로 가득하다. 게다가 어릴 때부터 제대로 교육을 받거나 진실한 이야기를 들어본 적이 없기 때문에, 이성적인 부분과 기개 부분을 욕구가 완전히 점령해버린 사람이다. 절제와 절도는 없고, 오만무례하며 욕구가 지배하기 때문에 무정부 상태와 같다. 필요한 즐거움뿐 아니라 불필요한 즐거움을 위해서 시간과 돈, 노력을 아끼지 않는다. 아니, 즐거움에 좋거나 나쁜 것은 있을 수 없고, 모든 즐거움은 즐거움 그 자체로 추구할 만한 것이라고 주장한다. 그러나 개인마다 그 나름의 기준은 있다. 즐거움을 어느 정도 추구할지를 각각의 기준에 따라 결정하면서 살아간다. 그런 점에서 최소한의 절제는 남아 있다고 할 수 있다. 따라서 아직 욕구에 완전히 종속되는 부자유한 삶이나, 욕구가 이성에 완전히 지배되는 불법적인 삶을 살지는 않는다.

민주정과 같은 사람으로부터 참주정을 닮은 사람이 생겨난다. 이 사람은 욕구가 다른 어떤 것보다 크기 때문에 절제가 전혀 없다. 어떠한 질서도 없고 욕구는 미쳐서 날뛰며 주인 노릇을 한다. 참주처럼 욕구가 이 사람을 지배하게 되고, 욕구는 점점 더 많은 것을 바란다. 이 욕구를 만족시키기 위해 자기 부모에게서 재물을 훔치기도 하고, 부모를 속이기도 하며, 심지어는 부모에게 폭력까지 행사한다. 어떤 규칙도 없는 완전한 무정부적 상태에서 욕구를 주인 삼아 살아가게 된다.

소크라테스는 가장 올바른, 이상 국가를 닮은 사람과, 참주정을 닮은 사람 중 누가 더 행복한지를 증명한다. 항상 궁하고 만족할 줄 몰라 계속해서 욕구를 채워가기만 하는, 일반적으로 사람들이 생각하는 행복한 사람으로서의 참주의 삶이 사실은 가장 불행하고 비참하다는 점을 보이는 과정에서, 이런 참주정을 닮은 사람이 경험하고 추구하는 종류의 즐거움은 궁극적인 행복을 이루는 수단이 될 수 없을 뿐 아니라 사실 본인을 불행하게 만드는 원인이 된다는 점을 밝힌다. 소크라테스는 세 가지의 증명을 하는데, 이 과정에서 쾌락, 혹은 즐거움의 다양한 종류와, 이 중 좋은 삶 혹은 행복한 삶에 필요한 종류의 즐거움이 어떤 것인지에 대해 논의한다. 즐거움이 참되고 순수할수록 행복하게 살아가는 사람이기 때문에 참주정을 닮은 사람보다 올바른 사람이 더 행복하다는 증명을 제시한다. 그 과정에서 플라톤은 즐거움의 정체 또한 검토한다.*

참주정 같은 사람이 불행하다는 첫 번째와 두 번째 증명

참주정과 같은 삶을 사는 사람이 행복하지 않다는 주장에 대한 첫 번째 증명은 매우 간단하다. 참주정치를 닮은 사람의 경우 욕망의 노예가 되어 있는 상황이므로(577b), 항상 궁하고 만족할 줄도 모르며, 그런 나라도 필연적으로 가난하기에 두려움과 고통, 통곡이 가득한 삶을 살 수밖에 없다. 그리고 실제로 그런 참주적인 삶을 이루어낸 사람, 즉 참주의 경우는 항상 사방이 적으로 둘러싸여 있으므로 일종의 감옥에 갇혀 두려움에 사로잡혀 있는 사람이기 때문에 행복과는 거리가 먼 삶을 산다(579a). 꽤나 간단한 증명이다.

두 번째 증명에서는 즐거움의 문제를 행복한 삶과 결합하여 제시하기 시작하면서, 참주정 같은 사람이 불행함을 보인다. 소크라테스는 혼의 부분들 각각의 욕망과 이에 대한 즐거움에 따른 증명을 제시하면서 즐거움의 문제가 행복과 연결되어 있다는 사실을 보인다(580c~581d). 혼에 세 부분이 있다는 점은《국가》의 앞부분에서 이미 논의가 되었는데, 소크라테스는 여기에서 각 부분을 일종의 좋아

• 12장 일부는 〈《국가》 9권에서 제시된 즐거움에 대한 두 개의 논증〉이라는 제목으로《대동철학》 72집 (2015)에 실린 논문을 이 책의 내용에 맞추어 수정한 것이다.

함(혹은 사랑, 욕구: philia)이라고 보면서 각 부분에 고유한 대상이 있다고 주장한다. 그리고 즐거움은 혼의 각 부분이 자신들의 욕구를 만족시키는 과정에서 얻어지는 것으로 제시된다. 즉 혼의 세 부분 각각에 고유한 대상이 있다는 점과 이에 의해(apo: 581d) 주어지는 즐거움의 종류가 하나씩 구분되어 소개된다. 욕구적인 부분은 먹는 것이나 마시는 것, 성적인 것이나 돈과 관련된 것을 바라고 이것들이 채워지는 것이 즐거움이기에 돈을 좋아하는 부분(philochrēmaton)이나 이득을 탐하는 부분이라고 불린다. 사람이 격하게 되는 것과 관련되어 있는 기개의 부분은 승리하거나 지배하는 것, 그리고 명성을 떨치는 것을 욕구하기 때문에 이기기를 좋아하고(philonikon) 명예를 좋아하는 부분이라고 불린다. 혼의 이성적인 부분은 재물이나 명성에는 관심을 기울이지 않고 진리를 그대로 아는 것을 향하고 이것으로 인해 즐거움을 얻기 때문에 배움을 좋아하고(philomathes) 지혜를 사랑하는(philosophon) 부분이라고 일컬어진다.

혼의 각 부분이 어떤 성격을 갖는지를 밝힌 다음, 이 혼의 세 부분에 고유한 즐거움이 하나씩 있기에(580d, 581c) 이제 혼의 각 부분에 대응하는 즐거움도 세 종류가 있다고 소크라테스는 주장한다. 그런데 여기에서는 소크라테스가 즐거움이 어떻게 해서 발생하는지에 대해 분명한 설명을 하고 있지는 않다. 그는 단지 재물로 '인한(apo)' 즐거움, 혹은 배움으로 '인한(apo)' 즐거움 정도로 설명했을 뿐이다. 그러면 혼의 부분들은 어떻게 고유한 대상으로부터 즐거움을 얻는가?

"자네가 이와 같은 세 사람을 차례로 한 사람씩 상대하여 이 삶들 중에서 어느 것이 가장 즐거운 것인지를 묻고자 한다면, 저마다 자신의 삶을 제일 많이 찬양할 것이라는 걸 자네는 아는가? 돈벌이를 하는 사람은 명예를 누리게 되는 것의 즐거움이나 배움의 즐거움을, 이것들로 해서 얼마간의 돈을 그가 벌게 되지 않는다면, 이득을 얻는 것과 비교해서 아무런 가치도 없는 것이라 말하겠지? … 그러나 지혜를 사랑하는 사람이 진실을 그대로 아는 것과 비교해서 그리고 배우는 동안 언제나 누리게 되는 그런 즐거운 상태와 비교해서 다른 즐거움들을 어떤 걸로 간주할 것이라 우리는 생각하는가? 아주 못 미치는 걸로 간주하지 않을까?"(581c~e)

소크라테스의 설명에 따르면 혼에서 돈을 좋아하는 부분과 명예를 좋아하는 부분이 즐거움을 경험하게 되는 것은 그 부분이 각각 사랑하는 대상을 획득하는 것과 관련이 있다. 돈을 좋아하는 부분은 돈을 벎으로 즐거움을 얻고, 명예를 좋아하는 부분은 명예를 얻음으로 (혹은 명예를 누림으로) 즐거움을 누리게 된다. 각 부분이 일종의 '사랑'하는 부분이라고 한다면 그 사랑의 대상을 획득함으로 즐거움이 주어진다. 그러나 그 획득이 어떻게 즐거움을 가져다주는가? 즐거움이 생겨나는 방식에 대한 좀 더 분명한 설명은 인용문 뒷부분에 소개된, 지혜를 사랑하는 부분이 즐거움을 경험하는 방식에 대한 논의로부터 찾을 수 있다.

대상을 얻는 과정과 얻은 상태가 모두 즐거운가

소크라테스는 지혜를 사랑하는 사람의 즐거움이 '진실을 그대로 아는 상태'와 '배우는 동안'이라는 두 상태에서 주어지는데 그 각각의 상태에서 누리는 즐거움을 혼의 다른 부분들이 겪는 즐거움과 비교해야 한다고 말한다. 그러면 지혜를 사랑하는 사람의 경우 즐거움을 느끼는 방식이 두 가지가 있다는 것인데, 먼저 진실을 아는 상태 그 자체가 즐거운 것이며, 또한 지혜를 사랑하는 부분이 욕망하는 대상, 즉 지혜를 얻는 과정이 즐겁다는 것이다. 다시 말해서 지혜를 사랑하는 부분의 즐거움의 경우 욕구하는 대상을 얻는 과정과 대상을 획득한 상태 모두로부터 즐거움을 경험할 수 있다.

그렇다면 혼의 다른 두 부분들도 마찬가지 방법으로 즐거움을 경험하는지 검토해야 한다. 즉 돈을 좋아하는 부분은 돈을 획득하는 과정과 획득한 상태, 이 두 측면에서 즐거움을 느끼는가? 어떠한 대상으로 '인해', 혹은 대상'으로부터', 그리고 '사랑의 대상을 획득함'이라는 표현 모두는 욕구와 대상이 맺을 수 있는 관계의 두 측면, 즉 과정과 상태 모두를 포괄할 수 있다. 예를 들어 돈을 좋아하는 부분에 관해서라면, 돈을 획득하여 부자가 되었기 때문에 욕망이 만족되어 있는 상태에서 즐거움이 주어지는 것인가, 혹은 돈을 획득하는 과정이 즐거운가, 아니면 이 두 경우 모두를 말하는가? 전자의 경우는 돈이 많아 이미 부자인 사람이 돈을 좋아하는 부분의 욕망이 만족되어 즐거운 삶을 사는 것이고, 후자의 경우는 가난한 사람이 열심히 일을 함으로써 돈을 버는 즐거움을 맛보는 삶일 것이다. 그리고 돈으로 '인해' 즐거움을 얻음이라는 사건의 두 가지 측면 모두를 고려해야 즐거움의 정체를 바로 이해할 수 있다. 그런데 만약 혼의 각 부분이 겪는 즐거움이 즐거움으로서 동일하다고 한다면, 이로움을 사랑하는 부분과 명예를 사랑하는 부분 모두 과정과 상태라는 두 측면에서 즐거움을 경험할 수 있게 된다. 이것이 바로 '~으로 인한(apo)'의 의미이다.

소크라테스는 즐거움 자체가 어떤 것인지를 분명히 보이지는 않고, 이것이 '사랑'이라는 욕구의 만족과 연결되어 있다는 점만을 제시한다. 그리고 즐거움이란 하나가 아니라 두 개의 서로 다른 측면을 갖는다는 사실을 인지하고 있다. 따라서 즐거움은 이 두 측면 모두에서 해명되어야 한다. 그러므로 지혜를 사랑하는 부분의 즐거움이란 지혜의 획득 과정과 획득한 상태의 두 차원에서 논의되어야 포괄적으로 이해할 수 있다. 그런데 이후의 설명에서 소크라테스는 그 점을 제대로 분석하지 않으면서 획득한 상태와 그때 고유한 대상의 성격에만 한정지어서 보는 것 같고, 그것이 《국가》 9권에서 즐거움이 무엇인지를 밝히는 데는 만족스러운 답을 찾지 못하는 원인이 된다.

지혜를 사랑하는 사람은 비교할 수 있다

혼의 각 부분이 사랑하는 대상에 의해 즐거움을 경험할 때, 혼의 어떤 부분이 만족하는 삶이 더 즐겁거나 더 고통스러운지 판단하기 위해서는 경험이나 사려 분별, 그리고 이성적 추론이라는 기준을 이용해야 한다고 소크라테스는 주장한다. 그런데 지혜를 사랑하는 사람은 다른 쪽 즐거움을 맛보는 것이 가능했지만(다시 말해 지혜를 사랑하는 사람은 이득의 즐거움을 경험한 적이 있지만) 이득을 탐하는 사람의 경우는 사물들의 본성이 어떤 것인지 배운 적도 그것이 얼마나 즐거운지도 경험해본 적이 없다. 즉, 지혜를 사랑하는 사람은 즐거움에 대한 경험이 훨씬 더 많고 그런 점에서 월등하다(582b). 이 점은 명예를 좋아하는 사람과 비교해도 마찬가지이다. 지혜를 사랑하는 사람의 경우 명예를 누림으로 인한 즐거움에 대한 경험을 가지고 있지만, 실재에 대한 관상의 즐거움은 철학자가 아닌 일반적인 사람들로서는 누려본 적이 없다. 따라서 지혜를 사랑하는 사람은 지혜에 의한 즐거움과 이득에 의한 즐거움, 그리고 명예에 의한 즐거움을 서로 비교할 수 있는 능력이 있다. 반면 지혜에 대한 경험을 하지 못한 사람의 경우 지혜로부터 생겨나는 즐거움과 이득으로부터 생겨나는 즐거움(혹은 명예로부터 얻어지는 즐거움)을 비교할 수 없다. 바로 그런 이유로 어떤 삶이 가장 훌륭한지에 대한 판정은 지혜를 사랑하는 사람이 가장 훌륭하게 해낼 수 있다. 따라서 이성적인 추론을 통해서 판단을 해볼 때(582d), 지혜를 사랑하는 사람은 경험에서 다른 사람들보다 우월할 뿐 아니라, 지혜를 사랑하는 부분의 즐거움이 다른 것들과 비교해서 가장 크다는 사실을 알기 때문에 지혜를 사랑하는 부분의 즐거움들을 선택할 것이고, 그래서 가장 행복하다. 반면 이득을 탐하는 부분인 욕구의 측면이 가장 강력한 힘을 발휘하는 참주의 경우 경험이 부족하기 때문에 행복과는 가장 멀리 떨어져 있는 사람이라고 볼 수 있다. 이렇게 올바른 사람이 행복하다는 사실이 두 번째로 입증된다.

혼은 욕구다?

세 번째 증명으로 넘어가기 전에 이 부분에서 흥미로운 사실 하나만 짚고 넘어가자. 4권에서는 혼을 지혜, 기개, 욕구라는 세 부분이라고 나누었는데 이는 9권의 설명과 정확히 맞지 않아 보인다. 왜냐하면 9권에서는 혼의 각 부분 모두를 '욕구'라고 보고 있기 때문이다. 9권의 설명에 따르면 혼은 욕구인데, 각 부분이 욕구하는 대상이 다르기 때문에 그 대상에 따라 나누어진다. 4권에서 사용했던 모순율은 여전히 유효하다. 서로 다른 대상을 한 부분이 동시에 욕구할 수는 없다. 4권에서는 욕구라고 불렸던 부분이 욕구하는 대상을 분명히 밝히고 있다. 4권의 논의는 가장 정의롭고 올바른 사람에 대한 이야기였다. 그런데 8권과 9권의 논의를 통해서 밝혀진 이상적이지 않은 인간상을 근거로 4권의 설명을 발전시키면 욕구의 부분을 '돈을 사랑'하는 부분이라고 정의할 수 있다. 4권까지의 사고하는 부분에 대한 설명 또한 철학자가 누군지에 대한 5권부터 7권의 논의가 있기 전에 이루어진 것이기 때문에, 사고가 어떤 식으로 진행되는지는 분명히 다루지 않았다. 그러나 철학자를 정의하면서 '지혜를 사랑함'이 갖는 의미가 분명해졌다. 이에 따라 사고하는 혼의 부분 또한 '철학함'이라는 기능을 갖는다는 점에서 '사랑'을 하는, 즉 욕구하는 부분이라는 사실을 알 수 있다. 이와 더불어 4권에서 기개의 부분은 사고하는 이성의 부분을 도와서 욕구를 지배하는 것이 그 기능이라고 했다는 점을 기억하자. 그러면 기개가 분노하는 기능을 갖지만, 그 분노가 특정한 목적을 이루기 위한 것이고, 그 목적은 승리이기 때문에 기개의 부분을 '승리를 욕구하는 부분'이라고 정의하는 것은 4권의 설명과 일관된다. 사실 4권에서 혼의 각 부분을 나누기 전 소크라테스는 사람들이 보통 하는 말을 인용하는데, 이는 "혼에는 격정적인 부분, 배움을 좋아하는 부분, 돈을 좋아하는 부류들이 있다고들 한다"(435e)이다. 이미 4권에서 혼은 '좋아하는', 즉 욕구하는 기능을 하는 것으로 소개되었다.

참주정 같은 사람이 불행하다는 세 번째 증명

소크라테스는 올바른 사람이 행복하다는 세 번째 증명을 제시한다. 이제 이 부분에서 즐거움의 성격이 무엇인지에 대한 논의가 본격적으로 이루어진다. 소크라테스는 세 번째 증명을 다음과 같이 시작한다.

"이것들은 이처럼 연속되는 두 가지 것이어서, 올바른 사람이 올바르지 못한 사람을 두 차례나 이긴 걸세. 그러나 '올림피아 경기 방식대로', 이제는 '구원자를 그리고 올림포스의 제우스를 위한 세 번째 차례'일세. 이런 말을 생각해보거나. 분별 있는 자의 즐거움을 제외한 다른 사람들의 즐거움은 온전히 진실된 것도 아니며, 순수한 것도 아니고, 환영적인 것이라는 걸. 현자들 중의 누구한테선가 내가 들은 것으로 생각되네만 말일세. 그렇지만 이것이 '넘어뜨림들' 중에서도 가장 크고 가장 결정적인 것일 걸세."(583b)

여기에서 소크라테스는 몇 가지 사실을 분명히 한다. 일단 이후로 제시될 설명은 세 번째 증명이며 앞의 두 증명이 훌륭한 것이었기는 하지만 이것이 앞의 것들보다 훨씬 강력하고 결정적인 증명이다. 또한 분별 있는 사람이나 그렇지 않은 사람이나 모두 즐거움을 경험하기는 하지만, 분별 있는 사람의 즐거움만이 온전히 진실하고 순수한 것은 아니라는 사실이다. 순수하지 않고 진실하지 않은 즐거움도 그것이 즐거움이 아닌 것은 아니기에, 비록 그것이 환영과 같은 것이라 할지라도 그것이 즐거움이기는 하다.

그렇다면 이 세 번째 증명에서 우리가 기대할 수 있는 것은, 앞의 두 증명과 독립적이며 그 자체로 올바른 사람의 행복을 입증할 수 있는 논변, 즐거움의 '순수함'과 '진실됨'에 대한 이야기, 그리고 사람들이 경험하는 즐거움에는 질적인 차이(순수함과 진실함이라는 특정에서의 차이)가 있다는 점을 보이는 논변이다.

세 번째 증명은 두 개의 논증으로 이루어져 있는 것으로 보인다. 증명의 앞부분은 인간이 즐거움을 어떻게 측정하고 판단하는지와 관련된 논증이기에 이 글에서는 '인식론적 논증'이라고 부르자. 뒷부분에서는 즐거움이 생기는 방식, 즉 어떤 것에 의해서 욕구가 채워지고 그때 채워지는 것은 무엇인지에 대해 논의한다. 후자는 채움의 대상이 갖는 존재론적 지위와 관련이 있기에 일단 '존재론적 논증'라고 부르기로 한다. 이 두 논증이 서로 어떤 관계를 맺고 있는지를 해명하는 것이 세 번째 증명이 얼마나 성공적인지를 평가하는 데 중요한 열쇠가 될 것이다. 그리고 우리가 인식론적인 논증과 존재론적인 논증이라는 두 이름을 붙였지만, 이 두 논증이 서로 완전히 별개의 논변인지조차 아직 분명치 않다. 만약 이 두 개의 논증이 서로 다른 증명 방법이라고 한다면, 다시 말해서 올바른 사람이 행복하다는 사실을 보이는 데 서로의 논의에 의존하지 않고 각각을 독립적으로 증명할 수 있다면, 이 두 논증은 하나의 증명 아래에 병행적으로 놓일 수는 없다. 그리고 그 경우 소크라테스가 이야기한 '결정적인 넘어뜨림'이 두 논증 중 어느 쪽인지 밝혀야만 한다. 즉, 가장 행복한 사람이 누구인지를 판단하기 위한 최종적인 기준은 이 두 논증 중 하나만으로도 제시될 수 있어야 한다. 하지만 이 두 논증이 하나의 증명을 이루고 있다면, 두 논증을 어떻게 조화롭게 설명할지가 문제이다. 이 문제를 해결하기 위해 두 논증의 성격을 밝혀야 한다. 이를 위해 각각의 논증을 먼저 자세히 살펴보도록 하자.

1) 즐거움에 대한 인식론적 논증: 즐거움의 양은 어느 정도인가?

소크라테스는 즐거움이나 괴로움을 겪는 것은 혼에 발생하는 일종의 운동(kinēsis: 583e)이라고 제시한다. 다시 말해 혼이 즐겁게 되거나 괴롭게 되는 것은 혼에게 일종의 운동이 발생하는 것이고, 그 운동으로 인해 즐거움이나 괴로움이라는 상태가 발생하게 된다. 소크라테스는 욕구가 비어 있거나 채워지는 양극단의 중간에 있는 상태를 '평온(hēsuchia)'이라고 말하면서 즐거움은 이 중간의 상태에서 채워지는 방향으로의 운동이며 괴로움은 중간으로부터 비워지는 운동이라고 설명한다.

하지만 문제는 즐거움이나 괴로움이 채워지거나 비워지는 과정의 부산물로 주어지기 때문에, 즐거움의 본질이 괴로움이 멈추는 것이며, 즐거움이 없는 것이 괴로움의 본질이라고 보이는(phainetai: 584a) 경우가 발생할 수가 있다는 점이다. 즉, 평온한 것은 본질적으로 즐거운 것도 괴로운 것도 아니지만 괴로운 것과 비교할 때 평온은 즐거운 것으로 보이고, 즐거운 것과 비교하면 평온은 괴로워 보이는 현상이 일어나곤 한다.

문제는 이렇게 즐거움과 괴로움의 진실한 모습과 달리 보이는 현상들은 건전한 것이 아니라 일종의 '기만현상(goēteia)'이라는 것이다. 소크라테스는 "괴로움에서 벗어남을 순수한 즐거움이라고도, 즐거움에서 벗어남을 순수한 괴로움이라고도 우리가 믿는 일은 없도록" (584c)하자고 제안하면서, 즐거움과 괴로움, 그리고 그 중간 상태를 상정해야 순수한 즐거움을 제대로 발견할 수 있다고 주장한다.

그렇다면 거짓 즐거움, 즉 실제로는 중간으로 이동하는 것이어서 즐거움이 아닌 것을 즐거움으로 판단하는 것은 운동이라는 현상에 대한 거짓된 판단이다. 반대로 참된 즐거움은 운동에 대해서 바르게 판단하는 경우, 즉 중간의 상태에서 채워지는 상태로 옮겨가는 운동을 경험하면서 그 운동에 대해서 바르게 판단했을 경우를 말한다.

즐거움의 참 거짓 여부를 파악하는 것은 운동에 대한 판단에 달렸기 때문에 가장 큰 즐거움을 경험해보지 못한 사람들은 고통을 피하기만 해도 이미 즐겁다고 생각할 것이고, 그렇다면 즐거움에 대해 올바로 판단하거나 측정할 수가 없게 된다. 중간 상태로 옮겨간 것이 사실 즐거운 상태가 아님에도 불구하고 객관적인 기준, 즉 가장 큰 즐거움에 대한 경험이 없이는 즐거움에 대한 올바른 측정이 불가능하다. 따라서 가장 고통스러운 것부터 가장 즐거운 상태까지의 경험이 있어야 이를 근거로 어떤 시점에서 경험되는 즐거움의 성격을 정확히 알 수 있을 것이다. 그러므로 가장 즐거운 상태나 가장 고통스러운 상태가 어떤지에 대한 앎을 어떻게 가질 수 있는지가 중요하다. 승리나 돈에 대한 욕구가 만족되는 과정에서도 객관적인 기준에 대한 경험(혹은 앎)을 바탕으로 즐거움의 크기가 측정된다. 따라서 인식론적 논증은 혼의 세 부분 전체가 즐거움을 경험하는 방법을 일관되게 설명할 수 있다는 장점을 갖는다.

만약 지혜를 욕구하는 부분이 경험하는 즐거움이 이런 성격을 갖는다면, 즉 즐거움이란 인식적인 차원에서의 측정과 판단의 문제이고 기준에 근거한 변화와 운동으로 정의되는 것이라면, 즐거움이란 그 자체로 좋은 것이 아니라 회복이나 채움이라는 과정에서 발생되는 일종의 파생적인 좋음이고, 그렇기 때문에 그 자체로 추구되어야 할 것이 아니라 궁극적인 목적을 이루는 데 필요한 수단으로서 좋은 것이어야만 한다.

즐거움에 대한 이러한 설명은 즐거움의 정체를 밝히는 데는 불충분하다. 앞에서는 지혜를 사랑하는 사람이 즐거움을 경험하는 경우는 진실을 그대로 알 때, 즉 자신이 사랑하는 것으로 채워진 상태에서의 즐거움과, 배우는 동안의 즐거움 두 가지가 있는데, 인식론적인 논증으로는 채워진 상태에서 비롯하는 즐거움을 설명하지 못한다. 즉, 과정에 대한 설명에 채워진 상태에 대한 설명이 더해져야 지혜를 사랑하는 부분이 겪는 즐거움이라는 현상에 대한 총체적인 설명이 가능하므로, 인식론적 논증만으로는 즐거움의 성격을 온전히 드러낼 수 없다. 그래서 이제 이 '채워진 상태'가 주는 즐거움이 어떤 것인지에 대한 설명이 바로 다음에 따르는 '존재론적 논증'에서 제시되된다.

2) 즐거움에 대한 존재론적 논증: 즐거움의 대상은 무엇인가?

소크라테스는 "어쨌든 다음과 같이 생각해보게나(hōde goun ennoei: 585a)"라고 말하면서 즐거움에 대한 논의의 방향을 전환한다. 하나의 증명 내에서 지금까지의 논증이 충분치 못하다고 여겨서 추가 논증이 필요한 것인지, 혹은 지금까지의 논증과는 다른 새로운 논증을 제시하려고 이 말을 꺼낸 것인지 분명치 않다.

　소크라테스의 논의는 즐거움을 어떻게 측정할 것인지와 관련된 인식론적 오류 가능성을 넘어 몸과 혼의 욕구를 채우는 대상의 존재론적 문제로 넘어간다. 욕구를 채우는 과정이 즐거움이라고 할 때, 혼의 욕구를 채우는 대상들은 몸의 욕구를 채우는 대상들보다 더 순수하다. 혼의 빈 곳을 채우는 지혜는 몸의 빈 곳을 채우는 음식이나 마실 것보다 더 실재에 가깝고, 혼은 몸보다 더 실재에 가깝기 때문에, 더욱 실재에 가까운 것을 채우는 바로 그 실재에 가까운 것이 이 과정에서 생겨나는 즐거움을 참된 것으로 만들어준다(585b~c). 따라서 소크라테스는 다음과 같이 말한다.

"만약에 성질상 적합한 것이 차게 됨이 즐거운 것이라면, 더 충실하게 존재하는 것들로 그리고 진정으로 차게 된 것은 참된 즐거움에 의해 더 실제로 그리고 더 진실되게 기뻐하도록 만들겠지만, 덜 충실하게 존재하는 것들에 관여하게 되는 것은 덜 진실되게 그리고 덜 확실

하게 차게 되겠고, 또한 덜 미덥고 덜 진실된 즐거움에 관여하게 될 걸세."(585d∼e)

몸이나 혼 모두가 각각 욕구하는 바들이 있고 이것을 채우는 과정에서 즐거움을 얻는데, 몸과 혼을 채우는 대상들은 실재의 정도에 있어서 차이가 있다는 설명이다. 따라서 어떤 즐거움이 참된지 혹은 그렇지 않은지의 여부를 결정하는 데 결정적인 기준은 대상의 존재론적 지위에 있다. 대상이 존재론적으로 참된 것이라면 이를 채우는 과정에서 얻는 즐거움은 참된 즐거움이고, 그렇지 않은 경우에는 덜 참된 즐거움이라는 것이다. 그리고 이렇게 충실하게 존재하는 것들로 차게 된 상태가 즐거움에 관여한다. 다시 말해 참된 대상으로 채우는 과정이 아니라 그 과정을 거쳐 채워진 상태가 참된 즐거움이라고 설명한다.

이후 소크라테스는 처음의 인식론적 논의로 돌아가지 않고 존재론적 차원에서만 즐거움의 문제를 다룬다.

"지혜와 훌륭함에 대한 경험이 없는 사람들은 언제나 잔치나 그런 유의 것들과 함께 지내게 되어, 아래로 옮겨졌다가는 다시 중간까지 옮겨지는데 이런 식으로 일생을 통해 헤매게 되네. 그러나 이 한계를 넘어선 적이 없으므로, 참된 위쪽을 보거나 거기로 옮겨져 본 적도 결코 없으며, '참으로 존재하는 것'으로 차게 되지도 않았으며, 확실하고 순수한 즐거움을 맛보지도 못했네."(586a)

참된 위쪽으로 가본 사람은 참된 것으로 채워질 수 있으며 거기에서 참된 즐거움을 맛볼 수도 있다. 그리고 그러한 대상이 아닌 것으로 채워지는 경우 참된 즐거움은 주어지지 않는다. 그 경우 괴로움과 혼합된 즐거움, 즉 참된 즐거움의 영상이며 환영에 지나지 않는 것들과 함께 지내기 때문에 존재론적 지위가 높은 것으로부터 얻어지는 참된 즐거움은 경험할 수가 없다. 따라서 존재론적으로 낮은 지위의 것으로 채워져야만 하는 몸이 경험하는 즐거움은 참된 즐거움이 될 수 없다. 그렇다면 혼의 경우는 어떠한가?

즐거움에 대한 소크라테스의 존재론적 논의에 따르면 엄밀한 의미에서 인간에게 허락된 참된 즐거움이란 혼의 이성적인 부분의 욕구를 만족시켜주는 과정에서 얻어지는 즐거움, 즉 배움을 통해서 얻어지는 즐거움과 같은 것만이 참된 즐거움이라고 할 수 있다(586d). 그러면 혼의 다른 부분들은 어떻게 즐거움을 느낀다고 할 수 있는가? 기개의 부분이나 욕구의 부분은 이성적인 부분의 욕구와는 달리 참된 대상으로 채워질 수 없는 것이기에, 그 부분들의 욕구가 만족되더라도 덜 충실하게 존재하는 것으로밖에 채워질 수 없다. 따라서 기개와 욕구의 부분 등 혼의 다른 부분은 몸의 경우와 마찬가지로 엄밀한 의미의 참된 즐거움을 누릴 수가 없다. 왜냐하면 그 부분들이 원하는 대상들은 본질적인 의미에서 언제나 같고 불멸하거나 참된 성격을 갖지 못하기 때문이다. 따라서 이 부분들이 느낄 수 있다고 말해지는 가장 참된 즐거움들은 욕구와 기개 부분들의 자체적인 원함에 따라서 얻어지는 것이 아니라, 이성적인 부분의 명령에 따를 때에만 주어질 수 있는 것이다. 그렇기 때문에 혼의 다른 부분들은 이성의 부분이 인도하는 바를 따라서 자신에게 가장 좋으며 특유한 것이면서도, 진실을 따르는 가장 참된 것을 획득하는 과정에서 즐거움을 얻을 수 있다. 다시 말해서 "혼 전체가 지혜를 사랑하는 부분을 따르고 반목을 하지 않는다면, 혼의 각 부분이 다른 모든 면에서도 제 일을 할 수 있으며 올바를 수 있고, 특히 각각이 자기의 즐거움들을, 최선의 그리고 가능한 가장 참된 즐거움들을 누릴 수"(586e) 있게 된다.

두 논증이 공통으로 다루는 문제: 즐거움을 오판하는 경우

지금까지의 즐거움에 대한 분석은 결국 배움에서의 즐거움과 같이 채워짐의 대상이 되는 것이 존재론적으로 실재인 것, 즉 '더 참으로 존재하는 것'인 경우에 그 즐거움은 참된 것이라고 결론 내린다. 결과적으로 오직 혼의 경우에만 즐거움을 경험할 수 있고 존재론적으로 하위에 있는 대상을 욕구하는 몸의 경우는 참된 즐거움을 얻을 수 없는 듯하다. 따라서 이 부분의 설명을 따르면 즐거움의 참, 혹은 거짓 여부는 대상의 성격에 의해 결정된다. 그런데 이는 운동에 대한 판단에 참·거짓 여부가 달려 있다는, 채워짐의 과정에 초점을 맞추는 인식론적 논증의 결론과는 일관되지 못하다. 우리는 앞에서 지혜를 사랑하는 부분의 즐거움이 과정과 상태 모두에서 논의되어야 한다는 사실을 보았다. 따라서 존재론적 논증과 인식론적 논증 사이의 관계가 해명되어야 지혜를 사랑하는 부분의 즐거움이 총체적으로 어떤 성격을 갖는지 밝혀질 수 있다.

소크라테스가 '다음과 같이'(585a)라고 말하면서 인식론적 논의에서 존재론적 논의로 전환하는 것이 세 번째 논증 안에서 이루어지기 때문에, 그리고 지혜를 사랑하는 부분의 즐거움은 두 차원 모두에서 해명되어야 하기 때문에, 두 논의는 결국 하나의 문제, 즉 즐거움에 대한 오판을 하는 경우에 대한 설명이다. 인식론적 논증에 근거한 즐거움을 잘못 측정하는 때는 실제로는 즐거움이 아닌 것을 즐거움이라고 오판하는 경우이다. 즐거움과 괴로움 전체를 다 겪어보지 못하여 객관적인 기준을 가지고 있지 않기 때문에 즐거움이 아닌 것을 즐거움이라고 착각하는 경우이다. 고통을 피해 중간 상태에 도달하는 것은 사실 즐거움이 아니다. 한편 존재론적 논증에 근거한 즐거움을 잘못 측정하는 경우는 순수한 존재로 자신을 채우지 않고 참된 즐거움과 거짓된 즐거움이 혼합되어 있는 즐거움을 경험하면서도 이를 참된 즐거움이라고 잘못 판단할 때이다.

존재론적인 논의는 《국가》편 5~7권에서 소개되는 형상에 대한 논의의 구도와 잘 맞아 들어가기 때문에 독자들로서는 이해하기 쉽다. 여기에서 발생하는 판단의 오류는 참된 즐거움이 아니라 참된 것과 거짓된 것이 혼합되어 있는 즐거움, 즉 참된 즐거움의 모방을 참된 것이라고 오판하는 문제이다. 이때 '모방'으로서의 즐거움의 성격은 무엇인가? 이는 즐거움이 아닌가? 혹은 즐거움과 괴로움 중간의 어떤 것이어야 하는가? 《국가》 5권 마지막에 등장하는, 지성과 의견, 그리고 무지의 대상을 구분했던 기준을 따른다면 이 모방으로서의 즐거움은 즐거움이 아닌 것은 아니지만 충실하고 참된 즐거움이 아니라 어떤 즐거운 상태라고 보아야 할 것이다. 즉 올바르지 못한 자가 추구하는 즐거움은 즐거움이기는 하지만 '괴로움과 혼합된' 즐거움이기 때문에 '덜 참된' 즐거움이라는 의미이다. 그러나 이런 덜 참된 즐거움이란 도대체 무엇이며 이러한 즐거움이 갖는 성격이 무엇인지 플라톤은 밝히지 않았다.

인식론적 논의와 존재론적 논의 각각에서 다루어지는 즐거움에 대한 오류는 서로 정확히 같은 상황에 대한 것은 아니다. 전자는 즐거움이 아닌 것을 즐거움이라고 생각하는 경우이다. 그런데 후자의 경우는 즐거움이 아닌 것은 아니지만 덜 참된 즐거움을 참된 것이라고 잘못 판단하는 것이다. 바로 그 이유로 소크라테스는 참주의 즐거움의 영상은 참된 즐거움에서 729배(587e)나 멀리 떨어져 있다고 한다. 즉 참주의 즐거움도 즐거움이기는 하지만, 군왕의 즐거움이 참주의 즐거움보다 그만큼이나 더한 즐거움이라는 것이다.

《국가》편의 맥락에서는 존재론적 논의만으로도 충분해 보이는데도 인식론적 논의를 사용하는 목적은 무엇인가? 혼의 지혜를 사랑하는 부분의 즐거움의 성격을 밝히기 위해서는 이 두 가지 논증이 모두 필요하다. 그런데 즐거움의 정체를 밝히기 위해서는 인식론적 논증과 존재론적 논증 사이의 관계가 해명되어야 한다.

존재론적 논증은 인식론적 논증을 대체하는가

한 가지 방법은 인식론적 논증이 결국 존재론적 논증에 의해서 대치되어 즐거움에 대한 논증이 완전해진다고 보는 것이다. 다시 말해 인식론적 논증은 즐거움의 본질을 밝히는 데 큰 도움이 되지 않고, 존재론적 논증이 《국가》 전체의 구도와 부합하는 방식으로 즐거움의 정체를 밝혀주고 있다는 해석이다.*

실제로 채워지는 경험이 없었음에도 불구하고 채워진다고 '느끼고' 있는 상황이 인식론적 논증에서 발생한다고 보는 것이 가능하다. 인식하는 주체가 즐거움을 느낀다고 하더라도, 실제로 채워지는 것이 없기 때문에 마치 가짜 금반지를 진짜라고 생각하고 좋아하는 것과 다름이 없다. 따라서 인식론적 논증은 경험 대상 중 무엇이 즐거움인지를 밝히는 데 초점이 맞추어져 있다. 이에 반해서 존재론적 논증은 즐거움이란 무엇인지를 밝히는 것에 초점을 맞춘다. 즐거움이 일종의 채움이라고 전제한 후, 채우는 것은 아무것으로라도 채우는 것이 의미 있는 것이 아니라 어떤 것으로 채우는지가 더 중요한 것이라고 본다. 치과의사에게 가서 썩은 이를 때울 때, 이를 때우는 재료로는 금부터 아말감까지 다양한 종류가 있다. 어떤 재료를 사용하든지 썩은 이에 있는 구멍을 채워서 이 본연의 기능인 씹는 일을 다시 하도록 할 수 있다. 그러나 치료된 이가 오랫동안 문제없이 안정적으로 기능을 수행하는 데에는 재료에 따라 큰 차이가 발생한다.

• 울프스도르프와 패리가 이런 해석을 제시한다. Wolfsdorf, D, *Pleasure in Ancient Greek Philosophy*, Cambridge, 2013. Parry, R. D., "Truth, Falsity, and Pleasures in *Philebus and Republic* 9," in *Plato's Philebus-Selected Papers from the Eighth Symposium Platonicum*(pp.221~226). Germany: Academia Verlag. 2010

바로 이런 점에서 채워지는 대상의 '순수성'이 즐거움의 질을 따지는 데서 매우 중요한 역할을 하게 된다. 그리고 순수한 대상일수록 안정성이 뛰어나기 때문에 채워진 상태를 오랫동안 지속시키는 데 유리하다. 이와 더불어 채워짐을 당하는 부분의 안정성 또한 중요한 역할을 한다. 욕구의 경우 채워진다고 하더라도 그 채워짐이 오래 지속되지 못하므로, 채우는 과정이 계속 반복되어야 계속해서 즐거울 수 있다. 따라서 즐거움은 욕구 부분에서 계속적인 채워짐이라는 작용이 요구된다.

그러나 혼에 존재하는 이성이라는 부분은 진리로 채워질 때 이를 쉽게 잃어버리지 않기에, 진리로 채워진 상태에서 주어지는 즐거움은 반복적으로 채우지 않더라도 지속될 수 있다. 따라서 즐거움에 있어서 참과 거짓을 따지는 데에는 채워지는 것과 그리고 채움을 당하는 것 각각의 안정성의 문제가 더 중요한 것이고, 그런 점에서 형상과 같이 변함없는 대상으로 채워짐을 당하는 이성의 즐거움이 욕구의 즐거움보다 더 진실한 즐거움이다.

존재론적 논증이 인식론적 논증을 대체한다는 해석의 문제점

즐거움에 대한 참과 거짓이라는 인식론적 문제는 《국가》 5권에서 소개된 인식과 의견의 차이와 병행적이기 때문에 '인식론적 논증'은 즐거움에 대한 분석으로 적당하지 않고 '존재론적 논증'이 참된 즐거움의 정체를 밝히는 데 적합하다고 볼 수는 있다. 그런데 이 관점에는 몇 가지 난점이 있다.

1) 소크라테스는 즐거움의 경험적 측면을 무시하지 않았다

첫째,《국가》9권의 올바른 사람이 행복한 이유에 대한 세 번째 증명의 중간에서 소크라테스가 논의를 전환하는 부분이, 인식론적 논증에 대해 비판하면서 이를 기각하고 존재론적 논증을 통해 즐거움의 성격을 밝히려고 하는 것으로 보이지 않는다는 점이다. 즐거움은 형상과는 지위가 다른 것이어서, 채워지는 과정에서 얻어지는 일종의 부산물과 같은 것이고 그런 점에서 즐거움이란 정말로 존재(ousia)가 아니라 생성(genesis)이라고 한다면, 형상에 대한 인식이나 무지, 그리고 의견의 경우와 같은 방식으로 생각해야 하는 이유가 없어 보인다. 참과 거짓의 문제는 인식의 문제이지만, 참된 즐거움이나 거짓 즐거움은 대상의 존재론적 성격만이 문제가 아니라 이를 느끼는 사람의 경험적 측면도 고려한다.

게다가 즐거움이라는 경험은 혼에서만 일어나는 일이 아니라 몸에서도 동시에 일어나는 일이다. 즐거움을 얻는 경험 중 지식을 배우는 것은 아주 특이하게 몸을 거의 사용하지 않지만, 그 밖의 많은 즐거움들은 몸을 이용해서, 혹은 몸이 채워지면서 경험된다. 따라서 플라톤의 즐거움에 대한 논의를 즐거움이 채워진 상태가 지속되는 차원에서만 고려하는 존재론적 논증뿐이라고 보는 것은 즐거움의 성격을 완전히 밝히지 못한다. 게다가 인식론적 논증은 괴로움에서 벗어나 평온을 누리는 것이 가장 즐거운 것이라고 여기는 사람들에 대한 비판으로 제시된 것이기 때문에(583c), 이 논증을 기각하고 즐거움의 정체를 밝히는 데는 존재론적 논증만으로도 충분하다고 여기게 된다면, 즐거움이나 고통 사이에 있는 평온이 즐거움이라고 주장하는 주장을 논박하기 어렵다.

2) 참과 거짓에 있어서 정도 차이는 고려할 수 없다

둘째, 순수함에 있어서는 정도를 이야기할 수 있지만, 참과 거짓에 있어서는 정도 차이를 고려할 수 있는지 분명치 않다. 첫 번째 인식론적 논증에서 드러난 참된 즐거움과 거짓 즐거움의 경우 중간이란 있을 수 없고 오직 참 혹은 거짓만 있을 수 있기 때문에 정도의 차를 받아들이지 않는 데 반해서, 순수함은 정도의 차이와 관련되기 때문에 이 두 가지가 서로 직접 대응될 수 없기 때문이다.

《국가》 5권 후반부에 인식과 의견을 서로 구분하는 부분에서 인식의 대상과 의견의 대상, 그리고 무지의 대상은 '명확성(saphōneia: 478c)'에 있어서 서로 능가하거나 능가하지 못하는 것으로 설명되고, 그런 점에서 의견은 인식보다는 어둡지만 무지보다는 밝은 것으로 제시되기는 한다. 하지만 이 두 가지는 서로 완전히 구분된 각각의 영역에 대한 것이라서 정도의 차이에 따라 설명될 수 없다. 즉, 참과 거짓은 명확성과 순수함에서 격차가 있기는 하지만 그 차이는 흑색과 백색의 차이와 같으며 흑색과 백색 사이에 있는 여러 다양한 급의 회색들 사이의 관계와는 다르다고 보아야 한다는 것이다. 그러므로 더 순수한 대상이 존재한다고 말할 수 있을지는 모르겠지만, 참과 거짓의 문제에서는 참인 대상과 그렇지 않은 대상이 있을 뿐 참이지도 거짓이지도 않은 즐거움의 대상을 생각하기는 어렵다. 다시 말해 엄밀한 의미에서 가지계와 가시계를 구분해서 생각할 수 있다면, 그 중간에 있는 세계는 상정할 수 없다는 의미이다.

사실 이 문제는 이 글의 앞에서 제시했던, 즐거움에 과정과 상태 측면이 있다는 점을 고려하면 더 쉽게 해명될 수 있다. 즐거움은 과정에서의 판단이 참이 되는 경우와, 대상에 의해서 채워진 상태가 참이 되는 경우의 두 방법에 의해서 참이 될 수 있다. 그런데 순수하게 존재하는 대상으로 채워지는 경우는 대상이 순수하게 존재하는 것이기에 '절대적으로 있는 것'(477a)이고 따라서 이런 '있는 것들(ta onta: 477c)'인 대상에 대한 우리의 지적인 능력인 인식(epistēmē)이 참이다. 그러나 우리의 판단이 참인 경우에 그 대상이 꼭 순수해서 그런 것은 아니다. 이는 인식론적 논증에서 올바른 기준을 바탕으로 참된 판단을 내리는 경우를 통해서도 알 수 있을 뿐 아니라, 두 번째 증명에서 고려했던, 돈이나 명예로부터 얻는 즐거움에 대한 바른 판단과 이로 인한 즐거움의 경우를 통해서도 알 수 있다. 다시 말해 순수한 대상에 의한 즐거움인 경우 이 즐거움은 참된 즐거움이겠지만, 우리가 어떠한 즐거움이 참되다고 할 때, 꼭 그 대상이 순수한 대상이지는 않을 수 있다는 것이다. 따라서 참된 즐거움, 혹은 즐거움다운 즐거움을 이야기하기 위해서는 대상의 차원에서 즐거움이 참되고 올바르게 되는 경우와 과정 모두를 보아야 한다. 즉 대상은 순수하지 않을지 모르지만 그 과정에서의 판단이 올바른 경우까지도 고려해야 한다. 그러나 존재론적 논증만으로는 전자의 경우에 대한 설명만 할 수 있을 뿐이기 때문에 즐거움의 정체를 온전히 밝히는 데 충분치 않다.

3) 지혜를 사랑하는 사람만 즐거움을 겪는 것은 아니다

셋째, 즐거움의 참과 거짓 여부가 대상의 성격, 그리고 채워지는 부분의 성격에 달려 있는 문제라고 한다면 즐거움을 참되게 경험하는 사람은 매우 소수에 지나지 않게 된다. 참된 즐거움이란 절대적으로 존재론적으로 참인 것에서만 비롯한다고 본다면, 참된 즐거움은 매우 한정적인 것에 지나지 않는다. 다시 말해 아주 뛰어난 철학자만 즐거움을 경험할 수 있을 뿐, 변치 않는 대상에 대한 인식을 할 수 있는 능력이 모자란 이상 국가의 일반 시민들의 경우 즐거움이 없는 삶을 살아야 한다. 혹은 그들은 '환영'으로서의 즐거움을 경험하고 있기 때문에, 사실은 즐거움을 전혀 경험하고 있지 않다. 이 논리에 따르면 그들은 그들 스스로 즐거움에 대해 인식론적 구분을 한다고 생각하면서 평온이 즐거움인지 아닌지에 대해 논의하고 있을지도 모른다. 만약 그렇다면 그들은 동굴 속의 죄수들끼리 벽에 비치는 그림자에 대해 판별하며 경합하는 것과 같은 상태(516e~517a)에 있는 것일지 모른다. 그렇다면 이때는 그들이 실재의 세계를 전혀 보지 못하고 즐거움의 그림자만 경험할 뿐이고, 진정한 즐거움의 경험은 그들에게 허락되지 않은 것이라고 주장해야만 할 것이다.

그러나 두 번째 증명에서 이성적 추론에 의해서 판정하는, 지혜를 사랑하는 사람이 즐거움에 대해 가장 경험이 많기 때문에 가장 제대로 판단할 수 있다고 하면서도(582c~d), 오직 지혜를 사랑하는 사람만 즐거움을 경험한다고 주장하지는 않았다. 다시 말해 즐거움이라는 경험을 더 많이 해본 사람이 지혜를 사랑하는 사람이지, 지혜를 사랑하는 사람만 즐거움을 겪었다는 것이 아니다. 더 나아가《국가》에서 이루려 하는 이상 국가의 시민들은 전체가 최대한으로 행복하며(420b~c), 수호자들은 나라 전체에 행복이 생기게 하는 역할을 해야만 해서(421b), 다른 집단보다 덜 행복해 보이기까지 해야 한다(419a, 519d)는 점에서 지혜를 사랑하는 사람이 아닌 다른 사람들의 경우에는 즐거움의 경험에서 완전히 배제된다고 해석할 수는 없다.

　바로 앞에서 순수한 대상만이 즐거움을 참되게 하는 것이 아니기 때문에 순수함과 참됨이 정확히 일치하는 것이 아니고, 순수한 것이 참되기는 하지만 참된 것 중 순수하지 않은 것도 있을 수 있다는 점을 보았다. 참된 즐거움을 이렇게 두 차원에서 고려한다면, 철학자의 경우는 존재론적 논증에서 제시했던 것처럼 순수한 대상에 의해서 참된 즐거움을 누릴 수 있고, 이상 국가의 일반 시민들의 경우 인식론적 논증에 따른 즐거움, 즉 즐거움에 대한 바른 판단에 의거한 즐거움을 누릴 가능성이 열린다. 따라서 존재론적 논증만으로는 충분히 설명할 수 없는 이상 국가 시민 전체의 행복 문제를 해결하는 데 인식론적 논증은 꼭 필요하다.

두 논증의 관계

《국가》 9권의 즐거움에 대한 설명이 충분하지 않아 보이는 이유는 플라톤이 두 개의 논증을 하나의 증명 아래에서 제시했지만 인식론적 논증과 존재론적 논증의 관계를 분명히 밝히지 않기 때문이다. 인식론적 논증의 경우 대상의 성격과는 관계없이 전적으로 즐거움을 측정하는 것에만 관련되어 있기 때문에 수호자나 통치자 계급이 아닌 일반 시민이자 생산자인 사람들이 일상생활에서 경험하는 즐거움이라는 현상에 대한 적극적인 설명으로 사용될 수 있다. 즉 일상적 차원에서 몸에서 일어나는 즐거움이라는 현상에 대해 잘 설명할 수 있는 방법이고, 바로 그 때문에 플라톤이 이 논증을 세 번째 증명에서 먼저 제시했던 것이다. 그리고 이때 과정으로서의 즐거움을 제대로 해명할 수 있다. 따라서 인식론적 논증이 여기에서 기각되어서는 안 된다.

인식론적 논증은 즐거움의 정체를 완전히 밝히는 데 충분치 않은 것도 사실이다. 즐거움이 채워짐에서 비롯하는 것이라면 채워진 상태와 그 상태를 만들어내는 채우는 것의 성격 또한 간과되어서는 안 된다. 몸에 좋지 않은 튀긴 음식으로 빈 배를 채우는 것이 가능하고 그것이 실제로 즐거움을 주기는 하지만, 건강에 좋은 음식으로 빈 배를 채우는 것과 즐거움에 있어서 차이가 없다고 보기는 힘들기 때문이다. 다시 말해 인식론적 논증으로 즐거움이라는 감각 경험에 대해 양적인 측면에서는 설명할 수 있지만, 즐거움의 질적인 측면은 고려할 수 없다. 반면 존재론적 논증은 일반 시민은 경험할 수 없는, 철학자에게 고유한 즐거움의 질적인 측면은 측정할 수 있는 데 반하여, 즐거움이라는 감각 경험의 양적인 측면은 판단할 수 없다는 문제가 있다. 즐거움이 과정과 상태라는 두 측면을 가지기 때문에, 인식론적 논증과 존재론적 논증 각각으로는 이 두 측면을 포괄적으로 설명하지 못한다.

두 논증을 연결하려는 시도는 즐거움의 참과 거짓이라는 문제가 즐거움의 순수성과 밀접하게 연결되어 있다는 전제 때문에 제기된다. 단순히 채워지는 과정이 문제가 아니라 그 채워지는 것 혹은 내용이 무엇인지가 관건이기 때문에, 인식론적 논증에서 존재론적 논증으로 넘어가는 것은 자연스러울 뿐 아니라, 사실 인식론적 논증은 즐거움의 성격을 밝히는 데 큰 도움이 되지 않는다고 본다. 대상의 순수성에 따라서 즐거움의 순수성이 결정되고, 형상과 같이 진실되고 순수한 것으로 채워지고 그것이 유지되는 즐거움만이 참된 즐거움이라고 생각하는 것이다. 하지만 앞에서 논의했듯 참과 거짓은 순수함과 섞여 있음에 정확히 대응하지는 않는다. 게다가 인식론적 논의를 하는 과정에서 소크라테스는 고통에서 벗어나는 것도 일종의 즐거움일 뿐 아니라 '강한 즐거움'(584c)이라고 말했다.

중간에서 위로 올라가는 과정에서의 즐거움은 고통에서 벗어나는 경우와 비교하여 '순수한 즐거움'이라고 부른다. 순수한 즐거움이란 평온한 상태에서 시작된 즐거움이기 때문에 고통과 섞이지 않았다는 점에서 순수하다. 이 경우 존재론적 논증으로는 순수한 즐거움의 성격을 제대로 밝힐 수 없다. 사실 순수한 즐거움의 반대는 섞여 있는 즐거움이고, 섞여 있는 것은 괴로움과의 섞임이기 때문에, 순수한 즐거움은 참된 즐거움과 달리 측정의 측면에서 먼저 논의되어야 한다. 그리고 그다음에야 대상의 성격이 고려될 수 있는 것이다. 따라서 즐거움은 채워지는 과정과 채워진 상태라는 두 경우 모두에 경험되는 것이어서 인식론적 논증과 존재론적 논증은 어떻게든 서로 보완적인 관계에 있어야 한다.

《국가》의 저자인 플라톤은 인식의 대상인 형상의 '순수함'과 괴로움과 섞이지 않은 즐거움 사이에서, 순수함에서의 차이보다는 유사성에 주목한 나머지, 인식론적 논증과 존재론적 논증 사이의 관계를 분명히 보이지 못했던 것 같다. 사실 이 관계를 해명하기 위해서는 '참된 즐거움'과 '순수한 즐거움'사이의 관계를 설명해야만 한다. 순수함은 정도 차이를 받아들일 수 있지만 참됨은 앞 절에서 논의한 바와 같이 정도 차이를 받아들일 수 없기 때문에 순수한 즐거움을 바로 참된 즐거움과 등치시키는《국가》9권의 존재론적 증명은 인식론적 증명과 일관될 수 없다. 순수한 즐거움이란 무엇과 섞여 있지 않기에 순수한 것이고, 그것은 판단의 문제와 결부하여 어떻게 참된 즐거움과 같을 수 있는지를 보여야 한다. 다시 말해 인식론적 논증에 근거하여 어떻게 즐거움이 참될 수 있는지, 즉 우리가 순수한 대상이 아니라 일상적으로 경험하는 즐거움을 주는 대상들에 대해 어떤 판단을 해야 즐거움에 대해서 올바르고 참되게 판단할 수 있는지의 문제까지도 해명이 되어야《국가》9권의 즐거움에 대한 두 증명은 일관되게 설명될 수 있다.

그러나 이는《국가》편의 주된 관심이 아니다. 따라서 이 대화편에서 제시된 두 논증만으로는 플라톤이 생각하는 즐거움의 정체를 밝히기에 충분하지 않다. 플라톤이《국가》편에서는 거기까지 다루어야 할 필요를 느끼지는 않았던 것 같고 그렇기 때문에 이 대화의 맥락에서는 참된 즐거움의 성격을 과정과 상태의 두 차원 모두에서 고려하지 않는다. 그리고 이후 다른 대화편에서 즐거움 자체의 총체적인 성격을 자세히 다루면서《국가》편에서 마무리짓지 못한 작업을 정리한다.

《국가》에서는 존재론적 논증만으로도 충분하다

《국가》의 대화자들이 이야기해온 맥락에서 달성해야 하는 목적, 즉 올바른 사람과 올바르지 못한 사람 중 누가 더 행복한가의 문제를 해결하는 데는 존재론적 논증만으로도 충분하기 때문에 인식론적 논증과의 관계를 밝히지 않은 채 존재론적 논증만으로 《국가》 9권의 논의는 마무리된다. 즉, 주어진 문제에 대해 '결정적인 넘어뜨림'의 역할을 하는 데는 존재론적 논증만으로 충분했다. 플라톤은 이 대화에서 즐거움의 성격에 대해 일관적인 설명을 제시하지는 않는다. 그것이 소크라테스가 이야기하는 목적은 아니었기 때문이다. 소크라테스가 주도하는 대화의 맥락에서 이 문제는 주된 관심사가 아니기 때문에 일관된 설명이 제시되어야 할 필요는 없다. 그런 점에서 《국가》 편의 즐거움에 대한 논의는 해당하는 맥락에서의 목표를 이루어내는 데는 충분히 성공적이다. "올바른 사람이 왜 행복한가?"라는 아데이만토스와 글라우콘의 질문에 대답하는 과정에서 즐거움은 논의했다. 그리고 《국가》 9권의 세 증명은 즐거움이라는 측면에서는 올바른 사람이 참주보다 훨씬 나은 삶을 산다는 충분한 대답을 줄 수 있다. 따라서 참된 즐거움이 무엇인지 밝히지 못했다고 하더라도 대화의 맥락에서만 보면 즐거움에 대한 《국가》의 논의는 만족스럽다.

《국가》는 경험 세계와 형상의 세계의 구분이라는 틀에서 논의를 진행하기 때문에 즐거움에 대한 논의에서도 이 구도는 그대로 유지된다. 그러나 인식과 의견의 문제와 달리, 즐거움은 '생성'으로서 채워지는 과정과 이에 대한 지각의 문제이기 때문에, 존재론적 틀만으로는 즐거움이라는 현상의 전체적인 모습을 완전히 설명할 수 없다. 특히 참된 즐거움과 거짓 즐거움이라는 현상을 판단하는 문제가, 존재론적 구도에 바로 적용이 되면서 순수한 즐거움과 참된 즐거움 사이의 차이를 명확하게 밝혀내지 못했다. 하지만《국가》9권에서 제시된 인식론적 논증이나 존재론적 논증 모두, 올바른 사람이 올바르지 못한 사람보다 행복하다는 사실을 증명하는 데는 충분하기에 대화 내에서는 그 자체로 역할을 충분하게 수행하고 있다. 즐거움이 일반 생산자 계급 또한 경험하는 채워짐으로서의 인식의 측면이든, 혹은 철학자만 '언제나 같으며 불멸하고 참된 것'(585c)으로 채우면서 경험할 수 있는 것이든 관계없이, 올바른 사람의 행복은 입증이 되기 때문이다. 그리고 즐거움을 경험하는 두 가지 가능성, 즉 채워지는 과정과 채워져 있는 상태라는 서로 다른 상태에 대해서는, 인식론적 논증과 존재론적 논증이 각각 설명해낼 수 있다. 또한《국가》편에서 제시되는 올바른 사람은 지혜와 용기, 그리고 절제를 통해 "참된 의미에서 자신의 것들을 잘 조절하고 스스로 자신을 지배하며 통솔하고 또한 저 자신과도 화목함으로서 … (혼의 세 부분을) 전체적으로 조화"(443d~e)시킨 사람이기 때문에 이 사람은 인식론적 논증에 따라서도, 그리고 존재론적 논증에 따라서도 욕구의 지배 하에서 자신을 다스리지 못하는 올바르지 못한 참주와 같은 사람보다 훨씬 큰 즐거움을 경험하는 것은 당연한 일이다.

처벌은 혼이 본성을 되찾게 한다

세 개의 증명을 통해서 참주 같은 사람보다 정의로운 사람이 더 행복하다는 것을 입증한 소크라테스는, 참주정 같은 사람이 어떻게 좋은 삶을 살 수 있을지 제시한다. 가장 부정의한 사람은 혼의 각 부분들이 자신의 역할을 하지 않고 있는 사람이다. 지혜를 사랑하는 가장 이성적인 부분이 혼 전체를 다스려야 할 텐데 그는 돈을 사랑하는 욕구적인 부분이 주인 노릇하고 있기 때문에 올바르지 않다. 이 사람이 행복해지려면 혼 안의 질서를 다시 회복해야 한다. 무절제한 삶은 명예를 사랑하고 돈을 사랑하는 부분이 득세하도록 만든다. 사람이 고집스럽고 고약한 성미를 갖게 되는 이유는 기개의 부분이 너무 강해져서이고, 반대로 사치하며 나약한 삶을 사는 이유는 기개가 자신의 역할을 하지 못하기 때문이다. 어떤 사람이 아첨 떨고 비굴한 이유는 용기 있어야 하는, 승리를 사랑하는 부분이 욕구의 부분에 종속되기 때문이다. 재물을 사랑하는 마음 때문에 기개 있는 삶을 살지 못하기 때문이다. 이렇듯 올바르지 못한 사람들은 모두 최선의 부분이 혼을 다스리지 않기 때문에 그런 인생을 산다. 어떻게 혼의 각 부분이 본래의 기능을 찾도록 해줄까?

소크라테스는 처벌이 혼의 각 부분을 고유의 기능으로 되돌리는 역할을 한다고 본다. 교육을 통해 혼의 각 부분이 마땅히 해야 할 역할들을 잘 익히고 배웠어도, 마치 이상 국가가 몰락해가듯 각 부분이 엉뚱한 것을 욕구하기 시작하면 혼 전체는 무절제해지고 질서를 잃는다. 소크라테스는 처벌을 통해 "혼의 야수적인 부분이 잠들고 순화되고, 유순한 부분은 자유롭게 되어, 그의 혼 전체가 가장 훌륭한 그 본성을 찾아 갖게 된 상태"에 이르고 "지혜가 함께 갖추어진 올바름을 갖게 됨으로" 귀한 상태를 실현할 수 있을 것이라고 본다 (591a~b). 따라서 올바르지 못한 일을 하고서도 처벌받지 않는 것이 좋은 것이 아니라, 부정의한 일을 행한 사람은 처벌을 받아서 혼의 본래 기능을 되찾는 것이 좋다. 부정의한 사람이 처벌마저 받지 않는 다면, 돈을 사랑하는 욕구의 부분에 더욱 이끌리게 될 것이고 그 어떤 것도 이 부분을 제어하지 못하게 될 것이다. 처벌을 받지 않는 것은 그 사람이 더 악해지도록 내버려두는 것이므로, 그 사람에게 이익이 되지 않는다.

처벌을 정당화하는 여러 가지 논리

전통적으로 처벌은 피해자의 피해에 대한 공감과 이에 대한 '응보' 차원에서 정당화되었다. "눈에는 눈, 이에는 이"라는 함무라비 법전의 원리가 바로 이런 응보의 논리에서 비롯한다. 그러나 응보는 결국 모두가 피해받게 만든다. 복수를 한다고 해서 이미 받은 피해가 복구되지는 않는다. 피해자에게는 복수심이라는 만족 말고 어떤 이익도 주어지지 않는다.

처벌이란 사회에 이득이 되는 것이라고 처벌을 정당화하는 논리도 있다. 사회에 위협이 되는 흉악한 범죄자의 경우 추가적인 피해자가 생기지 않도록 특정 기간 동안 혹은 영원히 사회로부터 격리함으로써 사회 전체의 안정이라는 이득을 도모한다. 부정의를 행한 사람에 대한 고려는 없고, 그 사람이 사회에 끼친 영향에만 초점을 맞추어서 처벌한다. 처벌뿐 아니라 난민 반대에 대한 논거도 비슷하다. 난민이 어떤 사람이고 어떤 상황에 처해 있으며 어떤 이유로 고향을 등지게 되었는지에 대해서는 관심이 없다. 단지 기존 사회에서 살아가던 사람들과 다른 문화와 역사적 배경을 가진 사람이라는 이유로 기존 사회에 대한 위협이라고 간주한다. 기존 사회에 피해가 가지 않도록 하기 위해 난민(부정의한 사람과 달리 난민의 대부분은 범죄자가 아님에도 불구하고)에 대한 고려는 완전히 배제된다. 이렇게 범죄를 저지른 사람이나 난민의 이익은 신경쓰지 않는다. 오직 사회 전체에서 피해를 줄이는 것만이 목표이고, 사회 전체의 이익을 늘리는 것에는 관심이 없다.

이에 반해 소크라테스의 처벌에 대한 정당화는 부정의한 사람에 대한 고려가 우선이다. 처벌의 목표는 처벌받는 사람의 야수적인 부분은 잠들고 순화되지만 유순한 부분은 자유롭게 되어서 혼 전체가 가장 훌륭한 본성을 찾아가 존귀한 상태를 다시 실현하게 하는 것이다. 교정을 목적으로 한다는 것은 일차적으로 그 사람의 이익을 고려한다는 의미이다. 그러나 부수적으로는 교정된 사람이 사회에 끼칠 영향까지도 염두에 둔다. 사회 전체가 정의롭게 되기 위해서는 각 사람이 자신의 일을 해야 한다. 그리고 각 사람이 자신의 일을 수행하기 위해서는 혼의 각 부분이 자신의 일을 해야 한다. 부정의한 사람이 훌륭한 삶을 살게 된다면, 그 사람이 담당했던 역할에 빚을 지고 있는 사람과 빚을 주고 있는 사람 모두가, 더 나아가서는 사회 전체가 올바르게 움직이는 상태가 된다. 이때 범죄자도 더 나은 사람이 됨으로 이득을 얻고, 사회 전체도 제대로 작동함으로 이득을 얻을 수 있다. 범죄자를 격려하는 것은 소크라테스의 이상 국가에서 사용하는 처벌 방식이 되기 어렵다. 모든 사람이 각자의 역할을 담당하기로 계약이 되어 있는 상태에서 한 명이 빠지게 된다면 전체 시스템이 안정적으로 돌아갈 수가 없다. 큰 기계의 부속 하나가 녹슬었을 때, 그 녹이 퍼져나가서 다른 부속에 피해를 주지 않도록 빼버리는 것이 한 가지 해결책일 수 있다. 하지만 그 부속이 빠지면 기계 전체가 정상적으로 작동하지 않을지도 모른다. 소크라테스는 부속 자체를 없애기보다는 그 부속의 녹을 없애는 것이 부속에게도 좋은 것이고, 기계가 잘 작동하게 만드므로 전체에게도 좋다는 생각이다. 개인에게도 전체에게도 가장 큰 이익을 주는 방식으로 처벌은 행사되어야 한다. 이는 교정의 가능성에 대한 믿음을 전제한다.

개인이 정의로워질 수 있어야 국가도 정의로워질 수 있다

철학자도 인간인 한 자신의 욕망대로 살 가능성이 있기 때문에, 그에게 가족도 허락하지 말아야 하고, 사유 재산도 주지 말아야 하며, 강제적인 교육과 법을 통해서 통치를 강요해야만 한다고 보는 플라톤은 인간보다는 시스템을 신뢰한다. 좋은 법을 만드는 것이 더 중요하다. 시스템을 유지하기 위해서 인간을 교정할 필요가 있고 이것이 가능하다고 생각한다. 인간에 대한 기대가 없으면 응보나 사회에서 배제하는 방식의 처벌을 주장해야 할 것 같지만 소크라테스는 여전히 '사람 고쳐서 쓰는 것이 가능하다'고 생각한다. 인간에 대한 절대적인 희망을 갖지는 않지만, 시스템만을 의존하지도 않는다. 개인이 교정 가능해야, 즉 정의로워질 가능성이 있어야, 국가 전체도 정의로워질 수 있다. 따라서 플라톤은 인간에 대한 기대를 완전히 버리지는 않는다. 4권에서 소크라테스는 시장에서 거래하는 일에 대한 세칙을 만들지의 여부를 논의하면서(425c~), 구체적인 일상과 관련한 것까지 법을 만들 필요는 없다고 한다. 훌륭하디훌륭한 사람은 알아서 잘할 것이므로 그런 것까지 지시할 가치가 없다. 소크라테스는 법의 기능이 '병든 사람을 치료'하는 것(425e)이라고 말한다. 가장 좋은 것은 교육을 통해서 병에 걸리지 않게 예방하는 것이다. 가능하면 치료할 일이 없는 나라가 가장 좋은 나라이다. 최선은 법 없이도 사는 나라이다. 그러나 현실적으로 인간의 욕망이라는 한계가 있기 때문에 훌륭한 사람으로 키워가기 위한, 혼의 전환으로서의 교육이 있어야 하고, 올바르지 않게 된 사람을 치료하고 회복시키는 차원에서 법과 처벌은 필수불가결하다. 그럼에도 법이 만능은 아니다. 법으로 다스린다고 하더라도 다스리는 사람이 올바르지 않으면 법이 제대로 작동하지 않는다(427a).《국가》에서 법보다 교육이라는 강제를 더 중요하게 여기고 올바른 통치자에 의한 정치의 중요성을 강조하는 플라톤은 시스템을 중요시하지만 인간의 변화에 대한 기대를 완전히 저버리지는 않는 휴머니스트이면서도, 인간에 대한 막연하고 맹목적인 신뢰에 매몰되지 않는 현실주의자라는 점이 잘 드러난다.

현실을 회복시키길 바라는 보수의 철학

플라톤 철학은 진보의 철학이 아니라 보수의 철학이다. 주의할 것은 여기에서 '진보'와 '보수'는 한국 정치에서 사용되는 방식과는 다르다는 점이다. 보수란 기존의 것을 지키는 것이고 그런 의미에서 플라톤은 보수적이다. 이데아가 가장 완전하고 좋은 상태이지만 우리가 처한 상태는 항상 이데아보다 못하다. 그러나 우리는 잘 살아야 한다. 그 방법은 모든 존재자들이 이상적인 상태를 회복하는 것이다. 이는 이전보다 나아진다는 점에서 일종의 진보일지 모르지만, 끝없이 계속해서 점점 더 좋아지는 방식으로 발전하는 진보가 아니라 형상에 도달하는 회복이고 최선으로 되돌아감이다. 회복의 가능성이 열려 있지 않다면 좋음은 불가능하다. 현재는 형상에 미치지 못하지만, 그렇다고 좋음이 도달하지 못할 목표는 아니다. 따라서 플라톤은 경험 세계를 형상의 세계에 미치지 못하는 곳으로 여기기는 하지만, 죄악으로 가득하기 때문에 버리고 떠나버려야 할 곳으로 생각하지는 않는다. 이 세상에서 저 세상으로 넘어가는 것은 플라톤의 철학이 아니다. 지금 이 세계에 문제가 많지만 동굴 안에 머무르면서 이 세계를 최대한 좋은 상태로 회복시켜야 한다. 바로 여기를 더 좋은 곳으로, 더 정의로운 곳으로, 더 질서 있는 곳으로, 더 아름다운 곳으로 만들어야 한다. 이것이 철학자의 역할이다. 이상을 지향하지만 현실을 회복시킨다. 그리고 그곳에서 다른 사람들과 함께 살아간다. 동굴 안을 가능한 한 동굴 밖처럼 바꾸어간다. 목표는 멀지만 분명하게 있고, 바꾸어야 하는 현실은 바로 눈앞에 있다. 그 현실은 철학자가, 그리고 우리 모두가 살아가야 할 곳이다. 그리고 현실의 일부는 부정의한 사람이다. 어느 누구도 무엇도 포기하지 않고 좋게 만들어가는 것. 이것이 이상을 지향하며 현실을 고쳐나가는 플라톤의 철학이다. 따라서 형상만 바라는 이상주의자라는, 플라톤에 대한 교과서적 설명은 절반만 맞다. 회복시킬 현실이 없으면 이상은 무의미하다. 그리고 그 현실을 최대한 이상에 가깝게 회복시키는 것이 철학자의 역할이다.

지금까지 설명을 들은 글라우콘은 지상의 그 어디에도 올바른 나라가 존재하지 않을 것이라고 불평한다. 그러나 소크라테스는 이상 국가가 본으로서 그려지기는 했지만, 그것이 어디에 존재하든 그렇지 않든 상관없다고 한다. 우리가 지금 살아가는 세상은 분명 부정의하고, 철학자는 이를 좋은 곳으로 다시 만들어가야 하기 때문이다. 이상 국가가 최종적인 목표로 우리에게 주어져 있고, 이 세계가 좋아질 것이라는 희망이 있는 한 철학자는 회복을 위해 끊임없이 노력한다.

13 ──── 예술 비판과 이야기 안의 이야기 ^{10권}

이야기로 마무리하는 이야기

드디어 10권까지 왔다. 온갖 복잡한 형이상학, 인식론, 존재론과 정치철학, 그리고 윤리학과 인간에 대한 이해 등의 방대한 논의를 소크라테스는 어떻게 정리할까? 지금까지 숨 가쁘게 철학에서 다룰 법한 주제는 다 다루었는데 이 긴 책을 플라톤은 어떻게 마무리할까? 그런 기대를 갖고 10권을 보면 실망스럽다. 10권의 내용은 앞에서의 논의만큼 중요해 보이지는 않기 때문이다.

《국가》의 10권은 크게 두 부분으로 나누어져 있다. 그리고 두 부분은 일견 서로 관계가 없어 보일 뿐 아니라 10권 전체가 《국가》의 부록인 양 전체 맥락과 잘 안 맞아 들어가는 것 같다. 10권의 구성은 다음과 같다. 앞부분에서는 2권부터 4권 초반부까지 다루었던 시인에 대한 문제를 다시 제기한다. 젊은이의 혼을 형성하는 교육에서 시가 교육의 중요성을 강조했던 소크라테스는 기존 시가에 대한 검열을 통해 좋은 내용만 교육에 사용해야 한다고 했었다. 소크라테스는 이상 국가에서 시가를 어떻게 보아야 하는지에 대해서 참 잘 설명한 것 같다고 말하면서, 5권부터 7권 사이의 철학에 대한 정의와 철학자의 인식 능력과 연결해서, 철학과 시가 사이의 오래된 불화(607b)를 깨고 교육에서 철학의 중요성을 강조한다. 이렇게 앞의 논의에 대한 부록 같은 내용이 10권의 앞부분이다.

후반부에서는 '에르'라는 사람이 사후 세계를 경험하고 돌아온 이야기를 제시하면서, 이를 통해 훌륭한 사람이 상을 받는다는 사실을 '증명'한다. 소크라테스가 《국가》의 긴 논의 끝에 내리는 결론이 '죽은 뒤에 복 받기 위해서는 현세에서 착하게 살라'는 종교의 가르침이라니, 정말 김새는 일이 아닐 수 없다. 이렇게 10권이 전반부는 이미 앞에서 한참 논의했던 이야기의 부록이고, 후반부는 진지한 철학이라고 보기 어려운 신화를 통해 종교적 교훈을 전하는 구성이라면 스펙터클했던 《국가》의 마무리로는 너무 약하다. 플라톤이 이 두꺼운 책으로 이야기하려고 했던 것이 결국 길거리에서 전도하는 사람들의 말과 다를 바가 없다면 뭐하러 《국가》를 읽은 것일까? 이처럼 《국가》 10권의 결론은 김새는 것일지도 모른다. 그렇지만 실망하기에는 아직 이르다. 10권의 내용을 조금 더 깊이 살펴보고, 플라톤 철학에서 '이야기'가 하는 기능을 다시 한 번 고찰하면서 이 책도 마무리하자.

소크라테스, 스승인 호메로스를 비판하다

9권 마지막에서 글라우콘이 이상 국가가 현실화될 수 있는지의 문제를 다시 제기했지만 소크라테스는 그게 중요하지 않다고 말했다. 그러고는 지금까지 이상 국가에 대해 제대로 설명했는데 그중에서도 특히 교육과 관련해서 올바른 방향으로 설명을 했다고 주장한다. 소크라테스는 이상 국가가 가능하다고 믿는다. 철학자가 노력하면 성취될 수 있는 목표이다. 그리고 철학자를 만들어내는 것은 교육이다. 따라서 교육에 대한 그의 논의가 제대로 된 것이라면, 그 교육을 통해 철학자를 키울 수 있을 것이고, 그 철학자를 통해서 이상 국가는 가능하다. 따라서 교육이 핵심이다.

이상 국가의 기본 원리는 자신의 일만 열심히 하는 것인데, 모방하는 사람은 자신의 일 아닌 것을 열심히 한다는 점을 들어 소크라테스는 모방을 업으로 하는 시인을 비판했다. 10권에서 다시 소크라테스는 시인들에 대한 비판을 제시한다. 그는 호메로스와 같은 지도자이자 스승을 비판하는 것이 얼마나 부담스러운지 잘 알고 있다. 이렇게 훌륭한 시인에 대한 사랑과 공경을 마음속 깊이 가지고 있기는 하지만, 진리에 앞서 사람이 더 존중되어서는 안 된다고 소크라테스는 말한다. 존경하는 사람이라 할지라도 진리에서 벗어나 있다면 과감한 비판을 해야 한다. 철학의 비판은 누구든 가리지 않는다. 흔히 말하는 '내부 총질'도 할 수 있다. 아무리 우리 편이라도 진리에서 어긋난다면 비판 대상에서 예외일 수 없다. 그래서 철학이 욕을 먹는지도 모른다. 하지만 철학은 원래 진리를 추구하기 때문에, 내 편이 진리가 아닐 때에도 과감히 진리를 선택한다. 친구들에게 너무 잔인한 것 아닌가? 혹은 그러니 철학자에게 친구가 없는 것 아닌가? 그럴지도 모른다. 하지만 철학자는 친구보다도 지혜를 사랑하는 사람이라

어쩔 수 없다. 철학자는 진리를 위해서라면 자신에게 총질을 가하는 것도 감수한다. 자신이 오랫동안 당연하고 옳다고 생각해왔던 것이 틀렸다면, 자신이 소중하게 지켜온 신념이 옳지 않은 것으로 드러난다면, 판단 기준으로 삼았던 것이 자신의 배경으로부터 비롯한 편견이라는 사실을 깨달으면, 자기 자신에게도 과감하게 칼을 대어 잘못된 것을 떼어버리는 사람이 철학자이다. 진리를 추구하기 위해서라면 자기 자신까지도 버릴 수 있는 사람이 호메로스 같은 스승을 비판하는 것은 큰일이 아니다.

철학적 논쟁에서의 비판은 상대에 대한 인격적인 공격을 목적으로 하지 않는다. 플라톤이 호메로스를 싫어해서 호메로스의 시를 비판하는 것이 아니다. 철학자들이 자신의 친구를 싫어하기 때문에 내부 총질을 통해 그 친구를 '우리'로부터 배제하려는 것도 아니다. 소크라테스의 비판은 대상에 대한 사랑과 공경을 전제한다. 신뢰를 기반으로 하여 사랑하는 대상으로부터 잘못된 것을 제거하는 일. 이것이 철학에서 논박이 하는 일이다. 진리 추구 과정에서 다른 것보다 진리를 우선시하지만, 그렇다고 진리 외의 모든 것을 다 적으로 돌려버리자는 것도 아니다. 자기 자신이 편견을 가지고 있어서 진리를 제대로 추구하지 못했다 하더라도 자기 자신을 파괴하는 것이 철학일 수 없다. 마찬가지로 사랑하고 공경하는 다른 사람이 진리에서 어긋난다면, 그 부분을 고치기 위해 비판하지 그를 없애버리고 파멸시키기 위해 논박하지 않는다. 철학은 검토하는 학문이다. 돌다리도 두들겨보고 건너듯, 확고한 지식을 추구하기 위해 어떤 것도 남김없이 다 검토하는 것이 철학이다. 그 과정에서 스승, 동료, 친구, 가족 그리고 내 자신이 비판받아 상처 입을 수 있다. 하지만 그 비판의 대상은 사람이 아니라, 그 사람의 잘못된 선입견과 신념이다. 호메로스에 대한 비판도 이런 애정과 사랑을 전제로 하고 있다는 점을 잊지 말아야 한다. 소크라테스도 시인을 이상 국가에서 추방해서 시라는 것 자체를 없애자고 주장하지 않는다.

모방이 왜 문제인가

2권과 3권에서도 시인의 문제가 '모방'이라고 소크라테스는 이미 이야기했다. 한 가지 일만 열심히 해야 하는데 시인은 온갖 사람들과 동물들과 여러 소리들을 흉내내어 다방면에 열심인 사람이기 때문에 문제였다. 10권의 소크라테스는 지금까지 《국가》에서 논의했던 형이상학과 혼의 각 부분의 역할 등을 근거로 '모방'이 왜 교육에서 문제가 되는지 더 포괄적으로 설명한다. 2~3권에서는 수호자 교육을 설명하기 위해 시인에 대해 비판을 가했다면, 이제 플라톤의 철학 전반에 대한 설명을 통해 모방의 문제점을 지적하면서 누가 교육을 담당해야 하는가의 문제를 다시 살펴본다. 6권의 선분의 비유에서 소크라테스는 눈에 보이는 세계와 지성으로 알려지는 세계를 나누었고, 눈에 보이는 세계는 실물과 그림자로 나누었다. 7권에서 논의했던 철학자에 대한 교육은 혼이 지성으로 알려지는 세계로 향하는 것을 목표로 했다. 따라서 교육은 형상과 수학적인 원리를 지향하면서 이를 근거로 이루어져야 하는데, 전통적인 시가를 통한 교육은 인식의 대상이 아니라 경험의 대상인 현실 세계를 모방한다는 점에서 문제가 있다.

그림과 시가는 크게 세 가지 부분에서 문제가 된다. 첫째, 화가와 시인 등의 모방자는 보이는 것을 모방하는데 보이는 것은 변화의 가능성이 있는 불완전한 것이므로, 이를 모방하는 것은 더욱 불완전하다. 따라서 이들이 만들어낸 결과물은 진실된 것에서 멀리 떨어져 있고 진리를 포착하지 않는다. 둘째, 화가와 시인처럼 현실의 것을 모방하는 사람은 의견만 가질 뿐이고 지식을 갖지 못한다. 이들은 실재에 대한 지식을 가진 것이 아니라 현상에 대해서만 알고 있는데, 현상에 근거한 좋음과 나쁨의 판단은 의견에 지나지 않는다. 지식이 없이 아름다워 보이는 것을 만드는 일은 일종의 놀이에 불과할 뿐 진지한 것은 아니다. 셋째, 이런 현실의 모방은 변화하는 세계에 대한 모방이므로, 틀릴 가능성이 있다. 이성의 부분은 계산과 측정, 혹은 변치 않는 형상을 인식하는 역할을 담당하는데, 변화하고 틀리는 것은 혼의 다른 부분과 연결된다. 특히 시는 즐거워하거나 기뻐하는 상태를 모방하곤 하는데, 이런 현실의 모방물은 욕구의 부분이나 화를 내는 기개의 부분에 영향을 끼친다. 이 세 가지 문제점은 결국 이성적인 부분이 아니라 욕구적인 부분이 혼의 주인이 되도록 만든다. 그럼에도 불구하고 전통적으로 시는 교육 기능을 담당했다. 혼이 바른 곳을 바라보도록 돌이키고, 이성의 부분이 잘 작동하도록 하는 것이 교육의 역할이다. 그런데 이성적인 부분이 아닌 혼의 다른 부분들을 키우는 시가가 교육의 주체라면 훌륭한 사람을 키워낼 수 없는 것은 당연한 일이다.

플라톤은 모방 그 자체를 비판하는 것이 아니다

시가와 철학 사이의 오래된 불화(607b)는 교육 기능을 누가 담당할 것인지와 관련해 있어왔다.《국가》앞부분에서 계속 문제 삼았던 전통적인 교육의 문제(사람들의 머릿속에 지식을 넣어주는 방식, 7권 518b 참고)는 시가를 통한 교육에서 가장 잘 드러난다. 실제로 그 시대의 교육이란 호메로스의 시가 등에 나타난 영웅들의 삶을 보고 들으며 그들과 같이 살아가도록 하는 것이었다. 이런 모방에 의존한 교육에 대한 플라톤의 비판은 얼마나 정당한가? 교육에 모방의 기능은 전혀 포함되어서는 안 되는가? 사실 우리가 받아오는 교육의 많은 부분은 모방에 의존한다. 어릴 때 위인전을 읽는 교육은 위인들의 삶을 모방하기 위한 것이며, 뛰어난 스승이 학문에 헌신하는 모습은 우리에게 좋은 귀감이 된다. 우리 사회는 계속해서 훌륭한 '어르신'을 찾아 헤매고 있으며 그 어른을 '멘토' 삼아 자신의 삶을 살아가고자 하는 젊은이로 가득하다. 그리고 그런 '어르신'이 없기 때문에 우리 사회의 미래가 불투명하다고 말하는 사람들 또한 있다. 교육에서 이렇게 훌륭한 모범을 따르는 일은 플라톤이 주장하는 것처럼 정말 가치가 없는 것일까? 교육은 훌륭한 모범을 따르면서 이루어지지 않는가? 멘토링은 잘못된 교육 방식일까?

플라톤은 모방 자체에 대해서 비판하지 않는다. 플라톤은 시가가 이로울 수 있다면, 즉 모방하는 일이 즐거울 뿐 아니라 이로운 것으로도 밝혀진다면(607d) 시에 대해 호의를 가질 수 있고, 그 시를 자신의 이상 국가에 필요한 요소로 포함시킬 수도 있다고 본다. 그렇다면 모방하는 내용이 이로운지의 여부를 따지는 '철학적 작업'이 추가되는 한에서 모방은 허용된다. 훌륭한 위인의 삶은 우리에게 존경의 대상이 될지는 모르지만, 그 위인이 살았던 시대와 나 자신이 살아가는 시대는 다르다. 각 사람이 살아가야만 하는 현실의 조건이란 모두 동일하지 않으며, 따라서 단순한 모방만으로는 훌륭한 모방의 대상과 같은 삶을 살아낼 수는 없다. 아무리 우리에게 귀감이 되는 삶이라고 할지라도, 그 삶을 그대로 모방해서는 내 삶에 아무런 이익이 되지 않는다. 모방 대상의 삶에서 나의 구체적인 삶의 조건에 맞게 필요한 부분을 찾아내고 적용하여 내 삶을 살아가는 것이 중요하다. 그러기 위해선 귀감이 되는 삶에서 나의 삶에 필요한 것이 무엇인지를 보고, 또한 내 삶이 어떠한 상황인지를 볼 수 있어야 한다. 그렇다면 모방하는 것보다 현실의 모방만을 통해서는 볼 수 없는 것을 향해 방향을 바꾸어 볼 수 있는 능력을 갖추는 것이 더 중요하다. 그리고 바로 그것이 철학이 담당하는 교육의 기능(518d)이다.

지혜를 얻기 위해서라면 문학도 좋다

여기까지의 논의에 따르면 플라톤이 시가라는 장르, 혹은 형식에 반대한다고 주장하는 것은 무리가 있다. 이미 이 책의 1장에서 장황하게 논의했듯,《국가》자체가 일종의 이야기이다. 왜 플라톤은 일견 자신이 배격하는 문학이라는 장르를 통해 궁극적으로 답을 찾고자 하는 철학적인 질문에 대해 답하는가? 더 나아가 왜 플라톤은 자신의 철학이 제시하려는 진리를 자신의 이상 국가에서 추방하고자 하는 사람들이 사용하는 장치를 통해서만 제시하는가? 플라톤 철학을 연구해온 학자들은 일반적으로 문학과 논증이라는 두 가지 요소 중 한쪽에만 초점을 맞추어왔다. 전통적으로는 플라톤 철학에서 논증만을 분리하여 분석하고 이해하려 해왔고 문학적 요소는 궁극적으로 플라톤 철학에서 배제되어야 할 것으로 보았다. 그래서 플라톤 대화편에서 신화가 나오는 부분은 의도적으로 간과하고 읽기도 했다. 소크라테스는 10권에서 "변론을 하고 싶으면 시가 아니라 산문으로 해야 한다"(607d)고 주장하기는 한다. 그러나 소수 진영에서는 플라톤 작품들의 문학과 수사적 측면에만 초점을 맞추어 인간 이성의 한계에 종속되는 철학, 혹은 논증의 한계를 강조하고 영감과 상상력에만 의존하여 플라톤의 작품을 이해하려 했다. 논증 없는 문학적 상상력만이 플라톤 해석의 열쇠라고 보았다.

플라톤이 논증만으로 철학을 하는 것이 아님은 분명하다. 무엇보다도 몇 개의 서간문을 제외하고는 플라톤의 글들은 아리스토텔레스를 비롯한 이들과 근대 철학자들이 사용했던 일반적인 형식과 달리, 여러 캐릭터들이 대화를 나누는 장면을 묘사한 일종의 희극이나 비극과 같은 형태를 띠며 문학적인 요소를 자유롭게 사용한다는 사실은 이미 앞에서 충분히 보았다. 이뿐 아니라 플라톤의 대화편에서는 신화, 유비, 우화, 그리고 당대의 비극과 희극을 자유롭게 이용하여 철학적인 탐구를 진행한다. 게다가 《티마이오스》편에서는 세계, 《파이돈》편에서는 영혼, 《국가》에서는 이상적인 국가에 대해 이야기하는 것에서 알 수 있듯이 자신의 철학을 통해 답하고자 하는 핵심적인 문제들은 논증의 방식이 아니라 오히려 신화나 이야기 등의, 상상력을 동반하는 문학적 장치를 통해 제시된다. 하지만 지혜가 빠진 문학은 철학의 도구가 아니다. 플라톤은 문학을 사용하지만 이는 지혜를 향한 것이다. 지혜를 향하는 한, 논증이든 이야기든 모든 수단이 다 활용된다. 논증이 가능한 부분까지는 논증을, 이야기를 통해 지혜를 추구할 부분은 이야기를 통해 철학한다.

소크라테스는 시가 즐거움을 줄 뿐 아니라 이로운 것이라는 점이 밝혀진다면 이상 국가에 충분히 받아들여질 수 있다고 한다. 많은 사람들이 철없이 시에 대한 사랑에 빠지는 것(608a)을 걱정할 뿐이다. 대중이 전통 시가를 통한 교육의 문제를 이해하고 있다면 산문으로 이에 반대하는 변론을 펼쳐야 할 것이다. 그러나 그들은 그 능력을 충분히 갖추지 못하고 있기 때문에 그들에게 '논변을 주문 삼아 노래'해주어야 한다. 시에 대한 비판을 시(노래)로 한다는 점은 플라톤이 시 자체를 비판하는 것은 아니라는 점을 잘 보여준다(608b 참조). 문학에 대한 플라톤의 비판은 문학이라는 장르 자체에 대한 비판이 아니다. 호메로스를 비롯한, 고대 그리스 사회의 교육을 담당했던 시인들에 대한 플라톤의 비판의 핵심은, 이들이 모방하는 대상에 대한 지식을 가지고 있지 않은 상태에서 모방을 하고 있다는 사실이다. 다시 말해 모방이라는 작업 자체가 문제가 아니라 모방하는 대상이 형상 혹은 이데아가 아니라는 점이 문제이다.

철학은 시가를 짓는 일

플라톤이 제시하는 철학자란 실재를 보고 이에 대한 앎을 갖고 이를 인간 공동체 내에 구현하려는 사람이다. 《법률》에서 말하듯 "가장 아름답고 가장 훌륭한 삶"을 모방하여 이에 적합한 법률을 만드는 철학자야말로 "가장 아름다우면서 동시에 가장 훌륭한 비극을 짓는" 시인이다(《법률》 7권 817b). 형상에 대한 앎을 바탕으로 동굴 속을 이상에 가장 가깝게 만드는 것, 그것이 바로 모방이다. 현상을 모방하지 않고 형상을 모방하는, 즉 변화하지 않는 좋은 것을 최대한 모방하는 사람이 바로 철학자이다. 지성으로 파악되는 세계와 눈으로 파악되는 세계 양쪽에 속해 있으면서 두 세계를 모방으로 매개하는 사람이 철학자이다. 《파이돈》은 소크라테스가 독배를 마시던 날에 있었던 일에 대한 이야기이다. 대화편 초반부에 케베스는 이전에는 전혀 시를 짓지 않던 소크라테스가 사형 선고를 받고 감옥에 들어와서 집행일만 기다리는 동안에는 아이소포스(이솝)의 이야기를 운문으로 만들어 시를 짓거나 아폴론을 위한 찬가를 짓게 된 이유가 무엇인지 묻는다. 소크라테스는 이렇게 대답한다.

"과거의 삶 중에 종종 같은 꿈이 나를 찾아와서는, 똑같은 것을 이야기했다네. '소크라테스여, 시가를 짓는 일을 하라.' 그리고 나는 이전에는 그 꿈이 내가 하고 있었던 바로 그 일을 나에게 권하고 성원하는 것으로 받아들였다네. … 그 꿈은 내게도 내가 하고 있었던 바로 그 일, 즉 시가를 짓는 일을 성원하고 있다고 말이야. 철학은 가장 위대한 시가이고, 나는 그것을 실천하고 있다고 생각하면서 말이지. 그런데 지금은 재판도 끝나고, 그 신의 축제가 내가 죽는 것을 지체시키고 있는 터라, 혹시 그 꿈이 내게 저 통상적인 시가를 지으라고 명하는 것이라면, 그것을 거부하지 말고 지어야만 한다는 생각이 들었네."●

소크라테스는 '하고 있었던 바로 그 일', 즉 지혜 있는 사람들이라면 누구든 만나서 질문하고 검토하며 사는 것을 '시를 지으라'는 신의 명령을 따르는 것이라고 생각했다. 그렇게 지혜 있는 사람들을 찾아서 질문을 던지다가 미움을 받게 되어 고발당하고 재판 결과 사형선고를 받아 감옥에서 집행을 기다리게 되자, 혹시나 그동안 신의 명령을 자신이 잘못 이해해서 이 지경에 이른 것은 아닌가 하여 이솝 우화를 바탕으로 한 시를 지어보기도 한다. 그러나 그는 철학하는 삶이 잘못되었다고 생각하지 않았다. 그렇기 때문에 독배를 마시기 직전까지 친구들과 함께 혼의 불멸에 대해서 토론하고 검토했던 것이다. 철학하는 삶이 시가를 짓는 일이라는 것은 무슨 의미인가? 현상이 아니라 이데아를 모방하여 현상을 가능한 한 이데아에 근접하게 만드는 것, 이것이 바로 진정한 시가를 짓는 일이다.●● 마지막까지 최

● 플라톤, 《파이돈》 60e~61a (전헌상 역, 이제이북스)

●● 플라톤, 《소피스트》 268c~d에서 대화편 전체 결론을 다음처럼 내린다. "모순을 만드는 기술에서, 위장하는 기술에서, 믿음에 의존하는 기술에서 나온 모사자, 그리고 유사 닮음을 만드는 종족에서, 모상제작술에서 나와서 신적인 것이 아니라 인간적인 것을 제작하는 부분 그리고 말로써 볼거리를 만드는 부분으로 구분된 자, 바로 이런 가계와 혈통으로부터 진정한 소피스트가 나왔노라고 누군가

고의 시인으로서 살아가는 모습을 그린 플라톤 또한 철학이란 무엇인지를 소크라테스라는 사람을 통해 모방하여 대화편으로 썼다. 따라서 플라톤이 이상 국가에서 시인을 추방했다는 것은 오해다. 오히려 플라톤은 호메로스 전통을 이어 시가를 적극적으로 활용하면서 철학에 교육을 맡긴다. 어쩌면 플라톤이야말로 자신이 존경하던 호메로스의 가장 훌륭한 계승자일지도 모른다. 거짓 시가 아니라 진정한 시를 짓는 시인으로서의 철학자로서 말이다.

모방하는 자가 모방하는 대상에 대한 지식을 가지고 하는 모방은 인간의 삶에 유용한 것일 뿐 아니라 혼을 실재로 향하도록 하는 교육의 근간이다. 시가와 철학의 오래된 불화는 시인과 철학자 모두가 모방자이면서 교육자를 자처했기 때문에 발생했다. 이 두 진영 사이의 갈등은 모방 자체를 기각함으로써 해결되지 않는다. 둘 다 모방을 자기 일로 하는 사람들이기 때문이다. 따라서 시인을 추방함으로 이상 국가가 완전해지는 것은 아니다. 그들이 잘못된 대상을 모방하는 것이 문제였을 뿐, 모방이라는 행위 자체가 잘못되었던 것은 아니기 때문이다. 오랜 불화는 모방의 대상이 무엇인지를 규명함으로 해소된다. 실재를 모방하는 시가가 가능하다면 이는 철학과 대립할 이유가 없다. 제대로 된 대상을 모방하는 철학은 시가와 불화하지 않는

라도 주장한다면, 그는 가장 진실된 말을 하는 것 같습니다." (이창우 역, 이제이북스) 이 대화편의 주인공인 엘레아에서 온 손님은 '위장하지 않고, 인식에 의존하는 기술에서 나온 모사, 유사 닮음이 아니라 실재의 닮음, 그리고 모상을 제작하되 신적인 모상을 만드는 사람'의 가능성을 열어두고 있는 것 같다. 아마도 이런 사람이 실재를 모방하는 철학자일 것이다.

다. 오히려 모방의 대상이 같다면 철학과 시가는 같은 일을 한다. 철학은 적극적으로 실재를 모방하고 아름다운 세계를 만든다. 플라톤은 이야기라는 형식을 택하여 독자의 혼을 전환시키는 교육을 구상했다. 《국가》도 소크라테스의 이야기면서 철학이고, 《국가》 10권 후반부에서 소개되는 에르라는 사람이 사후 세계를 다녀온 후의 고백도 '이야기'이자 실재를 모방한 철학이다. 이야기라는 형식은 아무 문제가 없다. 진리를 모방하는 한, 이야기는 철학과 교육의 훌륭한 도구이다.

사후세계 이야기는 부록이 아니다

이런 맥락에서 10권 마지막에 제시되는, 에르라는 사람의 사후세계 여행 이야기를 읽어보자. 대화의 맥락은 이러하다. 소크라테스가 2권에서 받은 질문에 대한 대답은 9권 마지막에서 부정의한 사람이 처벌을 받는 것이 이롭다는 점을 보인 것과 동시에, 훌륭하고 정의롭게 살았던 사람이 보답을 받게 될 것이므로 이 삶을 선택해야 한다는 점을 보여야 완전히 끝날 수 있다. 따라서 10권 마지막 부분에서 소크라테스는 올바른 사람에게 주어지는 상을 설명한다. 소크라테스는 훌륭한 사람에게는 이생에서 좋은 상이 주어지기는 하지만, 혼은 불사하기 때문에 영원히 사는 혼이 살아가는 기간에 비해 몸을 입고 살아가는 기간은 짧다면서, 그 짧은 시간에 상이 생겨봤자 얼마나 크겠느냐고 묻는다. 하지만 현대 독자들이 이상하게 여기는 것과 마찬가지로, 소크라테스의 말을 듣는 주인공들도 혼이 불사한다는 것을 어찌 아는지 입증해달라고 부탁하고, 소크라테스는 이를 증명한다.

일단 10권의 구성이 분절적이지 않다는 점을 지적하고 넘어가자. 10권 앞부분에서 시가와 철학의 오래된 불화와 해결 가능성을 설명한 이유는, 이상 국가 건설에 교육 기능이 중요하기 때문에 형이상학을 근거로 추가적인 증명을 제시하기 위함이었다. 이에 더하여 《국가》를 이야기 속의 이야기로 마무리하기 위해 플라톤은 이야기의 철학에서의 기능을 강조할 필요가 있었다. 이제부터 소크라테스를 통해 들려줄 불사하는 혼의 이야기나 사후 세계의 이야기, 그리고 윤회하는 혼에 대한 이야기를 마치 호메로스의 시를 듣듯, 사실이 아니니 그저 흥미로 듣는 이야기로만 간주하지 말라는 것이다. 진정한 철학자로서의 소크라테스를 통해 전해지는 10권 후반부의 이야기는 '시가를 짓는 일을 하라'는 아폴론의 명령을 수행하여 기록된 내용이다. 이 이야기를 진리와는 거리가 먼 이야기로 듣지 말고, 실재의 모방으로서 우리를 진리에 이르게 하는 이야기로 들으라고 권하기 위해서 플라톤은 10권 앞부분에서 시인과 철학자에 대한 논의를 먼저 제시했다. 따라서 10권의 앞부분은 책 전체의 부록에 대한 도입이 아니라, 책 전체를 마무리하는 에르의 이야기가 갖는 의미를 강조하기 위한 것이다.

참을 넘어선 진리: 영혼은 죽지 않는다

소크라테스는 혼의 불사를 증명하기 위해 《국가》에서 이미 전제되어 있었던 혼과 몸 사이의 유비관계를 이용한다. 이미 개인과 국가 사이의 관계, 세 가지 유비를 통한 두 세계의 존재론적 구분 등 유비를 통한 설명을 여러 번 보았다.* 대상을 파멸시키는 것은 나쁜 것이지만, 대상을 잘 보전하는 것은 좋은 것이다. 그런데 혼에 나쁘다고 여겨졌던 것들, 부정의, 방종, 비겁 등등은 혼을 파괴하지는 않는다. 그러면 몸을 나쁘게 하는 것들이 혼을 파괴할 수 있을까? 예를 들어서 상한 음식은 몸에 병을 일으키고, 몸의 병은 몸을 파괴한다. 즉 몸을 죽어 없어지게 한다. 그러나 몸의 병이 혼까지 없어지게 하는 것은 아닌 것 같다. 따라서 혼은 혼에 나쁜 것들에 의해서도, 몸에 나쁜 것에 의해서도 파멸되지 않으므로 '언제나 존재(aei on)'하는 것이기에 사멸되지 않는다.

플라톤은 《파이돈》에서 훨씬 더 복잡한 방식으로 혼의 불사를 논증한다. 소크라테스가 독배를 마시기 직전, 다가올 소크라테스와의 이별을 슬퍼하는 친구들과 나누기에 가장 적절한 주제가 아닐까. 어쨌든 《국가》에서는 혼이 불멸한다는 이야기를 통해 저세상에서의

• 초기 그리스 철학자들부터 유비를 통해서 자연 현상과 과학적 현상을 설명하는 방식은 많이 사용되었다. G. E. R. Lloyd, *Polarity and Analogy, Two Types of Argumentation in Early Greek Thought*(이경직 옮김, 《양극과 유비: 초기 그리스의 사유에 나타난 두 가지 논증 유형》, 한국문화사, 2006) 2부 참고. 특히 유비 논증의 분석에 관해서는 6장 참고.

삶이 있다는 사실만 말하려는 것이 아니다. 곧 소개할 에르의 이야기를 보면, 혼은 다음 세상으로 가서 그곳이 천국이든 지옥이든 영원히 머무르지 않는다. 혼은 윤회하여 다시 사람으로 태어나고, 다시 정의롭게 혹은 불의하게 살아간다. 올바르게 살지 말지에 대한 결정은 오랜 시간에 걸쳐 영향을 끼친다. 소크라테스 한 사람이 올바르게 산 것에 대해서는 소크라테스의 일생 동안에 상이 주어지지 않았을지도 모른다. 그러나 소크라테스가 윤회하여 다른 사람으로 태어나기 때문이 아니라, 소크라테스라는 한 사람의 인생이 인류 역사에 끼친 영향 때문에라도 소크라테스는 충분한 상을 받았다고도 할 수 있을 것이다. 게다가 정말로 소크라테스가 윤회하여 다른 인생으로 두 번 더 태어났다면(에르의 이야기에 따르면 죽은 후 천 년이 지나면 다시 태어나니까), 소크라테스 개인의 혼이 정말로 상을 받았을지도 모르는 일이다.

플라톤은 혼이 불사하며 윤회하는지를 과학적으로 입증하는 것에 관심을 갖지 않는다. 플라톤이 추구하는 진리는 명제로서의 참, 혹은 경험에 의해 입증 가능함으로서의 참을 넘어선다. 이야기는 과학으로 입증하지 못하는 진리에 가까이 가게 한다. 종교적 진리를 과학으로 입증하려는 것은 어리석다. 경전을 문자 그대로 해석하는 것만이 진리는 아니다. 진리는 어쩌면 명제적 참을 넘어서는지도 모른다. 경험 가능한 과학에 진리를 한정시키려는 종교인의 노력은 근본주의를 낳는다. 나와 다른 해석과 이해를 배격하고 자신에게 이해된 것만을 참으로 여겨 조금이라도 다른 해석은 이단으로 몰아세우는 것은 진리에 대한 좁은 이해 때문이다. 정말로 신이 있다고 종교인들이 믿고 있다면, 자신의 지식 안에 신을 가둬놓을 수 있다고 생각하는 것은 오히려 어불성설 아닐까? 자신이 신만큼 큰 존재라고 생각하지 않는 한 말이다. 플라톤은 인간의 한계를 인정한다. 그러나 인간은 자신의 한계를 넘어서려 하기 때문에 다른 동물과 다르다. 플라톤의 이야기는 참을 넘어서는 진리를 확보하는 데까지 나아가도록 한다. 경험 가능한 참을 넘어선다는 이유로 진리 탐구를 포기해서는 안 된다. 진정한 철학은 진리를 사랑하는 것이다. 명제적으로 경험으로 아직 입증되지 않는다고 해서 진리 탐구가 끝난 것은 아니다. 지혜를 사랑하는 사람은 멈추지 않는다.

글라우콘과 아데이만토스가 제시했던 가상의 상황, 즉 올바른 사람이 올바르지 못하다는 평판을 듣다가 죽는 경우는 매우 예외적이라고 소크라테스는 말한다. 올바른 사람은 보통 사람들에게 좋은 평판을 받는다. 그리고 그 인생도 보통 결말이 좋다. 부정의한 삶을 살았던 사람은 대개 국가 시스템에 의해 처벌받는다. 그러나 특별한 경우, 이를테면 역사적 소크라테스처럼 살아 있는 동안에 사람들에게 좋은 평판을 받지 못하고 결국 독배를 마시고 죽는 사람도, 죽은 후에는 상을 받는다. 그래야만 플라톤이 쓴 책의 주인공인 소크라테스가 자신의 삶을 제대로 해명할 수 있다. 이를 위해 《국가》의 소크라테스는 에르의 경험을 소개한다.

에르 신화는 신화가 아니다

입문서에서는 일반적으로 '에르 신화'라고 이름 붙여져 있는 이 이야기는 '신화'가 아니다. 신화는 신들에 대한 이야기이지만, 에르는 신이 아니다. 1장에서 이야기란 '뮈토스'라고 했는데, 여기에서 'myth'라는 영어 단어가 파생되었다. 그리고 이 단어의 한국어 표준 번역이 '신화'이다 보니 '에르의 이야기'가 '에르 신화'라고 불리곤 한다. '신화'라는 이름은 에르의 이야기를 종교적 교리라고 오해할 여지를 준다. 에르의 이야기는 그리스인들이 믿고 섬기던 종교에 대해 소개하기 위한 것이 아니다. 오히려 기존 그리스인들의 통념에 반대하기 위한 뮈토스, 즉 이야기이다.

에르의 이야기를 간략하게 살펴보자. 이는 에르라는 사람이 죽음 이후에 일어나는 일을 며칠간 경험하고 온 일을 전한 내용이다. 죽은 후에 혼들은 천 년 동안 하늘 위에서든 땅 아래서든 여행을 거친다. 올바른 삶을 살았던 사람은 하늘 위로 여행을 하고, 부정의하게 살았던 사람은 땅 아래에서 고생을 하다가, 천 년이 지나 다음 인생을 결정하는 장소로 모인다. 다음 인생은 제비뽑기로 결정되는데, 이 제비가 무작위로 주어지는 것이 아니다. 어떤 혼이든 다음에 어떤 인생을 살 수 있을지 선택할 수 있다. 처음 뽑든지 나중에 뽑든지, 원하는 삶의 형태가 이미 다 뽑혀버렸기 때문에 선택하고 싶어도 선택할 수 없는 경우는 없다. 모든 혼들은 이전 삶에서 자신이 살았던 방식에 따라 다음의 삶을 결정한다. 이전에 질서정연한 좋은 정치체제 아래에서 살았지만 철학을 하지는 않아서 습관에 따라 덕을 키웠던 사람은, 좋은 삶을 살기는 했지만 고난을 통해 단련되지는 않아서 참주의 삶에 끌려 그것을 선택하게 된다. 지난 삶에서 부정의하게 살았던 사람은 땅 아래에서 천 년이나 고생을 해서인지 심사숙고하고 결국 올바르게 살 수 있는 삶을 결정한다. 철학적으로 살았던 사람은 최선의 삶이 좋다는 것을 알기 때문에 다시 그 삶을 선택한다. 분별 있게 사는 사람은 윤회가 계속되더라도 계속해서 좋은 삶을 살겠지만, 그렇지 않은 사람은 한 번의 삶에서 명성을 좀 얻었다고 할지라도 다음엔 잘못된 선택을 한다.

에르의 이야기는 어떤 종교의 교리가 주장하는 것처럼, 신이 모든 운명을 예정해놓았다는 주장이 아니다. 선택은 개인이 한다. 그리고 자신의 선택에 따른 삶을 살게 되고 그 선택에 대한 책임도 자신이 진다. 윤회하는 삶은 더 나은 선택으로 나아갈 수 있는 기회를 다시 제공한다. 한 인생에서 살았던 방법이 혼을 영원히 불타는 지옥으로 떨어지게 하거나, 언제나 행복한 천국에서 영원히 즐겁게 사는 것을 보장하지 않는다. 모든 사람은 자신의 삶에 책임을 져야 한다. 저 세상이 있든 없든.

글라우콘과 아데이만토스가 제안한 가상적인 상황처럼 부정의한 사람이 오히려 높은 명성을 얻는다는 통상적인 믿음은 호메로스가 쓴 영웅들의 삶을 떠올리게 한다. 삶에 대한 비극적인 인식은 아킬레우스 같은 영웅들의 삶을 따라봤자 '죽으면 끝'이라고 생각하게 만든다. 그래서 오히려 좋음에 대한 고려 없이 현실에서의 명예만을 추구하도록 만든다. 전통적인 시가 교육은 그런 역할을 했다. 그러나 소크라테스가 에르의 이야기를 통해 하고 싶은 말은 '죽으면 끝'이라는 사고방식이 오히려 우리가 올바르지 못한 삶을 살게 한다는 것이다. 그리스 영웅들이 보여주는, 인생은 한 번 살고 끝이라는 태도는 정의로운 삶을 살 이유를 찾지 못하게 한다.[*] 내세가 있기 때문에 내세에 대해서 이야기하는 것이 아니라, 정의로운 삶을 살지 않으려는 동기, 다시 말해 명예와 즉각적인 이익만을 추구하려는 마음을 버리게 하기 위해 에르의 이야기가 소개되었다. 인생의 결과는 그렇게 단순하고 짧게 드러나지 않는다. 그리고 내 삶의 결과는 나 자신이 져야 한다. 다른 사람이 내 삶의 결과를 겪게 한다면, 남의 덕을 보고 사는 것이다. 이는 《국가》 전체의 원리에 따르면 부정의이다. 이것이 에르의 이야기가 주는 교훈이다.

보상은 이생에서 추구하라

종교적인 믿음을 가져야 행복한 삶을 살 수 있으니 내세를 기대하면서 현실에 눈감으라는 것은 소크라테스가 하고 싶은 말의 핵심이 아니다. 소크라테스는 올바른 자들은 대개 살아 있는 동안 상도 받고 화관도 두르고 좋은 평판도 얻게 되지만 올바르지 못한 사람은 결국 경주의 종착점에 이르러서는 붙들려 웃음거리가 되고 비참해지며

• 호메로스의 《오뒷세이아》의 주인공인 오뒷세우스가 트로이 전쟁의 영웅이었던 아킬레우스와 아가멤논을 저승에서 만난다. 아킬레우스는 오뒷세우스에게 이렇게 말한다. "죽음에 대해 나를 위로하려 들지 마시오, 영광스러운 오뒷세우스여. 나는 이미 죽은 모든 사자들을 통치하느니, 차라리 시골에서 머슴이 되어, 농토도 없고 가산도 많지 않은 다른 사람 밑에서 품팔이를 하고 싶소." (천병희 역 《오뒷세이아》, 11권 488~491행) 저승보다 이승에서 사는 것이 훨씬 낫기 때문에 이승에서 아무리 비천한 삶을 살더라도 죽음 후의 삶보다는 낫다는 그리스 사람들의 현세적 사고방식을 잘 보여주는 부분이다.

모욕적인 대접을 받는 경우가 대부분이라고 한다(613b~e). 올바른 사람이 추가적으로 신들로부터 받는 상은 더 크다. 상을 받는 대부분의 올바른 사람들은 사후에도 신들로부터 더 큰 상을 받는다는 점에 주목하자.

이생에서는 좋은 대접이나 상이나 평판을 누리지 못하겠지만 죽은 다음에는 그래도 보상을 받는다는 것이 아니다. 여기의 삶이 구차하고 괴로우니 내세를 기대하라는 식으로 종교 교리들이 제시하는 무성의한, 그리고 소크라테스의 관점에서는 정의롭지 못한 대답과는 달리 소크라테스는 올바른 사람은 이생에서도 상을 받아야 하고 대개 그렇기도 하다고 주장한다. '대개'에 속하지 못하는 올바른 사람들, 즉 올바르게 살았음에도 그에 걸맞은 상을 받지 못하는 사람들까지도 상을 받도록 해주는 것이 '올바른' 사회이고 국가이다. 소크라테스는 다음 생을 기대하라고 말하면서 이생에서의 부조리하고 부정의한 삶의 현실에 눈을 감게 만드는 거짓된 위로를 하지 않는다.

올바른 사회를 만들기 위해서는, 내세에 희망을 걸 것이 아니라 바로 여기에서 경주를 다 마치고 나면 상을 받을 수 있는 사회와 국가를 만들어야 한다는 것이 《국가》 10권의 결론이다. 현실이 올바르지 않다면 올바른 곳으로 만들어야 2권에서 글라우콘과 아데이만토스가 극단적으로 가정한 상황, 즉 올바른 사람이 부정의라는 불명예를 안고 살다가 죽는 비극적인 경우가 발생하지 않는다. 올바르게 살아가면 그에 맞는 대가를 받을 수 있는 사회는 본으로 있는 가상의 세계로만 여겨져서는 안 되고, 구체적인 현실에서 이루어져야 한다. 내세가 있든 말든 상관없다. 모든 사람들이 심사숙고하여 좋은 삶을 살기 위해 노력한다면, 그리고 그런 사회가 이루어져 있다면, 내세에서 상을 받는지의 여부는 고려할 이유가 없다. 보상은 이생에서 받을 것이다. 좋은 사회라면 좋은 삶을 살아가는 사람에게 상을 주는 것이 당연하기 때문이다. 그러나 현실이 아직은 이상에 미치지 못하므로, 내세의 이야기가 잠정적으로는 유용하다.

이렇게 《국가》라는 책은 마무리되었다. 우리는 함께 가지계와 가시계, 인식과 의견, 철인통치, 시인 추방, 혼의 세 부분, 민주주의 비판 등 플라톤 철학에서 핵심적이면서도 난해한 주제들을 하나씩 짚어왔다. 그러나 잊지 말아야 할 것은 책 전체가 하나의 이야기였다는 사실이다. 소크라테스가 글라우콘, 아데이만토스와 함께 피레우스에 가서 축제를 구경하다가 아테네로 올라가려는데, 폴레마르코스를 만나 그의 집에 가게 되었고, 폴레마르코스의 아버지인 케팔로스와 올바르게 사는 것이란 무엇인지에 대한 이야기를 시작했고 밤새 그 주제로 계속해서 대화를 나눈 내용이 《국가》이다.

가장 인문학적인 책, 《국가》

《국가》 마지막 부분이 종교에서나 할 법한 다음 생에 대한 이야기였기 때문에 실망스럽다고 생각한다면, 똑같은 논리로 《국가》 전체가 이야기이기 때문에 우리에게 충분히 만족스럽지 못하다고 여겨야 할 것이다. 하지만 우리는 함께 《국가》의 여러 질문들을 같이 풀어 오면서 《국가》의 이야기라는 형식에는 플라톤의 깊은 고민과 생각이 담겨 있다는 사실을 확인했다. 이야기 형식이라고 하더라도 형식 때문에 내용이 가치 절하되지 않았고, 2500여 년 동안 서양 사상의 중요한 텍스트로 영향을 끼쳤다. 플라톤이 직접 자신의 생각을 전달하는 논문이 아니라 플라톤 자신을 독자로부터 멀리 떨어뜨린 후 독자들이 적극적으로 의미를 찾아가도록 구성한 이야기였기 때문에, 다시 말해 역사적 사실에 기반을 둔 문학 형식의 작품이었기 때문에 오히려 《국가》는 우리를 더 깊은 진리로 인도한다. 그리고 그 기준으로서의 진리는 우리 눈앞의 부조리한 현실을 보게 하고 여기에서 정의를 구현할 동력을 제공한다. 요즘은 인문학이 문학, 사학, 철학으로 분화되어 서로 간의 대화조차 쉽지 않다. 그러나 플라톤은 우주와 인생에 대한 탐구는 오히려 문학, 역사, 철학을 통합하는 인문학적 관점으로 가능하다는 사실을 《국가》라는 이야기를 통해 보여준다. 《국가》는 한 시대를 살았던 인물들의 이야기를 그린 문학 작품안에서 다양한 주제의 철학을 논의하고 통합하는 가장 인문학적인 책이다.

우리가 묻기 시작한다면

플라톤이 《국가》라는 긴 이야기를 통해 전하려는 주제는 의외로 단순하다. 나만 행복하기 위해 부정의한 삶을 산다고 해서 내가 행복해지지는 않는다. 개인도 정의롭고 국가도 정의롭다면, 다시 말해 개인도 국가도 마땅히 행해야 할 바를 행한다면, 그때 모두가 진정 행복할 수 있다. 그리고 한 공동체에서 모두가 행복하지 않다면 나 혼자 행복할 수는 없다. 그리고 내가 행복하지 않다면 공동체 모두가 행복하지 않다. 누군가가 일방적으로 희생하지 않고 모두가 서로에게 신세를 지면서 함께 행복하게 살아가는 공동체가 바로 정의를 구현한 사회이다.

이 간단한 주제를 요약 정리해서 외우기는 쉽다. 하지만 플라톤이 의도하는 바는 요약된 《국가》를 독자가 잘 기억하는 것이 아니다. 이 긴 이야기를 읽어가며 플라톤의 의도를 발견해가는 과정에서 관점을 바꾸기 바란다. 이전에 보지 못하던 것을 보고 생각지 못하던 것을 생각해야 한다. 저자가 던져놓은 퍼즐들을 독자가 직접 풀어가는 과정에서 혼의 전환이 일어난다. 당연하다고 여기던 올바름의 정의가 정말로 올바른지 질문한다. 이제 너도 나도 정의가 무엇인지 질문하기 시작한다면, 아직은 정의가 무엇인지 찾는 과정에 있을지라도 감히 부정의한 삶을 선택할 만용을 가진 사람은 등장하기 어려울 것이다. 혼의 전환은 한 사람의 인생을 바꾸고 그가 속한 공동체를 바꾼다. 이것이 독자로부터 멀리 떨어져 《국가》의 주인공들 뒤에 숨어있는 플라톤이 《국가》를 읽는 독자들에게 의도하는 것이다.

나를 알아가는 길로의 초청

정의로운 상태를 구현한 이상적인 국가의 일원으로서 내가 마땅히 행해야 할 바는 어떻게 알 수 있을까? 무엇보다도 자기 본성을 정확히 알아야 한다. 바로 이것이 '너 자신을 알라'라는 그리스 철학이 주는 교훈의 핵심이다. 철학은 결국 내가 누구인지를 아는 것으로 귀결된다. 나에게 주어진 몫을 알고 거기에 맞추어 최선을 다해 살아가는 것, 이것이 나의 행복과 사회 전체의 행복을 이루는 방법이다. 두 세계와 수학과 기하학과 천문학과 화성학에 대한 앎과 형상과 좋음의 이데아에 대한 앎 등 모든 학문의 지식은 나 자신에 대한 앎으로 귀결된다.

어떻게 나를 알 수 있을까? 플라톤은 나를 알기 위해 명상을 하거나 참선을 하거나 골방에 들어가 깊은 내면의 소리를 들으라고 하지 않는다. 오히려 소크라테스처럼 시장에 나가 같은 공동체에서 서로 신세 지고 살아가는 사람들과 만나고 대화하면서 그들을 통해 내가 누구인지 검토하고 찾아가라고 권한다. 나를 보기 위해서는 나와 대화하는 상대의 눈에 비친 내 모습을 보아야 한다.* 그렇게 해야 다른 사람의 눈으로 나를 보게 되고 그동안 내가 믿고 생각해왔던 것을 돌아보아 내 자신을 알게 된다. 자신에 대한 앎은 다른 사람을 통해서만 가능하다. 다른 사람과의 대화를 통해 얻은 나에 대한 앎은

• 플라톤, 《알키비아데스 1》 232d~233b.

내가 계속해서 올바른 결정을 하도록 도와준다. 살아가는 순간순간의 선택부터 죽은 뒤 천 년의 여행을 하고 다음 생을 고르는 순간까지도.

홀로 고고하게 이상을 추구하는 것이 아니라 현실 속 삶의 현장에서 함께 고민하고 투쟁하면서 지금 이곳에서 최선을 회복하려는 노력이 철학이다. 《국가》는 바로 이런 진리를 향한 여정에 함께하자고 플라톤이 우리에게 보내는 초대장이다.

《국가》 관련 참고 문헌

차례

1. 《국가》 원전 및 번역서
2. 《국가》 부분 번역과 주석
3. 《국가》 연구서/해설서
4. 《국가》 관련 특정 주제 연구서와 논문
    4-1) 문학적 대화편으로서의 《국가》   4-2) 정치적 맥락에서의 《국가》
    4-3) 정의, 행복, 그리고 인간적 좋음(human good)   4-4) 심리학
    4-5) 정치철학   4-6) 철학자 - 통치자(Philosopher-kings)
    4-7) 형이상학, 인식론, 형상   4-8) 태양, 선분, 동굴의 비유
    4-9) 수학과 학문들(sciences)   4-10) 시, 문화, 예술
    4-11) 신화와 종교   4-12) 《국가》 수용사와 영향사
5. 《국가》 관련 국내 연구(단행본 및 학술지 논문)

1. 《국가》 원전 및 번역서

Adam, J., *The Republic of Plato*, *I*, *II*, Cambridge University Press, 1969.

Bloom, A., *The Republic of Plato*, Basic Books, 1968.

Burnet, J.,(ed.) *Platonis Opera*, IV, Oxford, 1902.

Chambry, E., *La République*, (Platon, Œuvres Complètes, VI - VII, Budé), 1969.

Cornford, F.M., *The Republic of Plato*, Oxford University Press, 1966.

G. Leroux, *La République*, GF Flammarion, 2002.

Grube, G.M.A., Reeve, C.D.C., *Republic*, Hackett Publishing Company, Inc., 1992.

Griffith, T., G. R. F. Ferrari,(ed.) *The Republic*, Cambridge University Press, 2000.

Lee, D., *The Republic*, Penguin, 1974.

Lindsay, A. D., *The Republic*, Everyman's Library, 1993.

Rufener, R., *Der Staat*, Deutscher Taschenbuch Verlag, 1998.

Schleiermacher, F., Kurz, D., *Der Staat*, Darmstadt, 1971.

Shorey, P., *Republic I, II*, Loeb Classical Library, 1982, 1987.

Slings, S. R.,(ed.) *Platonis Respublica* (Oxford Classical Texts), Oxford University Press, 2003.

Sterling, R.W., W. C. Scott, *The Republic*, W W Norton & Co Inc, 1985.

Waterfield, R., *Republic* (Oxford World's Classics Oxford), Oxford University Press 1993.

令夫 藤沢 訳, 国家 上／下, 岩波文庫, 1979.

박종현 역,《국가·政體》, 서광사, 1997.

천병희 역,《국가》, 도서출판 숲, 2013.

2.《국가》부분 번역과 주석

Allan, D.J., *Republic Book 1*, Methuen & Co, 1965.

Boter, G., *The Textual Tradition of Plato's Republic*, Brill Academic Pub, 1997.

Halliwell, S.,(trans. and ed.) *Plato: Republic 10*, Liverpool University Press, 1988.

Halliwell, S.,(trans. and ed.) *Plato: Republic 5*, Liverpool University Press, 1993.

Murray, P.,(ed.) *Plato on Poetry*, Cambridge University Press, 1996.

Rose, G. P.,(ed.) *Republic: Book 1*, Bryn Mawr Commentaries, Inc., 1983.

Warren, T. H. *The Republic of Plato: Books 1–5*, with Introduction and Notes. London, 1888.

3. 《국가》 연구서/해설서

Annas, J., *An Introduction to Plato's Republic*, Oxford University Press, 1981.

Annas, J., *Platonic Ethics, Old and New*, Ch. 4, "The Inner City: Ethics without Politics in the Republic." Cornell University Press, 2000.

Baracchi, C., *Of Myth, Life, and War in the Republic*, Indiana University Press, 2002.

Benardete, S., Socrates' Second Sailing: On Plato's Republic, University of Chicago Press, 1989.

Blössner, N., *Dialogform und Argument: Studien zu Platons "Politeia."*, Stuttgart, 1997.

Brann, E., *The Music of Plato's Republic: Socrates' Conversations and Plato's Writings*, Paul Dry Books, 2011.

Craig, L. H., *The War – Lover: A Study of Plato's Republic*, University of Toronto Press, 1994.

Crombie, I. M., *An Examination of Plato's Doctrines Vol. 1*, Humanities Press, 1962, ch. 3, "The Republic."

Croiset, M., *La République de Platon*, Mellottee, 1946.

Cross, R. C., and A. D. Woozley, *Plato's Republic: A Philosophic Commentary*, Palgrave Macmillan, 1979.

Dixsaut, M.,(ed.) *Études sur la République de Platon, vol. 1. De la Justice: éducation, Psychologie et Politique* (A. Larivée, co-editor); *vol. 2: De la Science, du Bien et des Mythes* (F. Teisserenc, co-editor), Librairie Philosophique Vrin, 2005.

Dorter, K., *The Transformation of Plato's Republic*, Lexington Books, 2005.

Ferrari, G. R. F., *City and Soul in Plato's Republic*, University of Chicago Press, 2005.

Friedländer, P.,(trans.) H. Meyerhoff, *Plato: An Introduction*, Princeton, 2015, Ch. XVII, "Plato as City Planner".

Gigon, O., *Gegenwärtigkeit und Utopie. Eine Interpretation von Platons Staat. Erster Band: Buch I- IV*, Artemis & Winkler Verlag, 1983.

Guthrie, W. K. C., *A History of Greek Philosophy, vol. 4: Plato: The Man and His Dialogues, Earlier Period*, Cambridge University Press, 1986.

Howland, J., *The Republic: The Odyssey of Philosophy*, Paul Dry Books, 2004.

Höffe, O.,(ed.) *Platon: Politeia*, De Gruyter, 2011.

Irwin, T., Plato's Ethics, Oxford University Press, 1995.

Kahn, C. H., *Plato and the Socratic Dialogue: The Philosophical Use of a Literary Form*, Cambridge University Press, 1998.

Kraut, R., (ed.) *Plato's Republic: Critical Essays*, Rowman & Littlefield Publishers, 1997.

Krämer, H. J., *Arete bei Platon und Aristoteles*, Winter, 1959.

McPherran, M. L., *Plato's 'Republic': A Critical Guide*, Cambridge University Press, 2013.

Mitchell, J., *Plato's Fable: On the Mortal Condition in Shadowy Times*, Princeton University Press, 2006.

Ophir, A., *Plato's Invisible Cities: Discourse and Power in the Republic*, Routledge, 1991.

Ostenfeld, E. N.,(ed.) *Essays on Plato's Republic*, Aarhus University Press, 1998.

Pappas, N., *The Routledge Guidebook to Plato's Republic*, Routledge, 2013.

Ranasinghe, N., *The Soul of Socrates*, Cornell University Press, 2000. Ch. 1, "Glaucon's Republic."

Reale, G., J. R. Catan and R. Davies,(ed.) *Toward a New Interpretation of Plato*, Catholic University of America Press, 1997. Part 3, ch. 11, "The Nature and Solution of the Major Metaphysical Problems of the Republic Left Unsolved in the Traditional Paradigm."

Reeve, C. D. C., *Philosopher-Kings: The Argument of Plato's Republic*, Princeton University Press, 1989.

Reeve, C. D. C., *Women in the Academy: Dialogues on Themes from Plato's Republic*, Hackett Publishing Company, Inc., 2001.

Roochnik, D., *Beautiful City: The Dialectical Character of Plato's Republic*, Cornell University Press, 2003.

Rosen, S., *Plato's Republic: A Study*, Yale University Press, 2008.

Rutherford, R. B., *The Art of Plato: Ten Essays in Platonic Interpretation*, Harvard University Press, 1998. Ch. 8, "The Republic."

Santas, G.,(ed.) *The Blackwell Guide to Plato's Republic*, Blackwell Publishing, 2006.

Sayers, S., *Plato's Republic: An Introduction*, Edinburgh, 1999.

Schleiermacher, F., W. Dobson,(trans.) *Schleiermacher's Introductions to the Dialogues of*

Plato, Kessinger Publishing, 2007

Sprague, R. K., *Plato's philosopher-King: A study of the theoretical background*, University of South Carolina Press, 1976.

Strauss, L., *The City and Man*. University Of Chicago Press, 1978. Ch. 2, "On Plato's Republic."

Szlezák, T. A., *Platon und die Schriftlichkeit der Philosophie*, De Gruyter, 2004.

Taylor, A. E., *Plato: The Man and His Work*, Humanities Press, 1936.

Voegelin, E., D. Germino,(ed.) *Order and History, vol. 3: Plato and Aristotle (The Collected Works of Eric Voegelin)*, University of Missouri Press, 2000. Ch. 3, "The Republic."

Weiss, R., *Philosophers in the Republic: Plato's Two Paradigms*, Cornell University Press, 2016.

White, N. P., A *Companion to Plato's Republic*, Hackett Publishing, 1979.

4. 《국가》 관련 특정 주제 연구서와 논문

4-1) 문학적 대화편으로서의 《국가》

Ausland, H., "Socrates' Argumentative Burden in the *Republic*." In *Plato as Author: The Rhetoric of Philosophy*, Brill, 2000.

Blondell, R., *The Play of Character in Plato's Dialogues*, Cambridge University Press, 2002. Ch. 4, "A Changing Cast of Characters: *Republic*."

Blössner, N., "Dialogautor und Dialogfigur. Überlegungen zum Status sokratischer Aussagen in der '*Politeia*.'" In *The Republic and the Laws of Plato: Proceedings of the First Symposium Platonicum Pragense*, Oikoymenh, 1998.

Clay, D., "Reading the *Republic*." In *Platonic Writings, Platonic Readings*, Penn State University Press, 2007.

Cohn, D., "The Poetics of Plato's *Republic*: A Modern Perspective." *Philosophy and Literature* 24 (2000): 34–48.

Collobert, C., "Literariness in Plato: Narrators and Narrative Modes in the Dialogues." *Revue de métaphysique et de morale* 80 (2013): 463–76.

Gallagher, R. L., "Protreptic Aims of Plato's *Republic*." *Ancient Philosophy* 24 (2004): 293–319.

Gifford, M., "Dramatic Dialectic in *Republic* Book 1." *Oxford Studies in Ancient Philosophy* 20 (2001): 35–106.

Howland, J., "The Mythology of Philosophy: Plato's *Republic* and the Odyssey of the Soul." Interpretation 33 (2006): 219–242.

Hyland, D., "Taking the Longer Road: The Irony of Plato's *Republic*." *Revue de Métaphysique et de Morale* (1988): 317–36.

Kahn, C. H., "Proleptic Composition in the *Republic*, or Why Book 1 Was Never a Separate Dialogue." *Classical Quarterly* 43 (1993): 131–42.

Rosenstock, B., "Rereading the *Republic*." *Arethusa* 16 (1983): 219–46.

Rowe, C. J., "The Literary and Philosophical Style of the Republic." In *The Blackwell Guide to Plato's Republic*, Blackwell Publishing, 2006.

Seery, J., "Politics as Ironic Community: On the Themes of Descent and Return in Plato's *Republic*." *Political Theory* 16 (1988): 229–56.

Smith, P. C., "Not Doctrine but 'Placing in Question': The 'Thrasymachus' (*Rep.* 1) as an *Erōtēsis* of Commercialization." In *Who Speaks for Plato? Studies in Platonic Anonymity*, Rowman & Littlefield Publishers, 2000.

Stokes, M. C., "Adeimantus in the Republic." In *Justice, Law and Method in Plato and Aristotle*, Academic Printing & Pub, 1987.

4-2) 정치적 맥락에서의 《국가》

Adkins, A.W. H., "*Polupragmosunē* and 'minding one's own business': A Study in Greek Social and Political Values." *Classical Philology* 71, no. 4 (1976): 301–27.

Brunt, P. A., *Studies in Greek History and Thought*. Oxford University Press, 1993. Ch. 10, "Plato's Academy and Politics."

Cartledge, P., "The Socratics' Sparta and Rousseau's." In *Sparta: New Perspectives*, Classical Press of Wales, 1999.

Davidson, J., *Courtesans and Fishcakes: The Consuming Passions of Classical Athens*. Perenial Library, 1997. Chs. 1 and 9.

Field, G. C., *Plato and His Contemporaries*, Methuen & Co. LTD., 1948.

von Fritz, K., *Platon in Sizilien und das Problem der Philosophenherrschaft*, de Gruyter, 1968.

Gouldner, A., *Enter Plato*, Basic Books, 1965.

Howland, J., "Plato's Reply to Lysias: *Republic* 1 and 2 and *Against Eratosthenes*." *American Journal of Philology* 125, no. 2 (2004): 179 – 208.

Klosko, G., *The Development of Plato's Political Theory*, Routledge, 1986. Ch. 1, "Plato and Greek Politics."

Ludwig, P., *Eros and Polis: Desire and Community in Greek Political Theory*, Cambridge University Press, 2002.

Monoson, S. S., *Plato's Democratic Entanglements: Athenian Politics and the Practice of Philosophy*, Princeton University Press, 2000. Esp. chs. 5 and 6.

Nails, D., *The People of Plato: A Prosopography of Plato and Other Socratics*, Hackett Publishing Company, Inc., 2002.

Ober, J., *Political Dissent in Democratic Athens: Intellectual Critics of Popular Rule*, Princeton University Press, 1998. Ch. 4, sec. D, "A Polis Founded in Speech: Republic."

Schuhl, P. M., "Platon et l'activité politique de l'académie." *Revue des Études Grecques* 59 (1946). 46 – 53.

Townsend, M., *The Woman Question in Plato's Republic*, Lexington Books, 2017

Trampedach, K., *Platon, die Akademie und die Zeitgenössische Politik*. Franz Steiner Verlag, 1994.

4-3) 정의, 행복, 그리고 인간적 좋음(human good)

Annas, J., "Plato and Common Morality." *Classical Quarterly* 28 (1978): 437 – 51.

Barney, R., "Socrates' refutation of Thrasymachus." In *The Blackwell Guide to Plato's Republic*, Blackwell Publishing, 2006.

Bobonich, C., *Plato's Utopia Recast: His Later Ethics and Politics*, Cambridge University Press, 2002. Ch. 1, "Philosophers and Non-philosophers in the *Phaedo* and *Republic*."

Butler, J., "Justice and the Fundamental Question of Plato's *Republic*," *Apeiron* 35 (2002): 1–17.

Chappell, T. D. J., "The Virtues of Thrasymachus." *Phronesis* 38 (1993): 1–17.

Chappell, T. D. J., "Thrasymachus and Definition." *Oxford Studies in Ancient Philosophy* 18 (2000): 101–7.

Coby, P., "Mind Your Own Business: The Trouble with Justice in Plato's *Republic*." *Interpretation* 31, no. 1 (2003): 37–58.

Cooper, J. M., "The Psychology of Justice in Plato." *American Philosophical Quarterly* 14 (1977): 151–57.

Cooper, J. M., "Two Theories of Justice." *Proceedings and Addresses of the American Philosophical Association* 74.2 (2000): 5–27.

Culp, J., "Happy City, Happy Citizens? The Common Good and the Private Good in Plato's *Republic*." Interpretation 41, no. 3 (2015).

Dahl, N. O., "Plato's Defence of justice." *Philosophy and Phenomenological Research* 51 (1991): 809–34.

Demos, R., "A Fallacy in Plato's *Republic*?" *Philosophical Review* 73 (1964): 391–95.

Devereux, D., "The Relationship between Justice and Happiness in Plato's *Republic*." *Proceedings of the Boston Area Colloquium in Ancient Philosophy* 20 (2004): 265–305.

Dixsaut, M., "Le plus juste est le plus heureux." In *Études sur la République de Platon, vol. 1: De la Justice: éducation, Psychologie et Politique*, Librairie Philosophique Vrin, 2005.

Donovan, B., "The Do-It-Yourselfer in Plato's *Republic*." *American Journal of Philology* 124, no. 1 (2003): 1–18.

Dorter, K., "Socrates' Refutation of Thrasymachus and Treatment of Virtue." *Philosophy and Rhetoric* 7 (1974): 25–46.

Everson, S., "The Incoherence of Thrasymachus." *Oxford Studies in Ancient Philosophy* 16 (1998): 99–131.

Friedländer, P., *Plato, vol. 2: The Dialogues, First Period*, Princeton University Press, 1964. Ch. 3, "Thrasymachus (*Republic* Book 1)."

Gosling, J. C. B., and C. C.W. Taylor, *The Greeks on Pleasure*, Oxford University Press, 1982. Ch. 6, "*Republic*."

Hall, R.W., "The Just and Happy Man of the *Republic*: Fact or Fallacy?" *Journal of the History of Philosophy* 9 (1971): 147-58.

Hall, R. W., "Plato's Political Analogy: Fallacy or Analogy?" *Journal of the History of Philosophy* 12 (1974): 419-35.

Hall, R.W., "Platonic Justice and the *Republic*." *Polis* 6 (1986): 116-26.

Hellwig, D. Adikia in Platons *"Politeia": Interpretationen zu den Büchern 8 und 9*. Amsterdam, 1980.

Hemmenway, S. R., "The *tekhnē*-analogy in Socrates' Healthy City: Justice and the Craftsman in the *Republic*." *Ancient Philosophy* 19 (1999): 267-84.

Heinaman, R., "Plato's Division of Goods in the *Republic*." *Phronesis* 47 (2002): 309-35.

Irwin, T., *Plato's Ethics*. Oxford University Press, 1995. Chs. 11, 12, 14, 15, and 17.

Kamtekar, R., "Imperfect Virtue." *Ancient Philosophy* 18 (1998): 315-37.

Kamtekar, R., "Social Justice and Happiness in the *Republic*: Plato's Two Principles." *History of Political Thought* 22 (2001): 189-220

Kirwan, C. A., "Glaucon's Challenge." *Phronesis* 10 (1965): 162-73.

Klosko, G., *"Dēmotikē aretē in the Republic."* *History of Political Thought* 3 (1982): 363-81.

Kraut, R., "Reason and Justice in Plato's *Republic*." In *Exegesis and Argument* (Phronesis supplementary vol. 1), E. N. Lee, A. P. D. Mourelatos, and R. M. Rorty,(ed.) K Van Gorcum & Co B.V., 1973.

Kraut, R., "Two Conceptions of Happiness." *Philosophical Review* 88 (1979): 167-97.

Kraut, R., "The Defence of Justice in Plato's *Republic*." In *The Cambridge Companion to Plato*, R. Kraut,(ed.) Cambridge University Press, 1992.

Kraut, R., "Plato's Comparison of Just and Unjust Lives (Book 9,576b-592b)." In *Platon: Politeia*, Höffe, O.,(ed.) De Gruyter, 2011

Lee, E. N., "Plato's Theory of Social Justice in *Republic* 2-4." In *Essays in Ancient Greek Philosophy 3*, J. Anton and A. Preus,(ed.) State University of New York Press, 1989.

Lycos, K., *Platon on Justice and Power: Reading Book 1 of Plato's Republic*, State University of New York Press, 1987.

Mabbott, J. D., "Is Plato's *Republic* Utilitarian?" In *Plato 2: Ethics, Politics, and Philosophy of Art and Religion*, Vlastos, G., (ed.) Doubleday, 1971.

Mohr, R. D., "A Platonic Happiness." *History of Philosophy Quarterly* 4 (1987): 131−45.

Moors, K. F., *Glaucon and Adeimantus on Justice: The Structure of Argument in Book 2 of Plato's Republic*. University Press of America, 1981.

Morrison, D., "The Happiness of the City and the Happiness of the Individual in Plato' s *Republic*." *Ancient Philosophy* 21 (2001): 1−24.

Muller, R., "La justice de l'âme dans la *République*." In *Études sur la République de Platon*, *vol. 1: De la Justice: éducation, Psychologie et Politique*, Librairie Philosophique Vrin, 2005.

Neschke−Hentschke, A., "Justice socratique, justice platonicienne." In *Études sur la République de Platon, vol. 1: De la Justice: éducation, Psychologie et Politique*, Librairie Philosophique Vrin, 2005.

Nussbaum, M. C., *The Fragility of Goodness*. Cambridge University Press, 1986. Ch. 5, "The *Republic*: True Value and the Standpoint of Perfection."

Ostenfeld, E. N., "*Eudaimonia* in Plato's *Republic*." In *Plato's Craft of Justice*. Parry, R., State University of New York Press, 1996.

Pigler, A., "La justice comme harmonie de l'âme dans la *République* et dans les *Ennéades*." In *Études sur la République de Platon, vol. 1: De la Justice: éducation, Psychologie et Politique*, Librairie Philosophique Vrin, 2005.

Reeve, C. D. C., "Socrates Meets Thrasymachus." *Archiv für Geschichte der Philosophie* 67 (1985): 246−65.

Rist, J., "The Possibility of Morality in Plato's *Republic*." *Proceedings of the Boston Area Colloquium in Ancient Philosophy* 14 (1998): 53−72.

Sachs, D., "A Fallacy in Plato's Republic." *Philosophical Review* 72 (1963): 141−58.

Santas, G., *Goodness and Justice*. Oxford University Press, 2001. Chs. 3 and 4.

Santas, G., "Methods of Reasoning about Justice in Plato's *Republic*." In *The Blackwell Guide to Plato's Republic*, Blackwell Publishing, 2006.

Schiller, J., "Just Men and Just Acts in Plato's Republic." *Journal of the History of Philosophy* 6 (1968): 1−14.

Schütrumpf, E., "Konventionelle Vorstellungen über Gerechtigkeit: Die Perspektive des

Thrasymachos und die Erwartungen an eine philosophische Entgegnung (Buch 1)." In *Politeia*, Höffe, O.,(ed.) De Gruyter, 2011

Scott, D., "Metaphysics and the Defence of Justice in the *Republic*." *Proceedings of the Boston Area Colloquium in Ancient Philosophy* 16 (2000): 1–20.

Shields, C., "Plato's Challenge: The Case against Justice in *Republic* 2." In *The Blackwell Guide to Plato's Republic*, Blackwell Publishing, 2006.

Sparshott, F., "Socrates and Thrasymachus." *The Monist* 50 (1966): 421–59.

Stauffer, D., Plato's Introduction to the Question of Justice. State University of New York Press, 2001.

Stokes, M. C., "Some Pleasures of Plato, *Republic* 9." *Polis* 9 (1990): 2–51.

Teloh, H., "A Vulgar and a Philosophical Test for Justice in Plato's *Republic*." *Southern Journal of Philosophy* 13 (1975): 499–510.

Thayer, H. S., "Models of Moral Concepts and Plato's *Republic*." *Journal of the History of Philosophy* 7 (1969): 247–62.

Vlastos, G., "Justice and Happiness in the *Republic*." In *Plato 2: Ethics, Politics, and Philosophy of Art and Religion*, Vlastos, G.,(ed.) Doubleday, 1971.

Vlastos, G., "The Theory of Social Justice in the *polis* in Plato's *Republic*." In *Greek Philosophy II*, Princeton University Press, 1995.

Vlastos, G., *Socrates. Ironist and Moral Philosopher*, Cambridge University Press 1991 Additional note 2.1: "The Composition of Republic 1."

Waterlow, S., "The Good of Others in Plato's *Republic*." *Proceedings of the Aristotelian Society* 73 (1973): 19–36.

Weingartner, R. H., "Vulgar Justice and Platonic Justice." *Philosophy and Phenomenological Research* 25 (1964–65): 248–52.

White, F. C., "Justice and the Good of Others in Plato's *Republic*." *History of Philosophy Quarterly* 5, no. 4 (1988): 395–410.

White, N. P., "The Classification of Goods in Plato's *Republic*." *Journal of the History of Philosophy* 22 (1984): 392–421.

White, N. P., *Individual and Conflict in Greek Ethics*. Oxford University Press, 2002. Ch. 5, "Individual Good and Deliberative Conflict through the Time of Plato."

Williams, B. A. O., "Plato against the Immoralist (Book 2.357a – 367e)." In *The Sense of the Past: Essays in the History of Philosophy*, B. A. O. Williams, Princeton University Press, 2006.

Williams, B. A. O., "Plato's Construction of Intrinsic Goodness." In *Perspectives on Greek Philosophy: S. V. Keeling Memorial Lectures in Ancient Philosophy 1991–2002*, R. W. Sharples,(ed.) Routledge, 2003.

4-4) 심리학

Allen, D., "Envisaging The Body of the Condemned: The Power of Platonic Symbols." *Classical Philology* 95, no. 2 (2000): 133 – 50.

Anagnostopoulos, M., "The Divided Soul and Desire for the Good in Plato's *Republic*." In *The Blackwell Guide to Plato's Republic*, Blackwell Publishing, 2006.

Andersson, T. J., *Polis and Psyche: A Motif in Plato's Republic*, Almqvist & Wiksell, 1971.

Bobonich, C., *Plato's Utopia Recast: His Later Ethics and Politics*, Cambridge University Press, 2002. Ch. 3, "Parts of the Soul and the Psychology of Virtue."

Brown, E., "A Defense of Plato's Argument for the Immortality of the Soul at Republic 10.608c – 611a." *Apeiron* 30 (1997): 211 – 38.

Brown, G., "The Character of the Individual and the Character of the State in Plato's *Republic*." *Apeiron* 17 (1983): 43 – 47.

Burger, R., "The Thumotic and the Erotic Soul: Seth Benardete on Platonic Psychology." *Interpretation* 32, no. 1 (2004 – 5): 57 – 76.

Carone, G., "*Akrasia* in the *Republic*: Does Plato Change His Mind?" *Oxford Studies in Ancient Philosophy* 20 (2001): 107 – 48.

Cooper, J., "Plato's Theory of Human Motivation." *History of Philosophy Quarterly* 1, no. 1 (1984): 3 – 21.

Cornford, F. M., "Psychology and Social Structure in the *Republic* of Plato." *Classical Quarterly* 6 (1912): 246 – 65.

Ferrari, G. R. F., "*Akrasia* as Neurosis in Plato's *Protagoras*." *Proceedings of the Boston Area Colloquium in Ancient Philosophy* 6 (1990): 115 – 39.

Ferrari G. R. F., "The Three-Part Soul." In Cambridge Companion to Plato's Republic,

G. R. F. Ferrari,(ed.), Cambridge University Press, 2007.

Frede, D., "Die ungerechten Verfassungen und die ihnen entsprechenden Menschen (Buch 8.543a -9.576b)." In *Platon: Politeia*, Höffe, O.,(ed.) De Gruyter, 2011

Gerson, L., "A Note on Tripartition and Immortality in Plato." *Apeiron* 22, no. 1 (1987): 81 -96.

Gigon, O., "Die unseligkeit des Tyrannen in Platons *Staat* (577c - 588a)." *Museum Helveticum* 45 (1988): 129-53.

Gill, C., *Personality in Greek Epic, Tragedy, and Philosophy: The Self in Dialogue*, Oxford University Press, 1996. Ch. 4, "The Personality Unified by Reason in Plato's *Republic*."

Gosling, J. C. B., *Plato*, Routledge and Kegan Paul, 1973. Ch. 3, "Admiration for Manliness."

Graeser, A., *Probleme der Platonischen Seelenteilungslehre*. Zetemata, vol. 47. Beck, 1969. Ch. 1, "Die Seelenteilungslehre der *Politeia*."

Harrison, E. L., "The Origin of *thumoeides*." *Classical Review* 3 (1953): 138-40.

Hobbs, A., *Plato and the Hero: Courage, Manliness, and the Impersonal Good*, Cambridge University Press, 2000. Chs. 1, 2, 7, and 8.

Höffe, O. "Zur Analogie von Individuum und Polis (Buch 2.367e -374d)." In *Platon: Politeia*, Höffe, O.,(ed.) De Gruyter, 2011.

Hoffman, P., "Plato on Appetitive Desires in the *Republic*." *Apeiron* 36, no. 2 (2003): 171-74.

Irwin, T., *Plato's Ethics*, Oxford University Press, 1995. Ch. 13, "*Republic* 4: The Division of the soul."

Irwin, T. "The Parts of the Soul and the Cardinal Virtues (Book 4.427d -448e)." In *Platon: Politeia*, Höffe, O.,(ed.) De Gruyter, 2011.

Jaeger,W., "A New Greek Word in Plato's *Republic*: The Medical Origin of the Theory of the *thumoeides*." *Eranos* 44 (1946): 123-30.

Kahn, C., "Plato's Theory of Desire." *Review of Metaphysics* 41 (1987): 77 -103.

Kenny, A. J. P., "Mental Health in Plato's *Republic*." *Proceedings of the British Academy* 55 (1969): 229 -53.

Klosko, G., *The Development of Plato's Political Theory*. Routledge, 1986. Part 2, "The Moral Psychology of the Middle Dialogues."

Klosko, G., "The 'Rule' of Reason in Plato's Psychology." *History of Philosophy Quarterly* 5, no. 4 (1988): 341−56.

Larivée, A., "Malaise dans la cité: eros et tyrannie au livre 9 de la *République*." In *Études sur la République de Platon, vol. 1: De la Justice: éducation, Psychologie et Politique*, Librairie Philosophique Vrin, 2005.

Lear, J., "Inside and Outside the *Republic*." *Phronesis* 37, no. 2 (1992): 184−215.

Leroux, G., "La tripartition de l'âme: politique et éthique de l'âme dans le livre 4." In *Études sur la République de Platon, vol. 1: De la Justice: éducation, Psychologie et Politique*, Librairie Philosophique Vrin, 2005.

Lesses, G., "Weakness, Reason, and the Divided Soul in Plato's *Republic*." *History of Philosophy Quarterly* 4, no. 2 (1987): 147−61.

Loraux, N., "L'âme de la cité. Réflexions sur une *psuchē* politique." *L'Écrit du Temps* 14−15 (1987): 35−54.

Lorenz, H., "Desire and Reason in Plato's *Republic*." *Oxford Studies in Ancient Philosophy* 27 (2004): 83−116.

Lorenz, H., "The Analysis of the Soul in Plato's *Republic*." In *The Blackwell Guide to Plato's Republic*, Blackwell Publishing, 2006.

Maguire, J., "The Individual and the Class in Plato's *Republic*." *The Classical Journal* 60, no. 4 (1965): 145−50.

Miller, F. D., Jr. "Plato on Parts of the Soul." In *Plato and Platonism*, J. M. van Ophuijsen,(ed.) The Catholic University of America Press, 1999.

Miller, M., "A More 'Exact Grasp' of the Soul? Tripartition in *Republic* 4 and *Dialectic* in the Philebus." In *Truth*, K. Pritzl,(ed.) Catholic University of America Press, 2010.

Moline, J., *Plato's Theory of Understanding*, University of Wisconsin Press, 1981. Ch. 3, "*Epistēmē* and the Psyche."

Moreau, J., "La cit é et l'âme humaine dans la *République* de Platon." *Revue Internationale de Philosophie* 40 (1986): 85−96.

Moss, J., "Appearances and calculations: Plato's division of the soul," *Oxford Studies in*

Ancient Philosophy 34 (2008): 35 – 68.

Mulgan, R. G., "Individual and Collective Virtues in the *Republic*." *Phronesis* 13 (1968): 84 – 87.

Neu, J., "Plato's Analogy of State and Individual: The *Republic* and the Organic Theory of the State." *Philosophy* 46 (1971): 238 – 54.

Patterson, R., "Plato on Philosophic Character." *Journal of the History of Philosophy* 25, no. 3 (1987): 325 – 50.

Penner, T., "Thought and Desire in Plato." In *Plato 2: Ethics, Politics, and Philosophy of Art and Religion*, Vlastos, G.,(ed.) Doubleday, 1971.

Price, A. W., *Mental Conflict*, Routledge, 1994. Ch. 2, "Plato," secs. 4 – 7.

Robinson, R., "Plato's Separation of Reason and Desire." *Phronesis* 16 (1971): 38 – 48.

Robinson, T. M., *Plato's Psychology*, University of Toronto Press, 1970. Ch. 3, "The *Republic*."

Rosen, S., "The Role of Eros in Plato's Republic." *Review of Metaphysics* 18 (1965): 452 – 75.

Scott, D., "Plato's Critique of the Democratic Character." *Phronesis* 45 (2000): 19 – 37.

Shields, C., "Simple Souls." In *Essays on Plato's Psychology*, E. Wagner,(ed.) Lexington Books, 2001.

Shiner, R., "Soul in *Republic* 10,611." *Apeiron* 6 (1972): 23 – 30.

Smith, N. D., "Plato's Analogy of Soul and State." *Journal of Ethics* 3 (1999): 31 – 49.

Stalley, R. F., "Plato's Argument for the Division of the Reasoning and Appetitive Elements within the Soul." *Phronesis* 20 (1975): 110 – 28.

Stocks, J. L., "Plato and the Tripartite Soul." *Mind* 24 (1915): 207 – 21.

Szlezák, T. A., "Unsterblichkeit und Trichotomie der Seele im zehnten Buch der *Politeia*." *Phronesis* 21 (1976): 31 – 58.

Thein, K., "Justice dans la cité et justice en l'âme: une analogie imparfaite." In *Études sur la République de Platon, vol. 1: De la Justice: éducation, Psychologie et Politique*, Librairie Philosophique Vrin, 2005.

Thyssen, H. P., "The Socratic Paradoxes and the Tripartite Soul." In *Essays on Plato's Republic*, E. N. Ostenfeld,(ed.) Aarhus University Press, 1998.

Weiss, R., *The Socratic Paradox and Its Enemies*. University of Chicago Press, 2006. Ch. 6,
"*Republic* 4: 'Everyone desires good things.'"

Whiting, J., "Psychic contingency in the *Republic*." In *Plato and the Divided Self*, R.
Barney, T. Brennan, and C. Brittain,(eds.) Cambridge University Press, 2011.

Wilberding, J., "Curbing One's Appetites in Plato's *Republic*." In *Plato and the Divided
Self*, R. Barney, T. Brennan, and C. Brittain,(eds.) Cambridge University Press, 2011.

Williams, B. A. O., "The Analogy of City and Soul in Plato's *Republic*." In *Exegesis and
Argument* (Phronesis supplementary vol. 1), E. N. Lee, A. P. D. Mourelatos, and R. M.
Rorty,(ed.) K.Van Gorcum & Co B.V., 1973.

Wilson, J. R. S., "The Argument of *Republic* 4." *Philosophical Quarterly* 26 (1976): 111–
24.

Woods, M., "Plato's Division of the Soul." *Proceedings of the British Academy* 73 (1987):
23–48.

4–5) 정치철학

Allen, D. S., *The World of Prometheus: The Politics of Punishing in Democratic Athens*,
Princeton University Press, 2000. Ch. 10, "Plato's Paradigm Shifts."

Annas, J., "Plato's *Republic* and Feminism." *Philosophy* 51 (1976): 307–21.

Annas, J., "Politics and Ethics in Plato's *Republic* (Book 5.449a–471c)." In *Platon: Politeia*,
Höffe, O.,(ed.) De Gruyter, 2011.

Arends, F., "Plato as Problem-solver: The Unity of the polis as a Key to the
Interpretation of Plato's *Republic*." In *Essays on Plato's Republic*, E. N. Ostenfeld,(ed.)
Aarhus University Press, 1998.

Ausland, H., "Plato's Ideal Cosmopolitanism." In *Polis and Cosmopolis: Problems of
a Global Era*, K. Boudouris,(ed.) Proceedings of the 14th Conference of the
International Association for Greek Philosophy, vol. 1 Ionia Publications, 2003.

Bambrough, R.,(ed.) *Plato, Popper and Politics*, Cambridge University Press, 1967.

Barker, E., *Greek Political Theory: Plato and His Predecessors*, Methuen & Co. Ltd., 1918.
Chs. 8–10.

Barney, R., "Platonism, Moral Nostalgia, and the 'City of Pigs.'" *Proceedings of the Boston*

Area Colloquium in Ancient Philosophy 17 (2001): 207-27.

Bloom, A., "Response to Hall." *Political Theory* 5, no. 3 (1977): 315-30.

Bluck, R. S., "Is Plato's Republic a Theocracy?" *Philosophical Quarterly* 5 (1955): 69-73.

Bluestone, N. H., *Women and the Ideal Society: Plato's Republic and Modern Myths of Gender*, University of Massachusetts Press, 1987.

Brown, L., "How Totalitarian Is Plato's *Republic*?" In *Essays on Plato's Republic*, E. N. Ostenfeld,(ed.) Aarhus University Press, 1998.

Burnyeat, M. F., "Sphinx without a Secret." *New York Review of Books* (May 30, 1985): 30-36. Review of L. Strauss, *Studies in Platonic Political Philosophy*.

Burnyeat, M. F., "Utopia and Fantasy: The Practicability of Plato's Ideally Just City." In *Psychoanalysis, Mind, and Art*, J. Hopkins and A. Savile,(ed.) Oxford University Press, 1992.

Canto, M., "Le livre 5 de la *République*: les femmes et les platoniciens." *Revue Philosophique de la France et de l'Étranger* 114 (1989): 378-84.

Canto-Sperber, M., and L. Brisson, "Zur sozialen Gliederung der Polis (Buch 2,372d-4,427c)." In *Platon: Politeia*, Höffe, O.,(ed.) De Gruyter, 2011.

Coby, P., "Why Are There Warriors in Plato's *Republic*?" *History of Political Thought* 22 (2001): 377-99.

Cornford, F. M., "Plato's Commonwealth." In *The University Philosophy and Other Essays*, W. K. C. Guthrie,(ed.) Cambridge University Press, 1967.

Crossman, R. H. S., *Plato Today*, George Allen and Unwin, Ltd., 1937.

Dawson, D., *Cities of the Gods: Communist Utopias in Greek Thought*, Oxford University Press, 1992. Ch. 2, "The Platonic Utopia: A City without the Household."

Devereux, D., "Socrates' First City in the *Republic*." *Apeiron* 13, no. 1 (1979): 36-40.

Due, B., "Plato and Xenophon: Two Contributions to the Constitutional Debate in the 4th Century b.c." In *Essays on Plato's Republic*, E. N. Ostenfeld,(ed.) Aarhus University Press, 1998.

Ferrari, G. R. F., "Strauss' Plato." *Arion* 5, no. 2 (1997): 36-65.

Fortenbaugh, W. W., "On Plato's Feminism in Republic 5." *Apeiron* 9, no. 2 (1975): 1-4.

Frank, J., "Wages of War: On Judgment in Plato's *Republic*." *Political Theory* 35, (2007):

443 – 67.

Frede, D., "Platon, Popper und der Historismus." In *Polis und Kosmos: Naturphilosophie und politische Philosophie bei Platon*, E. Rudolph,(ed.) Wbg Academic, 1996.

Gadamer, H. – G., *Dialogue and Dialectic*, P. C. Smith,(trans.) Yale University Press, 1980. Ch. 4, "Plato's Educational State."

Gadamer, H. – G., "Platons Denken in Utopien." *Gymnasium* 90 (1983): 434 – 55.

Gaiser, K., "Zur Kritik an Platons Staatsutopie." In *Gesammelte Schriften*, T. A. Szlezák,(ed.) Academia Verlag, 2004.

Giorgini, G., "Leo Strauss e la 'Repubblica' di Platone." *Filosofia Politica* 5 (1991): 153 – 60.

Griswold, C. L., Jr., "Platonic Liberalism: Self – perfection as a Foundation of Political Theory." In *Plato and Platonism*, J. M. van Ophuijsen,(ed.) The Catholic University of America Press, 1999.

Gutiérrez, R., "The Logic of Decadence: On the Deficient Forms of Government in Plato's *Republic*." *New Yearbook for Phenomenology and Phenomenological Philosophy* 3 (2003): 85 – 102.

Hahm, D. E., "Plato's 'Noble Lie' and Political Brotherhood." *Classica et Mediaevalia* 30 (1969): 211 – 27.

Hall, D., "The *Republic* and 'The Limits of Politics.'" *Political Theory* 5, no. 3 (1977): 193 – 313.

Hays, D., "An Examination of Popper's Criticisms of Plato's *Republic*." *Dialogos* 19 (1984): 81 – 90.

Helmer, É., "Histoire, politique et pratique aux livres 8 et 9 de la *République*." In *Études sur la République de Platon, vol. 1: De la Justice: éducation, Psychologie et Politique*, Librairie Philosophique Vrin, 2005.

Hourani, G. F., "The Education of the Third Class in Plato's *Republic*." *Classical Quarterly* 43 (1949): 58 – 60.

Hyland, D. A., "*Republic* Book 2 and the Origins of Political Philosophy." *Interpretation* 16 (1989): 247 – 61.

Hyland, D. A., "Plato's Waves and the Question of Utopia." *Interpretation* 18 (1990):

91-109.

Isnardi-Parente, M., "Motivi utopistici - ma non utopia - in Platone." In *La Città Ideale nella Tradizione Classica e Biblico-cristiana*, R. Uglione (ed.) (Turin, 1987).

Jenks, R., "The Machinery of the Collapse: On *Republic* 8." *History of Political Thought* 23 (2002): 22-29.

Kamtekar, R., "What's the Good of Agreeing? *Homonoia* in Platonic Politics." *Oxford Studies in Ancient Philosophy* 26 (2004): 131-70.

Keyt, D., "Plato and the Ship of State." In *The Blackwell Guide to Plato's Republic*, Santas, G.,(ed.) Blackwell Publishing, 2006.

Klosko, G., "Provisionality in Plato's Ideal State." *History of Political Thought* 5 (1984): 171-93.

Klosko, G., *The Development of Plato's Political Theory*, Routledge, 1986. Part 3, "Platonic Politics."

Klosko, G., "The 'Straussian' Interpretation of Plato's *Republic*." *History of Political Thought* 7 (1986): 274-93.

Kochin, M. S., *Gender and Rhetoric in Plato's Political Thought*, Cambridge University Press, 2002.

Kytzler, B., "Platonische Unorte." In *Utopie und Tradition: Platons Lehre vom Staat in der Moderne*, H. Funke,(ed.) Königshausen, 1987.

Laks, A., "Legislation and Demiurgy: On the Relationship between Plato's *Republic and Laws*." *Classical Antiquity* 9 (1990): 209-29.

Lesser, H., "Plato's Feminism." *Philosophy* 54 (1979): 113-17.

Leys, W. A. R., "Was Plato Non - political?" *Ethics* 75 (1965): 272-76.

Mattei, J.-F., "Platon et Karl Popper: l'idée de démocratie." In *La Philosophie de Platon*, M. Fattal,(ed.) Editions L'Harmattan, 2001.

McKeen, C., "Swillsburgh City Limits (the 'City of Pigs': *Republic* 370c-372d)." *Polis* 21 (2004): 70-92.

Menn, S., "On Plato's *Politeia*." *Proceedings of the Boston Area Colloquium in Ancient Philosophy* 21 (2006): 1-55.

Moreau, N. V, "Musical Mimesis and Political Ethos in Plato's *Republic*." *Political Theory*

45, (2015): 192-215.

Natali, C., "L'élision de l'oikos dans la *République* de Platon." In Dixsaut, *Études sur la République de Platon, vol. 1: De la Justice: éducation, Psychologie et Politique*, Librairie Philosophique Vrin, 2005.

Neschke-Hentschke, A., "Politischer Platonismus und die Theorie des Naturrechts." In *Polis und Kosmos: Naturphilosophie und politische Philosophie bei Platon*, E. Rudolph,(ed.) Wbg Academic, 1996.

Neumann, H., "Plato's *Republic*: Utopia or Dystopia?" *Modern Schoolman* 44 (1967): 319-30.

Okin, S. M., "Philosopher-Queens and Private Wives: Plato on Women and the Family." *Philosophy and Public Affairs* 6 (1977): 345-69.

Page, C., "The Truth about Lies in Plato's *Republic*." *Ancient Philosophy* 11 (1991): 1-33.

Planinc, Z., *Plato's Political Philosophy: Prudence in the Republic and the Laws*, Univ of Missouri Press, 1991. Ch. 1, "Phronesis and the Good in the *Republic*."

Popper, K. R., *The Open Society and Its Enemies, vol. 1: The Spell of Plato*, Princeton University Press, 1971.

Pradeau, J.-F., *Plato and the City: A New Introduction to Plato's Political Thought*, Liverpool University Press, 2002. Ch. 2, "The Political Psychology of the Republic."

Rankin, H. D., "Paradeigma and Realizability in Plato's Republic." *Eranos* 63 (1965): 120-33.

Reeve, C. D. C., "Women." In *Women in the Academy: Dialogues on Themes from Plato's Republic*, Hackett Publishing Company, Inc., 2001.

Rosenstock, B., "Athena's Cloak: Plato's Critique of Democracy in the *Republic*." *Political Theory* 22 (1994): 363-90.

Said, S., "La *République* de Platon et la communauté des femmes." *L'Antiquité Classique* 55 (1986): 142-62.

Sartorius, R., "Fallacy and Political Radicalism in Plato's *Republic*." *Canadian Journal of Philosophy* 3 (1974): 349-63.

Sauvé-Meyer, S., "Class Assignment and the Principle of Specialization in Plato's

Republic." *Proceedings of the Boston Area Colloquium in Ancient Philosophy* 20 (2004): 229–43.

Saxonhouse, A. W., "Freedom, Form, and Formlessness: Euripides' *Bacchae* and Plato's *Republic.*" *American Political Science Review* 108 (2014): 88–99.

Saxonhouse, A. W., "The Philosopher and the Female in the Political Thought of Plato." *Political Theory* 4 (1976): 195–212.

Saxonhouse, A. W., *Fear of Diversity: The Birth of Political Science in Ancient Greek Thought.* University of Chicago Press, 1992. Ch. 6, "Callipolis: Socrates' Escape from Tragedy."

Saxonhouse, A. W., "The Socratic Narrative: A Democratic Reading of Plato's Dialogues." *Political Theory* 37 (2009): 728–753.

Schofield, M., "Plato on the Economy." In *The Ancient Greek City–State,* M. H. Hansen,(ed.) Copenhagen, 1993.

Schofield, M., "Approaching the *Republic.*" In *The Cambridge History of Greek and Roman Political Thought,* C. J. Rowe and M. Schofield,(ed.) Cambridge University Press, 2000.

Scolnicov, S., *Plato's Metaphysics of Education,* Routledge, 1988. Chs. 10–12.

Skemp, J. B., "How Political Is the *Republic?*" *History of Political Thought* 1 (1980): 1–7.

Sparshott, F. E., "Plato as Anti-political Thinker." *Ethics* 77 (1967): 214–19.

Spelman, E., "Hairy Cobblers and Philosopher-Queens." In *Feminist Interpretations of Plato,* Tuana, N.,(ed.) Penn State University Press, 1994.

Stefanini, L., *Platone,* 2nd ed., Padova, 1949. Vol. 1, part 2, ch. 6, "L'idealismo politico della *Repubblica.*"

Taylor, A. E., "Decline and Fall of the State in *Republic* 8." *Mind* 48 (1939): 23–38.

Taylor, C. C. W., "Plato's Totalitarianism." *Polis* 5 (1986): 4–29.

Vlastos, G., "Does Slavery Exist in Plato's *Republic?*" *Classical Philology* 63 (1968): 291–95.

Vlastos, G., "Was Plato a Feminist?" *Times Literary Supplement 4485* (March 17–23, 1989): 276, 288–89.

Waldron, J., "What Plato Would Allow." *Nomos* 37 (1995): 138–78.

Wallach, J. R., *The Platonic Political Art: A Study of Critical Reason and Democracy*, Penn State University Press, 2001. Ch. 6, "The Constitution of Justice *(Republic)*."

Wender, D., "Plato: Misogynist, Paedophile, and Feminist." *Arethusa* 6, no. 1 (1973): 75-90.

4-6) 철학자-통치자(Philosopher-kings)

Aronson, S. H., "The Happy Philosopher - A Counterexample to Plato's Proof." *Journal of the History of Philosophy* 10 (1972): 383-98.

Beatty, J., "Plato's Happy Philosopher and Politics." *Review of Politics* (1976): 545-75.

Brickhouse, T. C., "The Paradox of the Philosopher's Rule." *Apeiron* 15 (1981): 1-9.

Brown, E., "Justice and Compulsion for Plato's Philosopher - Rulers." *Ancient Philosophy* 20 (2000): 1-17.

Brown, E., "Minding the Gap in Plato's *Republic*." *Philosophical Studies* 117 (2004): 275-302.

Cambiano, G., "I filosofi e la costrizione a governare nella *Repubblica* platonica." In *I filosofi e il potere nella società e nella cultura antiche*, G. Casertano,(ed.) Naples, 1986.

Davies, J., "A Note on the Philosopher's Descent into the Cave." *Philologus* 112 (1968): 121-26.

Dorter, K., "Philosopher - Rulers: How Contemplation Becomes Action." *Ancient Philosophy* 21 (2001): 335-56.

Kraut, R., "Egoism, Love, and Political Office in Plato's Psychology." *History of Philosophy Quarterly* 5 (1988): 330-34.

Kraut, R., "Return to the Cave: *Republic* 519-521." *Proceedings of the Boston Area Colloquium in Ancient Philosophy* 7 (1991): 43-62.

Mahoney, T., "Do Plato's Philosopher - Rulers Sacrifice Self - interest to Justice?" *Phronesis* 38 (1992): 265-82.

Nightingale, A. W., *Spectacles of Truth in Classical Greek Philosophy: Theōria in its Cultural Context*, Cambridge University Press, 2004. Ch. 3, "The Fable of Philosophy in Plato's Republic."

Schofield, M., *Saving the City: Philosopher-Kings and Other Classical Paradigms*,

Routledge, 1999. Ch. 2, "The Disappearing Philosopher – King."

Spaemann, R., "Die Philosophenkönige (Buch 5.473b – 6.504a)." In *Platon: Politeia*, Höffe, O.,(ed.) De Gruyter, 2011.

Vernezze, P., "The Philosophers' Interest." *Ancient Philosophy* 12 (1992): 331 – 49.

White,N. P., "The Ruler's Choice." *Archiv für Geschichte der Philosophie* 68 (1986): 22 – 46.

4–7) 형이상학, 인식론, 형상

Baltes, M., "Is the Idea of the Good in Plato's *Republic* Beyond Being?" In *Dianoēmata: Kleine Schriften zu Platon und zum Platonismus*, Vieweg+Teubner Verlag, 1999.

Baltzly, D., "'To an unhypothetical first principle' in Plato's *Republic*." *History of Philosophy Quarterly* 13 (1996): 149 – 65.

Baltzly, D., "Knowledge and Belief in *Republic* 5." *Archiv für Geschichte der Philosophie* 129 (1997): 239 – 72.

Cambiano, G., "La méthode par hypothèse en *République* 2." In *Études sur la République de Platon, vol. 2: De la Science, du Bien et des Mythes*, Librairie Philosophique Vrin, 2005.

Cherniss, H., "On Plato's *Republic* 10.597b." *American Journal of Philology* 53, no. 3 (1932): 233   42.

Cooper, N., "Between Knowledge and Ignorance." *Phronesis* 31 (1986): 229 – 42.

Cunningham, S., "On Plato's Form of the Good" *Gnosis* 12, no. 3 (1984): 94 – 104.

Demos, R., "Plato's Idea of the Good." *Philosophical Review* 46 (1937): 245 – 75.

Dixsaut, M., "Encore une fois le bien." In *Études sur la République de Platon, vol. 2: De la Science, du Bien et des Mythes*, Librairie Philosophique Vrin, 2005.

Ebert, T., *Meinung und Wissen in der Philosophie Platons*, De Gruyter, 1974. Ch. 4, "Doxa und *Epistēmē* in den mittleren Büchern des 'Staates.'"

Ferber, R., *Platons Idee des Guten*, Academia, 1989.

Ferber, R., "Did Plato Ever Reply to Those Critics, Who Reproached Him for 'the emptiness of the Platonic Idea or Form of the Good?'" In *Essays on Plato's Republic*, Ostenfeld, E. N., (ed.) Aarhus University Press, 1998.

Ferber, R., "L'idea del bene è o non è trascendente? Ancora su epekeina *tēs ousias*." In *Platone e la Tradizione Platonica: Studi di Filosofia Antica*, M. Bonazzi and F. Trabattoni,(ed.) Cisalpino, 2003.

Ferejohn, M. T., "Knowledge, Recollection and the Forms in *Republic* 7." In *The Blackwell Guide to Plato's Republic*, Santas, G.,(ed.) Blackwell Publishing, 2006.

Fine, G., "Knowledge and Belief in *Republic* 5-7." In *Plato 1: Metaphysics and Epistemology(Oxford Readings in Philosophy)*, Fine, G.,(ed.) Oxford University Press, 1999.

Gadamer, H.-G., *The Idea of the Good in Platonic-Aristotelian Philosophy*, P. C. Smith,(trans.) Yale University Press, 1986. Ch. 3, "The Polis and Knowledge of the Good."

Gaiser, K., "Plato's Enigmatic Lecture 'On the Good.'" *Phronesis* 25 (1980): 5-37.

Gallop, D., "Image and Reality in Plato's *Republic*." *Archiv für Geschichte der Philosophie* 47 (1965): 113-31.

Gonzalez, F. J., "Propositions or Objects? A Critique of Gail Fine on Knowledge and Belief in *Republic* 5." *Phronesis* 41 (1996): 245-75.

Graeser, A., "Plato on Knowledge and Opinion (*Republic* 5)." *Synthesis Philosophica* 5 (1990): 407-17.

Gosling, J. C. B., "*Republic* 5: *ta polla kala*." *Phronesis* 5 (1960): 116-28.

Gosling, J. C. B., "*Doxa* and *dunamis* in *Republic* 5." *Phronesis* 13 (1968): 119-30.

Hitchcock, D., "The Good in Plato's *Republic*." *Apeiron* 19 (1985): 65-92.

Horn, C., "Platons *epistēmē-doxa*-Unterscheidung und die Ideentheorie (Buch 5.474b-480a und Buch 10.595c-597e)." In *Platon: Politeia*, Höffe, O.,(ed.) De Gruyter, 2011.

Irwin, T., *Plato's Ethics*, Oxford University Press, 1995. Ch. 16, "*Republic* 5-7."

Joseph, H. W. B., *Knowledge and the Good in Plato's Republic*. Oxford University Press, 1948.

Krämer, H. J., "*Epeikeina tēs ousias*: zu Platon, *Politeia* 509b." *Archiv für Geschichte der Philosophie* 51 (1969): 1-30.

Lachterman, D., "What Is 'The Good' of Plato's *Republic*?" *St. John's Review* 39, nos. 1-2 (1989-90): 139-71.

Lafrance, Y., *La Théorie Platonicienne de la Doxa*, Montréal, 1981. Ch. 5, "La *République*."

Lafrance, Y., "Les entités mathématiques et l'idée du Bien en *Republique* 6.509d –511e." *Diotima* 14 (1986): 193–97.

Miller, M., "Platonic Provocations: Reflections on the Soul and the Good in the *Republic*." In *Platonic Investigations*, D. J. O'Meara,(ed.) Catholic University of America Press, 1985.

Mittelstraß, J., "Die Dialektik und ihre wissenschaftlichen Vorübungen (Buch 6.510b –511e und Buch 7.521c –539d)." In *Platon: Politeia*, Höffe, O.,(ed.) De Gruyter, 2011.

Parry, R., "The Uniqueness Proof of Forms in *Republic* 10." *Journal of the History of Philosophy* 23 (1985): 133–50.

Paton, H. J., "Plato's Theory of *EIKASIA*." *Proceedings of the Aristotelian Society* 22 (1921 –22): 69–104.

Penner, T., "The Forms, the Form of the Good, and the Desire for Good, in Plato's *Republic*." *The Modern Schoolman* 80 (2002 –3): 191–233.

Penner, T., "Plato's Theory of Forms in the *Republic*." In *The Blackwell Guide to Plato's Republic*, Santas, G.,(ed.) Blackwell Publishing, 2006.

Rawson, G., "Knowledge and Desire of the Good in Plato's *Republic*." *Southwest Philosophy Review* 12 (1996): 103 15.

Rickless, S., *Plato's Forms in Transition*, Oxford University Press, 2007.

Robinson, R., *Plato's Earlier Dialectic*, 2nd ed, Oxford University Press, 1953. Ch. 10, "Hypothesis in the *Republic*."

Santa Cruz, M. I., "La dialectique platonicienne d'après Plotin." In *Études sur la République de Platon*, vol. 2: *De la Science, du Bien et des Mythes*, Librairie Philosophique Vrin, 2005.

Santas, G., "The Form of the Good in Plato's *Republic*." *Philosophical Inquiry* (Winter, 1980): 374–403.

Santas, G., "Knowledge and Belief in Plato's *Republic*." In *Greek Studies in the Philosophy and History of Science*, P. Nicolacopoulos,(ed.) Springer, 1990.

Santas, G., *Goodness and Justice*, Oxford University Press, 2001. Ch. 5, "Plato's

Metaphysical Theory of the Form of the Good."

Shorey, P., "The Idea of Good in Plato's *Republic*." *Studies in Classical Philology* 1 (1885): 188 –239.

Silverman, A., *The Dialectic of Essence: A Study of Plato's Metaphysics*, Princeton University Press, 2002. Ch. 3, sec. 2, "The Emergence of Forms: The *Republic*, Book 7."

Smith, N. D., "Knowledge by Acquaintance and 'Knowing What' in Plato's *Republic*." *Dialogue* 18 (1979): 281 –88.

Stemmer, P., "Das Kinderrätsel vom Eunuchen und der Fledermaus: Platon über Wissen und Meinen in *Politeia* 5." *Philosophisches Jahrbuch* 92 (1985): 79 –97.

Stemmer, P., *Platons Dialektik: Die Frühen und Mittleren Dialoge*, De Gruyter, 1992. Ch. 4, "Entfaltungen des elenktischen Verfahrens."

Stokes, M., "Plato and the Sightlovers of the *Republic*." In *Apeiron* 25 (1992): 103 –32.

de Strycker, E., "L'idée du Bien dans la *République* de Platon." *L'Antiquité Classique* 39 (1970): 450 –67.

Szlezák, T. A., *Die Idee des Guten in Platons Politeia: Beobachtungen zu den mittleren Büchern*, Academia, 2003.

Thein, K., "Les Formes dans la *République*." In *Études sur la République de Platon, vol. 2: De la Science, du Bien et des Mythes*, Librairie Philosophique Vrin, 2005.

White, F. C., "The *Phaedo* and *Republic* 5 on Essences." *Journal of the History of Philosophy* 98 (1978): 140 –56.

White, F. C., "The Scope of Knowledge in *Republic* 5." *Australasian Journal of Philosophy* 62, no. 4 (1984): 339 –54.

White, N. P., *Plato on Knowledge and Reality*, Hackett Publishing Company, Inc., 1976. Ch. 4, "The *Republic*: Forms, Hypotheses, and Knowledge."

Wieland, W., *Platon und die Formen des Wissens*, Vandenhoeck & Ruprecht, 1982. Sec. 10, "Die Idee des Guten und ihre Funktionen."

Williamson, R. B., "*Eidos* and *agathon* in Plato's *Republic*." *St. John's Review* 39 (1989 –90): 105 –37.

4–8) 태양, 선분, 동굴의 비유

Austin, J. L., *Philosophical Papers*, Oxford University Press, 1979. Ch. 13, "The Line and the Cave in Plato's *Republic*."

Barnes, J., "Le soleil de Platon vu avec des lunettes analytiques." *Rue Descartes* 1 (1991): 81–92.

Brunschwig, J., "Revisiting Plato's Cave." *Proceedings of the Boston Area Colloquium in Ancient Philosophy* 19 (2003): 145–74.

Burnyeat, M. F., "Platonism and Mathematics: A Prelude to Discussion." In *Mathematics and Metaphysics in Aristotle*, A. Graeser,(ed.) (Stuttgart, 1987).

Casertano, G., "La Caverne: entre analogie, image, connaissance et praxis." In *Études sur la République de Platon, vol. 2: De la Science, du Bien et des Mythes*, Librairie Philosophique Vrin, 2005.

Couloubaritsis, L., "Le caractère mythique de l'analogie du Bien dans *Republique 6*." *Diotima* 12 (1982): 71–80.

Dewincklear, D., "La question de l'initiation dans le mythe de la Caverne." *Revue de Philosophie Ancienne* 11 (1993): 159–75.

Dixsaut, M., "L'analogie intenable." *Rue Descartes 1* (1991): 93–120.

Ferber, R., "Notizen zu Platons Höhlengleichnis." *Freiburger Zeitschrift für Philosophie und Theologie* 28 (1981): 393–433.

Ferguson, A. S., "Plato's Simile of Light, Part 1." *Classical Quarterly* 15 (1921): 131–52.

Ferguson, A. S., "Plato's Simile of Light, Part 2." *Classical Quarterly* 16 (1922): 15–28.

Fogelin, R. G., "Three Platonic Analogies." *Philosophical Review* 80 (1971): 371–82.

Gaiser, K., "DasHöhlengleichnis." In *Gesammelte Schriften*, T. A. Szlezák,(ed.) Academia Verlag, 2004.

Hackforth, R., "Plato's Divided Line and Dialectic." *Classical Quarterly* 36 (1942): 1–9.

Hall, D., "Interpreting Plato's Cave as an Allegory of the Human Condition." *Apeiron* 14 (1980): 74–86.

Hamlyn, D.W., "*Eikasia* in Plato's *Republic*." *Philosophical Quarterly* 8 (1958): 14–23.

Jackson, H., "On Plato's *Republic* 6.509d sq." *Journal of Philology* 10 (1882): 132–50.

Karasmanis, V., "Plato's *Republic*: The Line and the Cave." *Apeiron* 21 (1988): 147–71.

Krämer, H.-J., "Die Idee des Guten: Sonnen-und Liniengleichnis (Buch 6,504a-511e)." In *Platon: Politeia*, Höffe, O.,(ed.) De Gruyter, 2011.

Lafrance, Y., "Platon et la géométrie: la construction de la Ligne en *République* 509d-511e." *Dialogue* 16 (1977): 425-50.

Lafrance, Y., "Platon et la géométrie: méthode dialectique en *République* 509d-511e." *Dialogue* 19 (1980): 46-93.

Lafrance, Y., *Pour Interpréter Platon I: La Ligne en République 6.509d-511e. Bilan Analytique des Études (1804-1984)*, Montréal, 1986.

Lafrance, Y., *Pour Interpréter Platon II: La Ligne en République 6.509d-511e. Le Texte et son Histoire*, Montréal, 1989.

Lizano-Ordovás, M. A., "*Eikasia* und *Pistis* in Platons Höhlengleichnis." *Zeitschrift für Philosophische Forschung* 49 (1995): 378-97.

Malcolm, J., "The Line and the Cave." *Phronesis* 7 (1962): 38-45.

Malcolm, J., "The Cave Revisited." *Classical Quarterly* 31 (1981): 60-68.

Morrison, J. S., "Two Unresolved Difficulties in the Line and Cave." *Phronesis* 22 (1977): 212-31.

Oakeshott, M., *On Human Conduct*, Oxford University Press, 1975. Pp. 27-31. Discussion of the cave.

Robinson, R., *Plato's Earlier Dialectic, 2nd ed.* Oxford, 1953. Ch. 11, "The Line and the Cave."

Schuhl, P.-M., *La Fabulation Platonicienne*, Paris, 1968. Ch. 2, sec. 2, "Autour de la Caverne."

Smith, N. D., "Plato's Divided Line." *Ancient Philosophy* 16 (1996): 25-46.

Smith, N. D., "How the Prisoners in Plato's Cave Are 'Like Us.'" *Proceedings of the Boston Area Colloquium in Ancient Philosophy* 13 (1997): 187-204.

Stocks, J. L., "The Divided Line of Plato Rep. 6." *Classical Quarterly* 5 (1911): 73-88.

Strang, C., "Plato's Analogy of the Cave." *Oxford Studies in Ancient Philosophy* 4 (1986): 19-34.

Sze, C. P., "*Eikasia* and *Pistis* in Plato's Cave Allegory." *Classical Quarterly* 27 (1977): 127-38.

Szlezák, T. A., "Das Höhlengleichnis (Buch 7.514a – 521b und 539d – 541b)." In *Platon: Politeia*, Höffe, O.,(ed.) De Gruyter, 2011.

Wieland, W., *Platon und die Formen des Wissens*. Vandenhoeck & Ruprecht, 1982. sec. 12, "Beiträge zur Deutung der Drei Gleichnisse."

Wilson, J. S., "The Contents of the Cave." In *Canadian Journal of Philosophy* 6 (1976): 117 – 27.

4-9) 수학과 학문들(sciences)

Burnyeat, M. F., "Plato on Why Mathematics Is Good for the Soul." *Proceedings of the British Academy* 103 (2000): 1 – 82.

Cattanei, E., "Un nouveau pouvoir pour les mathématiques: quelques remarques sur le cursus d'études du livre 7 de la *République*." In *La Philosophie de Platon*, M. Fattal,(ed.) Editions L'Harmattan, 2001.

Cherniss, H., "Plato as Mathematician." *Review of Metaphysics* 4 (1951): 393 – 425.

Cornford, F. M., "Mathematics and Dialectic in the *Republic* 6 – 7." In *Studies in Plato's Metaphysics*, R. E. Allen,(ed.) Routledge & Kegan Paul, 1965.

Ehrhardt, E., "The Word of the Muses." *Classical Quarterly* 36 (1986): 407 – 20.

Fowler, D. H., *The Mathematics of Plato's Academy: A New Reconstruction*, Oxford University Press, 1987.

Gaiser, K., "Platons Zusammenschau der mathematischen Wissenschaften." In *Gesammelte Schriften*, T. A. Szlezák,(ed.) Academia Verlag, 2004.

Hare, R. M., "Plato and the Mathematicians." In *New Essays in Plato and Aristotle*, R. Bambrough,(ed.) Routledge & Kegan Paul, 1965.

Lloyd, G. E. R., "Plato as a Natural Scientist." *Journal of Hellenic Studies* 88 (1968): 78 – 92.

Miller, M., "Figure, Ratio, Form: Plato's Five Mathematical Studies." *Apeiron* 32 (1999): 73 – 88.

Mourelatos, A. P. D., "Plato's 'Real Astronomy': *Republic* 527d – 531d." In *Science and the Sciences in Plato*, J. P. Anton,(ed.) Caravan Books, 1980.

Mourelatos, A. P. D., "Astronomy and Kinematics in Plato's Project of Rationalist

Explanation." *Studies in the History and Philosophy of Science* 12, no. 1 (1981): 1-32.

Mueller, I., "Ascending to Problems: Astronomy and Harmonics in *Republic* 7." In *Science and the Sciences in Plato*, J. P. Anton,(ed.) Caravan Books, 1980.

Mueller, I., "Mathematical Method and Philosophical Truth." In *The Cambridge Companion to Plato*, R. Kraut,(ed.) Cambridge University Press, 1992.

Robins, I., "Mathematics and the Conversion of the Mind, *Republic* 7.522c1 -531e3." *Ancient Philosophy* 15 (1995): 359-91.

Sigurdarson, E. S., "Plato's Ideal of Science." In *Essays on Plato's Republic*, Ostenfeld, E. N.,(ed.) Aarhus University Press, 1998.

Taylor, C. C.W., "Plato and the Mathematicians." *Philosophical Quarterly* 17 (1967): 193-203.

4-10) 시, 문화, 예술

Annas, J., "Plato on the Triviality of Literature." In *Plato on Beauty, Wisdom and the Arts*, J. M. E. Moravcsik and P. Temko,(ed.) Rowman & Littlefield, 1982.

Babut, D., "L' Unité du livre 10 de la *République* et sa fonction dans le dialogue." *Bulletin de l'Association Guillaume Budé* 42 (1983): 31-54.

Belfiore, E., "The Role of the Visual Arts in Plato's Ideal State." *Journal of the Theory and Criticism of Visual Arts* 1 (1981): 115-27.

Belfiore, E., "Plato's Greatest Accusation against Poetry." In *Canadian Journal of Philosophy* 13 (1983): 39-62.

Brancacci, A., "Musique et philosophie en *République* 2-4." In *Études sur la République de Platon*, vol. 1: *De la Justice: éducation, Psychologie et Politique*, Librairie Philosophique Vrin, 2005.

Brancacci, A., "A Theory of Imitation in Plato's *Republic*." *Transactions and Proceedings of the American* 114 (1984): 121-46.

Brisson, L., "Les poètes, responsables de la déchéance de la cité: aspects éthiques, politiques et ontologiques de la critique de Platon." In *Études sur la République de Platon*, vol. 1: *De la Justice: éducation, Psychologie et Politique*, Librairie Philosophique Vrin, 2005.

Brunschwig, J., "Diēgēsis et mimēsis dans l'oeuvre de Platon." *Revue des Études Grecques* 77(1974): 17 – 19.

Burnyeat, M. F., "Culture and Society in Plato's *Republic*." *Tanner Lectures in Human Values* 20 (1999): 215 – 324.

Collingwood, R. G., "Plato's Philosophy of Art." *Mind* 34 (1925): 154 – 72.

Demand, N., "Plato and the Painters." *Phoenix* 29 (1975): 1 – 20.

Dyson, M. M., "Poetic Imitation in Plato's *Republic* 3." *Antichthon* 22 (1988): 42 – 53.

Elias, J. A., *Plato's Defense of Poetry*, State University of New York Press, 1984.

Else, G., "The Structure and Date of Book 10 of Plato's *Republic*." *Abhandlungen der Heidelberger Akademie der Wissenschaften, Philosophisch-historische Klasse* (1972), Abhandlung 3.

Else, G., *Plato and Aristotle on Poetry*, University of North Carolina Press, 1986.

Ferrari, G. R. F., "Plato and Poetry." In *The Cambridge History of Literary Criticism, vol. 1: Classical Criticism*, G. A. Kennedy,(ed) Cambridge University Press, 1989.

Ford, A., *The Origins of Criticism: Literary Culture and Poetic Theory in Classical Greece*, Princeton University Press, 2002. Ch. 9, "Literary Culture in Plato's *Republic*: The Sound of Ideology."

Gadamer, H.-G., *Dialogue and Dialectic*, P. C. Smith,(trans.) Yale University Press, 1980. Ch. 3, "Plato and the Poets."

Gill, C., "Plato and the Education of Character." *Archiv für Geschichte der Philosophie* 67, no. 1 (1985): 1 – 26.

Gill, C., "Plato on Falsehood – Not Fiction." In *Lies and Fiction in the Ancient World*, C. Gill and T. P. Wiseman,(ed.) University of Texas Press, 1993.

Giuliano, F. M., *Platone e la Poesia*, International Plato Studies, 22. Sankt Augustin, 2005.

Golden, L., "Plato's Concept of Mimesis." *British Journal of Aesthetics* 15 (1975): 118 – 31.

Gould, J., "Plato and Performance." *Apeiron* 25 (1992): 13-26

Greene, W. C., "Plato's View of Poetry." *Harvard Studies in Classical Philology* 29 (1918): 1 – 75.

Grey, D. R., "Art in the *Republic*." *Philosophy* 27 (1952): 291 – 310.

Griswold, C., "The Ideas and the Criticism of Poetry in Plato's *Republic*, Book 10."

Journal of the History of Philosophy 19 (1981): 135–50.

Halliwell, S., "The *Republic's* Two Critiques of Poetry (Book 2.376c–3998b, Book 10.595a–597e)." In *Platon: Politeia*, Höffe, O.,(ed.) De Gruyter, 2011.

Halliwell, S., *The Aesthetics of Mimesis: Ancient Texts and Modern Problems*, Princeton University Press, 2002. Chs. 1–4.

Havelock, E. A., *Preface to Plato*, Cambridge University Press, 1963. Ch. 1, "Plato on Poetry."

Janaway, C., *Images of Excellence*, Oxford University Press, 1995. Chs. 4–6.

Kardaun, M., "Platonic Art Theory: A Reconsideration." In *The Winged Chariot: Collected Essays on Plato and Platonism in honour of L. M. de Rijk*, M. Kardaun and J. Spruyt,(ed.) Brill, 2000.

Keuls, E. C., *Plato and Greek Painting*, Brill, 1978.

Kuhn, H., "The True Tragedy: On the Relationship between Greek Tragedy and Plato." *Harvard Studies in Classical Philology* 52 (1941):1–40; 53 (1942): 37–88.

Lear, G. R., "Plato on Learning to Love Beauty." In *The Blackwell Guide to Plato's Republic*, Santas, G.,(ed.) Blackwell Publishing, 2006.

Levin, S. B., *The Ancient Quarrel between Poetry and Philosophy Revisited: Plato and the Greek Literary Tradition*, Oxford University Press, 2001.

Marcos de Pinotti, G. E., "*Mimēsis* e ilusiones de los sentidos en *República* 10: observaciones a la crítica de Aristóteles a la *phantasia* platónica." *Methexis* 18 (2005): 53–66.

Moravcsik, J., "On Correcting the Poets." *Oxford Studies in Ancient Philosophy* 4 (1985): 35–47.

Moss, J., "Pleasure and Illusion in Plato." *Philosophy and Phenomenological Research* 72, no. 3 (2006).

Moutsopoulos, E., "Platon, promoteur d'une psychologie musicale (*République*, 3.398c–405d)." In *Études sur la République de Platon, vol. 1: De la Justice: éducation, Psychologie et Politique*, Librairie Philosophique Vrin, 2005.

Muller, R., "La musique et l'imitation." In *La Philosophie de Platon*, M. Fattal,(ed.) Editions L'Harmattan, 2001.

416

Murdoch, I., *The Fire and the Sun: Why Plato Banished the Artists*, Oxford University Press, 1977.

Murray, P., "Tragedy, Women And The Family In Plato's *Republic*." In *Plato and the Poets*, P. Destrée, and F.-G. Herrmann,(ed.) Brill, 2011.

Naddaf, R. A., *Exiling the Poets: The Production of Censorship in Plato's Republic*, University of Chicago Press, 2002.

Nehamas, A., "Plato on Imitation and Poetry." In *Plato on Beauty, Wisdom and the Arts*, J. M. E. Moravcsik and P. Temko,(ed.) Rowman & Littlefield, 1982.

Nehamas, A., "Plato and the Mass Media." *The Monist* 71 (1988): 214–34.

Osborne, C., "The Repudiation of Representation in Plato's *Republic* and Its Repercussions." *Proceedings of the Cambridge Philological Society* 33 (1987): 53–73.

Partee, M. H., "Plato's Banishment of Poetry." *Journal of Aesthetics and Art Criticism* 29 (1970): 209–22.

Rohatyn, D., "Struktur und Funktion in Buch 10 von Platons *Staat*." *Gymnasium* 82 (1975): 314–30.

Rubidge, B., "Tragedy and the Emotions of Warriors: The Moral Psychology Underlying Plato's Attack on Poetry." *Arethusa* 26 (1993): 247–76.

Smith, N. D., "Images, Education, and Paradox in Plato's *Republic*." *Apeiron* 32 (1999): 125–41.

Stanford, W. B., "Onomatopoeic Mimesis in Plato *Rep*. 396b–397c." *Journal of Hellenic Studies* 93 (1973): 185–91.

Tate, J., "'Imitation' in Plato's *Republic*." *Classical Quarterly* 22 (1928): 16–23.

Tate, J., "Plato and 'Imitation.'" *Classical Quarterly* 26 (1932): 161–69.

Teisserenc, F., "*Mimēsis* narrative et formation du caractère." In *Études sur la République de Platon*, vol. 1: *De la Justice: éducation, Psychologie et Politique*, Librairie Philosophique Vrin, 2005.

Urmson, J., "Plato and the Poets." In *Plato on Beauty, Wisdom and the Arts*, J. M. E. Moravcsik and P. Temko,(ed.) Rowman & Littlefield, 1982.

Verdenius, W. J., *Mimesis: Plato's Doctrine of Imitation and Its Meaning for Us*, Brill, 1949.

White, J., "Imitation." *St. John's Review* 39, nos. 1–2 (1989–90): 173–99.

4-11) 신화와 종교

Albinus, L., "The *katabasis* of Er." In *Essays on Plato's Republic*, Ostenfeld, E. N., (ed.) Aarhus University Press, 1998.

Annas, J., "Plato's Myths of Judgement." *Phronesis* 27 (1982): 119-43.

Bouvier, D., "Ulysse et le personnage du lecteur dans la *République*: réflexions sur l' importance du mythe d'Er pour la théorie de la *mimēsis*." In *La Philosophie de Platon*, M. Fattal,(ed.) Editions L'Harmattan, 2001.

Brisson, L., *Plato the Myth Maker*, University of Chicago Press, 1998.

Brisson, L., "La critique de la tradition religieuse par Platon et son usage dans la *République* et dans les *Lois*." In *Cosmos et Psychè: mélanges offerts a Jean Frère*, E. Vegleris(ed.) (Hildesheim, 2005).

Chatelain, F., "'Le récit est terminé,' Platon, *République* 612b." *Revue de Philosophie Ancienne* 5 (1987): 95-98.

Couloubaritsis, L., "Le statut du mythe de Gygès chez Platon." In *Mythe et Politique*, F. Jouan and A. Motte,(ed.) 1990.

Des Places, É., "Les derniers thèmes de la *République* de Platon." *Archives de Philosophie* 19 (1956): 115-22.

Druet, F.-X., "Les niveaux de récit dans le mythe d'Er: Platon *Rép*. 10,613e-621d." *Les Études Classiques* 66 (1998): 23-32.

Ferrari, G. R. F., "Glaucon's Reward, Philosophy's Debt: The Myth of Er." In *Plato's Myths* C. Partenie,(ed.) Cambridge University Press, 2008.

Ferrari, G. R. F., "The Freedom of The Platonic Myth" In *Plato and Myth: Studies on the Use and Status of Platonic Myths*, C. Collobert, P. Destrée, and F. J. Gonzalez,(eds.) Brill, 2012.

Frutiger, P., *Les mythes de Platon: Étude Philosophique et Littéraire. Alacan*, 1930.

Hall, R. W., "On the Myth of Metals in the *Republic*." *Apeiron* 1, no.2 (1967): 23-32.

Halliwell, S., "The Life-and-Death Journey of the Soul: Interpreting The Myth of Er." In *Cambridge Companion to Plato's Republic*, G. R. F. Ferrari,(ed.), Cambridge University Press, 2007.

Hartman, M., "The Hesiodic Roots of Plato's Myth of Metals." *Helios* 15 (1988): 103-

14.

Howland, J., "Raconter une histoire et philosopher: l'anneau de Gygès." In *Études sur la République de Platon, vol. 2: De la Science, du Bien et des Mythes*, Librairie Philosophique Vrin, 2005.

Janka, M., and C. Schäfer,(eds.) *Platon als Mythologe: Neue Interpretationen zu den Mythen in Platons Dialogen*, Wissenschaftliche Buchgesellschaft, 2002.

Johnson, R. R., "Does Plato's Myth of Er Contribute to the Argument of the *Republic*?" *Philosophy and Rhetoric* 32, no. 1 (1999): 1 – 13.

Lear, J., "Myth and Allegory in Plato's *Republic*." In *The Blackwell Guide to Plato's Republic*, Santas, G.,(ed.) Blackwell Publishing, 2006.

Lieb, I. C., "Philosophy as Spiritual Formation: Plato's Myth of Er." *International Philosophical Quarterly* 3 (1963): 271 – 85.

Lincoln, B., "Waters of Memory, Waters of Forgetfulness." *Fabula* 23 (1982): 19 – 34.

Mattéi, J.-F., "Du mythe hésiodique des races au mythe homérique des Muses dans la *République*: une interprétation 'économique' de la politique platonicienne." *Diotima* 19 (1991): 13 – 21.

McPherran, M., "The Gods and Piety of Plato's *Republic*." In *The Blackwell Guide to Plato's Republic*, Santas, G.,(ed.) Blackwell Publishing, 2006.

McPherran, M., "Virtue, luck, and Choice at The End of The *Republic*." in *Plato's Republic*, McPherran,(ed.) 132 – 46.

Moors, K., "Muthologia and the Limits of Opinion: Presented Myths in Plato's *Republic*." *Proceedings of the Boston Area Colloquium in Ancient Philosophy* 4 (1988): 213 – 47.

Moors, K., "Named Life Selections in Plato's Myth of Er." *Classica et Medievalia* 39 (1988): 55 – 61.

Morgan, K. A., *Myth and Philosophy from the Presocratics to Plato*. Cambridge University Press, 2000. Ch. 7, "Plato: Myth and the Soul."

Morgan, M. L., *Platonic Piety: Philosophy and Ritual in Fourth-Century Athens*, Yale University Press, 1990. Ch. 5, "Education, Philosophy, and History in the Republic."

Morrison, J. S., "Parmenides and Er." *Journal of Hellenic Studies* 75 (1955): 59 – 68.

Richardson, H., "The Myth of Er (Plato, *Republic* 616b)." *Classical Quarterly* 20 (1926): 113 – 33.

Schils, G., "Plato's Myth of Er: The Light and the Spindle." *Antiquité Classique* 62 (1993): 101 – 14.

Schubert, P., "L'anneau de Gygès: réponse de Platon à Hérodote." *L'Antiquité Classique* 66 (1987): 255 – 60.

Schuhl, P.-M., *La Fabulation Platonicienne*, Paris, 1968.

Segal, C., "'The myth was saved': Reflections on Homer and the Mythology of Plato's *Republic*." *Hermes* 106 (1978): 315 – 36.

Smith, J., "Plato's Use of Myth in the Education of the Philosophic Man." *Phoenix* 40 (1986): 20 – 34.

Stewart, J. A., *The Myths of Plato*, G. R. Levy,(ed.) Centaur Press, 1905.

Thayer, H. S., "The Myth of Er." *History of Philosophy Quarterly* 5 (1988): 369 – 84.

Vernant, J.-P., *Myth and Thought among the Greeks*, London, 1983. Ch. 4, "The River of Amelēs and the Meletē Thanatou."

Villani, A., "Le fuseau et le peson. Note sur la colonne lumineuse de *République* 616b." In *La Philosophie de Platon*, M. Fattal,(ed.) Editions L'Harmattan, 2001.

4–12) 《국가》 수용사와 영향사

Funke, H.,(ed.) *Utopie und Tradition: Platons Lehre vom Staat in der Moderne*, Königshausen & Neumann, 1987.

Höffe, O., "Vier Kapitel einer Wirkungsgeschichte der *Politeia*." In *Platon: Politeia*, Höffe, O.,(ed.) De Gruyter, 2011.

O'Meara, D. J., *Platonopolis: Platonic Political Philosophy in Late Antiquity*, Oxford University Press, 2003.

Press, G. A., "Continuities and Discontinuities in the History of Republic Interpretation." *International Studies in Philosophy* 28, no. 4 (1996): 61 – 78.

Stalley, R. F., "Aristotle's Criticism of Plato's *Republic*." In *A Companion to Aristotle's Politics*, D. Keyt and F. D. Miller, Jr.,(ed.) Oxford University Press, 1991.

Demetriou, K., "The Development of Platonic Studies in Britain and the Role of the Utilitarians." *Utilitas* 8, no. 1 (1996): 15 – 37.

Glucker, J., "The Two Platos of Victorian Britain." In *Polyhistor: Studies in the History and Historiography of Ancient Philosophy*, K. A. Algra, P. W. van der Horst, and D. T. Runia,(ed.) Brill, 1996.

Kobusch, T., and B. Moysisch., *Platon in der Abendländischen Geistesgeschichte: Neue Forschungen zum Platonismus*. Wissenschaftliche Buchgesellschaft, 1997.

Neschke-Hentschke, A.,(ed.) *Images de Platon et Lectures de ses Oeuvres: les Interprétations de Platon à travers les Siècles*, Louvain, 1997.

Tarrant, H., *Plato's First Interpreters*. Cornell University Press, 2000.

5. 《국가》 관련 국내 연구(단행본 및 학술지 논문)

강성훈 《《국가》에서 철학자가 아닌 지혜를 사랑하는 사람》, 《철학논집》, Vol.12, 2006.

강성훈 〈플라톤의 《국가》에서 선분 비유와 동굴 비유〉, 《철학사상》, Vol.27, 2008.

강성훈 〈플라톤의 《국가》에서 세 종류의 사람들과 영혼의 세 부분〉, 《西洋古典學硏究》, Vol.55 No.2, 2016.

강성훈 〈플라톤의 《국가》에서 정의와 강제〉, 《哲學》, Vol.128, 2016.

강성훈 〈루소사상에서 정치적 이데올로기로서의 "종교": 플라톤과의 비교를 중심으로〉, 《교육철학연구》, Vol.49, 2010.

강손근 〈늙음과 돈으로 보는 플라톤의 정의론: 《국가》 제1권을 중심으로〉, 《哲學論叢》, Vol.57, 2009.

강손근 〈플라톤 미학에 있어서 '미메시스'에 관한 연구〉, 《哲學論叢》, Vol.16, 1999.

강손근 〈플라톤 철학에 있어서 예술비평의 원리에 관한 연구〉, 《哲學論叢》, Vol.19, 1999.

강진영 〈플라톤의 《국가》, 《법률》 그리고 《필레보스》에서의 감정 교육〉, 《교육연구》, Vol.9, 2001.

구기석 〈플라톤의 政治思想에 관한 硏究: 孔子思想과의 비교〉, 《호남정치학회보》, Vol.3, 1991.

구본철 〈플라톤의 시인추방론 고찰〉,《영미어문학》, No.89, 2008.

권혁성 〈플라톤에 있어서 미메시스와 예술-《국가》를 중심으로〉,《美學》, Vol.69, 2012.

권혁성 〈"영감" 개념에 따른 플라톤의 시 이해:《국가》의 시 논의와 일치하는 그것의 비판적 입장에 관하여〉,《美學》, Vol.84 No.1, 2018.

김기민 〈플라톤의《국가》에 나타난 교육과 정치의 관계에 대한 비판적 검토〉,《敎育思想硏究》, Vol.31 No.1, 2017.

김남두 《문명의 텍스트로 읽는 국가》, 세창, 2018.

김남두 〈정의로운 도시의 시민은 부정의한가?〉,《인간·환경·미래》, No.9, 2012.

김남두 〈플라톤의 정치철학에서 정치적 지식의 성격(1)〉,《西洋古典學硏究》, Vol.53 No.1, 2014.

김동현 〈도덕교육의 근거로서의 실재: 플라톤《국가》의 도덕교육학적 해석〉,《윤리철학교육》, Vol.12, 2009.

김상규 〈플라톤의 Politeia, Politikos 및 Nomoi에 있어서의 統治者槪念〉,《한국정치학회보》, Vol.24 No.1, 1990.

김상돈 〈플라톤의 '이상 국가'의 실현가능성: '철인왕'을 중심으로〉,《초등도덕교육》, Vol.54, 2016.

김영균 〈《국가》편에서 혼의 조화와 이성의 지배에 대한 플라톤의 견해〉,《哲學》, Vol.79, 2004.

김영균 〈플라톤의《국가》1권에서 제시된 올바름(正義)에 대한 트라시마코스 견해 비판〉,《人文科學論集》, Vol.36, 2007.

김영균 〈플라톤의 〈국가〉 10권에서 제시된 시에 대한 비판〉,《人文科學論集》, Vol.40, 2010.

김영균 〈플라톤의 철인정치론〉,《동서철학연구》, Vol.58, 2010.

김영균 〈플라톤의《국가》편에서 기게스의 반지와 두 가지 삶의 방식〉,《人文科學論集》, Vol.30, 2005.

김영정 〈플라톤 이상 국가에서의 예술가의 지위〉,《哲學論究》, Vol.26, 1998.

김용민 〈정치에 있어서 정의와 우정: 플라톤과 크세노폰〉,《한국정치학회보》, Vol.34 No.3, 2000.

김용민 〈플라톤과 루소의 시민교육론 연구〉,《한국정치학회보》, Vol.51 No.4, 2017.

김용민 〈플라톤의 세계에서 신화의 의미〉,《정치사상연구》, Vol.10 No.1, 2004.

김유석 〈플라톤 혼 이론의 재음미 – 혼의 비이성적인 부분에 관하여〉,《哲學研究》, Vol.117, 2017.

김윤동 〈플라톤에 있어서 영혼의 三分〉,《大同哲學》, Vol.6, 1999.

김윤동 〈플라톤의 국가편에 나타난 정의개념〉,《哲學研究》, Vol.68, 1998.

김점겸 〈플라톤 국가 제1권에 나타난 정의에 관한 소고〉,《外大哲學》, Vol.1, 1986.

김태경 〈플라톤의《국가》에 나타난 미메시스(mimesis) 개념〉,《汎韓哲學》, Vol.52, 2009.

김현숙 〈플라톤의 국가에 나타난 epitedeuma의 개념 분석: 직업의 명확한 이해에 대한 기여〉,《敎育學研究》, Vol.47 No.1, 2009.

김혜경 《쉽게 읽고 되새기는 고전 국가》, 생각정거장, 2016.

김혜경 〈"청동으로 황금을" 또는 헤아릴 수 없음: 소크라테스, 트라시마코스, 알키비아데스의 드라마〉,《인간·환경·미래》, Vol.8, 2012.

김혜경 〈국가의 목적 – 자족성, 행복, 적절한 것의 관계〉,《人文論叢》, Vol.61, 2009.

김혜경 〈이성(理性)의 이중성: 이성의 욕구, 추론의 도구성을 다시 생각함〉,《哲學》, Vol.68, 2001.

남경희 〈規範的 國家의 人間 存在論的 定礎를 위한 試論〉,《哲學》, Vol.27, 1987.

노경호 〈플라톤의 비극적 영웅주의 비판〉,《西洋古典學研究》, Vol.57 No.1, 2018.

남성현 〈플라톤의 영혼의 삼분법과 에바그리오스의 영성신학〉,《장신논단》, Vol.48 No.2, 2016.

문지영, 강철웅 〈플라톤《국가》의 민주정 비판과 이상 국가 구상: "정치"와 "통치자"에 대한 새로운 전망〉,《社會科學研究》, Vol.35 No.1, 2011.

문혜경 〈플라톤의《국가》에 나타난 여성상(女性像)〉,《서양 역사와 문화 연구》, Vol.9, 2003.

박상철 〈플라톤 〈국가론〉에서의 관례와 자연의 관계 문제: 메타프락시스적 사고의 단초〉,《道德敎育研究》, Vol.22 No.1, 2010.

박성우 〈국익의 철학적 토대와 철학적(소크라테스적) 국익 추구의 가능성〉,《國際政治論叢》, Vol.54 No.3, 2014.

박성우 〈플라톤의 〈국가〉에 나타난 국제정치사상 – 정의(正義)의 국제정치적 확장 가능성〉,《21세기 정치학회보》, Vol.26 No.1, 2016.

박성우 〈플라톤의《국가》와 철인왕의 패러독스〉,《정치사상연구》, Vol.10 No.2, 2004.

박수인 〈도시를 짓는 말의 철학적 여정: 플라톤의《국가》와 자기반성적 이성〉,《韓國 政治 硏究》, Vol.24 No.2, 2015.

박수인 〈아테네, 플라톤, 민주주의: 플라톤의 아테네 정치 비판의 역사적 맥락과 철학 적 맥락〉,《韓國 政治 硏究》, Vol.26 No.3, 2017.

박수인 〈플라톤의《국가》에서 에로스와 정의로움의 관계〉,《한국정치학회보》, Vol.49 No.5, 2015.

박종현 〈플라톤의 정치이론 체계에서《법률(Nomoi)》의 의의:《법률(Nomoi)》의 독해방 식에 대한 하나의 제안〉,《法史學硏究》, Vol.42, 2010.

박준영 〈플라톤의 정의개념과 반어적 대화〉,《인문사회과학연구》, Vol.14 No.2, 2013.

박치완 〈플라톤의 실재관: 실재(to on), 이데아의 부산물인가 시뮬라크르의 원인인 가?〉,《철학과 문화》, Vol.12, 2006.

박호성 〈플라톤의 사회주의관 연구〉,《철학연구》, Vol.35, 2008.

배상식 〈플라톤 "Er 신화"의 도덕교육적 함의〉,《초등도덕교육》, Vol.49, 2015.

백승영 〈플라톤과 니체, 플라톤 대 니체: 니체 국가론에 나타난 플라톤 철학의 계승과 전복〉,《니체연구》, Vol.16, 2009.

백승영 〈개인윤리와 정치윤리의 합일이 의미하는 것 – 플라톤과 니체의 경우〉,《니체 연구》, Vol.28, 2015.

변상출 〈마르크스주의의 시선으로 읽는 플라톤의 '국가론'〉,《마르크스주의 연구》 Vol.14 No.4, 2017.

서병훈 〈플라톤과 여성 철인왕〉,《아시아여성연구》, Vol.41, 2002.

서승원 〈플라톤의 시와 예술에 대한 비판: 국가 제10권을 중심으로〉,《西洋古典學硏 究》, Vol.6, 1992.

서영식 《《국가》편에서 제시된 정의(dikaiosyne)와 좋음(agathon)에 관한 논의〉,《동서철 학연구》, Vol.55, 2010.

서영식 〈법의 지배와 덕의 지배〉,《哲學論叢》, Vol.78, 2014.

서영식 〈서양고대철학의 전쟁이해〉,《哲學論叢》, Vol.82, 2015.

서영식 〈철인왕과 정치의 리더십〉,《동서철학연구》, Vol.82, 2016.

서영식 〈플라톤의 전쟁론〉,《동서철학연구》, Vol.77, 2015.

서영식 〈플라톤 법치주의 이념의 윤리적 토대〉,《哲學論叢》, Vol.71, 2013.

성기산 〈플라톤의 시민교육론에 관한 구조적 분석〉, 《敎育思想硏究》, Vol.27 No.3, 2013.

소병철 〈플라톤의 이상 국가론과 민주주의 비판의 현대적 함의: 〈국가·正體〉에서의 논의를 중심으로〉, 《인문사회과학연구》, Vol.17 No.1, 2016.

송대현 〈플라톤의 《국가》에 대한 아리스토텔레스의 비판〉, 《철학사상》, Vol.45, 2012.

송유레 〈덕(德)의 미메시스〉, 《哲學》, Vol.121, 2014.

심승환, 장지원 《《논어(論語)》와 《국가》에 나타난 반(反)교육적 인간상 비교〉, 《한국교육학연구》, Vol.13 No.2, 2007.

심장후 〈플라톤 무시케 교육의 재고찰〉, 《道德敎育硏究》, Vol.29 No.2, 2017.

양문흠 〈플라톤의 국가 편 선분의 비유 속의 수학적 탐구의 본성: 특히 '가정'과 '영상'의 관계를 중심으로〉, 《哲學》, Vol.65, 2000.

양태범 〈플라톤의 《국가》 편에서 "좋은 것"(善)의 이데아와 《파르메니데스》 편에서 "하나인 것"(一者) 사이의 관계에 관하여 - 신플라톤주의의 동일성 주장에 반하여〉, 《헤겔연구》, Vol.25, 2009.

염수균 〈승계호의 플라톤 해석 = Seung's Interpretation of Plato's Philosophy〉, 《西洋古典學硏究》, Vol.27, 2007.

염수균 〈플라톤의 《국가》에서 덕의 교육 방법〉, 《汎韓哲學》, Vol.21, 2000.

염수균 〈플라톤의 〈국가〉에서 '정의는 좋은 것인가'에 관한 논의〉, 《汎韓哲學》, Vol.14, 1997

염수균 〈플라톤의 국가에서 좋음의 이데아와 세 가지 비유〉, 《인문과학연구》, Vol.14, 1992.

오수웅 〈플라톤의 '좋음의 이데아'〉, 《21세기 정치학회보》, Vol.25 No.1, 2015.

오수웅 〈플라톤 체육의 정치성: 《국가》와 《법률》을 중심으로〉, 《글로벌정치연구》, Vol.1 No.2, 2008.

오인탁 〈플라톤의 〈폴리테이아〉의 교육 이념: 정의〉, 《延世論叢》, Vol.29 No.1, 1993.

왕소정 〈플라톤의 국가론에 나타난 여성교육 - 여성 소외를 중심으로〉, 《교육연구논총》, Vol.29 No.2, 2008.

유원기 〈플라톤의 철학에서 여성의 본성과 역할〉, 《동서철학연구》, Vol.83, 2017.

육혜원 〈플라톤의 《국가》에 나타난 소크라테스와 트라시마코스의 "정의"에 관한 논쟁〉, 《정치비평》, Vol.13, 2004.

윤미정, 황경숙 《파이돈》, 《파이드로스》와 《국가》를 통해 본 플라톤의 신체와 영혼의
　　　　가치이원적 관계〉, 《움직임의 철학: 한국체육철학회지》, Vol.19 No.1,
　　　　2011.

윤병렬 〈플라톤의 사유에서 부정신학의 철학적 함의: 대화록 《국가》를 중심으로〉,
　　　　《현대유럽철학연구》, Vol.32, 2013.

은은기 〈플라톤의 《국가론》에 대한 새로운 접근〉, 《대구사학》, Vol.115, 2014.

이경직 〈플라톤의 평등 개념〉, 《기독교철학연구》, Vol.10, 2008.

이명곤 〈플라톤의 《국가》에 나타나는 소크라테스의 정의관(正義觀)과 그 한계점〉, 《동
　　　　서철학연구》, Vol.75, 2015.

이상인 〈플라톤의 국가철학〉, 《哲學硏究》, Vol.45, 1999.

이상인 〈플라톤의 이데아론의 철학적 기원〉, 《哲學硏究》, Vol.88, 2010.

이상인 〈플라톤의 '이데아의 가설'. 번역과 해석의 문제〉, 《大同哲學》, Vol.54, 2011.

이상봉 〈플라톤 철학에 있어서 신화의 역할〉, 《哲學硏究》, Vol.120, 2011.

이정인, 유재봉 《국가》에 나타난 플라톤의 시에 대한 비판과 그 교육학적 함의〉, 《敎
　　　　育思想硏究》, Vol.31 No.1, 2017.

이정호 〈노동과 정치의식: 노동과 정치의 형이상학 – 플라톤의 "티마이오스" 편과
　　　　"국가" 편을 중심으로〉, 《시대와 철학》, Vol.1, 1989.

이종열 〈플라톤의 政治理論과 敎育〉, 《論文集》, Vol.19, 1982.

이종은 〈플라톤, 홉스, 롤스에 있어서 義務라는 槪念의 區分〉, 《한국정치학회보》,
　　　　Vol.17, 1983.

이종환 《국가》 9권에서 제시된 즐거움에 대한 두 개의 논증〉, 《大同哲學》, Vol.72,
　　　　2015.

장영란 《플라톤의 국가, 정의를 꿈꾸다》, 사계절, 2008.

장영란 〈플라톤의 영혼의 돌봄과 윤리적 삶의 방식〉, 《철학과 문화》, Vol.18, 2009.

장영란 〈플라톤의 《국가》에 나타난 정의 개념〉, 《인문학연구》, Vol.10, 2005.

장지원 〈플라톤 철학에서 죽음의 교육적 함의: [고르기아스], [국가], [법률]을 중심으
　　　　로〉, 《敎育學硏究》, Vol.52 No.2, 2014.

정준영 〈달래기 힘든 격정(thymos), 그러나 고귀한 격정: 《국가》에서 '격정'이 가지는
　　　　함축과 분화〉, 《철학사상》, Vol.41, 2011.

정진규 〈소크라테스의 죽음의 의미와 플라톤의 영혼론: 윤리학적 관점으로〉, 《철학과

문화》, Vol.30, 2014.

정진규 〈플라톤의 이데아론과 형이상학적 사유〉, 《철학과 문화》, Vol.28, 2013.

정태욱 〈플라톤 헌정철학의 역사적 맥락〉, 《법철학연구》, Vol.20 No.2, 2017.

정혜진 《큰 글씨와 작은 글씨의 비유〉, 《道德敎育硏究》, Vol.26 No.3, 2014.

조상래 〈포퍼의 플라톤 정치철학 비판에 대한 小考 – 플라톤의 정의론을 중심으로〉, 《論文集》, Vol.26 No.1, 1988.

조은래 〈고대 그리스의 법사상: 플라톤과 아리스토텔레스를 중심으로〉, 《지중해지역 연구》, Vol.11 No.1, 2009.

최자영 〈플라톤의 이상적 사회 구상의 변화: 철학자 – 통치자와 법률, 용기와 온유·화 목, 공유제와 사유제의 관계를 중심으로〉, 《서양고대사연구》, Vol.17, 2005.

최한빈 〈인성교육에 대한 인문학적인 고찰과 비판 – 플라톤의 《프로타고라스》, 《국 가》 그리고 아리스토텔레스의 《정치학》을 중심으로〉, 《인문사회 21》, Vol.8 No.1, 2017.

추정희 〈플라톤 사상에서 신화의 의미〉, 《美學·藝術學硏究》, Vol.34, 2011.